面向21世纪课程教材

Textbook Series for21st Century

U0646314

# 比较文学概论

（第2版）*Bijiao Wenxue Gailun*

陈　惇　刘象愚　著

北京师范大学出版集团
BEIJING NORMAL UNIVERSITY PUBLISHING GROUP
北京师范大学出版社

**图书在版编目（CIP）数据**

比较文学概论/陈惇，刘象愚著．—2版．—北京：
北京师范大学出版社，2010.6（2023.2重印）
ISBN 978-7-303-10855-8

Ⅰ．①比… Ⅱ．①陈… Ⅲ．①比较文学-高等学校-
教材 Ⅳ．I0-03

中国版本图书馆 CIP 数据核字（2010）第 036955 号

教 材 意 见 反 馈　gaozhifk@bnupg.com　010-58805079
营 销 中 心 电 话　010-58807651
北师大出版社高等教育分社微信公众号　新外大街拾玖号

出版发行：北京师范大学出版社
　　　　　北京市西城区新街口外大街 12—3 号
　　　　　邮政编码：100088

印　　刷：北京虎彩文化传播有限公司
经　　销：全国新华书店
开　　本：730 mm×980 mm　1/16
印　　张：23.5
字　　数：375 千字
版　　次：2010 年 6 月第 2 版
印　　次：2023 年 2 月第 14 次印刷
定　　价：35.00 元

策划编辑：赵月华　　　　　　责任编辑：赵月华
美术编辑：褚苑苑　　　　　　装帧设计：褚苑苑
责任校对：李　菡　　　　　　责任印制：马　洁

**版权所有　侵权必究**
**反盗版、侵权举报电话**：010-58800697
**北京读者服务部电话**：010-58808104
**外埠邮购电话**：010-58808083
本书如有印装质量问题，请与印制管理部联系调换。
印制管理部电话：010-58805079

# 初版序言

几年前，我曾说过一句话：比较文学日益成为一门显学。现在，无论是从世界范围来看，还是从中国国内来看，比较文学的发展都异常迅速。这就说明，我那一句话并没有落空。

形成这种情况的原因何在呢？难道说仅仅是由于学者的努力吗？学者们的努力是非常重要的、不可缺少的。但是，更重要的是——我想套用本书的一个观点：比较文学的发展是一种历史的必然。这种发展是合乎规律的，顺乎世界潮流的，沛然不能抗御的。学者们只不过是表达这个规律和潮流的工具而已。

从整个世界文化的发展来看，也有同样的现象。有人说，今天的两年等于本世纪初的二十年，等于历史上的两千年。无数事实都能证明，这几句话并没有夸大之处。

处在社会主义初级阶段的中国，必须认清当前世界文化发展的潮流，奋力追赶，否则就必然受到惩罚。我们不但要追赶世界潮流，而且还要尽可能地推动潮流前进。只有这样才算是顺应潮流，与时代同步前进。

专就文学研究而言，比较文学在我国算是一门新兴学科，方兴未艾，充满了活力。这就说明，我们在这一方面赶上了世界潮流。最近几年以来，许多大学争相开设比较文学的课程，撰写的专著和论文日益增多，青年学习的兴趣也越来越高涨。对我国社会主义建设来说，这是非常好的现象，对发展我国社会主义文艺，建设社会主义精神文明，是必不可少的。

陈惇、刘象愚二同志的这一本书，也可以说是应运而生的。它不是这一类书的第一本；但是，我想借用中国一句老话：后来居上。当然不会在所有的方面都居上。我们现有的几本比较文学概论一类的书，是八仙过海，各显神通，各有各的优点和特点。陈、刘二位的这一本书也有其特点。它介绍了国际国内比较文学发展的历史和现况，介绍了比较文学的定义、理论和方法，但它的作者不是单纯地介绍，而是把自己也摆进去，把自己摆进去而又不强加于人，以讨论的口吻，与读者平等对话。我个人认为，在目前比较文学还没有发展成为有严格范围和固定内容的专门学科的情况下，这是唯一正确的态度。青年读者读了本书以后，自然而然地就会抱一种态度：借鉴而不为奴，求知兼又创新。这对青年理解能力的提高、知识面的扩大以及创造性的发挥，都会有很大的好处。中国比较文学的发展重任已经历史地落到青年们的肩上。

国家教委规定比较文学为某一些科系的必修课，是有真知灼见之举。陈惇、刘象愚二同志又写了这样一本有真知灼见的比较文学教科书，真可谓珠联璧合。我非常高兴为这一本书写了上面的那些话，算是序，用意只不过是锦上添花、鼓吹升平而已。

季羡林

1987 年 12 月 15 日

# 目 录

1

# 第一章 比较文学的
## 定义和功能

## 第一节 历史的必然

　　比较文学作为一门学科，在 19 世纪的 30 年代即已萌芽，七八十年代正式产生，但是它的繁荣发展却是第二次世界大战以后的事。特别是在 20 世纪五六十年代以来，它在世界范围内引起了广泛的重视，得到了迅速的发展。正如美国学者布洛克所说："很可能战后没有别的与人文科学有关的学科曾得到同样的发展。"[①]在中国，它于"五四"运动前开始发展，30 年代有过兴旺的趋势，后来经过一段曲折的途径之后，70 年代末重又复兴。一旦复兴，它便像决堤的洪水一般，以汹涌澎湃、不可阻挡之势兴盛起来，其发展速度与所取得的成就，同样是令人瞩目的。目前的情况正如季羡林在中国比较文学学会成立大会开幕词中所说："比较文学在世界上已经成为一门'显学'。"[②]

　　每一种学科都是人类某种实践的总结，反映了人们对于客观世界某一领域的事物及其规律的认识，它的产生和发展都不是偶然的。随着客观世界和人类实践活动的发展，人们的认识水平、认识能力也在不断提高，于是某些学科因其落后于人们已经获得的新的认识水平而变得陈旧，它们或是需要更新，或是被淘汰；而另一些学科却因其体现了这种新的认识水平与认识能力，更适合当前实践的需要，便得到优先的发展。比较文学迅猛发展的根本原因也在于此。

　　比较文学的形成和发展是与人们的全球意识和学术上宏观意识的形成与发展分不开的。比较文学是一种跨民族界限与跨学科界限的文学研究，当人们对文学的认识还局限在民族的界限时，比较文学便不可能产生。只有到了人们把世界各民族的文学看成互相联系、互相影响的整体的时候，

---

　　① ［美］H. 布洛克：《比较文学的新动向》，见干永昌、廖鸿钧、倪蕊琴编选：《比较文学研究译文集》，185 页，上海，上海译文出版社，1985。

　　② 杨周翰、乐黛云主编：《中国比较文学年鉴(1986)》，28 页，北京，北京大学出版社，1987。

比较文学才可能产生。这种文学观念上的全球意识，只是人类历史发展到一定阶段的时候才开始萌芽的。在欧洲，资本主义生产方式发展的初期，正是民族和民族文学的形成时期，文学的民族意识也较为强烈。到了19世纪，随着资本主义世界市场的形成，人们的眼光也打破了民族、国家和地域的界限而把世界看成一个整体。这种全球意识的萌芽影响到了文学研究，比较文学的产生也就成为一种历史的必然。

到了20世纪，特别是第二次世界大战之后，科学技术突飞猛进，世界经济走向国际化、整体化，特别是电脑化、信息化时代的到来，整个世界已经完全连成一体，过去那种单一化的生活格局也发生了根本的变化。世界正以其整体的、错综复杂的面貌呈现在人们面前。这就要求人们改变过去那种单极的思维方式，用整体的、全方位的思维方式来认识现实。这种全球意识和综合性思考，成为当代人思维方式的特征。这种思维方式也推动着人类科学的巨大发展。许多新兴学科，特别是许多边缘学科、交叉学科、综合学科的出现，就是人们认识水平和认识能力发展到新水平的必然结果。在这样的条件下，比较文学因其开放性、综合性的特点，更适合文学研究的发展方向，因而获得了空前的繁荣。比较文学本身也在新的历史条件下大大向前发展了一步。它不仅要求跨越民族界限来进行文学研究，而且要求跨越地域的界限、文化系统的界限，甚至跨越学科的界限，用宏观的眼光，从国际的角度来进行文学研究，更全面地因而也是更科学地揭示文学发展的规律。

其次，文化交流的日益广泛和发展，是比较文学产生和发展的先决条件。季羡林指出："比较文学的研究属于文化交流的范畴。"[①]所以，比较文学的产生和发展离不开文化交流。

回顾人类文化发展的历史，最初经历的是多元的分途发展的阶段。在公元前1000年左右，中国、印度、希伯来、希腊这四个古老的民族的文化差不多同时起步，各自沿着独立的路线，形成自成体系的文化，很少进行交流。后来有地区性的交流，逐渐形成了几个文化交流的大区，如西欧、中东、东北亚、南亚等。各地区之间也有文化交流，但主要是在本文化区内进行。18世纪以后，随着资本主义的发展，西方各国之间，甚至东西方之间的政治经济与商业的联系大大加强，文化交流日益频繁，而且成为影

---

① 杨周翰、乐黛云主编：《中国比较文学年鉴(1986)》，4页，北京，北京大学出版社，1987。

响各国文学发展的重要因素。在这种情况下，一国文学的发展已不可能脱离国际环境与异国影响。此时，从世界文学的角度来研究各国文学的相互联系，比较其异同，成为一种必然的趋势。这就导致比较文学的萌芽。1827年，歌德提出"世界文学的时代即将来临"，同一年，法国"比较文学之父"维耶曼在巴黎大学讲课时正式采用"比较文学"的名称，这绝不仅仅是时间的巧合。就中国而言，正是在五四前后中西文化交流的高潮中，比较文学学科才开始兴起。近年来，随着对外开放政策的实行，有了中外文化交流空前活跃的形势，这才有比较文学的复兴和稳定发展。

有文化交流，才有各民族文学之间的互相联系、互相影响；有文化交流，才能提供比较研究的参照系；有文化交流，才能诱发比较研究的意识。因此，从这些意义上讲，没有文化交流，就没有比较文学；有了文化交流，就必然会产生和促进比较文学。

当今世界，交通工具、传播媒体极为发达，文化交流已经在世界范围内广泛地进行，任何一国的文学都不可能孤立存在和独立发展，比较文学大发展的新阶段就必然到来。

另外，我们还必须看到，比较文学是文学研究自身发展的需要和必然结果。

作为一门独立学科的文学研究，是在18世纪末19世纪初开始逐步形成的。最初的文艺学中虽然包含着比较文学的因素，但是那时的文学研究，尤其是文学史的研究，往往局限于国别的范围之内，只有少数学者的眼光能超越国家与民族的界限。当然更缺少专门的比较文学研究著作。到了19世纪，随着各国之间的政治、经济、文化交流的发展，民族文学与科学思想的发展，人们越来越多地注意到国际交流对于民族文学的巨大影响，注意到只有通过比较研究才能确认民族文学的特点与民族文学在世界文学中的地位。于是有了比较文学的专门研究。比较文学从文学史研究中脱胎出来，成为一门独立的学科。正如韦勒克所说："比较文学的兴起是为反对大部分19世纪学术研究中狭隘的民族主义，抵制法、德、意、英等各国文学的许多文学史家的孤立主义。"①但那时，它仅是文学史的一个分支，以研究各民族文学之间相互影响的事实联系为其主要任务。在进化论和实证主义思想的基础上，比较文学作为一门新兴学科，曾经取得巨大成果，对于文学的研究，特别是对于西方文学史的研究产生了积极的效果。但是它受

① ［美］韦勒克：《比较文学的危机》，见北京师范大学中文系比较文学研究组选编：《比较文学研究资料》，55页，北京，北京师范大学出版社，1986。

3

到本身指导思想和当时文学研究水平的限制，把自己的研究局限在欧洲的范围，又因其排斥审美评价而流为一种史实考据。

进入20世纪以来，世界各国的文学创作和文学理论都发展到一个全新的阶段。其特点之一是各种文学流派的互相吸收，文学与哲学、心理学、语言学、人类学等学科以及与其他艺术之间互相渗透，科学思维对文学研究的深刻影响，导致了文艺学向着科学化和多元化的方向迅速发展。现实向文学研究提出了许多新的课题，而其中有大量的问题属于比较文学的领域，这就把比较文学推到一个空前重要的地位。韦勒克说出了人们的心理："我们需要一个广阔的视野和角度，这只有比较文学能够提供。"[①]比较文学似乎成了可以推动文学研究其他分支进一步发展的一个重要途径。近年来，我国更出现了文学研究各分支的学者纷纷向比较文学靠拢的局面。搞文学理论的人，致力于中西文学理论与文艺观的比较，以求认识中国文学理论的民族传统与民族特色，为建立中国特色的马克思主义文学理论体系而进行探索。搞中国现代文学的人，希望从研究中外作家的关系着手，探索新文学发展的道路和规律。甚至搞中国古典文学的人，也试图通过比较文学的途径来确立中国文学的独特贡献和世界地位。所以，在中国，真正专业的比较文学研究者为数不多，而从事比较文学研究的队伍却极为庞大。由此可见，人们对于比较文学的兴趣并不是一种猎奇，而是一种需要。同时，正是这种现实的需要，使比较文学突破了19世纪影响研究的框框，向着更为广阔的领域拓展，因而也就取得了更大的成绩。

可以预料，比较文学的开放性，将使它获得无限的生命力，随着世界政治、经济的发展，随着人们认识水平与认识能力的提高和文化交流的发展，比较文学将会有更加广阔、更加美好的前景。

# 第二节　定义之争

什么是比较文学？自从它诞生以来，人们为它做过多次界定，但是至今没有一个为大家都公认的定义。造成这种情况的原因是多方面的。首先，是由于比较文学本身还是一门发展中的学科，它的研究对象和研究范围正在不断地扩展，不断地变化。一种学科的定义是用来反映它现有的发展状

---

① ［美］韦勒克：《比较文学的名称与实质》，见北京师范大学中文系比较文学研究组选编：《比较文学研究资料》，41页，北京，北京师范大学出版社，1986。

况的，而比较文学是一门迅速发展的学科，它的发展当然不受定义的限制，当人们为它下了一个定义之后，学科本身的发展往往突破定义所规定的内涵，从而否定了这一定义。所以有的学者认为比较文学还未成熟，还没有到为它下定义的时候。

其次，比较文学的研究范围极其广泛，而比较文学研究者的思想观点、研究角度和研究范围又各不相同，他们对于比较文学的看法也就不同。20世纪以来，各家就这一问题发表了不同的意见，进行了热烈的争论。坚持传统习惯、侧重研究民族文学之间互相影响的学者，强调以事实联系作为研究对象，不赞成对无事实联系的文学现象作比较研究；主张在各国文学之间任何具有可比性的问题上都可以进行比较研究的学者，则反对前者的保守性，提出内涵较为宽泛的定义，甚至主张把范围扩大到文学与其他学科的比较研究；而另一些学者对这种意见的前一方面持赞同态度，对后一方面持保留态度。

再次，对于比较文学定义的理解之所以如此不同，与这一名称在各国文字中的不同含义以及这一名称本身的意义含混有关。最早使用"比较文学"一词的是法国人。1825年，诺埃尔和他的同事拉普拉斯，从法语、英语、意大利语和拉丁语的文学中选出一部分作品，编成《比较文学教程》出版，首次运用了"比较文学"(Littérature Comparée)这一名称。1827年，维耶曼在巴黎大学开设讲座时，也使用了"比较文学"一语。19世纪中期后，法国出版了一批比较文学著作，使这一术语在法国学术界普遍流传，后来又流传到英国和德国。英国最早使用这一术语的人，是大批评家马修·阿诺德(1822～1888)。1848年，他从法语引进这一术语，造出英文的Comparative Literature。比较文学的德语术语是Vergleichende Literaturwissenschaft，意大利语是Letteratura Comparata。

在这些名称中，各种西文的"文学"一词本来包含着广泛的意义，它既指一般的文学作品，也包括文学史、文学批评和文学理论。在"比较文学"一语中，"文学"一词的含义实际上只是文学研究的意思。这对于西方学者来讲，不会引起什么误会。在俄文中，"比较文学"Сравнительное Литературоведение直接用了"文艺学"一词，意义更为明确。但是，对于中国人来说，"文学"一词专指文学作品而言，即诗歌、散文、剧本等文学创作。1931年傅东华从英文转译法国学者洛里哀的专著《比较文学史》时，首次将这一术语直译为"比较文学"。这一译名未能将文学研究、文艺学的含义传达出来，因而很容易使人产生误会，把它理解成一种语言艺术创作。

对于西方学者来讲，麻烦的是"比较文学"中的"比较"一词。因为它在不同的语种中有不同的语法形态，以致产生不同的理解。在法语和意语中，用的是过去分词 Comparée 和 Comparata，在这里当形容词用，强调的是比较动作的结果。德语用的是现在分词 Vergleichende，英语用的是形容词 Comparative，这都是强调比较的动作。名称中词性的不同，反映了研究方法的不同，也会引起对这一学科的不同理解。①

但是，最根本的麻烦是"比较"一词本身就成问题，因为它不能反映这一学科的本质特征。许多学者在讨论的过程中都发表过这类意见。韦勒克说："比较是所有的批评和科学都使用的方法，它无论如何也不能充分地叙述文学研究的特殊进程。"②法国学者基亚也说："比较文学并非比较。比较文学实际只是一种被误称了的科学方法。"③所以"比较文学"名称的本身就是名实不相符的，它很容易被人误解为用比较方法进行的文学研究。由此还引起一些人根本否定比较文学的价值，认为它只是一种研究方法，并非一门独立的学科。有人又把凡是采取比较方法进行文学研究的成果都叫作比较文学，把比较文学的范围弄得宽泛无边，否定了它的特殊的研究对象，实际上也就等于否定了它存在的必要。

比较文学的名称虽然不恰当，但是目前国际上仍在继续使用，因为约定俗成，这一名称在人们的头脑中已经形成一种认识，另造新词，反而会引起更大的混乱。况且，这一名称用词简练，内涵较大，比之有些人为它新造的种种名称（文学的比较研究、比较文艺学、历史比较文艺学等），用起来更为方便，因此并没有被淘汰。

比较文学史上的定义之争曾经相当激烈，甚至由此而分成不同学派。这种争论并不是毫无意义的。但是从目前的情况看，随着持不同意见的学者们互相吸收，争论的阶段已经过去，学者们认为：学术界不能对于学科的定义取得一致的意见，也许是因为时机未到，因此重要的不是急于下定义，而是研究的成效。美国学者布洛克说："当前比较文学需要更多的是伟大的榜样，而不是抽象的方法论公式。"④

---

① 李赋宁：《什么是比较文学》，见杨周翰、乐黛云主编：《中国比较文学年鉴（1986 年）》，66 页，北京，北京大学出版社，1987。

② ［美］韦勒克等：《文学理论》，40 页，北京，生活·读书·新知三联书店，1984。

③ ［法］基亚：《比较文学》，1 页，北京，北京大学出版社，1983。

④ ［美］布洛克：《比较文学的新动向》，见干永昌、廖鸿钧、倪蕊琴编选：《比较文学研究译文集》，206 页，上海，上海译文出版社，1985。

不过，对于初学者来说，当他接触这一学科的时候，还是应该对它的性质、研究对象、研究范围，以及研究方法等有所了解。作为一本教材，我们对此更是无法回避。再说，对学科发展来说，这也是一个应该解决的问题。在我国，由于人们对学科性质和研究对象的认识模糊不清，在研究工作中，出现过简单化的比附，甚至"拉郎配"式地任意乱比的现象。长此以往，比较文学将失去其存在的价值。因此，加强比较文学本身的理论建设，包括对比较文学定义的探讨，对这一学科的健康发展仍是非常必要的。

对于比较文学的定义，各国学者提出过种种看法，我们不妨先介绍他们的观点，并加以分析比较，在这个基础上再形成我们自己的见解。

法国是比较文学的故乡，法国学者奠定了这一学科的基础，最早提出关于比较文学定义的看法。在法国学者的意见中，卡雷的提法具有代表性。他在为其学生基亚的专著《比较文学》第一版所作的序言中，提出了一个著名的定义：

> 比较文学是文学史的一支：它研究国际间的精神关系，研究拜伦和普希金、歌德和卡莱尔、司各特和维尼之间的事实联系（rapports de fait），研究不同文学的作家之间的作品、灵感甚至生平方面的事实联系。①

这一定义明确地说明了法国学者对比较文学这一学科的主要特征的看法：它的归属是"文学史的一支"；它的研究对象与范围，是不同国家和民族的作家与作品之间的相互关系；它的研究方法是强调"事实联系"的实证主义方法。

这一定义的主要功绩在于它确定了比较文学的特殊研究领域，从而也就确定了比较文学作为一门独立学科的基础。基亚在上面提到的那本《比较文学》中明确指出，比较文学是研究各国文学之间的相互关系的，它的正确定义应该是"国际文学关系史"。② 过去的文学研究局限于国别的范围，比较文学开拓了一个新的领域，因而也就从文学史研究中分离出来，赢得了独立的地位。尽管卡雷所说的"文学关系"范围相当狭窄，后来受到了人们的批评，但是他终究指明了比较文学的基本方向。另外，当卡雷在确定比

---

① ［法］基亚：《比较文学》，初版序，5页，巴黎，法国大学出版社，1951。

② ［法］基亚：《比较文学》，1页，北京，北京大学出版社，1983。

较文学的对象是研究文学关系时，同时也说明了比较文学并不是简单的对比较方法的运用。他在序言中明确指出，"比较文学不是文学的比较"，这就澄清了比较文学与比较方法的关系。

卡雷的定义具有代表性，我们可以在许多法国学者的论述中找到类似的提法。法国比较文学界公认的权威巴尔登斯伯格在介绍第一期《比较文学杂志》时，实际上也是赞成这种观点的。他说他不喜欢不包含"产生依赖关系"的"真正的相互接触"的比较。法国的比较文学理论家梵·第根给比较文学所下的定义中指出："比较文学的目的实质上是研究不同文学相互间的关系，"而且规定只许研究两个国家文学间的相互关系，超过两国即越出了比较文学的界限。①

这一定义也反映了当时比较文学研究的实际情况。学者们主要是采用实证主义的方法，研究两国之间作家与作家、作家与作品、作品与作品等方面的事实联系，更多的是做考据工作。其研究的成果，当然只能是从属于文学史，成为它的一个分支，即国际文学关系史。另外，他们只研究互相影响的具体史实，排斥对作品进行价值评价，排斥对作品之间的美学关系的探讨。关于这一切，梵·第根的意见最为明确。他说："真正的'比较文学'的特质，正如一切历史科学的特质一样，是把尽可能多的来源不同的事实采纳在一起，以便充分地把每一个事实加以解释，是扩大认识的基础，以便找到尽可能多的种种结果的原因。总之，'比较'这两个字应该摆脱了全部美学的含义，而取得一个科学的涵义的。"②他为两国之间文学作品的相互关系设计了一个"经过路线"。这条路线包括起点（作家、著作、思想），即"放送者"；到达点（另一国的某一作家、某一作品或某一页，某一思想或某一情感），即所谓"接受者"；还有沟通二者的媒介（个人或集团，原文的翻译或模仿），即所谓"传递者"。③整个比较文学研究的目的，是在于刻画出这条"经过路线"，④有时考虑经过路线本身，有时考虑经过路线是如何

---

① 参见韦勒克在《比较文学的名称与实质》一文中对这一问题的论述，见北京师范大学中文系比较文学研究组选编：《比较文学研究资料》，26页，北京，北京师范大学出版社，1986。

② ［法］提格亨（梵·第根）：《比较文学论》，戴望舒译，17页，上海，商务印书馆，1937。

③ 同上书，64～65页。

④ 同上书，74页。

发生的。①

这一观点曾经支配比较文学研究近一个世纪之久。第二次世界大战后，它显然已经落后于比较文学发展的实际，于是由美国学者发难，对这一定义提出批评，并提出关于比较文学定义的新观点，其中以亨利·雷马克的提法最为著名，他在《比较文学的定义与功能》一文中说：

> 比较文学是超越一国范围之外的文学研究，并且研究文学和其他知识及信仰领域之间的关系，例如艺术（如绘画、雕刻、建筑、音乐）、哲学、历史、社会科学（如政治、经济、社会学）、自然科学、宗教等等。质言之，比较文学是一国文学与另一国文学或多国文学的比较，是文学与人类其他表现领域的比较。②

这一观点与卡雷的观点有很大的不同。在雷马克的定义中，比较文学的归属不再是文学史的一支，而是一种文学研究，既然是文学研究，在逻辑上自然就涵盖了属于文学研究领域的三个重要方面，即文学史、文学批评和文学理论。在美国学者们看来，这三个方面是互相依存、不可缺少的。因此，比较文学不应仅仅局限于文学史范围，"比较文学只有在挣脱人为的桎梏，成为文学的研究之后才能够繁荣起来"。③

雷马克的定义中，对比较文学研究对象和研究范围的提法与卡雷的提法也是不同的。他对此作了极为宽泛的规定，既包括对跨国界的有"事实联系"的文学关系的研究，也包括无事实联系的跨国界的文学研究，还包括对文学与其他学科的比较研究。这也许是两个定义中最重要的区别，代表了许多美国学者的意见。他们在打破国界的局限的基础上，要求进一步打破事实联系与不同学科这两个界限。尤其是在反对"事实联系"界限这一点上，他们的态度相当激烈。韦勒克说，如果把比较文学限于研究两种文学之间的相互联系，无异于把它缩小成研究文学的"外贸"，这种狭隘意义上的比较学者只能研究来源和影响、原因和结果，他们"甚至不可能完整地研究一

---

① ［法］提格亨（梵·第根）：《比较文学论》，戴望舒译，74～75页，上海，商务印书馆，1937。

② ［美］亨利·雷马克：《比较文学的定义和功用》，见北京师范大学中文系比较文学研究组选编：《比较文学研究资料》，1页，北京，北京师范大学出版社，1986。

③ ［美］韦勒克：《比较文学的名称与实质》，见上书，29页。

部作品，因为没有一部作品可以完全归结为外国影响，或视为只对外国产生影响的一个辐射中心"。① 这种狭隘的研究使比较文学只能提供"外国的来源与作家声誉的材料"。② 另一位著名美国学者乌尔利希·韦斯坦因也指出："如果文学研究降格为一种材料的堆砌，那就丧失了它的尊严，因为这样文学艺术品的美学价值就不再受到重视了,"③其结果是比较文学也不可能成为一种真正的文学研究。

雷马克对于他所提出的定义的第二部分，即关于文学与其他学科领域之间的关系的比较问题极为重视，他认为这是两国学者的根本分歧所在。对此，他还作了进一步的说明，他认为比较文学是把各片较小的地区性文学连贯起来的一个环节，是把人类创造活动本质上有关而表面上分开的各个领域联结起来的桥梁，使人们"能更好、更全面地把文学作为一个整体来理解，而不是看成某部分或彼此孤立的几部分文学。要做到这一点，最好的方法就是不仅把几种文学互相联系起来，而且把文学与人类知识和活动的其他领域联系起来，特别是艺术和思想领域；也就是说，不仅从地理的方面，而且从不同领域的方面扩大文学研究的范围"。④ 当然，这种跨学科的研究，不应该是无界限的，对此，雷马克也有所界定。"文学和文学以外的一个领域的比较，只有成系统性的时候，只有在把文学以外的领域作为确实独立连贯的学科来加以研究的时候，才能算是'比较文学'。"⑤

并不是所有美国学者都同意雷马克的见解，也不是所有法国学者都反对这种见解。例如，韦斯坦因就认为雷马克的定义过分散漫，容易失去研究的可靠性而变成无稽之谈。他说："我以为把研究领域扩展到那么大的程度，无异于耗散掉需要巩固现有领域的力量。因为作为比较学者，我们现有的领域不是不够，而是太大了。"⑥所以他只赞成对文学和艺术之间的关系进行探讨，而排除文学和其他学科的比较研究。在法国学者中，不是所有的人都不同意雷马克的意见，如卡雷的接替人、巴黎大学的比较文学教

① ［美］韦勒克:《比较文学的危机》,见北京师范大学中文系比较文学研究组选编:《比较文学研究资料》,52页。

② 同上。

③ ［美］韦斯坦因:《比较文学与文学理论》,2页,沈阳,辽宁人民出版社,1987。

④ ［美］亨利·雷马克:《比较文学的定义和功用》,见北京师范大学中文系比较文学研究组选编:《比较文学研究资料》,7页,北京,师范大学出版社,1986。

⑤ ［美］亨利·雷马克:《比较文学的定义和功用》,见上书,6页。

⑥ ［美］韦斯坦因:《比较文学与文学理论》,25页,沈阳,辽宁人民出版社,1987。

授艾田伯就基本上接受雷马克、韦勒克等人的看法，因而被称为"造反者"。

雷马克的定义中没有对研究方法作明确的交代，但是他既已把比较文学归属于文学研究，其意自然不能单指实证的方法。雷马克在提出自己定义的时候，对法国学者把文学批评排斥在比较文学之外的做法表示不满，主张用大规模综合比较和审美批评的方法。他说："我们必须综合，除非我们宁愿让文学研究永远支离破碎。"韦勒克对这一问题有更加明确的阐述。他一再说明，任何文学研究都不能排斥审美批评，比较文学也不例外：

> 在文学学术研究中，理论、批评和历史相互协作，共同完成中心任务：即描述、解释和评价一件或一组艺术品。比较文学，至少在正统的理论家们那里，一直回避这种协作，并且只把"事实联系"、来源和影响、媒介和作家的声誉作为唯一的课题。现在它必须设法重新回到当代文学学术研究和批评的主流中去。[1]

因此，他要求比较文学摆脱"从 19 世纪因袭来的机械的、唯事实主义的观念"，注意比较文学研究的文学性，实行一种真正的文学批评。"这种批评意味着对价值与质量的重视，对艺术品本身及其历史性的理解的重视"。[2]

韦勒克与雷马克对比较文学的看法得到我国多数学者的赞同，因为他们的看法比较符合比较文学发展的现状，也有利于拓展这一学科的领域，促进它的发展。但是雷马克提出的定义中也有不够完善，不够确切，需要加以修改和补充的地方。

美国学者一再强调的比较文学是跨越"国界"的论点，并不是很精确的。比较文学原是为了突破民族文学的界限而兴起的，它的着眼点是对不同民族的文学进行比较研究，而"国界"主要是一个政治的地理的概念，一个国家的居民，可以是同一民族的，也可以是由多民族组成的。在多民族的国家内，各民族文学之间除了它们统一的方面之外，也存在着差异，有时这种差异的程度及其意义，并不亚于两国文学之间的区别。因此国别文学与民族文学并不是同一概念。比较文学的研究对象，确切地讲，应该是跨越

---

① ［美］韦勒克：《比较文学的危机》，见北京师范大学中文系比较文学研究组选编：《比较文学研究资料》，59 页，北京，北京师范大学出版社，1986。

② ［美］韦勒克：《比较文学的名称与实质》，见上书，41 页。

民族的界限，而不是国家的界限。同时，对于语言艺术的文学来讲，语言成为民族文学的首要特征，因此在大多数的情况下，跨越民族界限往往与跨越语言界限相联系。

所谓跨越民族的界限，应该包含两方面意思。第一，把比较文学与民族文学的研究加以区别。民族文学研究中也经常运用比较的方法。譬如李白与杜甫的比较，华兹华斯与柯尔里奇的比较，《红字》与《白鲸》的比较，《罗摩衍那》与《摩诃婆罗多》的比较，等等，这些只能算是民族文学的研究，而不是比较文学，因为它们的研究对象都局限在同一民族文学的范围之内，并没有超越民族的界限。另外，我们之所以这样强调"跨民族"的重要，实质是为了强调不同文化之间的比较。同一民族作家的创作，属于同一文化传统，对它们进行比较研究后所得的结论，只能说明本文化传统范围之内的一些规律性的东西，不一定具有普遍意义，只有从不同文化传统的比较中发现的规律，才具有普遍意义。所以，"跨民族"比较的根本意义在于"跨文化"比较；跨民族、跨语言与跨文化，三者之间有着内在的联系。第二，既然这种研究是跨越民族界限的，那么，一个多民族国家之内的各民族文学之间的比较研究，应该顺理成章地划在比较文学的范围之内。这样，加拿大文学中英语文学与法语文学的比较研究，我国的藏族文学与蒙族文学之间的比较研究，就自然纳入了比较文学的范围。

雷马克在其定义中没有明确交代的另一个问题是：跨学科研究是否必须同时跨越民族界限，对于这一问题，韦斯坦因发表了中肯的见解。他认为，文学与艺术之间的比较研究不必一定要跨越民族的界限，莫扎特和意大利文学的关系固然是比较文学研究的范畴，而莫扎特和德国文学的关系也是比较文学研究的范畴。[①] 我们同意这一看法，但由于韦斯坦因不承认文学和除艺术之外的学科的比较研究，他的论述只限文学与艺术的范围而未涉及文学与其他学科的关系，我们想强调说明：这一原则在文学和所有其他学科的比较研究中同样是适用的。

苏联学者对比较文学有自己的看法。苏联比较文学的代表人物是日尔蒙斯基，他在为《苏联大百科全书》(1976年版)所写的"历史比较文艺学"词条中，对比较文学作了如下界定：

---

① 参见[美]韦斯坦因：《比较文学与文学理论》，第七章"文学和艺术间的关系"，沈阳，辽宁人民出版社，1987。

历史—比较文艺学是文学史的一个分支，它研究国际联系与国际关系，研究世界各国文艺现象的相同点与不同点。文学事实相同一方面可能出于社会和各民族文化发展相同，另一方面则可能出于各民族之间的文化接触与文学接触；相应地区分为：文学过程的类型学的类似和"文学联系和影响"，通常两者相互作用，但不应将它们混为一谈。①

日尔蒙斯基像法国学者一样，把比较文学看作文学史的一个分支。但是他把研究的范围从"研究国际联系与国际关系"，扩展到"研究世界各国文艺现象的相同点与不同点"。在这一问题上他与美国学者的观点相仿。另外，他对各民族的文学现象中出现相同现象的原因，抱有独到的解释。他提出了两个互相联系但不能混为一谈的原因：一是文化交流和互相影响，二是由于人类社会历史发展的统一性。"由于各民族在同一历史时期发展个别文学时具有相同的社会关系，因而产生历史—类型学的类似"。针对着后一方面的现象，他提出"历史类型学"这样一个新的观点。在 1967 年国际比较文学学会第五届年会(贝尔格莱德会议)上，他特别强调了在未必存在模仿或自觉的影响的场合研究类比(analogy)和类型学上的汇流现象(typological convergency)的重要意义。

日尔蒙斯基认为："人类的社会历史发展的共同过程具有一致性和规律性的思想，是历史比较地研究各民族文学的基本前提。而这一共同过程决定着作为意识形态的上层建筑的文学或者艺术的合乎规律的发展。正像由生产力和生产关系的类似状况决定的封建时代的社会政治关系，在欧洲最西部(尽管它有某些地域性的区别)与比如在中亚细亚(封建土地所有制，手工业作坊等方面的发展)就显露出类型学的类似特征，同样，在意识形态领域——艺术，其中包括作为对现实的形象认识的文学，在不同民族的社会发展的同一阶段上，会出现大量的类似。……同时，正像在社会生活的其他方面一样，它们不可避免地会带来重要的、更具个别性的差异，这些差异由历史过程的地域性特点和由这些特点造成的民族的、历史的独特性所引起。对这些特点的比较研究之所以重要，是因为可以确定在社会制约中

————————

① 《苏联〈大百科全书〉(1976 年版)论历史—比较文艺学》，见北京师范大学中文系比较文学研究组选编：《比较文学研究资料》，84～85 页，北京，北京师范大学出版社，1986。

文学发展的共同规律，同时确定作为比较对象的各种文学的民族特性。"①
他以西方文学中出现类似的文学思潮与流派（文艺复兴、巴罗克、古典主
义、浪漫主义、批判现实主义、自然主义、现代主义）顺序更替的现象为
例，说明这是由"这些民族社会发展的类似条件"所决定的。在此基础上，
他认为国与国之间的文学相互影响，也不是一个偶然的现象，"任何思想的
（其中包括文学的）影响是有规律性和受社会制约的"，它取决于民族的社会
的文学发展的内在规律。"为使影响成为可能，就必须存在这种思想输入的
要求，必须有一定社会、一定文学中多少已经定型的发展的类似倾向"。②
因此，在他看来，"历史类型的类似和文学的相互影响是辩证地相互联系
的，并且在文学发展的过程中，应该被看成是同一个历史现象的两个方
面"。③ 日尔蒙斯基试图用历史唯物主义观点来解释国际文学中的异同现象
和文学交流，在运用马克思主义指导比较文学研究的道路上迈出了重要的
一步。如果单纯地从为比较文学下定义的角度来看，他的结论似乎并没有
在法美两国学者的意见之外提出什么新的见解，然而从根本的观点和方法
上讲，他都与别人不同。他强调从人类历史和文化发展的普遍规律的高度
来认识不同民族文学之间的相互关系，几乎赋予比较文学以历史哲学的意
义。因此，他把比较文学称为"历史—比较文艺学"，并不是没有原因的。

## 第三节　比较文学的研究对象和基本特征

　　各国学者对于比较文学的看法虽然不同，但是，它们之间仍有许多共
同点，这些共同点正是我们认识比较文学这一学科时不可忽视的地方。

　　第一，比较文学的研究对象是跨民族、跨语言、跨文化界限和跨学科
界限的各种文学关系。关于比较文学研究必须跨越各种界限的问题，前文
已经谈得不少，这里不再重复。对于"各种文学关系"的提法，我们需要作
些说明。根据前面对各种比较文学定义的分析，我们可以知道，属于比较
文学研究范围的，包括三个不同的方面。首先是实际存在于两个或多个民

---

① ［苏联]日尔蒙斯基：《对文学进行历史比较研究的问题》，见北京师范大学中文
系比较文学研究组选编：《比较文学研究资料》，101 页。
② 同上书，106 页。
③ 同上书，107 页。

族文学之间的相互关系和相互影响。其次，在两个或几个民族的文学中，有些文学现象，虽然不存在实际的联系，但它们的相异和相同，都有某种可比性，因而具有研究价值；它们之间虽然不存在"事实联系"，但是却存在着内在的价值联系。最后，是文学与其他学科之间的关系，包括它们之间互相影响、互相阐发等关系。这三个方面，就是三种不同的文学关系。如果人们已经习惯把第一种关系称为"事实联系"的话，那么，我们可以把第二种关系称为"价值关系"，把第三种关系称为（文学与其他学科之间存在的）"交叉关系"。比较文学就是要发掘和研究这三种文学关系，从中引出一些有意义的结论。在比较文学研究中，人们一提文学关系，往往只想到"事实联系"，但实践已经超出了这个界限，我们在这里用了"各种文学关系"的提法，就是为了适应比较文学研究的新发展，扩大对文学关系的理解。

第二，比较文学的性质是文学研究的一支，是一门独立的学科，而不单纯是一种研究方法。

比较，作为一种方法，在各种研究中都可使用，并非比较文学所独创，也非比较文学所专有；比较，作为人类认识事物的一种方法，更是得到了普遍的使用，不是文学研究所专有。正因为如此，有的学者就否定比较文学存在的必要，认为比较文学仅仅是一种研究方法而不是一个独立的学科，著名的意大利美学理论家克罗齐就持这种观点。

对这一问题，我们应该从两个方面来认识，一方面我们不能把比较方法的运用看成是比较文学区别于其他学科的一种独特性，正像许多学者一再指出的，文学比较不等于比较文学；另一方面，我们也要看到"比较"在比较文学中所占的特殊地位以及它所具有的特殊意义。

前文已经谈到，比较文学并不仅仅因为它运用了比较方法才成为一门独立学科的，而是因为它具有特定的研究领域，即跨越民族的语言的文化的和学科界限的各种文学联系。任何一门学科都因其特定的研究领域而具备独立存在的价值，单纯的方法是不能成为一种学科的。但是，不可否认，比较文学之所以叫作"比较文学"，仍然因为"比较"与这一学科有着不可分割的联系，我们不必因为有人抓住"比较"二字来否定比较文学，就回避这种联系。应该明确的是，"比较文学"中的所谓"比较"，并不是一般方法论意义上的比较，而有着特殊的意义。它是一种观念，一种强烈的自觉意识，一种研究工作中的基本立场；它是指超越各种界限，在不同的参照系中考察文学现象。所以，这种比较必须与跨民族界限，跨语言界限，跨学科界限等含义联系在一起，离开了这些意义上的比较，就不再是比较文学的"比较"了。另外，即使是对比较方法的运用，它与其他学科也不一样。如果说在其他学科中比较方法是可用的研究方法之一，或者是研究工作的某一阶段才使用的方法之一，那么对于比较文学来讲，它却是贯穿始终，须臾不可缺少的。我们不妨套用卡雷的一句话来说：没有比较的观念，没有了比较的方法，比较文学也就终止了，取而代之的是其他文学研究领域的开始。①

第三，比较文学具有开放性、宏观性的特征。

开放性是比较文学的最根本的特征。换句话说，它是一个巨大的、不断运动的开放体系。世界各国学者对比较文学研究对象的范围有不同认识，但他们都认为比较文学必须是跨越一定界限的文学研究，也就是在比较文学的开放性这一点上，他们的认识是一致的。

这里所说的开放性包含着下面三层意思。

其一，它不受时间、空间以及作家、作品本身地位高低、价值大小的限制，同民族文学相比，它在上述三方面具有更大的自由。在空间上，不受国家、民族界限的局限，已经是比较文学的最显著的特色。德国文学可以和英国文学比较，也可以和法国文学比较；荷马史诗可以和印度史诗比较，也可以和北欧史诗比较。在时间上，它比民族文学包含更大的时间跨度，民族文学研究中的比较一般多是在同一时代和时代相近的作家间进行的，例如巴尔扎克和福楼拜，宋玉和屈原之间的比较之类，而比较文学则可以把时代相距较远的作家和作品加以比较。例如，我们可以把 16 世纪的莎士比亚和比他早约三百年的关汉卿作比较，也可以把 17 世纪的英国玄学派诗人约翰·邓恩和 20 世纪的法国诗人保尔·瓦雷里作比较。比较文学还特别重视那些经常被民族文学忽视的当代作家。此外，民族文学研究中较多注意文学大师和经典作品之间的比较，而比较文学则没有这样的限制。它既可以是狄更斯和巴尔扎克这样知名度类似的作家之间的比较，也可以是狄更斯和都德这样两个在地位上并不相称的作家之间的比较；它既可以是鲁迅的《狂人日记》和尼采的《查拉图斯特拉如是说》这样的两部经典作品之间的比较，又可以是鲁迅的《长明灯》和迦尔洵的《红花》这样一些不太重要的作品之间的比较。概言之，作家、作品不论其本身在文学史上的地位

① 基亚在他的《比较文学》前言中，曾经引述他的老师卡雷的话：比较文学只研究事实联系，什么地方的联系消失了，那么那里的比较工作也就不存在了，取而代之的如果不是修辞学，那就是批评领域的开始。

大小，价值如何，都受到一视同仁的待遇，都是比较研究的对象，只要它们之间存在可比性，只要这种比较研究能够得出有意义的结论。

其二，比较文学的开放性还在于：它比传统的文学研究具有更宽泛的内容。传统的文学研究把自己的注意力放在作家和作品两极上，这种情况，中外皆然。特别在欧洲文学中，由于浪漫主义思潮的影响，到19世纪，作家的地位极大地提高，文学研究的重心从作品转到作家身上，到处盛行"传记式批评"（biographical Approach），形成一种作家崇拜。到20世纪，欧洲出现了反浪漫主义的现代主义潮流，批评便从对作家的崇拜，转向了对作品本文的崇拜，这便是在各种形式主义理论指导下的"文本研究"（Textual Approach）。中国古典研究中大量的审美鉴赏式批评和印象式批评，以及近现代的中国文评，重心也是在作家作品两极上。比较文学则要通过影响和接受的研究引入读者大众（包括听众、演员、批评家等）以及客观世界这样的另外两极。于是，传统研究中的作家、作品两极运动就变成了作家、作品、读者、世界这样一个四极相互运动的宏大模式。当然，比较文学对于这四极中的任何一极都同样重视，但由于过去文学研究界对作为接受者的读者大众的漠视，现在有必要更多地强调对这一极的重视。

其三，在研究方法上，比较文学不仅具有兼容并包的特点，即以比较分析法为主，兼及系统归纳、审美评论、历史考据、哲学反思、图表统计、社会调查、文本细读、传记互证等诸法，而且具有迅速接纳新思想、新方法的敏锐和自觉，不仅人文科学和社会科学中的新方法会被立即衡量考评，就是自然科学中的新方法也会很快引起重视。比较文学将在比较各家各派研究方法的基础上取其精华，去其糟粕，为己所用。在新思想、新方法不断涌现，人类知识结构不断更新的当代，比较文学的这一特点无疑具有相当大的优越性。

除开放性之外，比较文学的另一个特征是它的宏观角度。传统的文学研究多集中在一个民族的范围内，而且多数研究接触的往往是作家、作品的某些方面，甚至是更微末的领域，例如词、句的分析，笔法、意象、掌故的撷拾阐发，作家生平轶事的考订等。这样的研究视野狭窄，其结论往往缺乏普遍价值。比较文学则不然，它从民族文学的范围跳出来，从国际的角度俯视各种文学现象，即便对微小的领域，例如某一意象、某种技巧，也能给以宏观的比较剖析。钱锺书对"通感"这一长期以来并没有引起中国批评家注意的描写手法的研究，是一个极好的范例。钱锺书拈出十一个诗人用"闹"这一有声的字来形容无声事物的例子，说明诗人通过这样的描写手法(即把无声的姿态说成好像有声音的波动),"仿佛在视觉里获得了听觉的感受",他指出这种"感觉挪移"(即通感,synaesthesia)的情形,在西方的诗文里并不少见,例如 17 世纪英国玄学派诗人约翰·邓恩在一首题为《香味》(Perfume)的诗中就有这样的句子:"一阵响亮的香味迎着你父亲的鼻子叫唤"(A loud perfume...cryed/even at thy father's nose),这是由听觉向嗅觉的转移;荷马《伊利亚特》中有"像知了坐在森林中的一棵树上,倾泻下百合花也似的声音"(Like unto cicalas that in a forest sit upon a tree and pour forth their lily-like voice)的句子,这是由视觉向听觉的转移。当然这里提到的例子仅是他那篇文章中的一小部分。① 正是通过这种宏观的比较,才能更令人信服地阐明"通感"作为一种描写手法所具有的艺术魅力。在跨学科研究中,比较文学则给人以"更上一层楼"之感,它从文学内抽出身来,从一个新的高度俯察文学和哲学、宗教、历史、艺术、心理学、语言学、自然科学等领域的关系。这样一种宽广的视野和博大的胸怀是传统文学研究无论如何也无法企及的。这种宏观的角度对文学规律本质,即所谓诗心、文心的探索无疑是至关重要的。

为了更好地认识比较文学的特征,我们还需要把比较文学和与其相关的几个概念作一些对比。因为只有在区别的基础上,才能从不同的方面对它作进一步的界定。这几个概念是民族(国别)文学、世界文学和总体文学。

国别文学是指按国家这样的政治概念相区别的文学,例如,中国文学、英国文学、法国文学、美国文学等。民族文学则指按民族区分的文学,两者是不同的。有些国家是由多民族组成的,这些民族虽然在政治上组成了一个国家,但却仍然保持着自己独特的民族性,并且有自己民族的语言。因此,这样的国家就可能包含若干个不同民族的文学。例如,我国就有汉族文学、朝鲜族文学、蒙古族文学、藏族文学等。显而易见,将二者混同,会引起某些概念上的混淆。正如我们在纠正雷马克定义中的不精确时指出的,比较文学研究所超越的,在本质上,是民族的界限,而不是国别的界限,因此,在谈论比较文学的时候,与其相关的应是民族文学的概念。

不言而喻,民族文学的研究是比较文学研究的前提和基础。一个人要从事比较文学的研究,就必须熟悉两种或两种以上的民族文学,例如,要从事法德文学的比较研究,就需要既熟悉法国文学又熟悉德国文学,换句话说,一个比较学者必须是两方面的专家。一般情况下,大多数比较学者

---

① 钱锺书:《旧文四篇》,50~61 页,上海,上海古籍出版社,1979。

都是立足于本民族文学，将本民族文学与外民族文学作比较的。熟悉自己民族的文学比熟悉外民族的文学有较多的有利条件，况且，将本民族文学与外民族文学作比较还可能导出对本民族的文学创作和研究较有意义的结论。因此，比较文学的研究是离不开民族文学的，这是比较文学研究中的一条重要原则，已为许多国家比较文学研究的实践所证明。当然，我们也不排除在两个或两个以上的外民族文学之间进行比较研究。有些比较学者对两个或者多个外民族文学有较深的造诣，能够在这些外民族文学之间作纵横捭阖的比较研究而游刃有余，并作出有价值的结论，这不仅是可能的，而且也可以成为比较学者追求的理想境界。然而，即便是这样的研究，也不可能离开自己民族的根基。我们很难设想，一个人对自己的民族文学不甚了了，却能去从事外民族文学之间的比较研究。因此，在任何情况下，比较文学都必须把民族文学作为自己的出发点。

　　"世界文学"也是比较文学中常见的一个术语。对这个术语一般有三种不同的理解。一种是歌德提出的看法。歌德最先使用了世界文学（Weltliteratur）这一术语。他的本意是希望有一天各国文学将"合而为一，……成为一个伟大的综合体"①，而每一个国家都将在这样一个全球性的大合奏中演奏自己的声部。歌德还认为，在加强各民族之间的相互了解，促进人类精神财富的交流方面，世界文学比民族文学能发挥更大的作用。然而连歌德本人也认为，这只是一个遥远的理想。比较文学的目的之一也是要增进各民族文学的文化交流，但却绝不愿取消各民族文学独特的个性，而是要通过比较研究来丰富和宏扬这种个性。

　　"世界文学"的第二个含义是指那些获得了世界声誉的作家和作品。例如，荷马、但丁、塞万提斯、莎士比亚、歌德、巴尔扎克、托尔斯泰、泰戈尔、曹雪芹、鲁迅、老舍、巴金等作家及其作品。这些作家和作品由于它们在文学史上取得了经久不衰的地位，因而大大充实了世界文学的宝库。在这个意义上，世界文学等于是名家名作的荟萃。按照这种理解，"世界文学"不必有明确的比较意识，只要把研究的重点放在一个个作家和一部部作品上就可以了。但比较文学却把重点放在比较上，当它研究莎士比亚和塞万提斯、巴尔扎克和托尔斯泰时，绝非仅仅对每一位作家作个别的孤立的研究，而是要把他们放在比较的背景上来研究。再者，正如我们说过的那样，比较文学并不轻视二三流作家以及当代作家及其作品，而这些作家都

---

　　①　[美]韦勒克等：《文学理论》，43页，北京，生活·读书·新知三联书店，1984。

是这种意义上的"世界文学"不屑或不愿顾及的。由此可见，"比较文学"与"世界文学"的第二种含义也是有区别的。

目前，我国高等院校设有"世界文学"专业，它所指的内容类似这里所说的第二个含义。不过，作为一种专业和一门课程，它不可避免地要作超出国家民族界限的、纵向或横向的比较，以求作出历史概括和美学评价。这样的课程就与比较文学有了交叉关系。

还有不少批评家把"世界文学"看作各国文学的总和，不管这些文学是否具有世界地位和不朽性。这是对这一术语的第三种理解。我们很容易看出，在这个意义上，它与比较文学相近，但它仍与比较文学有本质的区别，那就是它并不强调从比较的角度去作研究。

"总体文学"（La littérature générale）的原意是指文学的问题、原则、源流、运动，是诗学或美学的总称，实际是文学理论的别称。在这个意义上，它显然与"比较文学"有区别，因为比较文学虽然十分重视文学理论，但它的范围却远远大于文学理论的研究。况且，总体文学并没有规定一种比较的研究方法，而比较文学不仅把文学作为一个整体来研究，而且始终强调自觉的比较意识，因此，二者不可能混同。

在把"比较文学"与上述三个有关的术语作了进一步的区别之后，我们可以尝试给"比较文学"下一个定义了。什么是比较文学呢？比较文学是一种开放式的文学研究，它具有宏观的视野和国际的角度，以跨民族、跨语言、跨文化、跨学科界限的各种文学关系为研究对象，在理论和方法上，具有比较的自觉意识和兼容并包的特色。

质言之，比较文学是一种跨民族、跨语言、跨文化、跨学科的文学研究。

# 第四节　可比性

比较文学专门对那些具有跨越性的文学现象进行比较研究，从而开拓了新的研究领域，建立了一门与传统的文学研究不同的新学科。随之而来的一个问题是，这些跨界限的文学现象是否确实具有比较研究的可能和比较研究的价值，也就是这些文学现象是否具有可比性？如果它们根本没有任何比较研究的可能和比较研究的价值，没有可比性，那么，比较文学就仿佛是建立在沙丘之上，本身就没有存在的可能和存在的必要。可见，可比性是比较文学学科的理论根基，是关系到这一学科能不能建立、能不能生存的大问题。再说，即使在肯定了上述这些跨界限的文学现象确实具有可比性之后，如何认识和如何发掘这种可比性，仍然是至关重要的。实践证明，如果对于可比性没有正确的认识，不能运用正确的方法来对待它、发掘它，比较研究便无法进入实际操作，而且可能误入歧途。由此可见，可比性又是关系到比较研究能否正常进行并取得科学价值的大问题。总之，所谓可比性包含着上述两个方面的问题，即跨界限的文学现象为什么是可比的？怎样来发掘它们的可比性？

可比性是否存在？可比性从何而来？其实，这本来不是一个理论探讨的问题，而是一种客观存在。因为跨越性文学现象中所包含的各种内在联系，是实际存在的，并不是人为的、外加的，更不是虚构的。前面谈到，进入比较文学研究领域的各种文学关系，大致包括三个方面，即事实联系、价值关系和交叉关系，为了更好地认识可比性的客观基础，我们不妨对这三个方面再作具体论证。

各民族文学之间的交流，自古就有，并由此而产生了民族文学间的相互碰撞、相互吸收、相互影响和相互促进等现象。文学交流的结果是各国各民族的文学之间，处于一种你中有我、我中有你的关系之中，也就是在两个或多个民族文学之间，在这些民族文学的某些文学现象之间，存在着亲缘关系和因果联系，比如，中国古代文学和日本古代文学，英国文学和美国文学，西班牙流浪汉小说和18、19世纪欧洲现实主义小说，易卜生的社会问题剧和中国现代话剧，《圣经·创世记》和弥尔顿的《失乐园》等，都十分明显地存在着这样的事实联系，即它们之间的亲缘关系和因果联系。早期的比较文学专门研究这种民族文学之间的亲缘关系和因果联系。学者们用实证的方法，探微索隐，搜寻材料，以实实在在、无可辩驳的事实，来证明这种亲缘关系和因果联系。如前所述，他们把这种亲缘关系的全过程，分出三个成分，即放送者、接受者和媒介，或者从放送的角度来研究甲民族文学（或文学现象）对乙民族文学（或文学现象）的影响，或者从接受的角度来研究某民族文学（或某种文学现象）中的外来因素，或者研究媒介的作用，等等。这类研究，只要它事实确凿、论证有力，就能受到好评。比较文学也因为这类研究的丰硕成果而得到学术界的首肯。所以，具有亲缘关系和因果联系的文学现象的可比性，似乎大家都承认，很少有人提出怀疑。因为谁都明白，要研究文学交流的规律和走向世界文学的途径，当然应该先清理事实，从事实出发来研究其间的经验和教训，而不能凭空想象。

随着比较文学的发展，有人提出，在两个或多个民族文学之间，有些文学现象虽然不存在亲缘关系，然而在一定意义上，它们具有某些相关之处，其中的相同和相异，也是卓然可比的，它们同样存在比较研究的价值，因而也具有可比性。这样的观点曾经引起争论。不过，学者们的有力的论证和许多富有成效的研究实绩已经证明，无亲缘关系和因果联系的文学现象之间的可比性是确实存在的，其研究价值也是不可忽视的。目前，有关的争论已经基本结束。从这些争议可以看出，对于无亲缘关系和因果联系的文学现象的比较研究，可比性的问题更加重要、更加尖锐、更加突出，同时又因为它难以辨认而不易被人们承认。

无亲缘关系和因果联系的文学现象之间为什么会具有可比性呢？我们首先应该从宇宙、世界和人类的整体性来认识这一问题。关于宇宙、世界和人类是一个整体的观念，是人类认识史上的一大飞跃，现在已经成为一种普遍的认识。前面提到，信息化时代的到来，促使"全球意识"的形成，自然科学的突飞猛进，使人类对于宇宙的认识能力达到前所未有的程度。人们用这种整体性的观念来重新认识人类自己的历史，同样发现，各个国家、各个民族虽然分居于世界各地，各有自己的奋斗历程，然而他们的历史轨迹却是异中有同，同中有异的。20世纪50年代以来，一些学者发表著作，从不同角度说明了人类文化的统一性。美国学者戴维·里斯曼的《孤独的人群》从人们的价值观、行为动机来研究人类社会发展的历史，认为人类社会经历了"传统引导"、"内在引导"、"他人引导"这样三个阶段。"传统引导"社会相当于前资本主义社会，人们的行为受传统左右。"内在引导"社会相当于自由资本主义社会，个人主义成为人们行为的内在动力。"他人引导"社会实际指的是后资本主义社会。法国社会学家德鲁兹从符号学的角度来研究人类的历史，提出人类经历了无符号、符号化、"超符号化"和"解符号化"这样四个阶段，并预言将会有"重新符号化"的阶段。加拿大社会学家麦克鲁汉从传播学的角度，提出人类社会的发展在很大程度上取决于传播手段的发展，人类已经经历了无传播无沟通、手势交往、语言传播、印刷符号传播这几个阶段，现在已进入电讯传播阶段。[1] 不管这些观点是多么不同，也不管其中有多少可以商榷的地方，然而它们都从不同方面说明了人类社会和人类文化具有整体性和统一性。当然，又由于环境、条件、经

---

① 以上这些论述可参见乐黛云主编：《中西比较文学教程》，3～6页，北京，高等教育出版社，1988。

历、种族等的不同，形成了各种差异。这有同有异，就有了比较的基础。社会如此，文化如此，文学自然也是如此。

为了进一步讨论这一问题，我们还可以回顾一下本章第二节中介绍的苏联学者日尔蒙斯基的观点。他认为，"人类社会历史发展的一般过程具有共同性和规律性的思想，是对各民族文学进行历史比较研究的基本前提"。他着重考察了世界文学史上，主要是欧洲文学史上出现的许多类似的文学现象，把它们称为"历史类型学的相似或者契合"，而且指出，产生这样的相似现象的原因之一，就是由于"各民族在同一历史时期发展各别文学时具有相同的社会关系"。日尔蒙斯基从文学发展与社会发展的关系来确定不同民族的文学的可比性，为比较文学研究开辟了一条很有意义的思路。例如，为什么各民族的先民都有自己的神话？为什么神话中都有创世、洪水一类的故事？为什么在各种文学形式的发生史上，各国都是诗歌在先、散文滞后，小说更晚？这一类问题如果不从社会发展与人类历史的共同性规律性的角度来认识，是无法得到深刻的具有根本意义的解决的。当然，日尔蒙斯基主要是从文学史的意义上来说明类型学现象的可比性，有一定的局限。我们不可能也不需要把所有具有可比性的文学现象都与社会发展的共同性和规律性挂钩，不过，日尔蒙斯基的基本思路对我们解决可比性问题确是很有启发的。

另外，我们还可以从文学本身内在的品质来认识比较文学的可比性问题。什么是文学？对于这样的问题，观点不同，回答也就不同。但是，不管什么样的说法，总得承认文学是人类的一种想象力的创造，也就是承认文学与人的关系。如它是人的审美活动的一种方式，它是人类的一种思想感情的交流方式，它是人的一种生命活动等。高尔基说得更简单明了：文学是人学。从这个意义上讲，人心，文心，就有了相通之处。世界上的人千差万别，他们生活在不同的时代、不同的地方，他们分属不同的国家、不同的民族、不同的阶级，他们还各有自己的经历、自己的个性、自己的习惯。但是，他们又共同生活在同一个地球上，经历了大致相似的历史发展过程，相互之间的关系处于日益密切的状态，他们还面对着同一个客观世界，有着共同的需要，共同的欲求，共同的磨难，共同的困惑，共同的感受，这就会在思想上感情上产生某些类同的东西，即所谓"人同此心，心同此理"，而这些都会表现在他们的文学之中，产生类似的文学现象，同时又由于民族特性和文化传统的区别而各具个性。再则，文学作为一种语言艺术，或者说文学是人类审美活动的物化形态之一，它有自己的一套生产和发展的规律，有自己的特性，这些规律和特性在不同的时空、不同的民族之间，既会表现出它们的差异性，也会表现出它们的共同性。比如，各民族的文学在体裁上，大致都形成诗歌、散文、小说、戏剧这样四大类，它们的形式和功能也是有同有异的。从文学作品的内在构成来讲，一般都有主题、意象、形象、情节、结构布局，等等。它们同样是异中有同、同中有异的。总之，无亲缘关系和因果联系的文学现象同样存在着可比性，那同样是我们进行比较研究的取之不尽的矿藏。本书的第三、四两章，将用不少的篇幅来讨论有关的具体问题。

一般来讲，无亲缘关系和因果联系的文学现象之间的可比性，有的易于辨认，有的则不是很容易辨认的。人们往往把文学现象之间的相似之处当作了可比性，这是一种误会。文学现象的相似性，可以成为认识它们的可比性的窗口，也可以是比较研究的切入口。但是，相似性并不等于可比性。从相似性进到可比性，其间还有一段距离，还有许多问题需要考察。比如，这是一些什么意义上的相似？是具有根本意义的，还是表面的？从这些相似性之中能不能寻求到某种带有规律性的东西？又比如，它们在具有相似性之外，还有哪些差异，即所谓"同中之异"？总之，要考察其间比较研究的可能和有没有比较研究的价值。事实告诉我们，表面上的相似，不一定具有多高的研究价值，表面上风马牛不相及的事物有时却存在着内在的可比性；单纯地着眼于相似性，或者停留在相似点的表面罗列，比较研究就会流于肤浅，甚至导向错误。

可比性是一种内在的价值，其表现形式可以是显形的，也可以是隐形的、潜在的，因而有待于人们去发掘。具有亲缘关系的文学现象之间的联系，往往是显形的，它们就像同宗同族的人一样，呈现出易于辨认的相似之处。虽然不是所有的亲缘关系都那么容易认识，但是只要研究者能够细心考查，追根溯源，反复求证，总可以有所发现。至于无亲缘关系和因果联系的文学现象之间的可比性，就不那么简单了，它不可能用考据求证的办法来认识和捕捉。这是摆在我们面前的一个难题。我国学者曾经就此提出过一个很有启发性的意见。卢康华、孙景尧在他们所著的《比较文学导论》中说："把问题提到一定范围之内，也就是提出一个特定的标准，使不同类的现象之间具有可比性，从而进行比较。"[1]这个意见为解决上述难题找到了途径，而且是一个具有可操作性的途径。许多研究成果可以作为证

---

① 卢康华、孙景尧：《比较文学导论》，133页，哈尔滨，黑龙江人民出版社，1984。

明。鲁迅笔下的阿 Q 和塞万提斯笔下的堂·吉诃德，表面看来，无法相比，一个是中国现代半封建社会中的普通农民，一个是 16、17 世纪西班牙的小乡绅，一个受剥削而不觉悟，一个被自己的幻想所鼓舞到处游侠，他们之间有什么可比的呢？但是，研究者从他们的内在品质加以考察，也就是说，把他们放在这个范围、这个问题上来加以考察，便发现他们的性格与气质都以"精神胜利法"为核心，这就找到了可比性，写出了一篇很有学术价值的比较文学论文。① 《红楼梦》里的王熙凤和莎士比亚笔下的福斯塔夫，一个是官宦之家的掌权者，一个是混迹于市井的没落骑士，一个是美貌少妇，一个是胖得流油的老头儿，似乎谁也不会去注意这两个形象有没有可比性。但是，研究者独具慧眼，把他们放在一个特定的专题之下，这两个形象就显出了独特的比较研究的价值。② 卢、孙二位的意见是针对不同类文学现象而言的，其实，同类的文学现象的比较研究也是如此。因为任何比较都是就两个或几个事物的某些方面来进行的，不可能是全面的比较，也就是说，它们同样是在"一定的范围"和"特定的标准"之下，才存在可比性。总之，可比性是客观存在的，同时又是需要我们去发掘的。为了正确认识和把握好可比性，我们首先要树立从客观实际出发而不是从主观印象出发的实事求是的态度，而且要善于透过表面现象，从事物的本质方面来提出问题，从一定的范围来考察文学现象之间的各种关系，切实捕捉到可比性。

近年来，关于东西方文学之间的可比性成了比较文学理论探讨的一个热点，这是世界形势发展和比较文学学科发展向我们提出的新课题。由于比较文学发源于欧洲，再加上"欧洲—西方中心论"的影响，它的研究对象和研究课题过去就局限在西方文学的范围之内。随着学科的发展，人们认识到这种状况不符合学科的宗旨，也限制了学科的发展。比较文学的目标是寻找人类文学的共同规律，促进文学交流，争取世界文学这一宏伟前景早日到来，那么，它就应该把全世界各个地区各个民族的文学都放在自己的研究视野之内，既包括西方文学，也包括东方文学。它的研究对象的范围越广，它所研究的问题和得出的结论才可能更具普遍意义，因而也更有科学价值。如果比较文学的研究范围局限于西方文学，那么显而易见，它

---

① 秦家琪、陆协新：《阿 Q 和堂·吉诃德形象的比较研究》，载《文学评论》，1982(4)。

② 方平：《王熙凤和福斯塔夫——谈"美"的个性和"道德化"的思考》，载《文学评论》，1982(3)。

所得到的认识和结论，即使是正确的，也不一定适合其他地区的文学，其科学价值也就大大地受到限制，至少会因其未经全面检验而无法确认。在这样的情况下，要说比较文学是一门国际性的学科，也只能局限于西方世界而不具备全球性。这是比较文学学科本身早就存在的问题，到了 20 世纪下半期，它才受到人们的重视。那时，由于垄断寡头经济被多元经济所代替，殖民主义体系的瓦解，第三世界的迅速崛起，电脑化、信息化时代的到来，整个世界发生了巨大的变化。文化也来到了一个新的历史性的转折时期。发达国家的文化自我中心趋于解体，迫使它们向其他文化体系，特别是向第三世界文化体系寻求参照，以突破自己，解脱困境，求取新的发展。第三世界各国则随着其政治经济的发展，也急于在文化方面挣脱过去的边缘从属地位，向中心移动。它们面临着借鉴当代意识，赋予传统以新意并使之发扬光大的历史使命。这样的历史境遇，把东西方文化比较研究，包括东西方文学的比较研究，推到了人们的注意中心。因此，不少有识之士敏锐地看到了过去比较文学的局限，预见到东西方文学比较研究将是比较文学发展的一个方向。法国比较文学界的老前辈艾田伯甚至认为，没有东方，没有中国，比较文学便不是真正的比较文学。

但是，也有一些学者提出不同意见。他们认为，只有同一文化体系内的各民族文学之间才可以进行比较研究，不同文化体系的各民族文学之间不存在可比性。因为，文化体系的差别好比是无法跨越的鸿沟，不同文化体系的人在思维方式、价值观念、审美习惯等各个方面都不相同，它们的文学也各具特征，不应该强拉在一起进行比较研究。东方文学和西方文学就是这样两种分属不同文化体系的文学。他们担心东西方文学的比较研究有没有可行性，担心这样的比较研究能不能得到真正有价值的科学的结论。我们认为，他们的担心并不是没有根据的，文化体系、文学传统的差别，或者说异质的文化背景确实重要，东西方文学之间的差别也不可轻视，对它们进行比较研究的难度更是可想而知。但是，我们同时还认为，不同文化体系的民族文学之间，包括东西方文学之间的可比性是不容怀疑的，我们更不能因研究工作的实际困难而置历史使命于不顾。如前所述，这是一种历史的发展趋势，是当前比较文学学者所面临的一个不可推卸的责任。我们不应该知难而退，只能在实践中克服困难，把比较文学推向前进。需要注意的是，在比较研究中，时时关切文化体系、文学传统、价值观念、审美习惯等背景差异，谨慎从事，不轻易下结论，在不断的摸索中探求东西方文学比较研究的成功之路。从另一个角度来说，这种文化体系的差异对于一个胸怀宽阔、放眼世界的比较文学学者来讲，恰恰是比较研究的价值所在。正如港台学者袁鹤翔所说："倘若我们不强加任何价值判断，不带任何偏见地去承认这种分歧，那么，文化的多样性和各相迥异就只能成为供我们探讨研究的有意思的课题，而不会成为可被利用的偏见。"①如果一个课题需要突破文化体系的界限，在更加广阔的视野中进行探讨，从而寻求跨文化传统的共同点，那么，这样的比较研究将可能得出具有跨文化意义的因而也是更有普遍价值的结论，这不正是比较文学所追求的一种更高的境界吗？

文学和其他学科之间的可比性，也是比较文学理论的一个新问题。作为人类科学研究对象的客观事物和客观世界，本是一个互相联系的完整的整体，人们为了更好地认识它们，研究它们，才把它们分割成许多个体，加以分门别类的整理，并建立起一门门相对独立的学科。但是，当现代人的综合性思维方式日趋强化的时候，人们便越来越感到那种单极的、分体式的认识方法和研究方法的局限性。面对复杂多变的客观世界，必须改变旧有的思维方式。文学研究的情况也是如此。我们如果以文学为中心，考察一下它的周围，就会发现它在各个层面上，与多种事物发生复杂的联系。譬如，它与社会生活的联系，它与人（作者、读者、评论者等）的联系，它与文化背景、文学传统的联系，它与姊妹艺术的联系，它与人类的其他知识领域、其他意识形态的联系，等等，它的存在，它的创造和发展演变，并不是孤立的、纯粹自律的，而是与上述的种种联系分不开的。因此，我们对文学的研究，也必须采取全方位的思维方法和研究方法，把文学放在多种关系之中，从各个层面来加以考察，也就是从比较之中来认识和考察文学的特征，在比较之中来认识和考察文学的创造和发展的根源，在比较之中来说明文学与其他艺术、其他知识领域的关系。否则，不足以全面地、本质地认识文学。其实，很早以前，就有学者这样来认识和研究文学。以文学与其他艺术的关系为例。我国古代的文学理论著作、刘勰的《文心雕龙》就认为："诗为乐心，声为乐体"，说明诗歌和音乐的密切关系。18世纪德国学者莱辛著有《拉奥孔——论绘画和诗歌的界限》，论证诗歌与雕塑的异同。中外古代的文论中都有诗画功能互通互借的说法，如"画为不语诗，诗是能言画"（古希腊诗人西蒙尼得斯语），"诗是无形画，画是有形诗"

---

① 袁鹤翔：《东西比较文学：其可能性之探讨》，见李达三、罗钢主编：《中外比较文学的里程碑》，32页，北京，人民文学出版社，1997。

（中国北宋张舜民语）等。

当然，我们不能随意地把文学和其他知识挂起钩来，因为这样做不利于学科的发展。雷马克曾经针对这个问题发表过一个重要意见。他说："假如的确存在某一题目的'比较性'难以确定的过渡区域，那么我们将来必须更加严格，不要随便把这种题目算作比较文学的范围。我们必须弄确实，文学和文学以外的一个领域的比较，只有是系统性的时候，只有在把文学以外的领域作为确实独立连贯的学科来加以研究的时候，才能算作比较文学。……一篇论莎士比亚戏剧的历史材料来源的论文（除非它的重点放在另一国之上），就只有把史学和文学作为研究的两极，只有对历史事实或记载及其在文学上的应用进行了系统比较和评价，只有在合理地作出了适用于文学和历史这两种领域的结论之后，才算是比较文学。讨论金钱在巴尔扎克的《高老头》中的作用，只有当它主要（而非偶然）探讨一种明确的金融体系或思想意识如何渗进文学作品中时，才具有比较性。"①

当前，随着学科的发展，跨学科的比较研究已经不限于文学和其他学科之间的双边关系的论证，而是从问题出发，针对着某一个专题，调动各个有关学科来加以解决，也就是用多学科相结合的研究方法来解决某一学术问题。这样就大大发挥了跨学科研究的不受学科限制的优越性。另外，进入20世纪以来，各个学科互相渗透的现象十分普遍。同样，其他学科也对文学研究进行渗透和影响，以致使文学研究发生了根本性的变更。如语言学、心理学、人类学的兴起以及它们对文艺学的深刻影响，早已引人注目。

综上所述，可比性是一种客观存在，又好比是一种矿藏。我们对它的认识必然要有个过程。随着我们的认识的进展，我们对文学现象的可比性的开发也将不断地深入，不断地有所发现。

## 第五节 比较文学的目的和功能

各国的比较学者对比较文学的定义有种种不同的看法，然而对于比较文学的目的与功能却有许多共同的认识，在这一方面，他们找到了共同的语言。或许，正是基于这种对比较文学的重要性的共同的感受，他们才关

---

① ［美］亨利·雷马克：《比较文学的定义和功用》，见北京师范大学中文系比较文学研究组选编：《比较文学研究资料》，6页，北京，北京师范大学出版社，1986。

心这一学科的发展，热衷于参加有关的争论。

比较文学的功能是多方面的。从近处讲，比较文学可以帮助我们更好地认识文学的本质和文学发展的动因。我们不妨先从文学作品谈起。当你研究作品的创作与形成过程时就会发现，有些作品的题材、人物、情节、表现手法等，并非独创，其中有着外来的渊源或外来的影响。这时，为了考察作品的价值以及作家的创造性劳动，就不得不去追溯影响的来源，还要进一步研究这些外来的影响中，有哪些被保存下来？有哪些被抛弃？外来的材料如何被吸收、被同化？作家有哪些创新？等等。为了全面评价一部作品的价值，你也不得不去考察它在国外的流传与声誉，它对别国的作家和文学发生过什么影响，甚至还要和外国的同类作品进行比较，考察它在世界文学史上的地位等。这样的研究当然要跨出民族文学的界限，把两个，甚至是几个民族的文学，放到了自己的研究视野之中，研究它们之间的相互联系、相互影响的事实。这就是一种跨界限的研究，也就是进入了比较文学的领域。本来比较文学就是从这里起家的。当19世纪七八十年代比较文学刚刚出现的时候，它是以研究各民族文学之间的相互联系相互影响的关系为己任的，而且正是由于它在这方面所取得的成果而在学术界站住了脚跟的。迄今为止，这类研究在比较文学的研究成果中仍然占有较大的比例。

当然，文学作品的研究并不限于影响的研究，有时，为了更好地挖掘作品的意义和价值，必须拿它与某部他国他民族的文学作品相比较，因为没有比较就没有鉴别，事物只有在比较之中，才能显示出它的特性与价值。因此，即使两部或几部作品之间并不存在"事实联系"，为了某种研究的需要，也必须把它们同具有可比性的作品联系起来进行比较研究。从这个意义上讲，没有比较文学，就找不到求取科学结论的参照系；没有比较就无法有根有据地确定一部作品的特点和价值。

在比较文学的视野里，世界是一个相互联系的整体，世界上各个民族各个国家的文学之间并不是割裂的无缘的，而是相互联系相互影响的，而且正是这种相互之间的交流和影响，推动着文学向前发展。如果从美学品格上讲，那么，即使是那些相互之间并不存在着你影响我或我影响你的事实的文学现象之间，仍然存在着某些可比的东西。这些都是比较文学的研究对象，因此当文学研究深入进行的时候，往往都要涉足比较文学，借助于比较文学来求取新的突破。前面曾经提到的近年来我国出现的文学研究各个分支的学者纷纷向比较文学靠拢的现象，就是说明比较文学的这种功能的有力的例证。

随着时代的发展，人们的文学观念也在发生变化。现在，人们普遍认为，文学并不单纯是作家的创作，而是一串由互相联系的各个环节形成的链。文学作品固然是作家创造性劳动的结果，但是作家的创造并不是他个人头脑的随意的产物。在他的艺术创造过程中，起作用的，除了他个人的因素之外，还有客观世界、民族文化传统和外来文化的影响等。如果从接受美学的角度来看问题，还应该把作家的创作与作品的传播、读者的接受联系起来，从传播与接受的角度来分析和评价文学作品。因此，对于文学的研究，应该是多方面的，有系统的，如生活与创作，作家与作品，传统与演化，历史渊源（民族的和外来的）与发展变化，以致作品的流传，读者的接受，等等。如果一部作品流传到了国外，那么还要研究它的传播过程，它在国外的反映，它对别国文学的影响，国外读者的接受情况及其反馈等。于是，为了全面理解和考察一部作品，必须进行这样一个有系统的、多方面的研究过程。它仿佛是一个文学研究的"系统工程"。

面对这样的"系统工程"，传统的文学研究方法已经不够用了，单纯的封闭式的文学范围内的研究也不能完全解决问题，因为这里必然涉及文学以外的其他各种学科。19世纪的文学批评，着重在历史的传记的考察，采取线形的研究方法。20世纪上半期盛行的"新批评"，割断文学作品的各种外部联系，把它当作一种封闭性的自在体，进行所谓内部文学性的分析研究。这些研究都有它的道理，也取得了不少成果。但是，对于上述一系列互相关联的问题的解决，它们就显得无能为力，因而必须另辟蹊径了。譬如，为了认识哲学对文学的浸染、宗教对文学的影响、音乐美术与文学之间的互相阐发，等等，我们不能不在文学与其他学科之间寻找它们的联系，又如为了理解分析当代西方现代主义文学，就不得不借助于现代心理学、现代语言学等学科。在这时，我们的文学研究需要跨出文学的范围，研究文学与其他学科之间的种种关系。换句话说，比较文学的跨学科研究在这里成了解决问题的必选的途径。

由此可见，比较文学的兴起是文学研究发展的需要，它的跨越性特征使它能够生发出无穷的潜力，以适应时代的需要，为文学研究的新发展开拓道路。比较文学本身也是在这样道路上不断地发展进步的。起先，它以"国际文学关系史"的身份跻身于文学研究的领域。随着世界形势发展的需要和学科发展的需要，比较文学的跨越性特性得到了施展的余地，其能量不断得到释放，它便跨越出一重又一重藩篱，从跨民族到跨文化体系，再到跨学科，研究领域不断扩大，研究对象不断增加，这门学科的重要性也就越来越被人们所认识。

比较文学的意义还在于它能帮助我们更好地探讨文学规律。这也许是比较文学之所以对于青年们具有巨大吸引力的重要原因。美国学者布洛克分析得对："攻读文学的学生为摆脱民族和语言的束缚，以便使文学研究接近文学的本质，也越来越转向比较文学。"①这里我们有必要再来谈谈比较文学与总体文学的关系。如前所述，所谓总体文学，指的是各国文学的一般规律，实际上就是文学理论。比较文学超出了民族文学的界限，研究在多个民族文学中起作用的文学一般规律。所以，它虽然不等于总体文学，却也不是与总体文学不相关的。因为，在比较文学研究中，随着课题的深化，其结果必然要涉足总体文学的领域。"比较"的实质就在于它能打破各种界限，把文学视为一个整体，从这样的角度来研究文学现象，探讨其中的规律，而这同样是总体文学所追求的途径和目标。然而，人的认识能力和认识水平受到种种限制，文学理论的发展史也说明，人们只能在自己所处的文化背景和种种条件之下，根据自己的认识范围和认识水平来进行研究，求取结论。时代的差异，国情的差异，意识形态的不同，造成了各国的、各个时期的文学理论，不论在观念、方法上，还是在术语上，都有很大的区别。当人们放眼世界，试图探求人类文学的共同规律的时候，就会发现这些差异，自然要求通过比较研究来寻求共识，因为比较文学可以把人们的眼光从狭小的界限扩大到各个领域，从尽可能广阔的视野中来考察文学现象，在不同的参照系中进行比较，也就是说，它使我们站得更高，看得更广些，因而能得到更全面的也就是更科学的结论。这也就从比较文学通向了总体文学，正如钱锺书所说：

> 比较文学的最终目的在于帮助我们认识总体文学乃至人类文化的基本规律……②

比较文学不是事实的罗列，不是简单的比附，不是单纯的异同现象的

---

① ［美］布洛克：《比较文学的新动向》，见干永昌、廖鸿钧、倪蕊琴编选：《比较文学研究译文集》，186页，上海，上海译文出版社，1985。

② 张隆溪：《钱锺书谈比较文学与"文学比较"》，见北京师范大学中文系比较文学研究组选编：《比较文学研究资料》，92页，北京，北京师范大学出版社，1986。

发掘，而是对于文学规律进行探索的一个途径。它开拓了研究的新领域，提高了我们的分析能力，因而也大大有益于我们去科学地认识文学现象，探索其中的规律性的东西。就这个意义上讲，总体文学的进步也有赖于比较文学的发展。

毋庸讳言，在当今世界上，西方的文学理论占有优势的地位。这是历史形成的结果。16 世纪以来，随着西方殖民主义势力的向外扩张，西方的思想观念和文化成果也传播到世界各地。它以雄厚的政治、经济的实力为后盾，很快在国际上取得优势地位。许多殖民地半殖民地国家，主要是东方国家原有的传统文化受到不同程度的压制和破坏。文艺理论的状况也不例外。我国的情况就是如此。我国文学源远流长，在理论上也有自己的一套范畴、观念和研究方法。五四以后，接受了西方的东西，传统的东西受到排挤，以致到现在，人们熟悉西方的理论却对民族传统感到陌生。当前，殖民主义体系虽然已经瓦解，而这种文化形势上的不正常情况，却不是短时间内可以扭转的。

然而，这种状况是不利于文学理论的发展的。并不是说西方的理论不好，问题在于西方的文学理论适用于西方文学而不一定能适用于东方文学。也就是说，它既然产生于西方文学与文化的土壤之上，就不可避免地带有地域局限性，因而不一定具有普遍意义。东西方国家之间，由于长期以来形成的历史文化传统的不同，文学的观念、情趣、方法以至术语，都存在着巨大的差别，因此，生硬地套用西方的理论来对待中国的或其他东方国家的文学，经常使人感到格格不入，甚至得出偏颇的错误的看法。譬如，曾经有一种"中国无悲剧"的看法。持这样观点的人甚至把像《窦娥冤》、《赵氏孤儿》一类具有"感天动地"力量的大悲剧，都划出悲剧的领域之外。他们之所以提出这一看法，就是因为他们把西方的悲剧概念作为标尺，以此来衡量中国的作品，而忽视了中国悲剧的民族特征。我们不能不问，为什么西方的概念就是标准？为什么不合这个标准就要被否定？其实，西方的文学理论是在总结西方文学成果的基础上得出来的，并不考虑东方文学的实际。所以，西方的文学理论所涵括的范围是有限的，它不一定能说明全世界一切文学现象。这样的理论的正确性和科学性也就有待进一步验证。如今，当人们放眼世界，试图探索人类文学的共同规律的时候，就深感有突破它的局限的必要。近年来兴起的比较诗学，就是为了从文学理论的比较研究着手，克服原有理论的区域性局限，探讨全球性的文学规律，从而为文学理论的前进开辟了途径。这不能不说是比较文学的一大功绩。

仅仅从文学研究的范围来看待比较文学的意义和价值，是远远不够的，如果我们能超出这个范围，把它放在整个世界文学的格局和世界文学发展的长河之中，就会看到它所具有的更加深远的意义。

比较文学本是在文化交流的基础上发展起来的，在这方面它具有特殊的意义。我们知道，文化交流的目的，一是促进民族文学，一是促进世界文学。为了通过文化交流更好地向他人学习，就必须对外来的东西进行鉴别，从中知道学习什么，扬弃什么。在这项工作中，比较文学将大有用武之地。正如季羡林所说：

> 研究比较文学，最主要的目的就是给我们的借鉴活动找出一些可遵循的规律，达到事半功倍的目的。我们常说，有比较才能有鉴别。通过不同文学的比较，可以从理论上提高我们对外国文学的认识；不同文学之间相同之处何在？不同之处又何在？产生这些同与异的关键何在？从技巧到内容，都可以进行对比，从对比中吸取对我们有用的东西，从而丰富和发展我们的社会主义的新文学。①

当前，对于处在社会主义建设新时期的中国来说，这种工作尤其重要。在长期的封闭与隔绝之后，我国向世界敞开了大门，于是，各种思潮与文学现象大量地向我们涌来，对我们原有的理论与创作都是一种很大的冲击。在这样的冲击面前，我们既要大胆地敢于开放，吸收一切有益的东西，又要保持清醒的头脑，坚持社会主义的方向。为了达到这样的目标，我们不能不以世界文学为背景，以他种文学为参照系，重新估价自己，重新认识自己，坚持和发扬原有的正确的东西，学习人家的有益的东西，拒绝那些对我们有害的东西。然而要做到这些，就离不开比较文学。

在这样一个文化交流空前频繁的时代，一方面是我们要向外国学习，另一方面我国文学也在走向世界，为世界文学作出贡献。比较文学正是我国文学走向世界的重要途径。我国辉煌的古代文学和别具特色的当代文学，应该成为世界文学宝库中的灿烂瑰宝而为世界人民所共享；我国历史悠久、内容丰富的传统文学理论应该成为世界正在寻求的文学理论综合架构的重要组成部分。要做到这一切，就必须通过比较文学来与世界沟通，在比较

---

① 季羡林：《〈中国比较文学年鉴〉前言》，见杨周翰、乐黛云主编：《中国比较文学年鉴(1986)》，4～5页，北京，北京大学出版社，1987。

中研究我国文学与他国文学的殊异和类同，揭示我们民族文学的特征，阐明民族文学的特性和价值。由此可见，作为一门国际性的学科，比较文学在中国文学与周围世界之间，架起了一座桥梁，它有助于中国走向世界，也有助于世界接受中国文学，理解中国文学。

如果再从文学发展的远景来看待比较文学，那么我们将发现它是我们从今天走向未来的必由之路。回顾人类几千年的文学史便可以知道，早期的文学活动，不论是西方的还是东方的，主要都局限在国别文学与民族文学的范围之内，因为那时世界市场尚未形成，交通工具和通信工具也不够发达，人们的活动，包括文化交流，都受到种种限制。在这样的情况下，人们不可能形成全球眼光，文学活动也没有超越民族界限的可能性与必要性。近代以来，随着西方资本主义的发展，世界市场的形成，以及交通工具、通信工具的空前发达，国际政治经济文化的交流日益频繁，人们的眼光由国家民族扩大到地区，再扩大到全球，文学的发展也打破了民族的界限和局部的交流，逐步向着世界文学的方向前进。马克思恩格斯曾经精辟地论述了这一问题：

> 资产阶级，由于开拓了世界市场，使一切国家的生产和消费都成为世界性的了。……过去那种地方的和民族的自给自足和闭关保守状态，被各民族的各方面的互相往来和各方面的互相依赖所代替了。物质的生产是如此，精神的生产也是如此。各民族的精神产品成了公共的财产。民族的片面性和局限性日益成为不可能，于是由许多种民族的和地方的文学形成了一种世界的文学。①

在此之前，伟大的德国诗人歌德也在看到东方文学的成就，有感于世界文学的发展前景而发出过这样的预言：

> 我深信正在形成一种世界文学，深信所有的民族都心向往之，并因此而做着可喜的努力。②

---

① 《共产党宣言》，见《马克思恩格斯选集》，第 1 卷，254～255 页，北京，人民出版社，1972。

② 转引自杨武能：《歌德与中国》，74 页，北京，生活·读书·新知三联书店，1991。

到了 20 世纪，特别是第二次世界大战之后，各国之间的联系更加紧密，整个地球已经连成一个整体，被人们看作"地球村"，世界经济也已走向国际化整体化。在这样的情况下，尽管人类仍然区分为各个民族，分别居住在不同的国家之中，但是他们比以往任何时候都更深切地感到相互之间的密切关系。闭关自守的状况早已打破，各国人民的命运在许多方面休戚与共，世界正以其错综复杂的又是整体的面貌呈现在人们面前。如前所述，人们的思维方式也发生了很大的变化，全球意识和综合性思考，成为当代人思维方式的重要特征。许多边缘学科、交叉学科应运而生。文学的发展也出现了全新的情况：任何一种民族文学都已卷入世界的潮流之中而不可能孤立地存在；民族文学之间、各种文学流派之间互相碰撞又互相影响，形成多元共存的格局；文学研究的原先的状况已不相适应，人们需要打破旧有的观念，在更广阔的领域里研究具有普遍意义的问题。

历史向我们预示：从民族文学走向世界文学，已是大势所趋。时代需要一种打破传统界限、具有广阔视野的文学研究。在这样的时代，比较文学正以其开放性和综合性的特性而发挥其所长，变得空前活跃起来。由此可见，比较文学的兴起和发展，是时代的需要，历史的必然。正如季羡林所说："这种发展是合乎规律的，顺乎世界潮流的，沛然不能抗御的。"[1]从这个意义来认识比较文学，我们可以说，比较文学是从民族文学走向世界文学的通途和桥梁，是一种立足当代，面向未来，立足民族，面向世界的新型的文学研究。

民族文学是在某个民族土壤上产生的具有自己独特的历史传统和民族特色的文学。它受制于本民族的文化背景，由民族的政治、社会、心理、语言等条件所决定，同时也反映了本民族的审美心理和美学品格。

"世界文学"的概念虽然可以有多种解释，然而，在歌德和马克思的心目中，"世界文学"是他们对文学未来的一种远瞻和预言。他们认为，到那时，早先那种割裂的状况必将消除，各民族文学将成为人类的共同的精神财富，它们统一起来，构成一个伟大的绚丽多彩的综合体。从民族文学到世界文学，这是人类文学史的伟大进步。

在世界文学的时代，民族文学是否存在？或者说民族文学的差异是否存在？学者们的看法并不一致，他们对歌德、马克思的观点也有不同的解

---

[1]　见本书初版序言。

释。不过，在我们看来，世界文学与民族文学并不互相对立，也不互相代替。世界文学就像一支全球性的交响乐，民族文学就是其中的各种不同的乐器。各民族的文学发挥其特色和功能，构成一个丰富多彩的和谐的世界文学整体。所以，世界文学时代到来，并不是民族文学的消亡，恰恰相反，它是以民族文学的繁荣为基础的。那时，各民族文学之间互相隔离的状况已经消除，各民族文学互相影响，互相吸收，互相促进，共同为世界文学的繁荣兴旺作出自己的贡献。它们之间会存在统一性，但不会合成一体。很难设想会出现一种抽象的架空的世界文学。就像离开了各种乐器就不存在什么交响乐一样，离开了民族文学也就不存在世界文学。

文学的民族特性是在长期的历史过程中形成的，而且以一定的文化背景为依托的，因而，具有相当的稳定性。各民族文学又由于其不同的传统、不同的生存条件和不同的文化背景而形成各自的独特性和相互之间的差异性。民族文学的价值正是以其独有的民族特色，亦即它们之间的差异性为前提的。正是这种差异的存在，各民族文学之间才有互相借鉴、互相学习的可能，才使世界文学呈现出一派五彩缤纷的局面。消除了这种差异性，也就是消除了民族文学的独特性，其结果就等于消除了民族文学，那时，世界文学更无从谈起。

前面提到，当今世界正处于文化上多元共存的时代，文学的发展也是如此。比起马克思和歌德的时代，历史已经向着世界文学的方向大大地前进了一步，但是离真正的世界文学时代还是相当遥远的。从民族文学到世界文学，将是一个相当长的历史过程，来自不同传统不同文化背景的民族文学多元共存的局面将长期存在。况且，如前所述，即使到了世界文学时代，民族文学的差异也不可能完全消除。这就产生了一个值得注意的问题：不同文化背景下产生的民族文学的并存和相遇，不可避免地会发生碰撞和冲突。

众所周知，民族文学的情况相当复杂，它们有不同的文化背景，分属于不同的文化体系，而不同文化体系的人们之间，在思维方式、价值观念、行为准则、审美心理等方面，都有很大的差异。不同文化背景下产生的文学之间可以互相借鉴、互相吸收，但是它们之间的差异不可能消除，它们之间的矛盾也必然产生。另外，我们还不能忽视当今世界上不同意识形态和不同社会制度的矛盾冲突远未结束，这一现状往往使现阶段的文化冲突更带有必然性和复杂性。由此看来，世界文学虽然是一个理想的诱人的远景，然而，从民族文学走向世界文学的道路却充满着矛盾，将是一个长期的复杂的探索过程。

　　文化差异和文化冲突问题已经成为当今世界的一个热门话题，有的学者甚至把世界上发生的一切问题都归结为文化冲突，预言这种冲突将给人类带来灾难性的后果。早在第一次世界大战期间，德国人斯宾格勒在他的《西方的没落》一书中，发表过这类悲观主义的论调。后来，著名的史学家汤因比在他的《文明经受着考验》等著作中，专门研究过所谓"文明间的冲突"等问题。直到最近（1993年），美国政治学家亨廷顿发表长文《文明的冲突》，用这种观点来解释冷战后的世界局势，忧心忡忡地谈论文化冲突的未来。这些都是西方学者有感于当代世界出现的种种难题而作出的悲观主义的预言。我们的观点与他们不同。我们相信人类对于自己的命运完全握有主动权，悲观主义的结论并不是历史的必然。

　　但是，文化差异和文化冲突的存在以及这种冲突可能产生的后果，确实值得注意。如何避免灾难性的冲突而使异质文化的关系向着积极的方向发展，也是值得关心和值得探讨的重要课题。历史证明，一切强制的做法（文化侵略、吞并统一等）都是无效的，只有平等互惠的文化交流，才是正确处理这种冲突的最佳途径。通过交流，通过对话，把文化冲突引向沟通与理解，引向互补互惠，从而，发扬它们之间的合作关系，避免和尽量减少消极的甚至是悲剧性灾难性的后果。正是在这一方面，比较文学大有其用武之地。

　　比较文学致力于不同文化的文学之间相互理解，提倡相互之间怀有真诚的尊重和宽容，所以，它讲究平等的态度，主张通过平等对话的方式来探讨共同关心的问题，以求共识。这完全符合当今时代的需要，因而才使它成为新时代的一门显学。

　　再说，为了进行平等对话，就必须有能够相互沟通的话语，也就是双方为达到某种共识而必须遵守的规则。这是历史上未曾进行过的，因此也是十分艰难的工作，而这正是比较文学之所长。各民族文学的代表围绕着共同感兴趣的问题进行多视角多层次的反复的讨论，在这过程中自然会形成共同的话语。因为，在讨论的过程中，大家都必须以世界文学为背景，以它种文学为参照系，在比较之中重新认识自己，对自己的文学体系进行整理，同时又要深入研究对方文学的特点，以便设法调整对话方式，使对方易于了解和接受。在这过程中，大家都努力发扬自己优秀的东西，借鉴与吸收他人的对自己有用的东西。这一切难道能离开比较文学的途径吗？

　　新的时代呼唤着比较文学这样一门学科，赋予它以历史的使命，比较文学也将在完成这个历史使命过程中不断地前进。

# 第二章　比较文学的
# 历史和现状

## 第一节　国外比较文学

　　比较文学创建于 19 世纪末的欧洲，它的发展大致可以分作两段。它作为一门正式的学科建立之前，即它的史前史，其时间可以追溯到古代。作为一门独立的学科，它的历史以下述三个标志为开端：一、逐渐形成基本的理论和方法；二、建立学术团体，创办学科杂志；三、进入高等学校的课堂。它的史前史和学科史之间的一个十分重要的、实质性的区别在于：在史前阶段，研究者的比较意识是自发的，其比较多半是零散的、肤浅的，或者说，他们只注意到了不同民族文学及其作家作品间的类似、差异和相互关系，并无理论上和方法上的自觉。然而，在学科建立之后，研究者对这些类似的差异和相互关系的研究，就不再是盲目的、自发的，而是在一定理论指导下的、目的明确的、系统的研究了。当然，把它的历史分作两段只是为了论述的方便，事实上，它的发展是一个渐进的过程。

### 一、史前史

　　比较文学的史前史可以溯源到古罗马时代。当时著名的文艺理论家贺拉斯(公元前 65～公元前 8)等在接受了亚里士多德文学模仿自然的理论的同时，强调罗马作家要模仿古希腊人。许多罗马作家也确实这样在各个方面师法希腊作家。最典型的例子是大诗人维吉尔(公元前 70～公元前 19)对荷马的模仿。正因为许多作家模仿希腊人，一些学者在论述和评论中就会不期然而然地将罗马作家和他们模拟的原型联系起来，作一些简单的类比。生活在罗马时代的希腊传记作家普卢塔克(约 46～120)写过一本著名的《希腊罗马名人传》，搜集了 50 位希腊、罗马名人的生平传记，除 4 位独立成章外，其余 46 位均两两对照，排成 23 对。如传说中的雅典王忒修斯和罗马王慕洛斯，马其顿王亚历山大和罗马名将恺撒，希腊演说家狄摩西尼和罗马演说家西塞罗，雅典政治改革家梭伦和罗马统帅、政治家苏拉等，都是相互对照的。虽然普卢塔克的用心是进行道德说教，劝善警世，但全书的比较的框架是分明的，也是独特的。罗马作家塔西陀(约 55～120)的《演说家的对话》通过对希腊罗马演说家的对照来探讨演说术所以衰落的原因。略早于他的昆提利安(约 35～95)在其著名的《演说术原理》中不仅对希腊罗马文学作了轮廓式的叙述，而且着重比较了西塞罗和狄摩西尼，指出了前者对希腊模式的借鉴：

> ……我以为这两位演说家在许多方面是类似的。他们在说理判断、谋篇布局、造境立意诸方面都有很高的天赋。但说到风格，却并不相同。狄摩西尼论点集中，绝不旁涉，西塞罗文笔恣肆，往往从远处娓娓道来；狄摩西尼简短扼要，仿佛一支轻剑，机警峭拔，西塞罗洋洋洒洒，仿佛一根短棒，沉着透辟；前者的演说一字不可减，后者的演说一字不可增；前者典雅秀美，后者自然清新。……我以为西塞罗是全心全意模仿希腊作家，他有狄摩西尼雄辩的说服力，有柏拉图滔滔不绝的流畅，还有伊索克拉底动人心魄的魅力。……①

后来的罗马作家莫克罗毕乌斯在《神农节》中，则用相当的篇幅讨论了维吉尔对荷马等希腊诗人的模仿。

中世纪的欧洲处在基督教的全面控制下，各民族不仅有共同的信仰，而且使用同一种文字，即拉丁文。在这种情况下，各民族文化交流频繁，它们之间的同一性大于差异性。文人学者一般把欧洲看作一个统一的拉丁化世界，但也有学者意识到民族文化之间的差异。意大利诗人但丁(1265～1321)在《论俗语》中，按照方言的不同把欧洲文学分成北、南、东三个部分，并把南部的意大利俗语文学、普罗旺斯俗语文学、西班牙俗语文学加以对照。

文艺复兴时期，人文主义的思想家和艺术家们从民间和地下发掘出的古代遗址中，搜集古希腊罗马的手抄本和艺术品，并将古代文化与中古文化作了对比，发现了古代文化的灿烂光辉，提出复兴古代文化的号召，但他们提倡的"复兴"并不是对古希腊罗马文化的简单模仿，而是在人文主义思想指导下，吸收民族文化和民间文化的精神，对古典文化加以继承和发扬。因此，这场遍及全欧的文艺复兴运动，标志着各民族文化的相互借鉴和启发。许多作家都是在对中世纪文学和古典文学比较的基础上继承古代

---

① 转引自[美]H.E.勃特勒英译文，见[美]G.萨尔曼等编：《古典和现代欧洲文学选读》，491 页。

传统的。意大利学者斯卡里格(1540～1609)曾在《诗学》一书中,用整整一章的篇幅对维吉尔和荷马、维吉尔和其他希腊诗人、奥维德和一些希腊作家作了对比。斯卡里格的目的是要说明罗马文学比希腊文学优越。其他民族(如英、法、德等)的作家也都具有较强的民族意识和发展的观念,他们不仅大都用民族语言(即但丁所谓的"俗语")来创作,而且格外重视民族的精神、民族的传统。他们从古代和民间文学吸取营养,为发展具有民族特色的文学做出了贡献。民族意识的不断增强使他们产生了自尊自贵的民族自豪感,因此在将本民族文学与外民族文学作比较时,往往贬抑外民族的文学,抬高自己民族的文学。与此同时,文化不断随社会的发展而发展的观念也逐渐增强,今人胜于古人的思想在整个文化领域里逐渐占据了主导地位。17世纪法国展开的那场"古今之争",正是这一观念产生的必然结果。当时以批评家兼诗人夏尔·贝洛(1628～1703)为首的激进派,认为今人在自然科学领域里已经超过了古人,在人文科学的各个领域里也不比古人逊色。拿文学来说,17世纪古典主义的文学就远远胜过了古希腊罗马文学,因此,必须反对厚古薄今的观点。以布瓦洛(1636～1711)为首的保守派则持相反的观点。他们认为古希腊罗马文学是后人无法超越的最高典范,是文学的光辉顶点,今人只有心悦诚服地学习古人,以古代文学为楷模,才能创造出新的文学。论战双方为说明自己的观点,就需要借助比较的方法,将今人和古人作一番比较。例如,贝洛于1687年在法国学士院宣读的诗《路易十四时代》就把路易十四时代和罗马奥古斯都的"黄金时代"作了比较。在随后完成的《古今之比》中,他将当时的作家与古代作家作了比较。布瓦洛为了说明古人之不可企及,也总是拿荷马、维吉尔等古典大师与当时的作家对比。这场影响巨大的"古今之争"一直延续到18世纪。

18世纪的启蒙运动像文艺复兴一样,也是一场遍及欧洲各国的思想文化运动。它继承了文艺复兴反封建、反教会的人文主义思想,提倡信仰和精神的自由,主张以理性的尺度来衡量、检验一切,他们相信人类不断进步的观点,号召人们以乐观的战斗精神为建立一个自由、平等、博爱的"理性王国"而努力。在这场轰轰烈烈的思想解放运动中,欧洲各民族之间的文化联系进一步加强。法国17世纪古典主义文学以它的卓越成就引起了欧洲一些国家的重视,许多作家竞相模仿路易十四时代的法国作家,造成了向法国学习的热潮。他们运用古典主义原则来创立各自的民族文学,使古典主义文学统治欧洲文坛达两百年之久。同时,法国启蒙思想也风靡欧洲。孟德斯鸠、伏尔泰、狄德罗、卢梭等启蒙思想家的作品一经问世,便不胫而走，立刻被译成各种文字，为各国人民传颂，成为他们反封建、争自由的有力武器。此外，英国对欧洲大陆的影响也进一步扩大，莎士比亚的剧作开始被翻译介绍到法、德、意、俄诸国，长久地占据了异国的舞台。英国小说家理查逊受到狄德罗的高度赞赏，他的书信体小说《克拉丽莎》(1747～1748)对卢梭的《新爱洛依斯》(1761)有巨大影响，并通过他影响了歌德。《少年维特的烦恼》在体裁和结构上留下了模仿这种书信体小说的明显痕迹。当然，英国对欧洲大陆的影响不仅在文学方面，它的政治制度和社会思想通过先后赴英访问的启蒙思想家传遍了欧洲各国。启蒙思想家们不仅在欧洲的范围内为自己的理论寻求支持，而且也对东方的哲学和文化发生了兴趣，这一时期中国、印度、阿拉伯的文化传入了欧洲，开始形成了东西方文化的交汇。

　　在这样的背景下，比较文学的理论和方法逐渐萌芽。有些学者提出的看法，对下一个世纪比较文学发展成一门学科产生了积极的影响，有必要作一些简略的评述。

　　伏尔泰(1694～1778)不仅是最杰出的启蒙思想家和作家，也是比较文学理论和实践的远祖之一。他在《论史诗》(1727)和其他著作中，首先提出用比较的方法来研究欧洲各民族史诗的意见。他还讨论了荷马、维吉尔、塔索、弥尔顿等重要的史诗诗人，希望通过对这些不同时代、不同民族、不同风格的诗人的比较研究，探寻"共同的法则"，发展共同的鉴赏趣味，同时又维持并增强不同民族的独特的个性：

> 难道没有为所有民族共同接受的关于鉴赏趣味的准则吗？毫无疑问，这样的准则是有很多的。自从文艺复兴以来（当时古代作家被公认为创作的典范），荷马、德谟斯梯尼〔即狄摩西尼——引者注〕、维吉尔、西塞罗等在某种程度上已将所有的欧洲人联合起来置于他们的支配之下，并为所有各民族创造了一个统一的文艺共和国。但是在这个共同的领域中，各个国家引进了各自特殊的欣赏趣味。①

　　伏尔泰以"在同一太阳的照射下成熟起来"，但从培养它们的国土上"接受了不同的趣味、色调和形式"的花朵，来比拟希腊、罗马传统所创造的

---

① 〔法〕伏尔泰：《论史诗》，转引自伍蠡甫主编：《西方文论选》（上），322页，上海，上海译文出版社，1979。

"统一的文艺共和国"中各具特色的民族文学，这显然是从某种理论的角度暗示了造成各民族文学异同的原因，对比较文学理论的产生具有一定的意义。

由于他只尊奉古罗马文学和法国古典主义文学，因此把其余的文学都看作原始文学。他认为一切原始文学都是相似的。他把《伊利亚特》和《旧约·约伯记》相比；把古希腊戏剧和意大利梅塔斯塔齐奥的歌剧相比，目的是说明荷马史诗、《圣经》等所代表的只是一种二流文学，没有拉丁文学和当时的法国文学旨趣高雅。

伏尔泰还对东方文学感兴趣。中国的元杂剧《赵氏孤儿》传入欧洲后，他将此剧和欧洲同类剧本作了对比，认为中国杂剧更富于美好的"理性"，有许多"合理近情"的原则，并按照自己的启蒙思想和理性原则，将其改编为《中国孤儿》，在欧洲文学界引起了强烈的反响。

可见，伏尔泰尽管有许多偏激和不公正的观点，但这些观点都是经过比较得出的，他不愧为比较文学的始祖之一。

对比较文学的诞生做出贡献的另一位学者是德国的莱辛（1729～1781）。他的《汉堡剧评》是用比较的方法讨论欧洲戏剧的一部杰作。在这部著作中，他比较了亚里士多德和法国古典主义的理论，指出《诗学》的实质是它体现的现实主义成分，而古典主义者歪曲了亚里士多德的学说，他们本末倒置，把《诗学》中非本质的东西说成是本质的东西。莱辛认为德国戏剧家应该师法的对象不是伏尔泰、高乃依和拉辛，而是莎士比亚，只有向这位伟大的英国剧作家学习，把他的现实主义戏剧思想发扬光大，德国才能建立起自己的民族戏剧。这个结论是从对莎士比亚和法国古典主义戏剧家的比较中获得的：

> 莎士比亚作品的各部分，甚至连最细微的地方，都是按照历史剧的宏大篇幅剪裁的，这跟具有法国趣味的悲剧相比，犹如一幅广阔的壁画和一幅绘在戒指上的小品画。①

莱辛还具体比较了《哈姆莱特》中的鬼魂和《塞密拉密斯》中的鬼魂。《塞密拉密斯》是伏尔泰创作的一部五幕悲剧，其情节与《哈姆莱特》有许多相似之处。莱辛指出，伏尔泰在这出戏中让尼努斯的鬼魂从坟墓中走出来是法

---

① ［德］莱辛：《汉堡剧评》，张黎译，375页，上海，上海译文出版社，1981。

国悲剧中一个新的、大胆的尝试，但这一尝试是不成功的，因为它没有产生动人的艺术效果，反倒让人觉得荒唐可笑。莎翁笔下的鬼魂显灵于庄严肃穆的时刻，出没于恐怖静寂的暗夜和一个充满忧郁、神秘的环境中，而伏尔泰笔下的鬼魂则出现在光天化日之下和国中臣民聚会祖庙、即将宣布王位继承人的喜庆时刻；莎翁的鬼魂令人毛骨悚然，不寒而栗，而伏尔泰的鬼魂则令人觉得唐突滑稽，虚假失真。之所以如此，就是因为伏尔泰的鬼魂违背了惯例(怕见阳光，不能出现在稠人广众之中，只能出没于幽暗的深夜等)，失去了存在的依据。通过这样的比较，莱辛得出结论说：

> 伏尔泰的鬼魂只是一部艺术机器，它只是为情节而存在，我们对它丝毫不感兴趣。莎士比亚的鬼魂则相反，是一个真正行动的人物，我们关心它的命运，它唤起恐怖，但也唤起怜悯。①

这一脍炙人口的比较启示了后来所谓的平行比较。除此以外，《汉堡剧评》还将伏尔泰的悲剧《墨洛珀》和意大利剧作家马菲的同名剧作作了比较。莱辛指出：

> 伏尔泰的《墨洛珀》是在马菲的《墨洛珀》的启发之下创作出来的。然而启发一词表达得并不确切，其实前者完全是由后者产生出来的。情节、布局和风俗习惯都是马菲的，没有马菲，伏尔泰便根本写不出《墨洛珀》，倘能写出来，也肯定是完全另外的样子。②

莱辛详细剖析了马菲对这出戏所采用的希腊神话题材的处理，说明他彻底改造了整个故事，对许多细节作了改动。欧里庇得斯曾以此为题材写过悲剧《克瑞斯丰忒斯》，亚里士多德和西塞罗等许多古代作家都提到过欧氏的这个戏，但这个戏现已失传。据莱辛说，马菲彻底摆脱了欧里庇得斯的格局，把一切谋杀复仇的戏的重点集中在墨洛珀母性的柔情上。伏尔泰则完全因袭了马菲的创造。马菲虚构什么，他便模仿什么。所以莱辛说他不过是马菲的"翻译者和模仿者"，只在个别地方有所创新。

莱辛通过对马菲、伏尔泰、欧里庇得斯就同一题材处理的比较，指明

---

① [德]莱辛：《汉堡剧评》，张黎译，64页，上海，上海译文出版社，1981。

② 同上书，194页。

了一出戏的来龙去脉，成为后来比较文学中影响研究探索渊源的最早范例，而且在比较中指明了什么是因袭模仿，什么是推陈出新，这对影响研究中关于"独创性"问题的探讨也不无意义。

更为可贵的是，莱辛不仅作了平行研究和影响研究方面的尝试，还探索了文学和艺术的关系这类跨学科的问题。他通过诗与画的比较指出了诗与造型艺术各自的特殊规律，即二者在模仿的对象和模仿方式上的根本区别，为比较文学中研究文学与其他学科的关系树立了榜样。

18世纪后半期，欧洲学者对文学进行比较研究的意识有了进一步的加强，这方面的一个关键人物是德国的赫尔德（1744～1803）。赫尔德认为文学史应该是一个整体，应该由不同的民族文学构成，应该能够说明不同地区、不同时代、不同作家的不同风格，应该能够反映文学的起源、发展、变化和衰亡。这种观念在某种程度上孕育了歌德关于"世界文学"的设想，包含了现代比较文学的萌芽。赫尔德不仅在理论上有所建树，而且实践了自己的部分理论。他编的《民歌集》一书，搜集了德、法、英、意、西、希腊、丹麦、冰岛、瑞典、波兰等许多民族的民歌，是第一本较为丰富的"世界文学"选集。

歌德（1749～1832）对比较文学的贡献是不言而喻的。他在同爱克曼的谈话中就作了许多具体的比较研究，例如在谈到他读过的一部中国传奇（据说可能是《好逑传》）时说："中国人在思想、行为和情感方面几乎和我们一样，使我们很快就感到他们是我们的同类人，只是在他们那里一切都比我们这里更明朗，更纯洁，也更合乎道德。在他们那里，一切都是可以理解的，平易近人的，没有强烈的情欲和飞腾动荡的诗兴，因此和我写的《赫尔曼和窦绿苔》以及英国理查逊写的小说有很多类似的地方。"[1]更为重要的是，歌德由此而提出了"世界文学"的概念。他说：

> 民族文学在现代算不了很大的一回事，世界文学的时代已快来临了。现在每个人都应该出力促使它早日来临。[2]

歌德在这里表达了各民族文学互相接近、交流的愿望，憧憬有朝一日

---

① ［德］艾克曼辑录：《歌德谈话录》，朱光潜译，112页，北京，人民文学出版社，1982。
② 同上书，113页。

各民族文学会结合为一个统一的、互相联系的整体。"世界文学"的这种观念对早期比较文学的萌芽具有启示作用。

　　进一步发展了赫尔德和歌德思想的是施莱格尔兄弟和斯达尔夫人。奥·威·施莱格尔(1767～1845)早期在柏林开设的几次讲座，从总体上描述了整个西欧的文学史，他把西欧文学分成古典的和浪漫的两个部分。在《论戏剧艺术和文学》一书中，他进一步说明了二者的区别。古典的文学和艺术是机械的、造型的、有限的、简单的、封闭的、文类分明的，而浪漫的文学艺术却是有机的、如画的、无限的、复杂的、不断发展的、文类混杂的。依据这样的原则，他比较了古希腊罗马的文学、中世纪文学、文艺复兴、以及17、18世纪西欧各国的文学。他把古希腊文学、文艺复兴时期的文学看作浪漫的文学，而把古罗马文学、17世纪欧洲各国文学看作古典的文学。尽管他力图公正地、不抱偏见地对待这两种文学，但对浪漫的文学的偏爱和欣赏却始终溢于言表。他热烈赞颂荷马、但丁、莎士比亚、塞万提斯和卡尔德隆，而对以维吉尔、奥维德、贺拉斯等为代表的拉丁文学，以高乃依、拉辛等为代表的法国古典主义文学则十分冷漠，甚至对歌德，他的态度都说不上十分热烈，只能说是赞赏中带着保留。至于对席勒，他的态度基本上是贬，而不是褒。他的弟弟弗·施莱格尔(1772～1829)不仅以比较的方法研究自希腊诗歌以来的西欧文学，而且研究了梵语文学。他的《论印度人的语言和智慧》是一本比较语言学的巨著。

　　与施氏兄弟友善的斯达尔夫人(1766～1817)的《论文学》和《论德国》，也是比较学者经常提及的两本名著。在《论文学》中，她提出了文学取决于社会生活和地理环境的著名论点：

　　　　我觉得有两种不同的文学存在着，一种来自南方，一种源出北方；前者以荷马为鼻祖，后者以莪相为渊源。希腊人、意大利人、西班牙人和路易十四时代的法兰西人属于我称之为南方文学这一类型。英国作品、德国作品、丹麦和瑞典某些作品应该列入由苏格兰行吟诗人、冰岛寓言和斯堪的纳维亚诗歌肇始的北方文学。……北方人喜爱的形象和南方人乐于追忆的形象间存在着差别。气候当然是产生这些差别的主要原因之一。①

―――――――――

　　①　伍蠡甫主编：《西方文论选》(下)，124～125页，上海，上海译文出版社，1979。

斯达尔夫人通过对裁相和荷马诗歌为代表的北、南文学的比较，不仅指出北方文学饱含激情的忧郁与海滨、风啸、灌木、荒原以及多雾的气候有关，而南方文学的充满欢快的明媚却与"清新的空气、丛密的树林、清澈的溪流"以及明朗的气候相关。她还说明：北方文学与这一地区的各民族对哲学的关注和对自由的向往紧密相关，而南方文学则与该地区各民族对艺术的热爱和安居乐业的向往紧密相关。斯达尔夫人的这些观点对泰纳后来提出环境、种族、时代三要素决定文学发展的著名理论具有启示作用。

《论德国》则对德法两国的文学传统、社会生活和客观环境作了比较。虽然这本书没有深入研究德法两国文学的相互影响，但它毕竟对它们作了比较：

> 这两个民族具有不同的才能，这可以在戏剧艺术上找到显著的例证。在法国作家中，行动、纠葛、事件等所引起的兴趣，都被千百倍地结合得更好，被千百倍地理解得更好；在德国作家中，内心印象的发展、强烈感情的秘密风暴等，却被研究得更多。①

施莱格尔兄弟和斯达尔夫人都以自己深刻的文学观和比较的方法推动了比较文学的建立。

到 19 世纪中叶以后，比较文学作为一个学科产生的时机已经成熟。

## 二、学科史

从历史上看，西方从中世纪开始，由于各民族共同信仰基督教和使用拉丁文，已经萌生了世界主义（Cosmopolitanism）的意识，随后的文艺复兴运动和启蒙运动又都带有全欧的性质，各民族之间的文化交流在不断扩大，对文学进行比较研究的意识也在逐渐增强。从社会经济角度来看，这种思想无疑是资本主义社会经济发展的必然产物。马克思和恩格斯在《共产党宣言》中透辟地指出了世界市场的形成和世界文学的关系，论证了世界主义意识和资本主义经济发展的因果关系。当然，他们所谓的"世界文学"实质上指的是包括各民族文学在内的广义的世界文化。显而易见，世界主义意识的增长以及各民族精神产品的世界化的思想，对比较文学发展成一个学科

---

① 伍蠡甫主编：《西方文论选》（下），135 页，上海，上海译文出版社，1979。

是十分重要的前提条件。

随着浪漫主义运动席卷全欧，各民族文学既表现了独特的民族精神，也出现了相互融会和交流的更大的趋势。但丁、莎士比亚、拜伦、雪莱、歌德、席勒、雨果等人的作品被译成各种文字在欧洲大陆流传；施莱格尔兄弟和斯达尔夫人等文学批评家用比较的眼光和方法探讨文学的精神也逐渐产生了较大的影响；文学史家们力图对各国文学作大规模的比较和综合。这里要特别提到的是英国文学史家亨利·豪勒姆的《15、16、17世纪欧洲文学导论》，著名文学批评史家圣兹伯里曾说他是"英国第一位以比较历史的方法研究历史的人"。①

在浪漫主义运动的热潮中，学者们研究民间文学的兴趣高涨，他们希望在中世纪文学中探寻各民族自己的根源，为达到这一目的，自然就需把各民族的民间文学加以对比。最早系统地采用比较的方法研究神话、史诗、童话、传说、传奇，并取得了杰出成就的学者是德国的格林兄弟。他们着重研究德国的《尼卜龙根之歌》，并且始终把它置于和英国的《贝奥武甫》、法国的"武功歌"、冰岛的"埃达"以及北欧、条顿和斯拉夫诸民族的民谣、民间故事的对比中。他们提出了"自然的诗歌"和"艺术的诗歌"的区别，认为一切人民群众的集体创作都是"自然的"文学形态，而文人的个人创作则是"艺术的"作品。史诗和各种民间文学无疑都是属于前者。他们对民间文学的搜集整理、分类对比，导致了后来民间文学中采用比较法编订故事类型以及所谓"题材史"的研究，对比较文学的产生具有重要的意义。

19世纪中叶之后，自然科学不断取得突破性的进展，新的理论先后出现。达尔文的进化论，以及因果论和实证主义思潮对自然科学和社会科学研究的各方面产生了巨大的影响。正如恩格斯指出的："这一切积聚了大量的材料，使得应用比较的方法成为可能而且同时成为必要。"②自然科学中以"比较"命名的新著作不断涌现。如《比较解剖学》、《比较生理学》、《比较胚胎形成学》等，甚至人文科学中也出现了类似的著作，如《比较语言学》、《哲学系统比较史》等。文学研究也逐渐受到这种风气的影响，开始注意不同民族作家、作品之间的关系，文学上的影响、渊源、事实联系等。在这样的背景下，比较文学作为一个学科形成的条件已经具备。

---

① ［英］圣兹伯里：《批评史》，第3卷，294页，纽约，1904。
② 恩格斯：《自然辩证法》，《马克思恩格斯选集》，第3卷，453页，北京，人民出版社，1972。

丹麦文学史家勃兰兑斯(1842～1927)是对文学的比较研究做出重要贡献的学者,他在《十九世纪文学主流》(1872～1890)一书中,始终把法、德、英诸国的浪漫主义运动联系起来考察。例如,在论述法国浪漫派的第五分册中,他以一章的篇幅讨论了莎士比亚、司各特、拜伦、雪莱、歌德、霍夫曼等英、德作家对法国浪漫派的影响。在谈到拜伦时,他说:

> 比司各特的影响更加强有力的是拜伦的影响。使雨果所唤醒并聚集在一起的青年作家为之入迷的,是拜伦诗歌中那种奔放热情的因素,以及这种因素同他的狂放生活的联系……是被那些围绕诗人生命的神话和传说所极度夸张了的拜伦形态的典型。[①]

在谈到歌德时,他说:

> 《少年维特的烦恼》真正风靡一时,这部作品高度压缩的热情迷醉了所有读者。对于法国读者,维特似乎是一个勒奈。[②]

在谈到席勒时,他力图说明其创作的渊源:

> 《玛丽雅·斯图亚特》是按照索福克勒斯的《俄狄浦斯王》的模子写成的,选取这个题材的目的在于寻求这样一个主题,让悲剧命运像一个骑士格言一样预先规定下来,戏文只须把开头安排好的事件分析地发展下去就可以。[③]

显然,勃兰兑斯所使用的方法就是后来影响研究的方法。他的这部断代史不仅为大规模的欧洲文学史的编订提供了经验,也为比较文学的影响研究提供了范例。

比较文学作为一个学科的正式建立,有以下几个重要事件值得一提:

---

① [丹麦]勃兰兑斯:《十九世纪文学主流》,第五分册,李宗杰译,61页,北京,人民文学出版社,1982。

② 同上书,64页。

③ [丹麦]勃兰兑斯:《十九世纪文学主流》,第二分册,刘半九译,25页,北京,人民文学出版社,1981。

1886 年英国学者波斯奈特的专著《比较文学》问世；1887 年德国学者科赫创办第一份《比较文学杂志》；1897 年法国学者戴克斯特在里昂大学创办第一个比较文学讲座；1900 年在巴黎召开的国际性文学会议上把"各国文学的比较历史"正式列入议题，并进行了讨论；同年贝茨编订了《比较文学书目》。

波斯奈特(1855～1927)把"比较的"和"历史的"看作同义语，力图研究文学的发展演变。他用不同民族的文学来说明：文学的发展如同社会一样是从氏族到城邦，从城邦到民族，从民族到世界这样一个过程。在波斯奈特看来，文学的内部发展远较文学的外部影响重要：

> 民族文学从外部受到影响，但却从内部获得发展；比较研究这种内部的发展比那种外部的影响远为有益，因为内部发展并不是一种模仿，而是基于社会和物质原因的一种进化。①

这里应该说明的一点是，尽管波斯奈特有着强烈的倾向性，但他仍然明确地指出："文学发展的内在特征和外在特征都是比较研究的目标，"②这在实质上为后来比较文学的影响研究和平行研究勾勒了轮廓。

科赫除编了《比较文学杂志》外，还编了《比较文学史研究》。这两份杂志的刊行不仅是德国比较文学史上的一个转折点，也是欧洲比较文学学科史上的一个开端。科赫在前言中明确地表示，杂志的宗旨一是对德国比较文学的批评和历史作简明的论述，二是使德国比较文学专门化。他还为《比较文学史研究》规定了下述内容：一、翻译的艺术；二、文学形式和主题的历史，以及跨越民族界限的文学影响研究；三、思想史；四、政治史与文学史之间的关系；五、文学与造型艺术，文学与哲学之间的关系；六、民俗学研究。科赫确实忠实地执行了自己的编辑方针。在这两份杂志中，有讨论文学影响的文章，如但丁对德国的影响、莱辛对匈牙利的影响等；有对欧洲诸国、印度、非洲、中国等神话、童话、民俗的主题的比较研究；偶尔也有关于文学与艺术关系的研究。可见，无论从编辑思想，还是从编辑实践方面来说，科赫的这两份杂志都堪称首创，对比较文学的确立有着

---

①　［英］波斯奈特：《比较文学》第四章《比较方法和文学》，见《比较文学和总体文学年鉴》14，69、87 页，印第安纳大学出版社，1965。

②　同上。

不可忽视的意义。

法国最早的比较文学学者是布吕纳季耶(1849～1906)，他将达尔文的进化论引入文学研究，力图运用这种理论来解释国际间的文学联系，主张跨民族的文学研究。他的努力为比较文学学科的产生做出了贡献，法国比较文学诞生期的两位最重要的学者戴克斯特和贝茨，都是他的学生。

戴克斯特(1865～1900)是法国研究文学之间关系的一位著名学者，也是比较文学的元老之一。他在主持里昂大学的讲座期间，主要讲述文艺复兴以来德国文学对法国文学的影响；1897年到1898年之间，他还应邀到巴黎大学作了一系列有关文学关系的演讲。由于他的开创性的功绩，1910年，巴黎大学建立了比较文学的第二个讲座。他在这一时期写成的专文《卢梭和文学世界主义的起源》也是这一学科最早的一部重要论著。

1900年夏，来自意大利、瑞典、荷兰、英国、卢森堡、瑞士、希腊、美国的学者们齐集巴黎，举行国际性的讨论会。这次大会首次把"各国文学的比较历史"列入议题，作为第六组的讨论题目。大会的主持者是法国著名学者巴里和布吕纳季耶。巴里在开幕词中给比较文学规定了两项任务：一是研究不同文学之间的关系；二是研究不同民俗之间的关系。他认为比较文学"是一门新兴学科，涉及了民俗、神话等方面的比较，强调对人类思想史的研究，超越了文学本身的范畴"。布吕纳季耶以《欧洲文学》为题发表了演说，他把意、西、法、英、德诸国文学加以排比，坚持用进化论的观点来解释文学类型的发展演变，对后来的比较学者影响颇大。这次会议还提出了建立国际比较文学协会的呼吁。这一年还有一个重要事件，那就是贝茨编订的《比较文学书目》。贝茨(1861～1903)的父母是德国人。他出生于美国，成长在瑞士，后来进斯特拉斯堡和耶那的大学学法律，又先后在纽约和苏黎世学习、工作，他熟悉德、法、英三种语言，是一个真正的欧洲公民。他的这部书目附有戴克斯特所写的序言，为后来巴尔登斯伯格和弗里德里希编订更大规模的《比较文学书目》奠定了基础。

在这一时期内，意大利著名批评家桑克蒂斯(1817～1883)于1871年在那不勒斯主持了第一个比较文学讲座；被称为俄国"比较文学之父"的维谢洛夫斯基(1838～1906)在圣彼得堡创立了总体文学讲座，从事比较文学研究；1871年查理·谢克福德(1815～1895)在康奈尔大学创办了美国"总体文学与比较文学"讲座；1887年到1889年盖莱(1855～1932)在密执安大学开办了"比较的文学批评"讲习班，1890年马希教授在哈佛大学开办了比较文学讲座。

综上所述，我们可以说，比较文学作为一个学科形成于 19 世纪 70 年代到 20 世纪初。从地域上看，它的形成和进一步发展的中心在法国。对比较文学的早期和中期产生决定性影响的是一批法国学者的理论，也就是比较文学史上所谓的"法国学派"的理论。

法国学派的第一位代表人物是巴尔登斯伯格（1871～1958）。巴尔登斯伯格出生于法国的阿尔萨斯—洛林地区，后来在瑞士的德语区求学，并一度旅居德国。他确实是那种"站在各国之间的交叉路口上"的人，① 从小就熟悉了德、法两种语言和文化。1901 年他接替去世的戴克斯特担任了里昂大学比较文学讲座的教席，并先后去欧洲诸国讲学。1910 年以后，他主持巴黎大学的比较文学讲座。1921 年他和巴黎大学的另一位比较文学教授阿扎尔共同创办了《比较文学杂志》，同时主持出版了一套有关比较文学的丛书。从此以后，《比较文学杂志》不断刊登法国和欧洲其他国家比较文学者的论文，成为法国学派重要的理论工具。1930 年，他在阿扎尔和梵·第根的协助下，创建了巴黎大学的现代文学和比较文学研究院，使巴黎大学在此后的数十年间成了国际比较文学研究的中心。

巴尔登斯伯格一生在比较文学方面的著述不少，但多数是关于法国文学所受外来影响的论述。其中重要的有：《歌德在法国》(1904)、《文学史研究》(三卷集 1907、1910、1939)、《1787～1815 年间法国流亡贵族中的思想动向》(1925)、《巴尔扎克作品中的外国倾向》(1927)。在《比较文学的名与实》(《比较文学杂志》第 1 期)一文中，他曾对比较文学的理论作过扼要的阐述。他认为布吕纳季耶以进化论的观点来解释文学发展的观点已经过时，那种机械地寻找不同文学类型之间因果关系的做法是站不住脚的；他也不赞成搞主题研究，认为这种研究大都支离破碎，缺乏可靠性和明晰性；他还认为泰纳的环境决定论对比较文学的研究是十分有害的；他倾向于用比较的方法研究文学艺术形态和发生演变的过程，他把这种研究称之为"艺术形态学"和"发生学"。此外他还提出比较文学应该重视二三流作家作品的观点。他的这些见解曾在 20 世纪初的二三十年间对法国的比较文学产生重大的影响。1935 年到 1945 年，巴尔登斯伯格在美国讲学，对美国比较文学的建立起了很大的促进作用。

巴尔登斯伯格还对比较文学的书目做出了巨大的贡献。1904 年，他把

---

① ［美］韦勒克：《比较文学的危机》，见北京师范大学中文系比较文学研究组选编：《比较文学研究资料》，55 页，北京，北京师范大学出版社，1986。

贝茨的书目扩编出版，使书目增至六千余条。1950 年，在他编订的书目基础上，弗里德利希以与他合作的名义出版了一本详细完备的《比较文学书目》。今天看来，这本书目尽管存在着编排不甚合理、检索不易等缺点，但仍是比较学者不可缺少的一本工具书。

第一个系统地、全面地阐述法国学派观点的学者是梵·第根（1871～1948）。他是法国学派的宗师，他的名字永远与他那本《比较文学论》（1931）联系在一起（1937 年，上海商务印书馆曾印行过戴望舒的中译本）。这本书分为三个部分：比较文学的形成与发展；比较文学的方法与成绩；总体文学（戴译"一般文学"）的原则与任务。对比较文学的历史、方法和成果作了系统的探讨。

梵·第根首先对比较文学作了界定，他认为比较文学应该像一切历史科学一样，把尽可能多的、来源不同的事实采纳在一起，以便对每一个事实作出充分的解释。这就为法国学派认为比较文学是文学史的一支定了基调。他不赞成把"比较"和审美的研究联系在一起，他所谓的"比较"，实质上就是要摆脱全部美学的含义。他认为比较文学的目的就是要研究作家所受的外来影响与各国文学作品之间的相互关系，这就在理论上为影响研究探讨各种文学间的"事实联系"，排斥美国学派后来提出的没有直接关系的类同研究奠定了基础。同时他把"精细和准确的考证"规定为比较文学的研究方法。梵·第根把欧洲各种文学之间的关系划作三类：希腊和拉丁文学之间的关系；中世纪文学和古代文学的关系；近代各国文学的关系。他认为最后一类关系最广泛、最复杂，所谓比较文学，就是要着重研究这一类文学关系。他还对"总体文学"作了界定。他认为，研究两国文学关系的是"比较文学"，而研究两国以上文学关系的是"总体文学"。

今天看来，梵·第根的观点不能说没有偏颇之处，有些观点甚至显得荒谬（例如关于"总体文学"的定义），但作为法国学派理论的总结，仍有其历史价值。从这个意义上说，他不仅是法国学派的泰斗，也是比较文学史上一个杰出的理论家。

继承并发展了梵·第根的理论，确立法国学派体系的是卡雷和基亚。卡雷（1887～1958）是巴尔登斯伯格的学生，20 世纪 30 年代中期，巴尔登斯伯格赴美以后，他接替巴氏主持巴黎大学的讲座，并领导现代文学和比较文学研究院的工作，同时编辑《比较文学杂志》。基亚（1921～　　）是卡雷的学生，他在 1951 年出版了《比较文学》一书，卡雷为这本书写了一篇简短的、然而却是纲领性的序言（见本书第 7 页所引）。他们从梵·第根的观点出发，进一步发展和完善了法国学派的理论，明确地把比较文学规定为文学史的一支，强调研究国际文化与精神的联系，研究不同作家和作品间的各种"事实联系"，探索文学的渊源、媒介、影响等方面。

美国学派的崛起是比较文学史上的大事。法美两个学派在 50 年代进行的一场论战，大大发展并更新了比较文学的观念，开拓了比较文学的领域。

美国自 19 世纪末哈佛大学的第一个比较文学讲座建立以来，哥伦比亚大学于 1899 年建立了第一个比较文学系，哈佛大学也于 1904 年建立了比较文学系。肖菲尔德出任主任，著名的新人文主义者巴比特（1865～1933，旧译白璧德）和他一起共事。1903 年哥伦比亚大学比较文学系主任伍德贝利创办了第一份比较文学杂志《比较文学学报》，可惜由于财力不足，只办了四期即告停刊。1910 年肖菲尔德创办了一套"哈佛比较文学研究丛书"，著名哲学家、文学家桑塔亚那的《三位哲理诗人：卢克莱修、但丁、歌德》是这套丛书的第一本。其后，加州大学和得州大学也创立了比较文学系，但只办了四五年就停止了。直到 20 世纪 40 年代，美国的比较文学一直徘徊不前。1942 年，由于哥伦比亚大学教授英文和比较文学的克里斯蒂的努力，全国英语教师协会成立了一个"比较文学委员会"。同年，他还创办了一份《比较文学通讯》。与此同时，定居在美国的瑞士学者弗里德利希从 1936 年起执教于北卡罗莱纳大学比较文学系。弗里德利希提出了在美国大学中改革比较文学教学的详细计划，在他的推动下，"现代语言协会"成立了 7 个比较文学小组：散文、民间文学、亚瑟王文学、文艺复兴、英法文学关系、英德文学关系、法德文学关系。1949 年，《比较文学》杂志在俄勒冈大学创刊，次年巴尔登斯伯格和弗里德利希合编的《比较文学书目》由北卡罗莱纳大学出版社出版；1952 年，《比较文学和总体文学年鉴》问世；1960 年，"美国比较文学协会"成立。这些事件标志着第二次世界大战后美国比较文学研究的突飞猛进。

然而，美国学派形成的真正标志是它在理论上的成熟。耶鲁大学和印第安纳大学是孕育美国学派的摇篮，因为这一学派的代表人物韦勒克、马隆、列文、雷马克、韦斯坦因等人主要集中在这两所学校。

韦勒克（1903～1995）祖籍捷克，出生于维也纳，从小受过良好的教育，熟悉英、德、法、意、拉丁、希腊等多种语言，对文学和文学理论有广博的知识和独到的见解，与美国的新批评派、布拉格学派、以及以里维斯为首的英国"细察"派学者有广泛的接触和联系。他一贯反对 19 世纪后期文学研究中的实证主义和唯科学主义倾向，强调对文学艺术作品本身的研究。

1949 年出版的他与沃伦合著的《文学理论》，清楚地显示了他偏重研究文学艺术作品本身的倾向。1953 年，他发表《比较文学的概念》(载《比较文学与总体文学年鉴》第二卷)一文，对法国学派提出批评，从此揭开了两个学派的论战。1954 年，"国际比较文学学会"①正式成立并召开第一届学术讨论会。1958 年 9 月在美国北卡罗莱纳大学所在地教堂山举行第二届学术讨论会。在这次大会上，韦勒克宣读了一篇题为《比较文学的危机》的论文，以严密的逻辑和雄辩的说理，全面驳斥法国学派的理论，阐述美国学派的观点。这篇论文不仅被认为是一年前那篇短文的继续，也被看作美国学派的宣言。

在这篇震动比较文学界的文章中，他首先肯定了比较文学反对孤立地研究国别文学是其一大功绩，但是他指出，法国学者强调研究来源、影响等，已把比较文学变成了文学研究的"外贸"，这样做就不能完整地研究艺术品，因为"艺术品绝不仅仅是来源和影响的总和"②，它们是一个整体。他还认为，法国学者所搞的因果关系的研究没有多大价值，因为这类研究除了说明某个作家知道或阅读过另外一个外国作家的作品外，什么都不能说明。此外，比较文学的兴起本是为反对 19 世纪的狭隘的民族主义、孤立主义的，但由于研究方法的局限，以及"爱国主义"的思想动机，许多研究者力图证明本国对别国文学的影响，特别是法国学者，他们十分热衷于说明法国文化的优越，说明法国文学对别国文学的贡献，即便是研究外国文学对法国文学的影响，其着眼点也在说明法国人比别的民族能够更全面、更准确地理解并吸收外国作家的精神。这样做的结果，自然是使以反对民族主义为宗旨的比较文学反而陷入了民族主义与文化扩张主义的泥淖。韦勒克认为，法国学派把比较文学仅仅局限于文学史的研究，把文学史、文学批评、文学理论三者人为地分离是错误的，即便是最简单的文学史问题，也需要作出判断、思考、比较、分析、区别、选择，而这些活动无不是批评活动。文学批评活动离开理论的指导是无法进行的。事实证明，三者之间紧密相关、互相依存。韦勒克在这次大会上的挑战不仅动摇了法国学派

---

① 国际比较文学学会的原名中"学会"一词为 association，它的本义是"联合"、"协作"之类，故一般译作"协会"，但也有人为强调学术组织的学术性，将其译作"学会"。本书采纳这一译法。

② ［美］韦勒克：《比较文学的危机》，见北京师范大学中文系比较文学研究组选编：《比较文学研究资料》，53 页，北京，北京师范大学出版社，1986。

长期以来在比较文学中的霸主地位，也引起了世界比较学者对这一学科存在危机的关注。

另一位著名的美国学者列文（1912～1994）从 20 世纪 40 年代执掌哈佛大学比较文学系之后就锐意改革，为比较文学确立了跨系科研究的目标。在 50 年代进行的法美两个学派的论争中，他始终站在韦勒克一边，批评法国学者从实证主义出发的影响研究，指出其"兴趣不在文学本身，而是在文学的外缘"。① 他还严厉批驳那种出于狭隘的民族主义，把本国文学看作是向外辐射影响的中心的思想。他像韦勒克一样，主张比较文学要从国际的高度来研究文学，并提倡在较高的层次上增进国际间的合作。

列文对比较文学的重大贡献是他对"主题学"的界定和在这一领域所进行的实践。列文认为过去的所谓"主题学"研究，即德国学者搞的"题材史"以及民俗学者对民间故事按照母题进行分类的研究，由于重点在探讨某些题材、主题的来源和流变，在本质上仍近于法国学派的影响研究，而真正的主题学研究应该和思想史的研究紧密结合起来，应该通过题材、主题的流变来探讨主题与作家的创作的关系、人们思想观念的变化以及时代的特征。

印第安纳大学的雷马克（1916～　　　）的《比较文学的定义和功用》是一篇颇能代表美国学派观点的论文。他在这篇文章中不仅指出法国学派"影响研究"的局限性，还提出了平行研究和跨学科研究的观点。另外一位著名的比较学者奥尔德里奇（1915～2005）也把"没有任何关联的作品的平行类同比较"作为"平行研究"的基本任务。此外，韦勒克和雷马克等人也批驳了梵·第根关于"总体文学"的观点，认为这位法国先驱的见解是没有道理的。

美国学派的观点大大地扩展了比较文学的领域，更新了比较文学的观念，使比较文学的研究进入了一个新阶段。

苏联的比较文学研究曾有过自己的一些传统，自从 19 世纪 70 年代圣彼得堡的总体文学讲座创立以来，经历了不同阶段的发展变化。在 20 世纪初的头 30 年，它获得了相对自由的发展；从 30 年代到 50 年代中期的 20 余年间，曾被认为是"资产阶级伪科学"而一度中断；1956 年后，苏联迎来了比较文学的"复兴"。

对苏联比较文学研究做出重要贡献的是维谢洛夫斯基和他的学生日尔蒙斯基。

---

① 　[美]列文：《比较的基础》，82 页，哈佛大学出版社，1972。

维谢洛夫斯基(1838~1906)在《比较诗学》中提出，即便在时空上毫无关系的文学现象也会由于相似的社会条件、内在规律的制约而产生某些类同，因此，文学工作者的任务就是要用历史—比较的方法来探索不同文学之间的类同，并进而研究文学作为总体的规律。

日尔蒙斯基(1891~1971)继承并发展了维谢洛夫斯基的思想，明确地提出了文学发展阶段的理论。他认为，在不同民族的社会发展的同一阶段上，文学艺术作为一种意识形态会表现出大量的类似，这种类似正是不同文学之间产生相互影响的基础，而在没有直接的相互影响和接触的情况下，则表现为历史类型的类似。这种从人类社会历史发展的一致性和规律性出发来比较研究各民族的文学的观点，成为苏联比较文学的基本思想，对比较文学学科理论的建设也有一定的意义。①

教堂山会议是比较文学发展史的一个转折点。在这次会议上，传统的比较文学观点受到批评，从而引起了国际上历时十余年的辩论。在这次辩论中，各派学者不仅陈述了自己的观点，而且检讨和修正了自己的观点。于是，出现了各派学者互相吸收、取长补短的局面。这场辩论导致比较文学在理论上更趋成熟，也促进了这一学科的健康发展。

自从受到美国学者的抨击之后，不少法国学者开始认真思考自己在立论和实践两方面的偏颇。他们在发扬传统中正确的东西的同时，注意吸收美国学者提出的一些有益的见解，对自己原先那些不严密、不完全正确的观点加以修改和补充。1963年，艾田伯(1909~2002)发表《比较不是理由》，以一种高瞻远瞩的气度回顾了比较文学的发展历史和各家的争论，提出"比较文学是人文主义"的观点。他主张把各民族文学看作全人类共同的精神财富，看作相互依赖的整体；人们应该以世界文学的总体观点来看待各民族文学及其相互关系，把比较文学看作能促进人们相互理解、有利于人类团结进步的事业。在具体的研究工作中，他着重批评了从实证主义出发进行的影响研究只注意文学作品外部诸关系的偏向，主张把历史主义的影响研究和美学评价的平行研究相互结合，进行新的探索。他说：

> 历史和历史主义并不总是进步的，而美学也并非总是反动的；它会有助于发展这么一种比较文学：它将历史方法和批评精神结合起来，将案卷研究与"文本阐释"结合起来，将社会学家的审慎与美学家的大

---

① 本书第一章第二节中有过介绍。

胆结合起来，从而最终一举赋予我们的学科以一种有价值的课题和一些恰当的方法。①

1967年，毕修瓦(1925～ )和罗梭(1896～1973)发表了他们合著的《比较文学》。这部颇有影响的教科书虽然在总的精神上与梵·第根、卡雷、基亚一脉相承，但在某些重要的地方作了修正。他们给比较文学所下的定义就比较宽泛：

> 比较文学：运用历史、文艺批评和哲学的方法，对不同语言或不同文化的文学现象进行分析性的描写，有条理的和区分性的比较、综合的比较，以期更好地理解文学这一人类精神的特有功能。②

由此可见，他们已经不再排斥美学评价和文学评价，而且把文学与其他艺术的比较研究也纳入比较文学的范围之内。基亚在他的《比较文学》第五版(1969)出版时，撤下了卡雷的纲领性的序言，换上自己写的序言。另一个重要的法国学者、曾经担任国际比较文学学会第二任主席和法国《比较文学杂志》主编的巴达庸表示，他对法国学派的影响研究和美国学派的平行研究给以同样的重视，主张结合两派所长，以克服它们各自的不足。

与此同时，美国学者的观点也在发生变化。他们注意到法国学者对平行研究的散漫性和可能缺乏科学性与可靠性的弊端所提出的警告，并对影响研究的历史功绩给予充分的肯定。当激烈的争论平静下来的时候，学者们转向深一层的理论探讨。韦勒克的《比较文学的名称和实质》，布洛克的《比较文学的新动向》，可以说是十余年争论的小结，它们在理论上更全面、更透辟地阐明了比较文学的一些基本问题。

韦勒克说，对于比较文学的定义，要从它的研究角度和精神上来给以界定。根据这一见解，他对比较文学的定义和方法提出了自己的意见：

> 比较文学将从一种国际的角度研究所有的文学，在研究中有意识地把一切文学创作与经验作为一个整体。按照这一提法(我是赞同这一

---

① ［法］艾田伯：《比较不是理由》第三部分，译文转引自干永昌、廖鸿钧、倪蕊琴编选：《比较文学研究译文集》，102～103页，上海，上海译文出版社，1985。

② 转引自王坚良：《比较文学和法国学派》，载《中国比较文学》，1984年创刊号。

提法的），比较文学就与独立于语言学、人种学和政治范围之外的文学研究成了同一个概念。它的方法也不仅是一种：除了比较之外，还可以有描写、重点陈述、转述、叙述、解释、评价等。比较也不能仅仅局限在历史上的事实联系中，……比较的价值既存在于事实联系的影响研究中，也存在于毫无历史关系的语言现象或类型的平行对比中。对中国、朝鲜、缅甸和波斯叙述方法或者抒情形式的研究同伏尔泰的《中国孤儿》这类同东方偶然接触之后产生的作品的影响研究同样重要。比较文学也不能仅仅局限在文学史中而把文学批评与当代文学排除在外。①

布洛克在评价学派之争的历史意义时提出了重要的见解。他正确地肯定了法国学派的功绩，并把法国学派和美国学派看成一个连续的发展过程。他说："没有法国学者的努力，就不会有比较文学这一学科，没有法国比较文学大师在半个多世纪内做出的努力，就不太可能有比较文学研究近年来在美国和其他地方的蓬勃发展"。② 但是，他强调影响研究和平行研究的结合："任何适当的比较文学研究都要求同时应用分析方法和关系方法"。③ 他认为，法国学派那种唯事实主义的研究使比较文学的发展陷于危机，目前，"人们越来越意识到比较文学研究中各别艺术品的内在价值以及从文体论和结构角度去进行解释的重要作用。……这一觉醒标志着比较文学新的最重要的动向"。④ 为此，他主张"对于文本（text），应该既能把握它的特殊性，又把它放在最广阔的文学背景下来考察"。⑤ 对于比较文学的定义和特性，他也提出了明确的意见：

> 在给比较文学下定义的时候，与其强调它的研究内容或者学科之间的界限，不如强调比较文学家的精神倾向。比较文学主要是一种前

---

① ［美］韦勒克：《比较文学的名称与实质》，见北京师范大学中文系比较文学研究组选编：《比较文学研究资料》，28～29 页，北京，北京师范大学出版社，1986。

② ［美］布洛克：《比较文学的新动向》，见干永昌、廖鸿钧、倪蕊琴编选：《比较文学研究译文集》，191 页，上海，上海译文出版社，1985。

③ 同上书，193～194 页。

④ 同上。

⑤ 同上。

景，一种观点，一种坚定地从国际角度从事文学研究的设想。①

这种意见和韦勒克的意见相仿，他也支持韦勒克的主张，提议根据比较文学的新发展来调整比较文学的方向，重新认识比较文学的定义。在谈到比较文学的特性时，他特别强调这一学科的"开放性"。他相信危机不等于灾难，人们只要能意识到这种危机，就可以把它转化为一种创造性的努力，促进比较文学事业向着新的高度发展。

教堂山会议后，有些苏联学者曾对韦勒克的意见进行尖锐的批评。1960年在莫斯科召开的"民族文学相互联系与相互影响"讨论会和1962年在布达佩斯召开的东欧比较文学国际讨论会上，韦勒克的观点都曾被认为是"形式主义"和"世界主义"。但是，实际上正是从这时开始，苏联学者改变了他们过去对比较文学的偏见，逐步肯定比较文学是马克思主义文学研究的一个不可缺少的部分；维谢洛夫斯基的研究成果也重新受到赞扬，有的学者称之为"卓越的研究"。此后，苏联出现了一些有价值的比较文学论著。1971年7月，在莫斯科召开的斯拉夫文学比较研究学术会议上，著名的苏联文艺理论家马尔科夫更明确地宣称："比较研究文学现象的马克思主义的道路是揭示文学现象的历史制约性和美学作用，揭示文学现象的一般与特殊的辩证统一的道路。"②1978年苏联《简明文学百科辞典》第9卷中补收了"历史—比较文艺学"的条目，由日尔蒙斯基撰稿，与此同时，比较文学论著也不断出版。

总之，我们可以这样讲，以国家为标志的学派之争已经结束，代之而起的将是理论与实践的进一步探讨。第11届国际比较文学学会会长、荷兰乌特勒支大学佛克玛教授认为："学派之争是一个历史性的错误，传统认为的法国学派和美国学派已经过时。比较文学研究应以问题的出现为前提，各国学者走到一起来，重要的不是从哪个国家来，而是看出现什么问题，国际比较文学的研究要以问题来确立课题。比较文学研究所面临的一些普遍性问题，我们要以科学的方法、开诚的精神去解决。"③

---

　　① ［美］布洛克：《比较文学的新动向》，见干永昌、廖鸿钧、倪蕊琴编选：《比较文学研究译文集》，196页，上海，上海译文出版社，1985。

　　② 转引自谢天振：《苏联比较文学：历史、现状和特点》，见杨周翰、乐黛云主编：《中国比较文学年鉴(1986)》，498页，北京，北京大学出版社，1987。

　　③ 见佛克玛教授在中国比较文学学会第二届年会暨学术讨论会上的讲话，转引自《来自西安的报告》，载《比较文学研究》(广州)，1987(3)。

谈到比较文学的发展，我们还应该看到它在地域上已经突破了西欧和美国的界限，向东欧甚至亚洲、非洲、拉丁美洲广大地区发展，真正获得了世界性。

1947 年，西班牙第一届比较文学座谈会在马德里召开，由著名比较学者纪延等人主持，1976 年西班牙比较文学学会成立。

在东欧，匈牙利是开展比较文学很早的国家，早在 1877 年，匈牙利学者就创办了一份比较文学杂志：《总体文学比较学报》。这份杂志虽然办了不足一年，但因它用多种语言出版，刊登的基本上是真正的比较研究的文章，因而给匈牙利留下了丰厚的传统。今天，布达佩斯的比较文学研究所更加活泼，它曾多次组织各种规模的比较文学讨论会。1960 年后，它成功地组织了斯拉夫文学比较研究的国际会议，引起了国际比较文学界的关注。

1967 年，贝尔格莱德举行了国际比较文学学会第五届大会。

在东方，许多国家也开始了这一学科的建设。

1961 年，希拉尔教授在开罗的阿拉伯国立大学作了有关比较文学的讲演，并出版《比较文学与阿拉伯文学》的讲演集。尽管他严格遵循法国学派的观点，不承认弥尔顿和 11 世纪阿拉伯盲诗人阿布尔—阿拉尔—马阿利之类的平行比较为比较文学，但他的努力毕竟揭开了阿拉伯世界比较文学的序幕。

在此期间，以色列的特拉维夫大学成立诗学与比较文学系，并创办了比较文学的杂志。

从历史上说，印度曾有过一些比较文学的传统。1908 年，泰戈尔主讲过"比较文学"，其观点颇类似歌德的"世界文学"。加尔各答的雅达普尔大学于 1956 年建立比较文学系，1961 年，该大学创办《雅达普尔比较文学杂志》。1969 年新德里大学强调用比较文学的方法研究印地语、孟加拉语和泰米尔语的文学。近十余年来，又有不少大学相继建立英语和比较文学系，并出版了一批有一定质量的论文和专著。

1957 年，锡兰大学的陆德依克教授出版了《锡兰文学中的东西问题》。1968 年，菲律宾创立比较文学协会。

日本的比较文学发展略早一些，规模也大一些。1945 年以后，日本先后出版了三份比较文学杂志：东京大学的《比较文学研究》(1954)、日本比较文学学会的《比较文学》(1958)、早稻田大学的《比较文学年志》(1965)。日本比较文学学会成立于 1948 年。目前，有更多的大学在进行这一学科的教学与科研，出版了一些专著。

# 第二节　中国比较文学

如果对中国的比较文学作一番实事求是的考察，我们可以说，比较文学作为一个学科在中国的建立是 20 世纪七八十年代的事。大陆学者致力建立这一学科是从 70 年代末 80 年代初开始的。中国台湾和香港地区明确开展这一学科的建设略早于内地。不过，正如西方的情形一样，中国的比较文学在形成学科之前，也有过一段漫长的历史可以考索。倘若我们把中国比较文学的历史分作史前史和学科史两段的话，则其史前史又大致可分三个阶段，加上学科成立之后的一段，共有四个阶段。

## 一、史前史

在探索中国比较文学学科建立之前的历史时，有几条原则必须明确。第一，虽然比较文学离不开"比较"，但仅仅有比较并不等于"比较文学"，这是比较文学作为一门学科的基本要求决定的。按照比较文学的定义，只有跨越民族、语言、学科等界限的比较研究才是比较文学。因此，《诗经》中二雅和二南之类的比较不能看作比较文学的渊源。因为这类所谓的"比较"没有超越语言和民族的界限，不是"比较文学"意义上的比较。第二，比较文学是一种文学研究，并不是文化交流史，因此对外民族文化和文学的介绍不等于比较文学，因为它不是对不同民族文学的比较研究，这是不言而喻的。这样，像《大唐西域记》之类的著述尽管记载了今属印度、巴基斯坦、尼泊尔、孟加拉国、斯里兰卡和中亚等地 100 多个城邦的山川形胜、物产民俗，却因为在方法上不具有比较研究的因素，同样不能算作比较文学的渊源。我们探索中国比较文学的产生和发展不可能脱离中外民族文化交流的历史，但不能把研究和介绍混为一谈。第三，比较文学的萌生和成长离不开中外不同民族之间文化交流这样一个大背景。历史的事实告诉我们，往往在中外文化交流达到高潮时，才产生比较研究的需要和兴趣。从中外关系史看，中外交流大约有过四次高潮。第一次以张骞通西域和佛教传入为起点，到唐太宗执政时期达到极盛；[①] 第二次高潮发生在 1840 年鸦片战争之后，帝国主义列强对中国的侵略和蹂躏，激起了中华民族志士仁

---

① 可参见向达：《唐代长安与西域文明》，北京，生活·读书·新知三联书店，1957；张星烺编注：《中西交通史料汇编》，北京，中华书局，1977—1979。

人救亡图存、向西方学习的热潮；第三次高潮以"五四"新文化运动为开端，到 20 世纪二三十年代达到顶点；第四次高潮则发生在打倒"四人帮"之后。比较文学是以促进世界不同文化的交融、增进各族人民的理解为己任的，因此，它不能不与各民族文化和文学的交流相同步，相始终。从这个意义上讲，对中国比较文学作历史的探讨，无论是对其作渊源的钩稽，还是对其作学科史的描述，都须紧紧围绕上述四次大的中外交流来进行。

### 1. 中国比较文学的渊源

中国比较文学的第一阶段，即它的萌生阶段是在佛教传入中土之后的西晋时期。当时佛教界产生的一种称为"格义"的研究法，是中国比较文学的渊源。

佛教传入之初，佛经的翻译处在十分不成熟的时期，译者往往不能通晓汉梵两种文字，不能熟悉中外两种文化，因此译文往往生硬、艰涩，难于理解，加上许多音译的新名词，给佛理的解释和传播造成了很大的困难。为了克服困难，向人们宣扬教义，佛教徒们做了多方面的努力。一是译者在翻译过程中为理解的圆通和译文的晓畅，借古代典籍如庄老诸子来附会佛理；二是僧徒之间为研习佛理，宣讲经典，也往往要借汉学来比附佛学。这种方法在鸠摩罗什译经之前特别流行，学界称之为"格义"。《高僧传》中的《竺法雅传》说：

> 竺法雅，河间人。凝正有器度，少善外学，长通佛义，衣冠仕子咸附咨禀。时依雅门徒，并世典有功，未善佛理。雅与康法朗等，以经中事数拟配外书，为生解之例，谓之"格义"。及毗浮昙相等亦辩"格义"，以训门徒。雅风采洒落，善于枢机，外典佛经递会讲说，与道安法汰每披释凑疑，共尽经要。①

陈寅恪考证了"格义"的来由。他认为《竺法雅传》中的这段话为"格义"提供了正确的解释。所谓"事数"，指佛经中的"五阴"、"十二入"、"四谛"、"十二因缘"、"五根"、"五力"、"七觉"等名相，"外书"指庄、老、儒、道等典籍，而"生解"则是"子注"，因"生"与"子"、"解"与"注"都是互训字，而"子注"即"以子注母"之意，也是当时学界一种训诂的方法。所以"以经中

---

① 转引自陈寅恪：《支愍度学说考》，见《金明馆丛稿初编》，149 页，上海，上海古籍出版社，1980。

事数拟配外书，为生解之例"，就是以老庄等各家学说来解释佛家的教义。说得更明确一点，"格义"的方法即是以汉学来解释比附外来之学，是比较文学中"阐发研究"的最初形态。

与此同时，还有支敏度（又作支愍度）等人创立的一种称为"心无义"的方法，按照陈寅恪的考证，所谓"心无义"者，也是"取外书之义，以释内典之文"，与"格义""性质近似，同源殊流"。①

另外，还有一种称为"合本"的方法，即把同一经典的不同译本合编，将一种译本定为"母本"，以大字印为正文，而将数种同文异译的本子以"子注"的小字形式，夹于大字正文中，以资对比、互勘。支敏度曾将支越、法护、叔兰三人所译的《首楞严经》合为一编，以越本为母，以护本、兰本为子，相互阐释印证。这种方法无疑开启了比较文学在研究文学影响和文学关系时，对同一作品的不同译本进行对比研究的先河。如后来的梁启超就曾对小品般若经的五种译本作过精审的比较研究。

北宋以后形成的援儒入释的理学，以及历代以儒、道诸家阐释佛理的研究，都可以说是"格义"这一方法的支脉。

唐代段成式的《酉阳杂俎》虽然主要以记载古代中外的奇闻异事、神话传奇而脍炙人口，但其中个别地方已出现了比较文学中"渊源学"的因素。如续集卷四"贬误"第 99 条将吴均的《续齐谐记》中所记"阳羡鹅笼"故事和释氏《譬喻经》中所载"梵志吐壶"故事加以参校，指出后者是前者的出源，因为吴均"尝览此书，讶其说，以为至怪"。又第 100 条将民间传说有关中岳道士炼丹事与《大唐西域记》中所载的一则相似的故事加以对照，不仅说明后者是前者的渊源，还指出后者在流传演变过程中产生的讹误。当然，段成式不可能对二者进行深入的研究，但他的方法无疑是后来"影响研究"中探源溯流的早期形态。②

此外，该书卷一"天咫"第 34、35 条，还将中印两个民族关于"月中蟾桂"这一民间传说的不同说法作了对照：

　　　　旧言月中有桂，有蟾蜍，故异书言月桂高五百丈，下有一人常斫

---

①　陈寅恪：《支愍度学说考》，见《金明馆丛稿初编》，141～167 页，上海，上海古籍出版社，1980。

②　（唐）段成式：《酉阳杂俎》，235～236 页，北京，中华书局，1981。

之，树创随合。人姓吴名刚，西河人，学仙有过，谪令伐树。

释氏书言，须弥山南面有阎扶树，月过，树影入月中。或言月中蟾蜍，地影也；空处，水影也；此语差近。①

这里作者并列了四种说法，并以较为科学的态度提出了自己对最后一种说法的基本肯定，显然包含了比较文学中平行研究的萌芽。

佛典的翻译经历了一个逐渐成熟的漫长过程。在翻译的实践中，译家对翻译理论作了不同程度的探讨。探讨的焦点始终是直译好还是意译好的问题。著名译家释道安(314～385)力主"直译"说。他对早期翻译中附会外书，以老庄搀杂佛典的做法大为不满，把这种翻译比作搀水的葡萄酒。他所主持的翻译，"案本而传，不会有损言游字，时改倒句，余尽实录"。他还提出了"五失本三不易"的观点。所谓"五失本"，就是在翻译时用倒装句，用文言，删去经中反复咏叹之语，删去经中解释之语，删去后段重复前段之语，这五种做法都会使原作失去本意。所谓"三不易"，就是译文既要忠实又要通俗不易；译者真正理解佛经原意不易；考证原文不易。② 另一位著名译经家鸠摩罗什(344～413)则倾向于意译。他认为梵文和汉文是完全不同的两种文字，要将梵文直译成汉文几乎是不可能的。他说过一段很有名的话：

改梵为秦，失其藻蔚，虽得大意，殊隔文体，有似嚼饭与人，非徒失味，乃令呕秽也。③

他反对僵直不化的翻译，主张译文一定要圆通达旨，因此，在必要的时候，需要对原文或增或删，进行调整。鸠摩罗什既精通梵文和佛典，又谙熟汉语和中国的典籍，所以无论对原文作怎样的调整，均能曲尽原意，流畅自如。但另一方面，他又不因此掉以轻心，草率从事，而是以极其严肃、谨慎的态度进行工作，常常字斟句酌，历久不怠。正因如此，他所译的大量佛经才能超越前人，对中国文化的发展做出巨大的贡献。释道安的

---

① （唐）段成式：《酉阳杂俎》，9页，北京，中华书局，1981。

② 转引自罗新璋编：《翻译论集》，24～28页，北京，商务印书馆，1984。

③ 同上书，32页。

大弟子慧远(334～416)则持折衷之论，他认为直译固然有"信言不美"等不足，意译也难免有"以文应质"等缺憾，惟有折衷，方能圆满。[①] 此后关于这一问题的讨论，多数人赞成综合二者的优点，避免各自的不足。在这样一种形势下，玄奘的后期佛经翻译，就不仅远远超越了早期，而且超越了中期，达到了较高的境界。上述关于翻译理论的探讨开创了后世对翻译理论的研究，也是我们今天比较文学"媒介学"中的翻译研究的渊源。

综上所述，我们可以得出如下的结论：自魏晋至唐宋即中外文化开始较大规模交流的时期内，比较文学中探讨不同文学之间的渊源、影响、媒介乃至平行类比、互相阐发的各种类型的研究都有了萌生的痕迹，然而这些痕迹毕竟是零散的、微弱的、不易觉察的。即以"格义"而论，我们所能找到的，也只有非常简略的材料，说明僧徒间曾经不断采用过这样的方法。至于较为具体的内容和实例，除《高僧传》等著述中偶有一鳞半爪的叙述外，[②] 则几付阙如。但是以比较学者的眼光来看，这些痕迹尽管微弱，却又很有意义，因为正是从这些微不足道的痕迹，才滋生成长出比较文学今天的繁花和硕果。

### 2. 中国比较文学的进一步发展——鸦片战争至五四前夜

中国比较文学在第二个阶段获得了进一步的发展。其特点有三：一是在翻译西学极为繁荣的情况下，关于翻译理论的讨论，继承第一阶段的传统，有了较大的发展。二是在中学西学孰优孰劣的讨论热潮中，文学研究中平行研究的文章增加。一般来说，这一阶段的文学问题与社会、政治问题紧密相关，而研究者由于政治上的偏激，在文学观点上也往往形成极端的见解。三是比较研究的范围较前扩大，出现了像王国维、梁启超等博古通今、融会中西的学者，以及一些颇有见地的论文。

以1840年鸦片战争为开端的中国近代史，把我们这个数千年的封建帝国带进了半殖民地半封建社会。面对着帝国主义列强的侵略魔爪，封建统治者割地赔款，任人宰割，中华民族到了生死存亡的危急关头，社会的各个阶层都在思考如何拯救中国这样一个重大问题。在这样的背景下，产生了以曾国藩、李鸿章等为拯救大清江山而推行的洋务运动；激起了康有为、

---

① 转引自罗新璋编：《翻译论集》，41页，北京，商务印书馆，1984。

② 如慧远讲经时曾引庄子来阐发佛理；孙绰在《道贤论》中曾以天竺七僧比竹林七贤；《颜氏家训》以外书仁义礼智信拟配内典五戒等。

梁启超领导的以"君主立宪"为宗旨的戊戌变法；爆发了以孙中山为领袖的资产阶级民主革命。伴随着这些政治上的变革，在经济文化的各个方面出现了一个向西方学习的热潮。中国的比较文学从此进入了第二个发展阶段。

这一时期，中西关系的特点是在军事、经济、文化等方面的全面引进。国人看到西方列强在军械、科技、经济、政体等方面的进步和自己的贫弱，感到非有一番变革不足以救亡图存，于是开始向西方寻求真理。这一过程的表现是，一方面在物质上大量引进，另一方面也在思想文化领域里大量译介西方的各种著述，造成了译介西学的繁荣局面。从严复（1854～1921）译《天演论》、《原富》引起学界关注，到林译小说风靡一时，翻译对中国思想和文化的发展做出了重大贡献。林纾（1852～1924）对中国比较文学的萌芽有着特殊的贡献。① 翻译的盛行必然会促进有关翻译理论的研究，学者或探讨前人的有关论述，或从实际出发探讨译作的得失，提出了一些颇有价值的观念。其中以严复提出的"信、达、雅"②三标准最有代表性。严复的理论不仅在当时引起了重视，而且成为后世译界讨论译事的起点。此后关于这一问题的讨论始终没有越出这一范畴。

翻译的盛行还带来了文学观念的变化。过去人们把文学看作壮夫不为的雕虫小技，现在却开始认识到文学对于变革社会、启迪人心有着不可估量的作用，特别是以康有为、梁启超（1873～1929）为首的改良派，把中国文人从来看不起的小说第一次提到了极高的地位：

> 欲新一国之民，不可不先新一国之小说。故欲新道德，必新小说；欲新宗教，必新小说；欲新政治，必新小说；欲新风俗，必新小说；欲新学艺，必新小说；乃至欲新人心，欲新人格，必新小说。何以故？小说有不可思议之力支配人道故。③

许多文人学者都强调小说的社会教化作用，强调小说对于变革政治、刷新道德的功能。他们之所以能有这样的见解，无不是通过对中西小说加

---

① 关于林纾对中国比较文学的贡献，可参看本书第四章第四节。

② 严复：《〈天演论〉译例言》，见《天演论》，上海，商务印书馆，1931。

③ 梁启超：《论小说与群治之关系》，见《饮冰室合集·文集》，第4册，6页，北京，中华书局，1936。

以对比研究后获得的。他们愈是比较中西小说的同异，对这一问题的认识就愈深刻，反过来，他们愈是明了小说的社会作用，就愈要拿中国小说和西方小说作比较。梁启超在《译印政治小说序》一文中比较了中西小说的优劣，他的结论是：

> 在昔欧洲各国变革之始，其魁儒硕学，仁人志士，往往以其身之所经历，及胸中所怀，政治之议论，一寄之于小说。于是彼中缀学之子，黉塾之暇，手之口之。下而兵丁，而市侩，而农民，而工匠，而车夫马卒，而妇女，而童孺，靡不手之口之。往往每一书出，而全国之议论为之一变。彼美、英、德、法、奥、意、日本各国政界之日进，则政治小说为功最高焉。①

文学观念的变化，引出了如何正确处理向西方学习和继承民族传统的问题，也造成了在文学的比较研究中观点偏激的两派议论。改良派看到了小说影响人心道德、左右舆论的作用，过分抬高西方文学，竭力贬低中国文学，而守旧派则反其道而行之，抑人扬己，大有抱残守缺、故步自封的架势。梁启超的观点可以作为改良派的代表：

> 中土小说，虽列之于九流，然自虞初以来，佳制盖鲜，述英雄则规划《水浒》，道男女则步武《红楼》，综其大较，不出诲盗诲淫两端。陈陈相因，涂涂递附，故大方之家，每不屑道焉。②

梁启超以"诲盗诲淫"概括中国小说，其为极端之见，不言自明。而徐念慈在《小说林缘起》中盛赞中国小说，诋毁西方小说，也属另一种偏见：

> 西国小说多述一人一事，中国小说多述数人数事。论者谓为文野之别，余独谓不然。事迹繁，格局变，人物则忠奸贤愚并列，事迹则巧绌奇正杂陈，其首尾联络，映带起伏，非有大手笔、大结构、雄于文者，不能为此。盖深明乎具象理想之道，能使人一读再读即十读百

---

① 梁启超：《译印政治小说序》，见《饮冰室合集·文集》，第 2 册，34～35 页，北京，中华书局，1936。
② 同上书，34 页。

读亦不厌也。而西籍中富此兴味者实鲜，孰优孰绌，不言可解。①

上述对立的议论都没有做到平实、中肯，其所以偏颇，固然与论者自身的学问见识不无关系，但从本质上说，也是在对待中学和西学问题上革新与守旧两种不同态度在文学研究中的反映。

当时，文学比较中的另一种情形是简单、零碎，甚至牵强附会，荒诞离奇。如王无生（1880～1913）在述及施耐庵时就有这样的比较：

> 使耐庵而生于欧、美也，则其人之著作当与柏拉图、巴枯宁、托尔斯泰、迭盖斯诸氏相抗衡，观其平等级、均财产，则社会主义之小说也；其复仇怨，诚污吏，则虚无党之小说也，其一切组织，无不完备，则政治小说也。②

这里作者完全是从主观印象出发来比附西方文学，把施氏与柏拉图、巴枯宁辈并论，自不免唐突，至于把《水浒》看成社会主义小说或虚无党小说，实在是不伦不类。

与此类似的还有苏曼殊（1884～1918）以拜伦比附屈原、李白，以雪莱比附李商隐、李贺，以莎士比亚、弥尔顿、丁尼生和朗费罗比附杜甫的议论。③ 这些比附完全是从印象出发的。按照文学鉴赏和读者反应的理论，读者对作家作品完全可以有自己主观的见解，但从比较研究的角度看，这种主观性、随意性正是研究者应该竭力避免的，否则，古今中外，"人天龙鬼，无一不可取以相与比较"，④ 这样的比较还有什么意义呢？

这一时期的文学比较尽管有观点偏颇，以及由于论者对西方文学认识肤浅和研究方法简单造成的牵强附会等不足，但从总体上看，其比较的意图还是明显的。这是中国比较文学在平行研究方面的发展。从比较的范围来看，这一阶段也较前一阶段有所开拓。学者不仅有就某类文学（如小说）所作的比较，有对作家作品所作的比较，还有就文体、理论等方面进行的

---

① 徐念慈：《小说林缘起》，载《小说林》，创刊号，1907。

② 王无生：《中国三大小说家论赞》，载《月月小说》，第14号，1908。

③ 苏曼殊：《与高天梅书》，见《曼殊全集》，第1卷，225页，上海，北新书局，1928。

④ 陈寅恪：《金明馆丛稿二编》，224页，上海，上海古籍出版社，1980。

比较。如章太炎(1869～1936)就从各种文学体裁产生的顺序比较了中西文学：

> 世谓希腊文学，自然发达。观其秩序，如一岁气候，梅花先发，次及樱花，桃实先熟，次及柿实。故韵文完具而后有散文，史诗功善而后有戏曲。韵文先史诗，次乐诗，后戏曲，散文先历史哲学，后演说。其所谓史诗者，一大史诗，叙述复杂大事者也。二禅诗，叙述小说者也。三物语，四歌曲，短篇简单者也。五正史诗，即有韵历史也。六半乐诗，乐诗，史诗混合者也。七牧歌。八散文作品，毗于街谈巷语者也。征之禹域，秩序亦同。①

作者不仅说明中西文学体裁产生秩序的类似，还说明了中西文体的异同：

> 骈俪为言，独在中夏，而希腊文辞，务在对称；亦如神社造像，肥瘠适均。②

这一时期，中国的比较文学除在媒介学、平行研究等方面有所发展外，在阐发研究方面也有所进展。主要表现在以西方的文学或美学理论来阐释自己的观点。如严复、夏曾佑就曾以希腊神话中因美女海伦引起十年特洛伊战争、罗马史上由埃及艳后克里奥佩特拉引起罗马与埃及之间的战争与中国史上桀、纣、幽、厉、哀、平历代因眷恋一女子而失国的事实互相阐发，说明中外古今"兴亡之迹，……大都女子败之，英雄成之"的特点，所谓"非有英雄之性不能争存，非有男女之性不能传种"。由此造出了人世间许多可骇可愕可歌可泣之事，而这些事迹之所以能够传世，则有赖于小说。③ 再如陶曾佑在谈到什么是文学，以及文学的功能时，曾引西方学者的观点加以阐发：

> 彼西哲所谓形上之学者，非此文学乎？倍根曰："文学者，以三原

---

① 章太炎：《文学说例》，载《新民丛报》，1903(15)。
② 同上。
③ 严复、夏曾佑：《本馆附印说部缘起》，载《国闻报》，1897-10-16～11-18。

素而成，即道理、快乐、装饰各一分是也。"洛理曰："文学者，世界进化之母也。"和图和士(引者按：即华兹华斯)曰："文学者，善良清洁之一世界也。"①

而徐念慈在解释小说之所以能动人心魄、益人心智的原因时则以黑格尔等人的美学观为出发点。不过，这一时期对阐发研究做出较大贡献的还当首推王国维。

王国维(1877～1927)是中国近代文化史上博洽古今、融贯中西的大学问家。陈寅恪曾将他的学术内容和研究方法概括为三点，一为考古学和上古史方面的著述，方法是"取地下之实物与纸上之遗文互相释证"；二为关于辽金元史及边疆地理方面的著作，方法是"取异族之故事与吾国之旧籍互相补证；三为文学理论、文学批评方面的著述和小说戏曲方面的考证，方法是"取外来之观念，与固有之材料互相参证"。② 这里的第三种方法正是我们所说的"阐发研究"。他对《红楼梦》的评论由于立论高超和采用"阐发法"达到了相当高的境界。

把《红楼梦》作为一出"彻头彻尾的悲剧"，放在与歌德的《浮士德》同等地位来考察，王国维以前殆无一人。他认为这两部作品都是近代文学中的第一流著作，二者的相同点在于都是描写人生苦痛及其解脱之道的悲剧，而二者不同却在于：浮士德的苦痛是天才的苦痛，贾宝玉的苦痛却是普通人的苦痛。为了说明这一层，他还引证叔本华关于悲剧的理论。叔本华认为悲剧有三类，第一类是由邪恶的人和势力造成的悲剧；第二类是由命运造成的悲剧；第三类是一般人在日常环境中由于各种关系的牵制而形成的悲剧，这种悲剧由于没有恶势力和命运作祟，反而愈加惨痛。按照叔本华的悲剧观，《红楼梦》正属于这第三类悲剧，因此是"悲剧中之悲剧"。

王国维对文学和艺术的价值有极深切的了解，他推重文学艺术表现人生、对人的精神产生的慰藉与淳化作用。难怪有论者认为他独具慧眼，"其见解之卓越，较之现代的新文学家，有过之而无不及"，③ 难怪还有人说他

---

① 陶曾佑：《论文学之势力及其关系》，载《著作林》，1908(14)。
② 陈寅恪：《王静安先生遗书序》，见《金明馆丛稿二编》，219 页，上海，上海古籍出版社，1980。
③ 吴文祺：《文学革命的先驱者——王静安先生》，载《小说月报》，17 卷号外下，1926。

是"五四以后中国资产阶级学术和文学理论的祖师"。① 可见他在中国学术界的影响有多么大。不过我们还想补充一句，他之所以能取得这样的成绩，如果没有对西方哲学和文学的广泛涉猎和深入研究，以及采用比较研究的方法，那是不可想象的。

鲁迅（1881～1936）是中国比较文学萌芽时期的一个重要人物。他于1902年东渡日本留学，广泛地阅读了西方的哲学、政治、社会、文学方面的书籍，接受了西方资产阶级民主思想。他弃医从文，力图唤醒国民，拯救国家。他于1907年发表的《摩罗诗力说》是中国比较文学史上一篇重要文章。这篇文章说明鲁迅已具有明确的比较意识，更可贵的，是他的这种比较意识与他对中国出路与中国文学发展道路的探索紧紧地结合在一起，或者说，正是这种探索的需要才产生了他的比较意识，因此贯穿着爱国主义精神和强烈的战斗精神。在文章中，他比较了古今不同国家文学的发展与它们在政治上的兴衰之间的关系，然后指出：

> 意者欲扬宗邦之真大，首在审己，亦必知人，比较既周，爰生自觉。自觉之声发，每响必中于人心，清晰昭明，不同凡响。……故曰国民精神之发扬，与世界识见之广博有所属。②

这就是说，要在比较之中认识自己民族的优秀，要在比较之中寻找自己的道路，以发扬民族精神。基于这样的认识，鲁迅对欧洲的几十位作家，特别是对19世纪初期欧洲各国的浪漫主义作家，即所谓"摩罗派"诗人，进行了比较研究，赞扬这些"立意在反抗，指归在行动"③的诗人和他们"刚健不挠，抱诚守真，不取媚于群，从随顺旧俗，发为雄声，以起其国人之新生，而大其国于天下"④的业绩。鲁迅还比较了中国诗人和外国的摩罗诗派，他一方面肯定了屈原能"放言无惮，为前人所不敢言"的精神；另一方面又指出他的作品中"多芳菲凄恻之言，而反抗挑战，则终其而未能见"，⑤

---

① 舒芜：《中国近代文论选·前言》，11～12页，北京，人民文学出版社，1959。
② 鲁迅：《摩罗诗力说》，见《鲁迅全集》，第1卷，65页，北京，人民文学出版社，1981。
③ 同上书，66页。
④ 同上收，99页。
⑤ 同上书，69页。

于是才不得不"别求新声于异邦"。① 他之所以这样大声疾呼地歌颂"摩罗"诗派，目的就在于充分发挥文学的作用，呼唤反封建的"精神界之战士"的出现。

我们无法判断鲁迅在撰写这篇文章之前，是否已经接触过比较文学这一学科，但从这篇文章我们可以看出，他对比较研究的意义和力量已有深刻的认识，他的研究也涉及比较文学的一些基本类型。1912 年，他在日本见到了洛里哀《比较文学史》的日译本，立即就写信告诉好友许寿裳。② 后来，他在译介外国文学，研究中外文学关系，探讨翻译理论等各个方面的努力，都对中国比较文学的发展做出了卓越的贡献。

### 3. 中国比较文学趋向成熟期——五四前至 1949 年

从"五四"运动前夜到 1949 年的 30 余年间，中国的比较文学进入第三个阶段，这一阶段是它趋向成熟的时期。从总体上看，这一时期中国的比较文学有如下特点："五四"前后，随着国内政治、经济形势的变化，从鸦片战争以后开始的中学西学孰优孰劣的讨论发展为一场关于东西方文化的深入、持久的论战。如何看待西方文化，中国传统文学是否接受了外来文化的影响以及如何接受了这种影响，中华民族应该建立什么样的文化，如何建立这种文化，诸如此类的实质性问题，引起了全国各界的关注。这场关于文化问题的论战不能不对中国社会生活的各个方面产生巨大的影响，中国比较文学的成熟也必然与这一思想运动息息相关。这是第一点。这一时期的文学研究者百分之八九十都曾游学欧美和东洋，有的人曾经接受过法国比较文学的熏陶，甚至接受过法国著名比较学者的训练。这些从海外归来的莘莘学子不仅对西方有深切的了解和感受，而且也有较为深厚的旧学功底，他们学识渊博，又接受了西方文化思潮的洗礼，对他人和自己的优劣短长都能有一个较为客观和透彻的认识。他们或占据高校的讲席，或主持杂志，自然而然要将中国文学和西方文学拿来比较，要将中国文学放到世界文学的大格局中去研究。他们已经完全具备了比较学者的自觉和能力，如果不是由于国内政局的动荡和连年的烽火，他们一定会在当时把中国比较文学的学科建立起来。这是第二点。从比较研究的规模、内容和方

---

① 鲁迅：《摩罗诗力说》，见《鲁迅全集》，第 1 卷，65 页，北京，人民文学出版社，1981。

② 鲁迅：《鲁迅全集》，第 11 卷，331 页，北京，人民文学出版社，1981。鲁迅在信中把《比较文学史》译成《比较文章史》。

法等方面看，较前一阶段已有了长足的进步，出现了许多以明确的比较为题的论文和专著，而且在质量上达到了相当高的水平，取得了十分卓越的成绩。

"五四"前后展开的东西方文化论战，其规模之大，时间之长，在中国文化史上是空前的。从 1915 年《新青年》和《东方杂志》就东西文化问题展开讨论起到 1927 年止，论战持续了十二年之久，有数百人先后参与论战，发表的文章近千篇，专著数十种。这场论战内容异常丰富，涉及问题十分广泛，但其核心却是对本土文化与外来文化的关系的讨论，是对东西两种完全不同的文化体系的优劣异同的分析、比较、评判、论证，围绕着这一核心还牵涉到如何解决文化的继承与革新，如何看待封建文化与经济、政治的关系，如何认识物质文明与精神文明的关系等一系列问题。同时，论战的过程逐步深入。在论战的早期，双方主要从表面上罗列、对比东西文化的异同。到中期，则深入比较东西两种文化在本质上的差异和相似，探讨其可否调和之类的问题。到后期，争论则转入对封建文化、资本主义文化、社会主义文化这三种不同形态的文化关系等至关重大问题的讨论。因此这场论战对中国近现代文化的发展有着不可低估的重大意义。

这场规模宏大的文化论战首先要解决的问题是本土文化和外来文化的关系问题，即一个民族的文化是在封闭状态下演化呢，还是必然要不断受到外来文化的影响。中国的传统文化是完全"独创"的吗？争论得出的结论是，中国的传统文化固然自成系统，是一种独立的、具有特色的文化形态，但从历史上看，它却是在不断吸收外来营养的情况下发展起来的。闻一多（1899～1946）在《文学的历史动向》一文中，从世界不同文化相互交流、影响、汇合的历史趋势立论，以生动的语言论述了中国、印度、以色列、希腊四个古老文化的历史动向，说它们"在悠久的年代里，起先是沿着各自的路线，分途发展，不相闻问，然后，慢慢地随着文化势力的扩张，一个个的胳臂碰上了胳臂，于是吃惊，点头，招手，交谈，日子久了，也就交换了观念、思想与习惯"，① 最后终于互相吸收、融洽，形成一个世界文化。这一论述不仅与歌德、马克思、恩格斯关于世界文学的观念相仿佛，而且在理论上揭示了世界文学发展的客观规律，为不同文化和不同文学的比较研究提供了依据。

---

① 闻一多：《文学的历史动向》，见《闻一多全集》，第 1 卷，201 页，北京，生活·读书·新知三联书店，1982。

既然世界不同文化必然在相互交融、相互借鉴中发展，那么，相互比较，发现差别，取人之长，补己之短，也就成了顺理成章的事。鸦片战争以后的中国把东西方文明的对比提到了议事日程上，而到"五四"前夜，这种比较就变得格外迫切，比较差异，评判优劣，成了一个阶段的时尚。有论者说，西洋民族以战争为本位，东洋民族以安息为本位，所以成为"雍容文雅之劣等"民族；西洋民族以个人为本位，为彻头彻尾个人主义之民族，东洋民族以家族为本位，宗法制度造成了种种弊端；西洋民族以法治和实力为本位，东洋民族以感情和虚文为本位，结果造成了国势衰弱。① 也有人说西洋文明是动的文明，东洋文明是静的文明，二者只有性质的差异，没有程度的区别。② 然而不论怎样比，比出了怎样的结论，都为文学的比较提供了方法论上的支持。可以说，"五四"以来比较文学的日渐成熟，是在东西方文化的比较研究中孕育的。

"五四"前后，中国有一批学者在国外留学，这些学者大都出自知识分子家庭，从小接受家学的熏染，对于中国古典文学有很深的积累。游学欧、美之后，目睹了西方先进的文明，接受了新学的栽培，研习了数种西方语言和文学，一些人还直接间接地了解了当时欧洲大陆以影响研究为核心的比较文学。

这些学者不仅有对中外文学进行比较研究的强烈意识，还有进行这种比较研究的能力。因此，他们归来之后，一些人在高校开设了有关比较文学的课程。

吴宓（1894～1977）在美国留学时，师从白璧德，接受了比较文学的影响，回国后曾在东南大学、东北大学、清华大学等校执教。他在东南大学所讲的"中西诗之比较"，是中国第一个比较文学讲座。此外，他讲过"世界文学史"及"希腊罗马文化"、"基督教文明"、"印度佛学哲理"、"中国儒学说"，涉及四大文化传统，引导学生用比较的眼光来认识中国古典文化。除吴宓外，清华大学还开设过陈寅恪（1890～1969）主讲的《佛经翻译文学》，朱光潜（1897～1986）主讲的《文艺心理学》和《诗论》。除清华外，北京大学、燕京大学、复旦大学、岭南大学等校也陆续开设过类似的课程。

除授课之外，许多人还组织了文学社团，创办了文学期刊，积极开展这方面的研究。其中以郑振铎、茅盾、周作人等人组织的文学研究会及其

---

① 陈独秀：《东西民族根本思想之差异》，载《新青年》，第1卷第4号，1915。
② 杜亚泉：《静的文明与动的文明》，载《东方杂志》，第13卷第10号，1916。

刊物《小说月报》在这方面的成绩最为显著。

另外，值得提出的是，这一时期一些西方比较文学的论著被译介了进来。20 世纪 20 年代，章锡琛翻译了日本学者本间久雄的《新文学概论》，其中包括了介绍波斯奈特的《比较文学》和洛里哀的《比较文学史》部分内容的文字，此后汪馥泉和宋桂煌都在自己的翻译文字里介绍了比较文学及其方法。① 30 年代，傅东华全文翻译了洛里哀的《比较文学史》，戴望舒翻译了梵·第根的《比较文学论》。② 这些西方比较文学理论的译介，系统地介绍了比较文学的理论、方法和历史，对当时中外文学的比较研究起到了理论上的引导作用。

与第二个阶段相比，这一时期比较研究中外文学的规模相当可观，自觉与不自觉地运用比较文学的方法进行文学研究的著名学者先后不下数十人，发表的论著近百种，其中许多从题目上就可以清楚看出，是不折不扣比较研究的文字。③ 研究的方法较前段更明确，内容也较前段更深刻。

从研究方法看，这一时期的学者不仅对过去文学研究的方法进行深刻的反省，并且明确地提出了一些包括比较研究在内的新途径。郑振铎（1898～1958）在《研究中国文学的新途径》一文中，首先辨析了研究与鉴赏的区别，指出中国虽然有悠久的文学传统，但文学研究却不如西方发达，历代除《文赋》、《文心雕龙》、《诗品》等少数具有研究特色的理论著作外，其余几乎全是鉴赏性的漫评。针对这种情况，作者为中国文学的研究设计了新的方法，他首先引入培根的"归纳法"和达尔文的"进化论"，然后阐述了三条新的途径：

> 第一个便是中国文学的外化考，换一句话，就是说，要研究中国文学究竟在历代以来受到外来的影响有多少，或其影响是如何样子。这种研究是向来没有人着手过，甚至于没有人注意过的，这是一种新

---

① 章锡琛的译文见《新中国》第 2 卷第 2 号（1920）；汪馥泉的译文见《民国日报》副刊"觉悟"；宋桂煌译《文学研究法》由上海光华书局于 1930 年 5 月出版。

② 傅东华的译本于 1931 年由上海商务印书馆出版，戴望舒的译本于 1937 年由上海商务印书馆出版。

③ 如《梵剧体例及其在汉剧上底点点滴滴》（许地山），《中山狼故事之变异》（郑振铎），《高尔基和中国》（茅盾），《中西诗在情趣上的比较》（朱光潜），《中国印欧民间故事之相似》（钟敬文），《绘画和文学》（丰子恺）等。

鲜的研究。①

这里虽然没有采用"比较文学"的说法,但从实质上看,这样的方法,正是我们今天比较文学中的影响研究。如此明确地倡导这样的研究,这在中国的比较文学史上是一件破天荒的大事。

正是在这样的呼声下,许多学者投入了中外文学关系的探索中。其中应该首先提到的是茅盾。

茅盾(1896~1981)在西方文学方面的知识十分丰富,对民俗学中的人类学派如英国人类学家安德鲁·朗的理论也很熟悉。他在五四时期写过不少外国文学研究的文章,如《托尔斯泰与今日之俄罗斯》、《俄国近代文学杂谈》等。他对"西方民族之三大代表——英、法、俄"的文学进行了比较研究,对托尔斯泰与易卜生也进行了比较研究,说明同一思潮在不同国家的演变情况及其原因。尤其值得称道的是茅盾在神话方面的比较研究。

他认为神话是"原始人民信仰及生活的反映",其中的异同之处也由此而产生:

> 各民族在原始时期的思想信仰大致相同,所以他们的神话都有相同处(例如关于天地开辟的神话,日月以及变形的神话,等等),但又以民族因环境不同而各自有其不同的生活经验,所以他们的神话又复同中有异(例如……印度有旱魃的神话而埃及与巴比伦有水怪的神话)。②

因此,他认为,要整理出一部中国的神话,就要应用朗氏的理论进行比较研究,不仅要分别我们的所有的神仙故事中,哪些是中华民族原始的信仰与生活的反映,哪些是后代方士的杜撰和附会,还要看到自汉以来由于中外交通逐渐频繁,外民族神话传入中土与我们自己的神话混杂丛生的情况,这就需要我们根据"生活经验不同则神话各异"的原则,分别何者为外来的神话。③ 茅盾不仅在方法上提出了比较研究的见解,而且还在具体的研究中随时对中国神话传说和印度、北欧等地的神话加以比较。

---

① 郑振铎:《研究中国文学的新途径》,载《小说月报》,第 17 卷号外上,1926。
② 沈雁冰:《中国神话研究》,载《小说月报》,第 16 卷第 1 期,1925。
③ 同上。

　　另外还有不少学者引用西方的理论来阐述中国的文学问题，这就使他们的研究获得了新的角度，呈现出新的风貌。例如，郭绍虞在论及中国文学演进的趋势时，本着摩尔顿的《文学之近代的研究表》立论；① 潘力山在讨论中国诗时，征引了英国诗人兼批评家柯尔里奇的观点；② 胡梦华在讨论李渔的戏剧理论时，不时提出亚里士多德和西方的戏剧理论作为参照；③ 谢无量在谈明清小说时则借美国实验主义哲学家和心理学家威廉·詹姆斯所谓哲学有"硬心肠的"（tough-minded）和"软心肠的"（tender-minded）两类观点来立论。④

　　从研究的内容和范围看，这一阶段出现了不少从比较文学的角度立论，全面探讨文学渊源、文学影响的专著和论文，也出现了没有事实联系的平行比较的文章，甚至还有论述文学与其他领域关系的文章。这几方面的研究基本上涵盖了我们今天比较文学所要探讨的领域。

　　有关影响研究的专著和文章居多，探讨的重点是中印、中德、中英之间的文学关系。从质量上说，其中一部分已经达到了相当高的水平。

　　许地山（1893～1941）以其对佛教和梵语文学的深厚造诣闻名海内外，他曾致力于佛教和印度文学对中国文学影响的探讨，写出了一些颇有影响的论文，其中的《梵剧体例及其在汉剧上底点点滴滴》可谓前无古人的力作。文章溯流考源，从中古时期中西交通的史实、宋代以前外国歌舞的传入和对汉剧形成的影响，一直考察到梵剧的特点，及其与中国傀儡戏、布袋戏、皮影戏、讶鼓的相似。从汉剧中的楔子，形式上歌、舞、科白三者的结合，声调、音节乃至情节、人物和梵剧有某种程度的类似，导出印度、伊朗戏剧在某种程度上是中国戏剧源头的结论。这一结论由于作者细密的考证和富有逻辑性的推论显得颇有说服力，对后人研究中印文学关系颇具启迪作用。⑤

　　霍世休的《唐代传奇文与印度故事》也是影响研究中一篇有分量的文章。其之所以有分量，首先在于作者论述较为全面，所选作品不仅为典型的传奇文，而且包括了唐传奇中幻梦、离魂、幽婚、人龙相恋以及魂游地狱之类的各种怪异故事，因而避免了以偏概全之嫌。其次，作者在理论上确定

---

　　① 参见郭绍虞：《中国文学演进之趋势》，载《小说月报》，第 17 卷号外上，1926。

　　② 参见潘力山：《从学理上论中国诗》，载《小说月报》，第 17 卷号外上，1926。

　　③ 参见胡梦华：《文学批评家李笠翁》，载《小说月报》，第 17 卷号外下，1926。

　　④ 参见谢无量：《明清小说论》，载《小说月报》，第 17 卷号外下，1926。

　　⑤ 参见许地山：《梵剧体例及其在汉剧上底点点滴滴》，载《小说月报》，第 17 卷号外下，1926。

了六朝志怪小说来源于佛经故事和异邦的传说，而唐传奇文又来源于六朝志怪的逻辑关系，然后以印度故事逐一加以比勘，从故事套故事的形式和怪异的内容进行分析研究，从而得出结论：

> 就文学本身而论，我们虽早有了"小说"的名称，实在讲，一直到了唐代的传奇文，才算开始了意识的创作。更因为大量地吸收了外来的，尤其是印度的故事，中国的小说才丰富起来，活泼起来，给后来的小说开了无限的新机。①

此外，李满柱的《〈沙贡特拉〉和〈赵贞女型〉的戏剧》、林培志的《〈拉马耶那〉和〈陈巡检梅岭失妻记〉》，从具体作品的比较分析出发来探讨文学关系。前者首先讨论两部作品在中印文学中的流变，进而比较二者在剧情、主题思想、形式等方面的类似，最后推定《沙贡特拉》（又译《沙恭达罗》）实为赵贞女型一类中国戏的渊源。后者以同样的方法作出推论，认为《陈巡检梅岭失妻记》一类中国作品来源是印度史诗《罗摩衍那》。②

如果说这两篇关于中国作品的印度渊源的推论还缺乏精审的考证的话，那么陈寅恪关于唐三藏弟子故事的起源以及曹冲称象、华陀佗说来历的研究，则是两篇言之凿凿、考据关翔实的论文。例如在讨论华佗传记时，陈寅恪首先从比较语言学入手，论证"华佗"实际上是天竺语 agada（药）的汉语读法，而华佗其人固华氏子，因以附会，被人目为"药神"。他疗疾如神的种种传说也是比附印度神医事迹的结果。陈寅恪的研究完全符合法国学派实证主义的研究法，可谓得影响研究之真髓。③

此外，季羡林的《柳宗元〈黔之驴〉取材来源考》④探讨中印文学关系，郑振铎的《中山狼故事之变异》把中、朝、俄、法、挪威等世界各地中山狼

---

① 霍世休：《唐代传奇文与印度故事》，载《文学》，第 2 卷第 6 号，1934。

② 参见李满柱：《〈沙贡特拉〉和〈赵贞女型〉的戏剧》，载《文学》，第 2 卷第 6 号，1934；林培志：《〈拉马耶那〉和〈陈巡检梅岭失妻记〉》，载《文学》，第 2 卷第 6 号，1934。

③ 参见陈寅恪：《〈西游记〉玄奘弟子故事之演变》，见《金明馆丛稿二编》，上海，上海古籍出版社，1980。原载《历史语言研究所集刊》，第 2 本第 2 分，1930；《三国志曹冲、华佗传与印度故事》，载《清华学报》，第 6 卷第 1 期，1920。

④ 季羡林：《柳宗元〈黔之驴〉取材来源考》，载《文艺复兴》，中国文学研究号（上），1948 年 9 月。

一类忘恩负义的野兽的故事列表作了比较。① 这两篇文章虽然篇幅都不大，但在探讨文学关系方面却对人颇多教益。

探讨中德关系最重要的成果是陈铨的《中德文学研究》。这部专著从中国作品在德国的翻译入手，全面、详尽地讨论了中国纯文学（即小说、戏剧、抒情诗）对德国文学的影响。文章又按照外来文学发生影响一般要经过翻译、仿作、创造三个阶段的理论来衡量这一时期的中德文学关系，指出：德国人对中国文学的接受始终没有超过翻译阶段。

这部专著的一个重要贡献是指出德国大诗人歌德和海涅实际上是对中国文学的价值有一定了解的最早的德国学者。他们不仅读了一些中国小说、剧本和诗歌，而且仿作了一些中国作品。席勒曾打算改作《好逑传》，并在剧本《图兰多》中力图表现较多的中国色彩；歌德也曾计划将《赵氏孤儿》和《今古奇观》的一个短篇故事改编成一出题为《额尔彭诺》的戏剧，可惜这个计划没有完成。但从他早期翻译的中国诗和晚年写的《中德四季晨昏杂咏》等诗篇看，他不仅力图把握中国文学的精神，而且对中国人的人生哲学和理想有一定程度的理解。按照陈铨的考证，德国人首次接触中国文学是在1747年到1779年之间，当时，他们把法国学者杜哈德编的《中国通志》译成了德文，其中包含一个剧本、四个短篇小说和一些抒情诗。穆尔于1766年以珀西写序并校定的英译本转译了《好逑传》，② 成为第一个介绍中国长篇小说的德国人。中国文学对德国文学的影响在18世纪达到了一定的规模。但从18世纪以来的200年间，这种影响没有什么发展，值得一提的只有斯特劳斯译的《诗经》和克拉朋改编的《灰栏记》，后者曾在德国舞台上演出，并获得成功。

陈铨的研究尽管还谈不到深入，但这部专著材料丰富，论述全面，即便在今天，仍是人们研究中德文学关系的一本不可多得的著作。③

中英文学关系也是当时学者十分注意的一个领域。在这方面的重要论述有：方重的《18世纪的英国文学与中国》，④ 张沅长的《英国16、17世纪

---

① 西谛（郑振铎）：《中山狼故事之变异》，载《小说月报》，第17卷号外上，1926。

② 据考证《好逑传》的最早英译者为韦金生（James Wilkinson），韦氏译了3/4，另外1/4由珀西从葡文转译。

③ 陈铨：《中德文学研究》，上海，商务印书馆，1936。

④ 方重：《18世纪的英国文学和中国》，载《文哲季刊》，第2卷第1期及第3期，1931。

文学中之契丹人》，① 范存忠的《17、18世纪英国流行的中国戏》等。② 方文与范文讨论的重心是元杂剧《赵氏孤儿》传入英国两次被改编，以及墨菲的改编本在伦敦上演获得成功的情况。但是对中英文学关系乃至中国和18世纪欧洲文学关系的研究做出更大贡献的却应推陈受颐。因为对这一问题作出精密考证和详细论述的，他是第一人。虽然王国维在《宋元戏曲考》中曾率先提出《赵氏孤儿》于1762年由法国人杜哈德译为法文，1834年又由裘利安重译，③ 但他的论述不仅十分简略，且有错误。事实上，这出中国戏最早的法译者不是杜哈德，而是马若瑟，杜哈德把马若瑟的译本收入他编的《中国通志》中，并在序文中明确指出译者。陈受颐在《18世纪欧洲文学里的〈赵氏孤儿〉》④这篇长达两万余字的论文中，详尽地考证并讨论了《赵氏孤儿》由中文译为法文，再由法文转译为英文、德文、俄文的事实，以及在50年内，欧洲出现的英、法、德、意五种改编本（英人哈切特和墨菲改编的两种英文本，伏尔泰改编的法文本、歌德改编的德文本，意大利作家梅塔斯塔齐奥改编的意文本）的情况。可以说，这篇论文为方重、范存忠⑤等学者进一步讨论这一问题奠定了基础。此外，陈受颐的另一篇长文《〈好逑传〉之最早的欧译》⑥也是一篇考订事实、追溯源流、比较得失的佳作，对后世学子探索中西文学关系颇多助益。

杨宪益的《零墨新笺》收有关于中西文学影响的七篇短文，文中对影响和源流的论述虽多属推断，但却能给人以新的角度和视界。

除上述讨论中印、中西文学关系的论著外，还有一篇讨论鲁迅和俄国文学关系的重要文章。这就是冯雪峰于1949年4月给《鲁迅论俄罗斯文学》

---

① 张沅长：《英国16、17世纪文学中之契丹人》，载《文哲专刊》，第2卷第3期，1931。

② 范存忠：《17、18世纪英国流行的中国戏》，载《青年中国季刊》，第2卷第3期，1941。

③ 王国维：《宋元戏曲考》，见《王国维戏曲论文集》，112页，北京，中国戏剧出版社，1984。

④ 陈受颐：《18世纪欧洲文学里的〈赵氏孤儿〉》，载《岭南学报》，第1卷第1期，1929。

⑤ 参见范存忠：《〈赵氏孤儿〉杂剧在启蒙时期的英国》，载《文学研究》，1957(3)。

⑥ 参见陈受颐：《〈好逑传〉之最早的欧译》，载《岭南学报》，第1卷第4期，1930。

一书所写的序言，题作《鲁迅和俄罗斯文学的关系及鲁迅创作的独立特色》，① 这篇有两万字的长文也是探讨文学关系的一篇相当深刻的范文。作者首先指出中国新文学的发生和发展固然有自己独立的道路，但它所受世界文学的影响也是不能否认的，而在世界文学多元的影响中，又以俄苏文学的影响为最大。这种情形是由于十月革命前的俄罗斯社会和中国社会特别接近，俄中两个被压迫的民族和人民有着同样反抗和革命的迫切要求。正是革命思想的深刻交流，使中国人民对俄罗斯文学感到特别亲切，也从中吸收了许多养料。在进一步论及鲁迅和俄苏文学的关系时，作者同样力图从历史、社会以及鲁迅个人的思想发展脉络来解答这样一个问题：既然这位中国现代文学的主将和代表，曾经接受过世界许多民族文学的多方面的影响，为什么偏偏对俄罗斯文学格外倾心？或者说，为什么俄罗斯文学对他的影响特别大？文章自然勾勒了鲁迅学习、阅读、翻译、介绍、评述俄罗斯文学的轮廓，提出了许多事实来说明这种影响，但却把重点放在探索造成这种影响的原因上。正因为此，它才显出了自己的深度。

　　在平行研究方面，这一阶段比前一阶段也有十分明显的进步。我们已经说过，前一阶段虽然也有属于平行研究的例子，但那时的平行研究大都十分零碎，往往是在一篇文章中夹有一段或数段中西类比的文字，而且多数难免生硬比附的浅薄。但这一阶段的平行研究就不似先前那样零碎、肤浅，而是比较全面，比较深入。论者不仅比较同异，而且还能进一步分析产生这些同异的原因，从而得出很有意义的结论。例如朱光潜的《中西诗在情趣上的比较》②和尧子的《读〈西厢记〉与 Romeo and Juliet 之一———中西戏剧基本观念之不同》③便是突出的例子。前者不仅探讨了中西诗在表现人伦、自然等方面的同异，还能进一步发掘造成这些同异的原因。在谈到何以西方诗的题材以恋爱为中心，而中国诗则以朋友交情、君臣恩谊与爱情并重，何以中国诗人在自然中只能见出自然，而西方诗人在自然中却能见出一种神秘的力量等问题时，作者从哲学、宗教和民族性等方面寻求解释，就使文章比较厚实而不单薄，深沉而不浮泛。后者则从《西厢记》和《罗密欧

---

① 冯雪峰：《鲁迅和俄罗斯的关系及鲁迅创作的独立特色》，见《雪峰文集》，第 4 卷，41～69 页，北京，人民文学出版社，1985。

② 朱光潜：《中西诗在情趣上的比较》，载《申报月刊》，第 3 卷第 1 号，1934。

③ 尧子：《读〈西厢记〉与 Romeo and Juliet 之一———中西戏剧基本观念之不同》，载《光华大学半月刊》，第 4 卷第 1 期，1935。

与朱丽叶》两出戏的对照中，引出了中西戏剧观的差异，深入分析了西方以悲剧为主，中国则喜剧多于悲剧的根本原因，是西方戏剧以娱神为目的，而中国戏剧以娱人为目的。这样的比较显然就不仅是为比较而比较了。

此外，袁圣时比较了中西小说的异同，① 指出中西小说虽然都以"宿命"思想为哲学根基，然西人委命于环境、遗传、造物之播弄等各种因素，而国人则委命于神佛，故西方小说有理想，而中国小说缺乏理想。就艺术方面来说，中国小说以对话见长，西方小说以写景见长，中国小说以人物描写见长，西方小说以心理刻画见长。此文虽比较了中西小说在思想、艺术方面的同异短长，但却未能作深入剖析。

还有一些对中西作家和作品作平行类比的文章，② 虽然有不少新颖的见解，但大都难免主观比附，客观分析不足，兹不俱论。

除了影响研究与平行研究的论著外，这一阶段还出现了跨学科研究的文章，其内容集中在文学和艺术、文学与宗教两方面。讨论文学和艺术关系的文章有丰子恺的《绘画与文学》和《音乐与文学的握手》，③ 朱锦江的《论中国诗书画的交融》，④ 宗白华的《中国诗画所表现的空间意识》，⑤ 郑振铎的《插图之话》，⑥ 钱锺书的《中国诗与中国画》⑦等。讨论文学与宗教关系的则有：周作人的《圣书和中国文学》，⑧ 老舍的《灵的文学和佛教》，⑨ 滕固的《中世人的苦闷与游仙的文学》等。⑩ 这些文章能跳出文学本身的范围，把

① 参见袁圣时：《中西小说之比较》，载《东方杂志》，第43卷第17号，1948。

② 如林海的《〈围城〉与〈弃儿汤姆琼斯的历史〉》，载《观察》周刊，第5卷第14期，1948；梁宗岱：《李白与歌德》，见《诗与真·诗与真二集》，北京，外国文学出版社，1984；程憬：《中国的羿和希腊的赫克利斯》，载《安徽大学季刊》，第1卷第3期，1936。

③ 参见丰子恺：《绘画与文学》，载《文学》，第2卷第1号，1934；《音乐与文学的握手》，载《小说月报》，第18卷第1号，1927。

④ 参见朱锦江：《论中国诗书画的交融》，载《东方杂志》，第40卷第16号，1944。

⑤ 参见宗白华：《中国诗画所表现的空间意识》，载《新中华》，第12卷第10期，1949。

⑥ 参见郑振铎：《插图之话》，载《小说月报》，第18卷第1号，1927。

⑦ 参见钱锺书：《中国诗与中国画》，见叶圣陶编：《开明书店二十周年纪念文集》，上海，开明书店，1947。

⑧ 参见周作人：《圣书与中国文学》，载《小说月报》，第12卷第1号，1922。

⑨ 参见老舍：《灵的文学和佛教》，载《海潮音》，第22卷第2号，1941。

⑩ 参见滕固：《中世人的苦闷与游仙的文学》，载《小说月报》，第17卷号外上，1926。

文学放到与其他知识领域的关系中来探讨，已属难能可贵，更何况其中有的还写得相当出色。例如，《论中国诗书画的交融》一文虽然不长，但却从派别、取材、技巧、风格四个方面把三种不同艺术的交流融合及其原因讲得很清楚。诗、书、画是中华民族精神的寄托，认识它们的关系将能更好地理解民族的心理和性格。这一点，连日本学者都有明确的认识。《中国诗与中国画》从比较中国诗画这两种姊妹艺术的共同性和特殊性入手，不仅指出它们都有南北两派之分，而且指出了中国传统批评在评论诗与画时的标准分歧：论画则推南宗，论诗则重北派，作者认为这是一个需要在理论上作出解释的事实。《圣书与中国文学》从精神和形式两方面来讨论《圣经》对中国新文学的影响，文章指出我国文艺思想的变迁可以从圣书看出，新文学所接受的人道主义思想实质上也是源于基督教精神的。《圣经》的中译本虽然不完美，但对促成中国文学的语体化和标点符号的增加却很有帮助。

这一阶段还有一本重要的著作必须提及，那就是钱锺书的《谈艺录》。[①]昔人谈艺之作甚多，历代诗话、词话，甚至野史笔记中所在多有。明人徐祯卿即以所著《谈艺录》名世。但钱锺书的这本书与昔人相比却有很大的不同，其中最重要的一点是，昔人谈艺往往从印象出发，就诗说诗，即便能举一反三，也很难超脱时代的局限。因此多为赏析之作。钱锺书的这本书虽然也自称为"赏析之作"，但因其所考所论，能"采'二西'之书，以供三隅之反"，因此自成一格。况钱锺书博极群书，学贯中西，凡所采用，均中西学界方家之作，因此所论问题，虽多不大，却能做到微言大义，于广博中见出精深。例如，在从"纯诗"（La Poesie pure）谈到好诗，往往有言外之意，蕴难传之妙（l'expression de l'ineffable）时，作者引了法国人马拉美、魏尔伦、韩波、瓦雷里、白瑞蒙、克洛岱尔、儒贝尔，英国人佩特、雪莱、阿诺德、柯耐，美国人爱伦·坡，德国人蒂克、诺瓦利斯、瓦根洛特，与《沧浪诗话》中的观点，相互参校，相互阐发，不仅使这一理论问题获得了明晰而深刻的解析，而且得出了"仪卿之书，洵足以放诸四海，俟诸百世"的结论。[②] 这一结论是在繁征广引，比较、阐发了中西各种类似的见解后得出的，因此是深中肯綮的公允之论。

综上所述，我们不难看出，中国比较文学在从五四前后到新中国成立

---

① 钱锺书《谈艺录》，原书 1948 年由上海开明书店印行。这里的引文见中华书局 1984 年版，268～276 页。

② 同上。

之国前的二三十年间，获得了多么大的进展，取得了多么大的成绩。但是由于当时我国正处在拯救民族、拯救国家、创立新社会的政治大动荡时期，像比较文学这样一类学术性强的学科不可能有较大的发展，以致流于涣散。

1949年之后，从20世纪50年代到60年代初，比较文学受到误解和排斥，因此作为一门学科，它处于沉潜状态，几乎无人提起。但是，作为一种学术研究，它并没有停滞，只不过没有用比较文学的名义。那时所发表的比较文学论文，主要是谈中外文学关系，涉及中俄（包括苏联）、中英、中印文学，或论鲁迅与外国文学的关系等题目。钱锺书的《通感》和《读〈拉奥孔〉》，范存忠的《〈赵氏孤儿〉杂剧在启蒙时期的英国》，冯雪峰关于鲁迅与俄罗斯文学的研究等，可以说是这一时期的比较文学研究的较好成果。另外，关于翻译问题的讨论也值得重视。从60年代到80年代的20年间，由于众所周知的原因，比较研究的文章几乎绝迹。直到70年代末80年代初，才又呈现出蓬蓬勃勃的复兴之势。

## 二、学科史

比较文学作为一门学科在中国的建立是20世纪末期的事。中国内地建立这一学科在70年代末80年代，中国香港和中国台湾地区比内地早十年左右。

从1967年开始，台湾的淡江文理学院和耕莘文教学院就曾组织过讨论中西文学关系的学术会议，台大的硕士班也曾开过短期的比较文学课程。1968年台大文学院院长朱立民和外文系主任颜元叔两位教授开始酝酿和讨论在该校建立比较文学博士班的可能性，他们不仅指出在这一领域外文系与中文系急需合作，而且积极物色教授人选，为开展这一学科作各种准备。应邀执教的除朱颜两位外，还有当时在台湾师大教英文的美国人李达三和圣地亚哥大学分校的叶维廉和即将赴密歇根大学执教的胡耀恒两位博士。1970年7月，博士班正式建立，但没有招到合适的学生，第二年才真正开课。与此同时，淡江文理学院又开了暑期的比较文学课程，由日本著名比较学者太田三郎执教。除了学科课程的设置外，朱颜两位还积极筹备创办这一学科的杂志。1970年4月，《淡江评论》（*Tamkang Review*）在淡江文理学院院长的支持下问世。这份以英文出版的半年刊提出了两个宗旨：一是从非中国的角度对中国文学作重新评估；二是在台湾建立一个可信赖的当代中国文学研究中心。它的最初几期刊登了不少新人耳目的论文，如《中国文学的道德和美学价值》、《中国诗中的青草母题》、《王国维文学批评的实践与原则》、《薛仁贵与薛丁山：一个中国的伊底帕斯冲突》等。这份刊物迅速引起了国外比较文学界的注意。1971 年的《比较文学与总体文学年鉴》曾给予报道。1972 年 6 月，台大外文系创办了《中外文学》月刊，这份刊物虽不以比较命名，但却在创刊宗旨中提倡中外文学的比较研究，并发表一定数量的比较研究的论文。这份杂志也在比较文学界产生了一定的影响。1971 年 7 月 18 日至 24 日，淡江文理学院还在台北主持召开了讨论东西文学关系的第一次国际会议。来自西方和亚洲地区的许多著名学者与台湾学者一道，就"中西文学关系"、"中国和亚太国家的文学关系"、"西方文学理论和方法在中国文学研究中的应用"、"类同研究中的问题"、"文学批评和理论中的问题"、"翻译中的问题"六个题目展开讨论。这次会议的一个重大成就，在于它不仅揭开了认真地、系统地研究中西文学关系的序幕，而且促进了中西两个完全不同的文化形态的相互了解，加强了中西学者的交流。美国著名比较学者阿·奥·奥尔德里奇曾对这次会议作了十分中肯的评述。① 1973 年，台湾正式成立比较文学学会。学会提出的四项任务是发展比较文学的研究、教学，促进比较文学的国际交流，推动比较文学著译的出版。此外，还举办了一系列比较文学的讲演，并在当年加入了国际比较文学学会。1976 年，台湾比较文学学会在台大召开了第一次大会，与会者达百余人，讨论十分热烈。1976 年以来，这样的会议已举行了多届。

香港的比较文学研究也开始于六七十年代。1964 年，香港大学现代语文系开设了有关比较文学的课程，内容是关于法、德、西之间的文学关系。1966 年，这个系改名为欧洲语言文学系，开始注意东西文学（特别是中西文学）之间的关系，并将比较文学作为该系的一个独立的学科。1975 年 9 月，这个系再次更名为英语研究与比较文学系，特别强调东西文学关系的研究。香港中文大学于 1974 年开设比较文学课程，并成立了"翻译与比较文学研究组"。该校除招收硕士研究生外，还与内地学者有着较多的交流，迄今为止，香港大学和香港中文大学一直是该地区比较文学的中心。

在后来的十余年间，中国台湾、中国香港地区的比较文学有了相当的进展，其论著的成果已相当可观。古添洪和陈慧桦合编的《比较文学的垦拓在台湾》是台湾的第一本比较文学论文集，共收了 14 篇论文，有关于比较文学的定义和一些文学理论方面的探讨，也有运用西方文学理论与方法对中国文学进行阐发研究的实例。1980 年由台湾时报文化出版公司出版，由

---

① 参见［美］阿·奥·奥尔德里奇：《淡江中西比较文学会议评述》，载《比较文学与总体文学年鉴》，1972(21)。

郑树森、周英雄、袁鹤翔合编的《中西比较文学论集》包括了 15 篇文章。和前一部论集比较，这部论集有两个特点，一是收入了平行研究的论文，如浦安迪的《中西长篇小说文类之重探》和周英雄的《懵教官与李尔王》；二是增加了一篇讨论中西比较文学的定义和一篇讨论莎剧汉译的文章。前者较为详细地阐述了比较文学理论中的基本问题，并对中西比较文学的研究提出了一些有益的见解；后者着重探索了戏剧翻译必须面对读者和观众两个层次的特殊情况，说明了汉译莎剧之所以困难的原因。书中所附的书目也对研究者有一定的参考价值。但这本书也有不足之处，一是未收入有分量的阐发研究的文章；二是收入了一些比较文学范围之外的文章。此外，李达三的《比较文学研究之新方向》（台北、联经，1978）、叶维廉的《饮之太和》（时报，1978）和《中国古典文学比较研究》（台北，黎明，1977）、王润华的《中西文学关系研究》（台北、东大，1978）、郑树森的《文学理论和比较文学》（台北，时报，1982）、侯建的《中国小说比较研究》（台北，东大，1983），都从不同角度探讨了比较文学的一些理论问题，选收了一些比较文学的论文。

1983 年以来，台湾东大图书公司发行叶维廉主编的《比较文学丛书》，第一批包括叶维廉的《比较诗学》、张汉良的《比较文学理论与实践》、周英雄的《结构主义与中国文学》、郑树森的《中美文学因缘》（编）、叶维廉的《中国文学比较研究》（编）、王建元的《雄浑观念：东西美学立场的比较》、古添洪的《记号诗学》（译及论）、周英雄的《乐府新探》、郑树森的《现象学与文学批评》、张汉良的《读者反应理论》、陈鹏翔的《主题学研究论文集》（编）共 11 种，其中有译有著有编，总结性地展示了台港学者在比较文学研究方面的成果。

总之，比较文学在中国台湾、中国香港获得了较大的发展。从学者的素质来看，许多人生长在中国，对国学有一定程度的了解，同时也曾受教于美国，对西方的文学也较为熟悉，因此进行这一学科的研究，具有较好的条件。与内地学者比较，他们西学的程度较高，但国学的底子较弱；从研究的成果看，他们不仅多次召开国际性的东西方（中西）比较文学研讨会，而且写出了一批有质量、有影响的论文。从已发表的论著看，对于一些基本理论范畴的探讨似嫌薄弱，例如，关于中国文学的探讨究竟应否包括在比较文学的范围内，对西方的一些新的理论和方法的评介算不算比较文学，以西方的理论和方法来阐释中国文学的阐发研究是否可以成为比较文学的一种研究类型，比较文学的中国学派能不能形成，形成中国学派的条件和途径是什么，等等，由于对诸如此类问题还没有作深入的探讨，因此在理论和实践两方面都不免有歧见和混淆。此外，不少文章，特别是平行研究和阐发研究的文章，由于对中西两种截然不同的文化缺乏本质的认识，因此在研究中往往出现生拉硬扯，简单比附，或者只罗列同异而缺乏深入探索的弊端，在这一点上，叶维廉、袁鹤翔等人提出研究者在比较研究时应该特别注意两种文化传统的巨大差异的观点是十分有意义的。① 当然，上述不足应该说是一门新学科在草创时期难于避免的，中国内地后来开展的比较文学研究也有同样的问题。

中国内地的比较文学随着国家实行对外开放的政策以及和世界各国文化交流的迅速开展而掀起了高潮，很快成为一个独立的学科。

从某种意义上说，20 世纪 70 年代末 80 年代初中国内地的比较文学热是 20 世纪二三十年代比较文学的复兴。1978 年，上海华东师范大学施蛰存教授为中文系学生开设比较文学讲座，打破了这门学科的沉寂状况，而1979 年，钱锺书《管锥编》前四册问世，可以算是中国比较文学复兴的标志。在"十年动乱"期间，学术界万马齐喑，钱锺书却发愤著述，总结自己学术研究的成果。他进行了艰苦的工作，终于写成了百万字的巨著。一当时机到来，这部巨著——《管锥编》公诸于众，立即大放异彩，引起了国内外的轰动。

钱锺书立意在探索诗心、文心、"造艺之本原"，② 即寻找中西作者艺术构思的共同规律，但是，他不赞成那种从抽象概念出发，以演绎推理的方法去建立理论体系的做法，而采取从具体作品和具体的文学现象出发，发幽探微，从中寻找一些具有普遍意义的艺术规律的研究途径。他说过，"艺之为术，理以一贯，艺之为事，分有万殊"，③ 那些"隐于针锋粟颗，放而成山河大地"④的艺术真理更引人入胜，绕有兴味。他的兴趣是"具体的文艺鉴赏和评判"。⑤ 所以《管锥编》全书采用札记和随笔的形式，不求表面的理论体系。

《管锥编》前四册围绕十部古籍来阐发作者的读书心得。钱锺书言必有证，语无虚发，为了论述一个观点总要广征博引，以大量的事例来加以证

---

① 参见叶维廉：《中西比较文学中模子的应用》，见《中国古典文学比较研究》，1～24 页，台北，黎明文化事业公司，1977；袁鹤翔：《中西比较文学定义的探讨》，见郑树森等编：《中西比较文学论集》，1～362 页，台北，时报文化出版公司，1980。

② 钱锺书：《管锥编》，第四册，1215 页，北京，中华书局，1979。

③ 同上书，1279 页。

④ 钱锺书：《管锥编》，第二册，496 页，北京，中华书局，1979。

⑤ 钱锺书：《旧文四篇》，7 页，上海，上海古籍出版社，1979。

明，他也自觉地运用比较研究的方法，打破时空界限和学术界限，古今中外，文史哲理，无不成为他探寻艺术规律的根据。前四册共781则，结合中外作家3 000多人，引证的外国学者言论也涉及800多人1 400种著作，其中除文学之外，还遍及语文学、符号学、文化人类学、史学、心理学、系统论等现代各种新兴学科。钱锺书在书中说到学问著述时，曾引用古罗马哲学家塞内加的话说：作文"当以蜂为模范，博览群书而匠心独运，融化百花以自成一体，皆有来历而别具面目"，① 这恰恰是《管锥编》的写照。

钱锺书曾说，比较文学只是他的"余兴"，② 而实际上，他对比较文学的各个方面都有所建树。《管锥编》中，不论是影响研究还是平行研究都有自己的独创，尤其在中西文学和中西文论的阐发研究方面，更有独到的见解。在中国比较文学复兴之际，《管锥编》为中国比较文学的发展开辟了道路。与此同时，一批比较研究中外文学、探索中外文学关系的文章也出现了，③ 例如，王元化的《刘勰的譬喻说与歌德的意蕴说》、④ 杨宪益的《译余偶拾——安徒生童话里的皇帝新衣故事、〈酉阳杂俎〉里的灰姑娘、唐代新罗长人故事》、⑤ 方平的《曹雪芹与莎士比亚》、⑥ 乐黛云的《尼采与中国现代文学》、⑦ 张隆溪的《也谈汤显祖与莎士比亚》、⑧ 钱仲联的《佛教与中国古代文学的联系》⑨等都引起了学界的瞩目。

这一时期，中外学者的交流也开始呈现出活跃的趋势，大批学生赴美留学，中外学者开始互访。中国内地与香港之间的学术往来日渐增加，学

---

① 钱锺书：《管锥编》，第四册，1251 页，北京，中华书局，1979。

② 钱锺书：《美国学者对于中国文学的研究简况》，见中国社会科学院访美代表团：《访美观感》，50 页，北京，中国社会科学出版社，1979。

③ 据统计，自 1978 年秋至 1980 年秋各种刊物上的比较文学文章已近 60 篇（见赵毅衡在《读书》1980 年第 12 期上发表的文章）。

④ 王元化：《刘勰的譬喻说与歌德的意蕴说》，见《文心雕龙创作论》，上海，上海古籍出版社，1979。

⑤ 参见杨宪益：《译余偶拾——安徒生童话里的皇帝新衣故事、〈酉阳杂俎〉里的灰姑娘、唐代新罗长人故事》，载《读书》，1979(7)。

⑥ 参见方平：《曹雪芹与莎士比亚》，载《书林》，1979(1)。

⑦ 参见乐黛云：《尼采与中国现代文化》，载《北大学报》，1980(1)。

⑧ 参见张隆溪：《也谈汤显祖与莎士比亚》，见《社会科学战线》编辑部编：《文艺学研究论丛》，长春，吉林人民出版社，1979。

⑨ 参见钱钟联：《佛教与中国古代文学的联系》，载《江苏师院学报》，1980(1)。

术空气渐趋浓烈。于是有人发表文章，认为"是该设立比较文学学科的时候了"；① 有人介绍台港的比较文学研究；② 《读书》杂志还在北京就促进比较文学这一新学科的发展组织了座谈会，③ 一些著名的老一辈学者如钱锺书、季羡林、朱光潜、冯至、杨周翰、李赋宁、黄药眠、范存忠、贾植芳等都利用各种不同的场合，对这一学科的发展提出很可宝贵的意见和建议。钱锺书告诫学者要注意比较文学和文学比较的区别，建议首先着手这一学科的基本理论的启蒙和中外文学关系的清理；④ 季羡林也强调，要比较，就要精通至少两种文字，同时要努力探索规律性的东西；杨周翰则在 1978 年广州全国外国文学研究工作规划会上提倡文学研究中"有意识的、系统的、科学的比较"；⑤ 朱光潜认为文学研究要进行纵和横的比较，既重视传统，又重视各民族的相互影响，因此比较文学的范围是相当宽的；⑥ 范存忠则认为搞比较文学要作全面深入的研究，即不只要弄清楚是什么的问题，还要弄清楚是怎样和为什么的问题。⑦ 由于学者们的倡导，比较研究的风气逐渐形成。在这样的背景下，1981 年 1 月，北京大学正式成立比较文学研究会，由季羡林任会长，李赋宁任副会长，钱锺书任顾问，决定出版不定期的《通讯》，并编辑出版《比较文学研究丛书》，同时，北大还筹备开设比较文学课程。不久，辽宁省比较文学研究会成立；1982 年 7 月，上海外国语学院出版了不定期的内部刊物《比较文学与外国文学》；1982 年 11 月，北京师范大学成立了比较文学研究组，并于翌年开出了比较文学概论课程；与此同时，华东师范大学和上海师范学院等校也正式开课；早些时候，地处北国的黑龙江大学和西南边陲的广西大学都开出了比较文学导论课。筹备开课的还有复旦大学、厦门大学、南京大学、广州的暨南大学和中山大学，天津的南开大学和天津师大等学校；上海外国语学院和华东师范大学开始积极筹办编辑出版中国第一本比较文学的刊物《中国比较文学》；广西大学也在筹备一本英文版的题为《文贝》（*Cowrie*）的比较文学刊物，这两种

---

① 赵毅衡：《是该设立比较文学学科的时候了》，载《读书》，1980(12)。

② 参见温儒敏：《港台的比较研究》，载《文教资料简报》，1980(11)、(12)。

③ 参见《读书》，1982 年第 9 期。

④ 参见张隆溪：《钱锺书先生谈比较文学与"文学比较"》，载《读书》，1981(10)。

⑤ 参见杨周翰：《关于提高外国文学史编写质量的几个问题》，见《外国文学研究集刊》第二辑，15 页，北京，中国社会科学出版社，1980。

⑥ 参见朱光潜：《比较文学的理论和实践》，载《读书》，1982(9)。

⑦ 参见范存忠：《比较文学和民族自豪感》，载《人民日报》，1982-10-05。

刊物都已于 1984 年公开发行。

1983 年 6 月，由南开大学等三所高校和天津外国文学学会共同发起，在天津召开了一次规模盛大的比较文学讨论会，与会代表 140 多人，就比较文学的一般原理和各个方面的问题进行了热烈的讨论。从讨论会上提交的 80 多篇论文可以看出，学界对于比较文学有着浓烈的兴趣，许多研究者都期望运用比较文学的方法来研究中国文学，特别是中国现代文学的研究者们已经意识到中国现代文学与外国文学的紧密关系，更是热衷于在自己的领域里找到突破口。外国文学、文学理论和古典文学的研究者们也希望探索新的途径。由于大家对比较文学的基本原理还不熟悉，因此讨论不仅兴致盎然，而且也出现了不少意见纷纭的论题，如比较文学在中国是不是古已有之，比较文学究竟包括哪些范畴，什么是比较文学的中国学派等。对这些问题的讨论虽然没有一致的答案，但却给人留下了进一步思考的空间。如果说这次会议是中国比较文学在 80 年代复兴之后第一次稚嫩的亮相的话，那么，1984 年 5 月在广西大学召开的"比较文学讲习班暨学术讨论会"就是它获得进一步发展的标志。因为这次会议对上次会议未能澄清的那些问题获得了一些较为一致的认识，换言之，参加讨论的学者对比较文学的基本原理有了较为明确的认识，应邀与会的美国著名比较文学学者韦斯坦因和香港中文大学李达三博士等人的讲演，也为增进大家对这一新学科的理解做出了贡献。

在后来的数年间，中国学者开始走向世界。1982 年 3 名中国学者首次参加了在纽约召开的国际比较文学学会第十届年会。1985 年在巴黎召开的第 11 届年会上，中国学者不仅给大会带去了活力，也向国际比较文学界说明了比较文学在中国的复兴。

1983 年 8 月末，在北京召开了中美双边比较文学讨论会，中美双方各 10 名代表以及来自北京、上海、南京等地的列席代表就文学理论、文学影响和具体作品的类比研究等各个领域，进行了广泛的交流和讨论。这次会议的成就与其说是在学术方面，不如说是在中美学者的联系方面，正如中国社会科学院副院长钱锺书教授在会上的发言中所说，这次会议将对"中美比较文学学者继续对话有重要意义"，正是在加强双方学者"真诚的思想融合"方面，它"开创了纪录"。

在那几年，中国比较文学复兴的成果还表现在出版了大量的论著和译著。在基本理论方面，译介欧、美、日等国比较学者的著述对于我们了解这一学科无疑有不可轻视的作用。其中较为重要的译著有：北京大学选编的《比较文学译文集》，① 这个集子以印第安纳大学出版的《比较文学的方法和角度》为底本，选收了美、德一些重要的比较学者的文章，其内容涉及了这一学科的基本理论、影响研究、文类学、东西方（包括中西）文学比较等方面，在一定程度上反映出西方在比较文学研究各个方面的水平。可惜它没有收入法国学者、苏联学者和日本学者的观点，因此在总体上仍不够全面。基亚《比较文学》②的翻译多少弥补了上述《论文集》的不足。日本学者大塚幸男的《比较文学原理》③的译介，使我们有机会了解了日本比较文学界的现状及其学术观点。上海译文出版社出版的《比较文学研究译文集》④按照法、美、苏、英、意等国别顺序编排，说明编者力图较为全面地反映国外比较文学的现状，力图勾勒法、美、苏三派的观点。北京师范大学比较文学研究组选编的《比较文学研究资料》⑤一书力图在理论和实践两方面为读者提供一个较为清楚的轮廓，同时又能比较全面地收入比较学者有代表性的文章。正是由于译介和资料方面的工作进展，使我们的许多学者较快地接受了关于这一学科的启蒙教育，而且在这样一个基础上，使我们可以就中国比较文学究竟应怎样搞，它的发展途径和前景如何等一类亟待回答的问题作进一步的思考。卢康华、孙景尧的《比较文学导论》⑥一书是我国内地第一本阐述比较文学原理的著作。这本书的最大特点是材料丰富，五光十色，确实是"中外杂陈、古今交织"，⑦ 它以"基本概念"、"研究方法"、"历史"这样的大轮廓来结构全书无疑是恰当的。它对介绍这门新的学科起了积极的推动作用，不失为"一部良好的开山之作"。⑧

　　在具体的比较研究方面，20 世纪 80 年代的成绩也是很大的。据统计，仅在 1977 年到 1983 年的六七年间，属于比较文学的论文就有 283 篇之多，

---

① 张隆溪选编：《比较文学译文集》，北京，北京大学出版社，1982。

② ［法］基亚：《比较文学》，颜保译，北京，北京大学出版社，1983。

③ ［日］大塚幸男：《比较文学原理》，陈秋峰、杨国华译，西安，陕西人民出版社，1985。

④ 干永昌、廖鸿钧、倪蕊琴编选：《比较文学研究译文集》，上海，上海译文出版社，1985。

⑤ 北京师范大学中文系比较文学研究组编选：《比较文学研究资料》，北京，北京师范大学出版社，1986。

⑥ 卢康华、孙景尧：《比较文学导论》，哈尔滨，黑龙江人民出版社，1984。

⑦ 见贾植芳为该书所写序言。

⑧ 见贾植芳为该书所写序言。

其中属于影响研究的 171 篇，属于平行研究的 29 篇，其余方面的 80 余篇。① 这个数字当然未必准确，其中少部分恐怕未必能算作我们所理解的比较文学，相当一部分也存在着质量上的问题。但从总体来看，这一数字反映了中国比较文学近一个时期来的长足进展。从 1983 年至今则有更多的论著问世，而且在质的方面也有提高。张隆溪、温儒敏编选的《比较文学论文集》①选收了 1984 年以前有代表性的文章；此外，钱锺书的《谈艺录》补订本、《七缀集》，季羡林的《中印文化关系史论文集》，金克木的《比较文化论集》、王佐良的《论契合》(英文版)，杨周翰的《攻玉集》，王富仁的《鲁迅前期小说与俄罗斯文学》，赵毅衡的《远游的诗神》，曾小逸主编的《走向世界文学——中国现代作家与外国作家》等著作都以严谨的态度和较深入的研究显示了中国比较文学的成果。

1985 年在深圳大学召开的中国比较文学学会成立大会暨首届学术讨论会，标志着中国比较文学的全面复兴。大会由 30 多个单位发起，由中国社会科学院文学所和外文所、北大、北师大、上海外院、华东师大等单位的十名学者组成筹委会，邀请了国际比较文学学会会长佛克玛、美国比较文学学会会长奥尔德里奇、美国学者詹明信、迈纳、叶维廉，香港学者袁鹤翔和黄德伟等十余人。与会的近 120 位代表选举产生了以杨周翰为会长的中国比较文学学会领导机构。学术讨论会收到 121 篇论文，分"比较文学方法论"、"比较诗学"、"比较文学与中国现代文学"、"中西神话比较研究"、"东方比较文学"、"总体文学与科际整合"等七个专题进行讨论。会议取得了圆满的成功。这次会议不仅是对数年来中国比较文学成果的检阅，也是对中国比较文学研究队伍的检阅。会议还对中国比较文学的进一步发展作了规划。从此，中国比较文学作为一个独立的学科走上了轨道，而且汇入国际比较文学的洪流，成为它的一个重要的组成部分。

## 第三节　现状与前景

20 世纪 80 年代以来，国际比较文学发展进入一个新阶段。这种发展与当时国际形势的变化有着密切关系。

20 世纪 80 年代，随着"冷战"的结束和殖民体系的瓦解，随着科学技

---

①　远浩一：《近年来我国比较文学的发展》，载《中国比较文学》，1984 年创刊号。

术、特别是信息科学的突飞猛进，世界进入了加速全球化时代和信息化的时代。人类文化也进入一个新的转折时期。这里所说的转折指的是数百年来西方殖民统治形成的西方文化占统治地位的时代已经过去，一个多元文化共存，既相互冲突又相互融合的时代已经开始。在这个时期，文化冲突和文化交流已经超出其本身的意义，而成为关系到人类发展前景的问题。人们已经看到，"是增强不同文化间的相互理解和宽容而引向和平，还是因为文化的隔离和冲突而导向战争，决定着 21 世纪人类的命运"。① 因此维护文化的多元发展，保护文化生态，加强文化交流，促进各国各民族之间的沟通和相互理解至关重要。

在这个关系人类发展前景的时期，比较文学因其独特的价值而可以发挥作用。比较文学研究国家与国家、民族与民族之间通过文学进行沟通的历史和经验，它倡导新人文精神，提倡国家民族之间互相尊重、互相理解、化解矛盾，同生共存。在全球化时代，生活在地球上的各个国家、各个民族之间存在着矛盾和差异，但它们之间的关系也比以往任何时候更加密切。他们有着许多共同的追求，也面临着许多共同的问题。优秀的文学作品总是能够表达出本民族人民的生活体验和智慧，其间也常常包含着某些具有普遍意义的经验。比较文学通过对这些作品的比较研究，可以使各国各民族的人民之间在思想感情上得到沟通和互相理解。由此可见，它在促进文化与文学交流、化解文化冲突方面，可以做出独特的贡献，其作用也应该超出文学的范围而获得更广泛的意义。

世界文化发展的重大变化影响到国际比较文学的研究方向。首先，新的形势要求比较文学研究突破原来单纯关注文学问题的理念，更多关注对人类文化发展具有普遍意义的问题。意大利比较文学家尼希在他的一篇专论中说：如果"从一个变化发展的世界，确切地说，是从一个我们都与之有牵连的'后殖民世界'的角度出发"，给文学研究重新定义，重新考虑比较文学的价值，那么，可以"将比较文学重新界定为世界文学研究中具有普遍性及多重意义的学科"，"比较文学使某种具有普遍性、多重性的认识形式成为可能并且代表了此种认识形式，这种认识形式就是全人类共同实现的对全人类的兴趣"。② 纵观近年来的比较文学，我们可以看到，国际比较文学

---

① 乐黛云：《文化相对主义与"和而不同"的原则》，载《中国比较文学》，1996(1)。

② ［意］阿尔曼多·尼希：《作为"非殖民化"学科的比较文学》，载《中国比较文学》，1996(4)。

界敏感地而且及时地对此作出了反应。"文化冲突与文化共处"的问题引起了世界范围的关注和讨论，同时也引起人们重新认识比较文学的价值和发展方向。文化相对主义、文化多元主义等各种文化理论的提出以及有关的讨论相当热烈。如何防止新霸权主义、克服狭隘民族主义，如何维护文化多元化，保护文化生态，如何发挥比较文学在化解文化冲突方面的作用等有关世界文化与文学发展大局的问题，成了比较文学界最关心的话题。

其次，国际形势要求比较文学突破原来的"欧洲—西方"文化的范围而扩大到全球，在不同文化体系的文学之间，特别在东西方文学之间进行比较研究。20世纪80年代以来，许多有远见卓识的学者看到了文化全球化的趋势，看到了比较文学中"欧洲—西方中心论"的偏颇，更多地关注东方。他们敏锐地认识到，如果没有东方文学的加入，就不可能使比较文学真正成为国际性学科。于是他们将东西文学比较看作国际比较文学发展的关键。美国著名学者纪延的一段话很有代表性："在某一层意义说来，东西比较文学研究是，或应该是这么多年来(西方)的比较文学研究所准备达到的高潮，只有当两大系统的诗歌互相认识、互相关照，一般文学中理论的大争端始可以全面处理。"①国际比较文学学会的动态也可以说明这种动向。1991年8月，国际比较文学学会第13届年会首次在东方国家——日本的东京召开。2004年，国际比较文学学会第17届年会在中国香港举行。后来的历次国际比较文学学会的年会都突出了"多元化"的主题，倡导东西文化的对话与交流。这些都表现了国际比较文学界已经意识到东西方文学的对话是国际比较文学的历史使命。

在国际比较文学发展的第一、第二阶段，研究范围只局限于欧美国家。由于欧美国家属于同一文化体系，具有相同的文化渊源(古代希腊罗马文化和希伯来文化)、相同的宗教信仰，而且在长时期的社会发展和文化发展过程中，互相联系，关系密切，它们的文学属于同源同质，那时的比较研究也就局限在同源同质文学的范围之内。然而，东西方文学分属不同的文化体系，它们的文化背景存在巨大的差异，它们之间的比较研究就不再是同一文化体系内的文学的比较，而是不同文化体系的异源异质文学之间的比较。这样的比较必须把文化差异放到一个重要的地位，在它们的不同的文化背景中寻找具有普世价值的结论。换句话说，这是一种"跨文化"的比较

① 转引自叶维廉：《寻求中西文化的共同文学规律》，25页，北京，北京大学出版社，1986。

研究；国际比较文学进入了以跨文化文学研究为特征的新阶段。

　　"跨文化"的比较研究对比较文学提出了新的要求，使比较文学从理念到方法都发生了变化。譬如在进行同质文学的比较研究时，往往是从求"同"入手，在"同"中找出联系和规律，而进行东西方异质文学的比较，就必须既求同又求异，其中更突出的是文化差异的比较，在文化的差异中追寻到文学不同内涵的根源。又如异质文学之间的比较研究必须采取平等的态度，通过文学上的互识、互证、互补，以达到互相的理解和宽容，对话成为比较文学方法论研究的主要课题。总之，比较文学面临着全面革新。

　　实际上，20世纪80年代以来国际比较文学发展的一个突出的情况，就是中国比较文学的异军突起。中国是一个拥有世界人口五分之一的大国，又是一个具有悠久文化传统、对世界文学的发展发生过巨大影响的文明古国，所以，没有中国的参与，不把中国文学放在国际比较文学研究的重要地位，很难设想比较文学能真正成为一门具有广泛国际性的学科。因此，当国际比较文学界展望学科未来的时候，对中国寄予莫大的希望。也因为如此，当中国比较文学开始复兴时，国际比较文学界的一些代表人物莫不为之欢欣鼓舞。法国比较文学大师艾田伯听到中国比较文学复兴的消息，兴奋不已，他在国际比较文学学会第11次年会做闭幕词的时候，情不自禁地用汉语高呼"中国比较文学万岁！"当年新任的国际比较文学学会会长佛克玛在第12次年会上也说，中国比较文学学会的成立是"我们学会近期的一件大事"。

　　中国比较文学复兴之后，首先虚心地向先行者学习，对各国各派的比较文学学术成果兼收并蓄，大量引进。到20世纪末，我们翻译、编译出版的外国比较文学著作、论文集，已达数十种，对外国比较文学的评价分析文章数百篇。世界上也许没有一个国家如此重视和热心地介绍、借鉴外国比较文学。在学习和借鉴的同时，我们摸索着自己的道路，既接受法国学派的实证性的影响传播研究，也接受美国学派的平行研究和跨学科研究，但克服了它们共同的局限"欧洲－西方中心主义"。作为第三世界国家，我们反对帝国文化霸权，也不受狭隘民族主义的束缚，又从自己的传统文化中发掘思想资源，把"和而不同"作为比较文学的理想境界，坚定地促进多元文化的发展。我们有与周边国家长期交往的历史经验，有百年来对西方国家的充分了解，这就有可能为跨文化的文学研究建构新的比较文学体系。总之，历史把中国比较文学推到了学术的前沿。30年来，中国比较文学不负众望，为世界比较文学事业作出了自己的贡献。因此，中国比较文学学会会长乐黛云在总结比较文学的历史时认为，80年代后国际比较文学进入它的第三阶段，而中国正是"全球第三阶段比较文学的集中表现"。①

关于 20 世纪 80 年代以来国际比较文学的发展状况，我们还必须注意到它的另一个特点，那就是各种新潮的文化理论和文学理论对它的冲击和影响，比较文学与文学理论、文化理论的结合。

众所周知，20 世纪是一个文化理论、文学理论大繁荣的世纪，"诗学复兴"的世纪，大批的理论著作问世，各种新的文化理论和文学理论，诸如现象学、阐释学、接受美学、符号学、结构主义、后结构主义、后殖民主义、女性主义、新历史主义、生态批评等，接踵而至，层出不穷，令人目不暇接。作为一门具有开放性特征的比较文学，对于学术界的变化本来就极其敏感，更何况在国际形势发展把文化问题推到空前重要的时候，它更会关注理论界的发展，广泛地接受各种新兴学说来更新自己的理念和方法。当然在这个问题上并不是没有争议。在 1985 年国际比较文学学会第 11 次年会前后，学者们曾就如何应对各种新起的文学理论大潮发生争论。以荷兰学者佛克玛为代表的一批学者主张比较文学应该向文学理论靠拢。佛克玛发表文章认为，比较文学的研究对象不应该限制在文本，还应该包括文学信息传递与接受之间的"文学交流情境"和"文学符号系统"等。因此，它与文学理论的研究对象基本上是一致的，再说，没有理论作基础就肯定没有学科，文学理论可以强化和推进比较文学，比较文学不应该局限于自己原定的界限，而应该将研究对象扩大，进行新的探索，只有这样做才能使"比较文学的前途显得灿烂辉煌"，否则，它便不能作为一门学术性学科而生存于世了。

他的意见受到老一派比较文学家韦勒克、雷马克等人的反对，雷马克看到了争论的严重性，他认为这是 1958 年美法两派关于比较文学危机的争论以来所遇到的又一次大争论。他说"我们遭遇到了对今天的比较文学的第二个大挑战，也就是我们最近的敌人，名叫'总体文学'或'文学理论'。这个敌人比'只要国别文学'更危险，因为它宣称比较文学是属于总体文学或文学理论的"。在国际比较文学学会第 11 次年会上，双方展开了激烈的争论。不过，反对者并没能阻止比较文学"理论化"的趋势。20 世纪八九十年代以来，比较文学的研究对象已经从传统的课题（影响、接受、来源、游记等）研究和文本研究扩展到一些对于人类文学发展具有普遍意义的问题，扩展到文学共同规律的探讨。从理论基础和方法论上也有了很大的变化。就其积极意义来讲，它适应了形势的需要，拓展了比较文学，也深化了比较

---

① 乐黛云：《比较文学发展的第三阶段》，见乐黛云、陈惇主编：《中外比较文学名著导读》，1 页，杭州，浙江大学出版社，2006。

文学。例如后结构主义打破了长期以来统治西方理论界的逻各斯中心主义和二元对立论，消解中心，倡导多元主义。后殖民主义文论进一步解构"西方中心"，批判帝国文化霸权，主张实现真正的文化多元发展。这些都为比较文学突破"欧洲－西方中心论"走向东西方平等对话，提供了理论支撑。接受美学强调了发送者和接收者的双向互动关系，充分估价接收者和读者的作用，从根本上刷新了传统的影响研究。

1992 年，美国比较文学学会委托宾夕法尼亚大学比较文学系和文学理论系主任查理斯·伯恩海默组织专家委员会，就比较文学的现状和发展方向草拟了一份报告。1993 年，伯恩海默提交了一份由他执笔题为《世纪之交的比较文学》的报告。报告认为比较文学应该摆脱以前的欧洲中心主义，而采用文化多元主义的视角，主张将文学研究"语境化"，即在跨民族的语境中考察文学的美学现象，将文学"置于更广阔的话语、文化、意识形态、种族和性别的领域"，也就是采用文化批评的方法。伯恩海默的观点，主要是在如何对待文学研究和文化研究的关系上，在美国的以致国际的比较文学界，引起了争论。一些学者赞成伯恩海默的观点，认为比较文学向文化研究特别是大众文化研究转化，代表了学科发展的方向。一些学者认为，比较文学应该以文学为中心，应该是比较"文学"，而不能是别的，否则，比较文学自身就会面临危机。

伯恩海默的报告在中国也引起了巨大反响。有的学者认为，比较文学应该向比较文化转化，这是大势所趋。但是，多数学者是在吸收文化批评的方法可以深化比较研究这一点上，接受伯恩海默报告的启发。比较文学研究不是为比较而比较，比较不是目的，而是手段和途径，目的是加深对作家作品和文学规律的认识，加强文学交流，因此当比较文学深入发展，超越事实联系的考证和异同比较，进一步向深层开拓，探究种种文学关系的内涵和根源的时候，它当然不能停留在文学本身的比较研究而必须深入到文化的层次。即使是异同比较，也不能停留在现象的罗列，必须进一步探讨这种异同的内在意蕴及其成因，这也就超越文学自身的范围而进入文化的领域。总之，比较文学的深化必然要引进比较文化，除非我们愿意停留原地而不求进取。

以上情况说明，文学理论和文化批评给比较文学注入了新鲜血液，使它获得新的生长点。进一步说，比较文学发展到世纪之交，跨学科研究已经成了它在跨文化研究之外的另一个重要特征。但是，由于这样的研究跨出了文学的界限，或者说模糊了文学与其他学科的界限，比较文学的研究范围变得大为扩张，此时危机也就不远了。当人们未能掌握好学科的本体，未能把握好以文学为中心这个根本的时候，就会出现偏差。当年，在问题提出之初，就有人提出过种种担心。美国康奈尔大学比较文学系主任卡勒教授曾经针对伯恩海默的报告指出：如果把比较文学扩大为全球文化研究，它就会面临自身的一次新的身份危机。近年来的实际情况说明，这样的担心并非多余。那就是在比较文学研究中出现了"泛理论化"和"泛文化化"的现象。不恰当地把比较文学研究理论化，结果往往是理论探讨淹没了文学分析，或者为追求理论体系的完整而丢却了文学本体。这样的跨学科研究已经不再是比较文学。比较文学研究有必要引进文化批评，但是，当文化批评喧宾夺主，而文学研究转化成文化研究的时候，或者把文学作品当作文化批判的附庸和材料的时候，比较文学就不再是文学研究而改变了研究的性质。当然，比较文学应该有其理论探讨，比较文学与比较文化的界限有时很难划分，那种研究确有成效，结论也有创意的跨学科研究，我们不能说它们没有价值，但是，那不是比较文学意义的价值。对于比较文学来讲，"泛理论化"和"泛文化化"不利于学科的发展。我们还是应该时时不能忘记，比较文学必须以文学为本体，比较文学是比较"文学"，从文学出发，以文学为中心，又回归文学。

20世纪末和本世纪初，正当中国比较文学崛起，欣欣向荣的时候，西方国家的比较文学界却传出另外一种声音。1993年，英国比较文学专家苏珊·巴斯奈特出版《比较文学批判导论》，书中语出惊人，说"比较文学作为一门学科气数已尽"。事隔十年，2003年，美国印度裔学者佳雅丽特·斯皮瓦克出版一本关于比较文学的论著，其书名竟是《一个学科的死亡》，更是直截了当地宣告比较文学已经寿终正寝。这种呼声一出，在国际上引起强烈的反响。

这种说法也许在一定意义上反映了西方国家比较文学不景气的现状，但是它不符合学科的全面现实，至少在一些新兴国家，例如中国、印度、巴西等国家，比较文学不但并未死亡，恰恰如日中天，充满生机。其实，巴斯奈特和斯皮瓦克这样语出惊人，也不是真正认为这门学科已经死亡，只是为了强调传统的比较文学已经过时，学科面临着更新和转型。应该说，他们已经意识到"欧洲－西方中心论"统治比较文学的时期已经结束，以殖民强权为动力的比较文学早期模式必须改变。他们这样语出惊人，为的是唤起人们的注意，探索比较文学的新的出路。他们关于新的比较文学的建议各不相同，但都能正视现实提出的一些问题。例如，斯皮瓦克认为，新的比较文学要"颠覆和摧毁"强势文化对新独立文化的"挪用"，需要超越西方文化和西方社会，在"星球化语境中重置自身"。巴斯奈特在2006年发表

《21世纪比较文学反思》承认自己过去有的观点的错误，承认比较文学虽然在发源地已经衰落，而"在其他地方，比较文学却一派欣欣向荣"，它"正是作为一个坚实的研究领域"而存在的。她认为斯皮瓦克的意见过于"政治化"，当前比较文学的"核心问题是政治化的也是审美的"，强调对欧美经典文本在本土以外的作用的研究。看来，他们对比较一文学未来的发展方向，并没有看得很准。

2003年春，时任斯坦福大学比较文学系主任的苏源熙教授受命组织一个委员会，为美国比较文学学会撰写第四个"十年报告"。与前三次不同的是，委员会不再经过商讨，写一篇共同署名的报告，而是各自为文，阐述自己对比较文学现状的认识。结果形成了12篇切入角度与观点各异的论文。在这一组论文中，苏源熙的长文应该是核心。此文认为，"未来比较文学的发展策略，是回到'文学性'研究，重新考察'文学性'观念，以新的视角重返具有新意和新见解的文学研究"。其余论文有的提倡"世界文学"；有的看好"翻译研究"，有的推崇后殖民与女性主义研究等。这些文章从不同角度充分说明比较文学这一科学已经完全不再是传统的那个样子了。①

比较文学是一门与时俱进，不断修正自己，在蜕变中不断完善的学科。现在也许正处在它发展变化的关键时刻，我们相信，它会像以往一样，在新的探索中又一次获得新的生命！

---

①　苏源熙将作为第四个"十年报告"的这12篇论文与对其作出回应的另外7篇论文编为一集，题作《全球化时代的比较文学》交由约翰·霍普金斯大学出版社于2006年出版。可参阅其中下列诸文：［美］Haun Saussy，*"Exquisite Cadavers Stitched from Fresh Nightmares"*，pp. 3-42；［美］David Damrosch，*"World Literature in a Postcanonical，Hypercanonical Age"*，pp. 43-53。

# 第三章  比较文学的基本类型和研究方法

在比较文学的发展过程中，逐渐形成了几种基本类型：影响研究、平行研究、阐发研究和接受研究。它们在不同时期产生，有不同的理论基础，同时，在研究的角度和研究的方法上也有着种种差别。

比较文学是从研究各民族文学之间的事实联系和相互影响起步的，影响研究自然是它的最早出现的一种类型。影响研究的成绩以无可辩驳的事实证明了比较文学的科学价值，为这一学科奠定了坚实的基础。至今，比较文学的存在价值，在相当程度上仍依赖于这一方面的研究成果。因此，影响研究是比较文学最基本、最主要的类型之一，在这一学科中占有重要的地位。

平行研究是继影响研究之后出现的另一种比较文学研究类型，它是比较学者在打破了实证主义和唯科学主义的旧观念之后新开拓的一个领域。它克服了影响研究的保守主义和某些偏颇，为比较文学的发展带来了活力，特别是在东西方文学研究越来越受到重视的时候，平行研究显出它的强大的生命力。目前，它已经成为影响研究以外的另一种最基本的类型。

影响研究和平行研究，构成了比较文学的两大支柱。在精神实质和研究方法上，二者不应该是互相排斥，而应该是有机结合、互为补充的。然而，在东西方文学的比较研究中，由于这两大文化体系间存在着巨大的差别，事实联系又少，因此平行研究的路子更为宽广。

20世纪70年代，中国台湾地区的学者曾在以上两种研究类型之外，提出了"阐发研究"的设想，而且进行了实践，取得了一些成果。但由于解释者提出的不准确的界定而遭到非议。实际上，这种设想并不是毫无意义的，如果把它看作平行研究衍生出来的一种类型，用来对不同文化体系的民族文学与文学理论进行比较研究，使它们互相阐发，同样可以引出有价值的结论。在这之前，中国内地学者也有在这方面取得优异成果的，如钱锺书。接受研究是接受美学理论提出后并为越来越多的比较学者采用的情况下，形成的一种新的研究类型。人们也可以把它看成影响研究的发展，但是它与传统的影响研究在研究的角度和着重点上，在研究的方法上是有所不同的，因此，它已经不完全是原来意义的影响研究了。

# 第一节　影响研究

比较文学的基本任务之一，是研究各民族文学之间的相互联系、相互影响。但是，这种民族文学间的联系与影响，却是一种极为复杂的现象。究竟什么是影响，它包含哪些内容，它与模仿、改编等有什么区别、有什么联系，这些问题引起了学者们的讨论。

"影响"本身就是"比较文学研究中十分关键的一个概念"。① 法国学者曾经为它的复杂和不易掌握而感到困扰。它还曾一度成为美国学术界研讨的核心，一些著名的学者，如安娜·巴拉金、哈斯克尔·布洛克、克劳迪奥·纪延、约瑟夫·T·肖等都参加了漫长而热烈的讨论，在国际比较文学学会第一届大会的讨论会上，各种意见的分歧达到了高潮。②

许多比较学者都尝试给"影响"下定义。例如，法国著名文学史家朗松在《试论"影响"的概念》一文中说："真正的影响，是当一国文学中的突变，无法用该国以往的文学传统和各个作家的独创性来加以解释时在该国文学中所呈现出来的那种情状。——究其实质，真正的影响，较之于题材选择而言，更是一种精神存在。而且，这种真正的影响，与其是靠具体的有形之物的借取，不如是凭借某些国家文学精髓的渗透。"③美国比较学者约瑟夫·T·肖也说过类似的意思："一位作家和他的艺术作品，如果显示出某种外来的效果，而这种效果，又是他的本国文学传统和他本人的发展无法解释的，那么，我们可以说这位作家受到了外国作家的影响。"④他还认为，影响"是一种渗透在艺术作品之中，成为艺术作品有机的组成部分、并通过艺术作品再现出来的东西"。⑤ 比较学者们对影响所作的界说大都强调它的

---

① ［美］韦斯坦因：《比较文学与文学理论》，27页，沈阳，辽宁人民出版社，1987。

② 同上。

③ ［日］转引自大塚幸男：《比较文学原理》，32页，西安，陕西人民出版社，1985。

④ ［美］约瑟夫·T·肖：《文学借鉴与比较文学研究》，见北京师范大学中文系比较文学研究组选编：《比较文学研究资料》，119页，北京，北京师范大学出版社，1986。

⑤ 同上。

外来性和隐含性。一方面，这种影响无法从本民族文学的传统和作家个人的各种因素作出解释，因此，它是外来的；另一方面，这种影响表现为一种精神渗透，它消溶于作家的创作中，因此不着痕迹。

影响研究虽然主要是研究那些经过吸收、消化之后，与自己的作品水乳交融的外来影响，但它并不排斥那些有意的模仿和借鉴，也不排斥那些痕迹比较明显的影响。

影响研究的范围可大可小。从大的方面说，它可以研究一个民族的文学或者一种思潮和运动给另一个民族文学带来的影响。例如，中国文学对日本文学的影响，18、19世纪法、英、德诸国文学对俄国文学的影响，19世纪后期现实主义和自然主义思潮对欧洲各国文学的影响等。从小的方面来说，它可以研究一个民族的作家和作品对另一个民族的作家和作品的影响。例如，美国作家爱伦·坡在美国文坛尚未引起重视之前，却首先吸引了波德莱尔等法国象征主义诗人们的注意。他们大量译介爱伦·坡的作品和理论，把爱伦·坡视为自己的精神领袖。他们的诗作中随处可以找出爱伦·坡的那种阴郁和怪诞的美。正是通过他们的努力，爱伦·坡首先在法国和欧洲产生了影响，随后才获得了美国文坛的承认。这种情况就很值得研究。法国象征主义诗歌对俄国勃留索夫、布洛克、别雷等象征主义诗人们的影响是十分明显的，甚至我国的李金发、戴望舒、穆木天等现代诗人也受过法国象征主义的洗礼，写过象征主义的诗歌。有的学者曾正确地指出李金发在《弃妇》中把烦闷、时间、夕阳和灰烬等意象联系起来是"纯然波德莱尔式的"，而戴望舒《雨巷》中那响亮、曳长的韵律则令人想见魏尔仑《秋之歌》的音乐美。① 作品对作品产生影响的例子最典型的要推我国元杂剧《赵氏孤儿》对18世纪法、英、德、意诸国剧作产生的影响。《赵氏孤儿》在启蒙时代传入欧洲，引起了翻译家、批评家和艺术家的巨大兴趣，一时译作、评介、仿作、改作蜂起，法国有马若瑟的译本，英国有瓦茨、凯夫和帕西的译本，法国批评家阿尔央斯和英国批评家赫德都对这出戏作过较为详尽的评论，同时还出现了英国哈切特、墨飞，法国伏尔泰，意大利梅塔斯齐奥等人的改编本。墨飞的改编本在英国的演出获得了成功。特别是

① 参见王佐良：《中国新诗中的现代主义——一个回顾》，载《文艺研究》，1983（4）。

伏尔泰改编的《中国孤儿》更是广为人知，在西方文坛曾轰动一时。我们可以满有把握地说，倘若没有《赵氏孤儿》的影响，就不会有他的《中国孤儿》。

对于影响传播的方式，研究者也应给予重视。一个作家对另一个民族的作家的影响是直接产生的呢，还是间接产生的呢？当然，不少影响都是直接产生的，但也有些影响是间接产生的。例如，拜伦不仅对西欧各国作家影响很大，而且也对俄国诗人普希金产生过不小的影响。普希金十分尊崇拜伦，甚至在流放南俄期间还经常阅读拜伦的诗作，他的《高加索的俘虏》明显地表现出《恰尔德·哈罗尔德游记》的影响，这种影响显然是一种直接影响。但拜伦对莱蒙托夫的影响就不同，莱蒙托夫早年师法普希金，通过普希金接受拜伦的影响，而后期又直接借鉴拜伦，因此，拜伦对莱蒙托夫的影响就既有间接的一面（通过普希金），又有直接的一面。

影响研究还可以从影响的放送、接受、传播途径这三个方面来研究。从影响的放送一端来看，可以研究作家作品如何对外民族文学产生影响，一件作品在国外流传、演变的情况等。例如上面提到的《赵氏孤儿》在 18 世纪欧洲流传情况的研究，就是从放送的角度进行的。此外，如"歌德在英国"、"拜伦在法国"、"《茶花女》在中国"之类都是这类研究的典型例证。这类研究中所提到的作家、作品，大都在国外的文学界产生了重大的反响，研究他们在国外被接受的情况，不仅有助于人们认识文学之间的关系，而且特别有利于发现在民族（或国别）文学的研究中无法解答的问题。例如，对于爱伦·坡，人们很自然会发出这样的疑问：为什么他不是首先在美国国内发生影响，而是先在法国和欧洲产生影响，而后才得到国人的承认呢？通过研究他在法国和欧洲产生影响的经过，研究者发现，他所倡导的"为艺术而艺术"的主张与当时美国文坛强调思想内容的主流格格不入，他所偏爱的主题如死亡、恐怖，以及他所喜爱的形式如神秘、怪诞、阴冷等，也使当时的美国文坛无法接受，因此，长期以来他在自己的故国未受到应有的重视。当然，他之所以不为同胞喜爱也还有另外一些原因，如他对美国作家的批评往往言辞激烈，褒贬失当，因而树敌较多，加上他为人乖张，好标新立异，因此也易遭人忌恨。但比较而言，这些因素仍居于次要地位。同美国的情形相反，他在法国受到了极大的推崇，波德莱尔、马拉美和瓦雷里等象征主义大师对他的赞扬不遗余力，他们把爱伦·坡看作自己的知音，从坡的作品中找到创作的依据。这就雄辩地说明，爱伦·坡的文学主张和实践与象征主义的诗歌理论多有不谋而合之处，也说明当时法国的文学气氛和环境对于坡和他的作品来说是适宜的。因此，自1856年波德莱尔开始译介他的理论和作品之后，他便逐渐在法国和欧洲受到了重视。

从影响的接受一端看，则可以研究作家借鉴、模仿、改编外民族作家作品的情况以及作品的外民族渊源等。例如，我们在研究莎士比亚时，就会发现他的许多作品的情节来自外国作品，如《错误的喜剧》取材于古罗马普劳图斯的《孪生兄弟》，《奥塞罗》取材于文艺复兴时期意大利作家钦提奥《寓言百篇》中的一个短篇小说，《安东尼与克莉奥佩特拉》等剧又取材于古罗马普鲁塔克的《希腊罗马名人传》。除了故事情节可以借用以外，人物形象也可以借用。不少论者认为，孙悟空形象的原形是印度史诗《罗摩衍那》中的神猴哈奴曼。另外，即使是文学作品中的意象、隐喻也可能有渊源。例如，闻一多先生曾写过一首悼念爱女的诗作《忘掉她》，这首诗不仅结构，连题目和中心意象都是从美国女诗人萨拉·蒂斯戴尔的一首诗借来的。蒂斯戴尔诗作中有：Let it be forgotten, as a flower is forgotten 和 Time is a kind friend, he will make us old 之类的句子，这些句子正是闻诗中"忘掉她，像一朵忘掉的花"，和"年华那朋友真好，他明天就叫你老"之类句子的出处。只不过闻一多把诗句锻造得更凝练，更富有音乐性，反复吟咏，能给人一种回肠荡气的美感。

无论从影响的接受还是放送的角度，我们都可以研究对外民族作家作品移植、改编和模仿的情形。

移植和改编，都是为了使外国原著能适合本国的国情和读者的接受习惯，其中必然经过改编者的创造性劳动。我们先来看两个移植的例子。1983年，北京实验京剧团改编上演了《奥塞罗》，这是将在文化传统上相距甚远的莎剧移植入京剧的一次有意义的尝试。中国传统的戏曲同英国伊丽莎白时代的戏剧有一些程式十分相似，例如，它们的道具和布景都比较简单，人物上场都念韵白，戏中一般都有独白和旁白等。二者间又有很大的差距，中国的戏曲以唱为主，而英国戏剧以白为主，中国戏曲的唱腔、表演动作都有严格的程式，人物的脸谱、服装、道具的使用都是高度象征化的，这些都是莎剧中没有的，而莎剧表演形式的多样性，人物形象的复杂性，又是京剧所没有的。这部移植的莎剧让奥塞罗踏着京剧的台步，和着四大件的韵律，唱着京剧中的各种唱腔，不禁给人一种似是而非，十分新奇的感觉。移植虽然引起了不同意见的争论，它的可行性尚有许多问题要商榷，但即便研究这种移植的不可行性也会有助于我们加深对这两种截然不同的戏剧的理解。美国意象派诗人庞德对中国和日本诗歌的兴趣是人所共知的。他在自己的诗作中夹杂了大量翻译的或根据翻译改写的中国古典诗歌和日本俳句，甚至把我们的方块字移入英诗中。庞德和他的诗友们的这些在我们看来古怪而又有趣的移植，在不少美国读者中引发了想要了解中国的愿望。

改编外民族的文学作品也是影响研究常要注意的领域。例如，我国早期上演的莎剧，就有根据《威尼斯商人》改编成的《女律师》、《肉券》等，前者以突出鲍西娅的聪明才智为主，后者则把重心放在夏洛克的残忍和冷酷上。1980 年在北京再次上演的《威尼斯商人》也是改编本，导演为了把这出戏处理成"抒情喜剧"，删除了原剧中犹太商人夏洛克和威尼斯基督徒之间的矛盾，而这种宗教矛盾正是夏洛克作为被歧视的犹太人，仇恨安东尼奥，充满报复心理的思想基础，也是全剧的戏剧冲突赖以成立的逻辑依据。删掉这一矛盾，就大大削弱了夏洛克的形象，使他一方面受人歧视、侮辱，另一方面贪婪、狠毒的复杂性格变得简单了，他的形象中那引人同情的一面失掉了，只剩下遭人痛恨的一面，从而减弱了艺术感染力。这种简单化的处理显然是不妥的。1925 年，德国舞台上演出了克拉朋改编的元杂剧《灰栏记》。改编者虽然保留了原作的大体情节，但几个主要人物却被改得面目皆非，如原作中的马员外不过是一个极平常的财主，克拉朋却把他写成了一个毫无心肝地盘剥老百姓的资本家，由于张海棠纯洁善良美德的感化，痛改前非，变成了好人；包公作为这出公案戏的主角，在原作中只是中国封建社会一个正直、机智的清官，断明了争子争产一案，替张海棠申了冤，但在克拉朋的笔下，他不仅最后当了皇帝，还是一位风流情种，居然晚上闯入海棠的住宅去同她谈恋爱。此外他还按照西方的习俗作了许多细节上的改动，而这样的改动在中国根本不可能发生，如马员外要按时到教堂交税，法庭判案证人要个个宣誓，王子同商人争买妓女，结果由于商人出钱多而失败，皇帝最后由选举产生。这样的改编虽然使德国观众易于接受，但却令中国读者捧腹，因为原作中的许多中国味儿丧失了。改编外国作品的例子是很多的，情况也十分复杂，有的获得了成功，有的却遭到了失败。但不管是哪种情况，改编都反映了不同民族、不同文化间的交流和影响，对各民族文学的发展产生了很大的推动作用。

文学中的模仿，是指作家依据另一个民族作家的作品来进行写作，它虽不像翻译那样完全忠实于原著，但尽可能保存被模仿的对象的特征。模仿的对象可以是本民族的前辈大师，也可以是外民族的经典作家。比较文学要研究的无疑是后一种模仿。从模仿的过程来看，作家初期创作中的模仿，往往会显出较明显的刀痕斧迹，因而缺乏个性。胡适最初的新诗就过多地模仿美国女诗人艾米·洛威尔；洪深的《赵阎王》也留下了清晰的模拟奥尼尔《琼斯皇》的痕迹。但较为成熟的模仿却力求把外来因素融入民族传统和自己的创作特性中。这方面的例子也不少。鲁迅笔下的狂人就融入了各种外来因素。果戈理的"狂人"（《狂人日记》）、尼采的"超人"（《查拉图斯特拉如是说》）、迦尔洵的"疯人"（《红花》）以及安特莱夫笔下的人物（《谩》）等都在不同的意义和形式上为鲁迅提供了原型。鲁迅的模仿绝不是简单的模仿，而是将众家之长汇集起来，熔铸成一个新的独特的艺术形象。我们可以说鲁迅的狂人脱胎于众家，但又自成一家。在这个形象中我们看到的是一种不着痕迹的、渗透性的影响，比较文学要重点研究的无疑是这类较为成熟的模仿。

从影响的传播途径来看，则有对翻译、评论、外国文学的译介者、评论者，以及传递影响的旅人、书刊、社团、沙龙等多种媒介的研究。关于这方面，我们将在第四章辟专节来讨论。

不论从哪一方面进行的研究，研究者都要以事实考订为核心，但仅仅停留在事实考证、筛选上的研究，只能是影响研究中的初级阶段。自然，这样的研究对于了解作家的创作，了解作品的来龙去脉，了解文学类型的流变，文学观念的演化以及文学之间的交流，自有不可否定的价值。但是，更重要的工作应该是以事实的研究为基础，进一步探讨作家在创作活动中如何把外来因素和民族的传统以及自己的创造个性相结合，锻铸出崭新的艺术品。这样的研究不仅把重点放在作家的创造性上，探索那些化入作家个性中的外来影响，而且力图对这些问题作出理论上的分析。

影响研究是比较文学中最主要的一种类型。在比较文学的早期实践中，它几乎是唯一的一种类型。在近百年的发展过程中，它逐渐形成了自己的理论体系。归纳起来有以下四个方面：

第一是影响的超国界存在说。

这种理论认为各民族文化之间的相互联系和相互影响是长期存在的一种客观的社会现象，它构成了民族文学的一个重要组成部分，特别是欧洲近、现代文学，可以说是一个整体，这个整体的各部分既互相独立又互相依存。从第二章比较文学简史的论述中，我们不难看出，比较文学的形成和发展始终是与各种不同的民族文化的交流融会相同步的。西欧文学史上自古及今有多次大的交流。古代的欧洲只有希腊文明独放异彩，随后的古罗马文学是对希腊文学的继承和模仿。进入中古时代以后，西欧各国文学出现了第一次交流，基督教信仰和拉丁文化的一致性形成了中世纪宗教文学、骑士文学的共同基础，在共同的宗教背景上，罗曼语族文学和日耳曼语族文学之间出现了频繁的接触和交流，表现了明显的相互影响。文艺复兴时期产生了西欧文学的第二次交流。当时各国的人文主义者高举反封建、反教会、要求解放人性、反对禁欲主义束缚的大旗，倡导古代希腊罗马的文明。在文学上则要求模仿希腊、罗马的大诗人。正是这种对古代文明的景仰，对古代作家的崇尚和模仿，把这个时期许多不同民族的作家联系在一起。第三次大的交流产生在启蒙主义时期。当时法国出现了伏尔泰、孟德斯鸠、狄德罗和卢梭这样杰出的人物。他们既是文学家，又是思想家。他们继承了人文主义的传统，提倡自由、民主、博爱的精神，推崇理性，要求个性解放。他们的思想吸引了欧洲各国文人的注意。在文坛上，法国古典主义文学产生之后引起各国文学的竞相模仿，法语在欧洲上层社会的普遍流行对这种模仿起到了推波助澜的作用。与此同时，笛福、斯威夫特、菲尔丁、理查逊等英国小说家以及歌德、席勒等德国作家，也在整个欧洲产生了影响。这样就形成了在古典主义——启蒙主义旗帜下欧洲各国文学的交流。第四次大的交流产生在浪漫主义时期。随着浪漫主义思潮在整个欧洲的传播，各国文学之间的交流呈现了更大的规模。浪漫主义作家们频繁地相互访问，他们的作品被译成各种文字在不同民族的读者中流传。拜伦、雨果、斯达尔夫人和施莱格尔兄弟成了整个欧洲共同的人物。

从中外文学的关系看，交流和融会的现象也长期存在。特别是自汉末佛教传入中土之后，中国文学和印度等国文学的交流不断扩大，而从近代直到"五四"以后，欧洲、俄苏和美国等国的文学被大量引进，对中国的新文学产生了不可估量的影响。从世界的范围看，东西方文学、各民族文学之间的交流，在本世纪达到了前所未有的程度。随着交通、通信、印刷、影视等各方面的高度现代化，不同民族作家之间的互访在数小时甚至几十分钟内就可以实现，一部好的作品一经问世就能迅速传遍世界。在这样的背景下，任何一个民族文学的孤立存在已经成为不可能。文艺作品的产生和存在不受外来的影响，或者不对外民族的文学发生影响已是不可思议的事。过去那种只从民族（或国别）文学的角度去研究文学的方法已显得视野狭隘，方法陈旧，而从各民族文学的交流和影响出发去研究文学就不仅获得了一个更广阔的视野，可以从宏观上探索文学的本质和规律，而且可以从不同的侧面，从各种联系中研究作家和作品。

第二是影响的事实联系论。

不同文学之间的交流和影响首先表现为一种事实上的联系。一个作家接受或者给予另一个民族文学（或该民族的某一作品）的影响，常常可以找到事实上的证明。如果一个作家根本没有读过另一外国作家的书，或者根本不了解该作家，也没有通过间接的途径与该作家发生某种关系，要说这位作家接受了外来的影响，那是不可想象的。影响的产生是建立在"事实"的基础上的，只有从事实出发，才能进一步探讨深入的影响。因此，影响研究往往要从事实的讨论开始，进而研究作家、作品之间的来龙去脉、相互联系，并在此基础上进行分析和解剖，导出客观、准确的结论。

第三，影响的历史意识论。

影响研究既然以"事实"为依据，它必然要强调一种强烈的历史意识，也就是注意文学现象、观念、作品、文类的发展演变，以及它们与时代的联系，与别的作品的联系。

文学现象、观念、作品、种类既是时代和社会的反映，也是时代和社会的产物。从纵的方向上看，它们必然有其传承流别的各种关系，这种关系也就是文学之间的相互影响。影响研究者必须具有历史的意识，把研究对象放到一定的历史背景中来加以考查，否则，这样的影响研究是不会有收获的。

第四，影响即对创作活动的理解论。

任何影响的理论都包含着对艺术创作活动本质的理解。探讨文学的影响，实质上是对创作活动或创作过程的探讨，不论这种探讨是有意识的，还是无意识的，它归根结蒂要涉及创作过程中有哪些外来因素被吸收、同化，这些外来因素是怎样被吸收、同化，外来因素和民族的、传统的因素怎样相互作用以及最终是怎样产生出一种新的艺术的。这样的研究必然要从模仿、借鉴等外在因素的探讨深入到创作背景、创作个性、乃至创作过程的各个方面。它将不仅是事实的考据，而且也是对创作活动从社会、历史、文化、心理等各个方面进行的全面研究。

艺术创造活动是一个不断的、极其复杂的过程，是从一种状态向另一种状态的运动。在这样一个运动和变化的状态下，外来的因素（包括自然、社会、历史中的各种可以激发想象的印象和材料，前人或同代人的艺术经验，等等）会随时被吸收、消化、传递、重新组织到艺术家自己累积的经验中。那种认为艺术是一种与任何外来因素无涉的、绝对的、封闭的创造的观点是站不住脚的，那种认为艺术创作只需要天才和灵感的观点也是站不住脚的，固然，艺术创造与艺术家本身的天赋有很大的关系，但没有后天的修养与学识，天赋就不能发挥作用。杜甫所谓"读书破万卷，下笔如有神"，充分说明了后天的学识在艺术创造中的重要作用。事实上，天赋与学识二者不可偏废。清人张笃庆说："非才无以广学，非学无以运才。"①郭沫若也曾说过："天地间生而知之的人没有，不学而能的人也没有，天才多半由于努力养成。天才多半由于细心养成。"②可见，只强调一端必然是片面的。而研究"影响"不仅要研究各种外来因素在艺术创造过程中的作用，而且还要在可能的情况下研究外来因素和灵感的相互关系。

从具体的方法来说，影响研究在初级阶段主要采用考据的方法。这种方法要求科学性和历史性，也就是要在广泛搜集材料的基础上，对事实和证据作严密的、审慎的考证；而在高级阶段，则以事实为依据，采用分析、归纳、推理、判断的方法导出结论。

从研究的步骤来看，大体上可以有以下几个阶段：

一、影响存在的提出。

研究者最初提出影响的存在往往表现为一种假设。这种假设常常是在对两部（或两部以上）不同民族的文学作品进行比较的前提下形成的。研究者比较了 A 作品和 B 作品之后，发现了某种类似（主题、题材、人物、情节、意象等），并了解到 A 作品的发表时间早于 B 作品，他才可能提出 A 作品对 B 作品曾有过影响的假设。当然，假设也可以首先根据作家之间的某些关系作出，然后再从作品本文的研究来求证这种关系。

二、材料的搜求和考订。

形成假设之后的第一个环节便是搜集考订材料。一般来说，假设 A 作家对 B 作家有过影响，必然还要包含一些具体的内容，如这种影响表现为一种什么样的联系，通过怎样的途径传播，传播的过程中有哪些具体情况，等等。这样，材料的搜集就有了重点，假设的求证就有了方向。材料的搜集可以从任何地方去进行，没有什么限制。可以从其他的文学作品中获得，也可以从报刊杂志的评论、介绍中获得。我们既可以翻检作者的传记、书信、日记、回忆录、游记、访问谈话录，也可以从其出版情况、版本评论、

---

① （清）张笃庆：《师友诗传录》，见《清诗话》，上册，125 页，上海，上海古籍出版社，1963。

② 郭沫若：《批评与梦》，见《沫若文集》，第 10 卷，117～118 页，北京，人民文学出版社，1959。

翻译情况等途径获得，甚至还可以从有关的历史、考古学、人类学、社会学的研究成果和著述中获取。一般地说，研究者往往是从考证作者读过的外国作家的书籍起步，从而去进一步搜集有关影响的材料的。对于二三流作家的作品和那些不大为人所知的报刊杂志等也不要忽视，因为也许正是在这些地方，储存着研究者所需的可贵资料。在材料的搜集中当然还有一个辨伪的问题，这就要求研究者特别注意材料的准确性。大体来说，对于年代久远、不甚具有权威性的版本、期刊、杂志等要特别注意。总之，审慎和细密是研究者在事实考订中应有的基本态度。

三、假设的证明。

影响存在的假设能否获得证明，需要在材料搜集考订的基础上对假定受影响的作品作具体的分析。这就是说，在获得材料之后，研究者仍然要回到作品上来，探索这一作品形成的过程。这种研究不可避免地要涉及作家的创作活动。有的论者曾经指出，"影响研究的开始必然是对艺术作品发生学的研究"。① 这一观点无疑是正确的。只有紧密结合艺术品的发生和形成过程来进行价值判断，才能确定那种假定的影响究竟是否存在。如果原先提出的假设不能获得证明，那就或者被推翻，或者成为有待进一步证明的推论。例如，研究者发现卡夫卡十分了解和崇敬福楼拜，检索他的日记、书信，可以找到许多材料说明这一点，于是假定福楼拜对卡夫卡的创作发生过影响。但是进一步研究却发现，卡夫卡敬仰福楼拜主要是赞美他的人格，而对他的艺术却兴趣不大；仔细研讨卡夫卡主要作品的创作过程，也找不到有力的证据来说明这种影响，这样，原先的假定就自然被推翻了。另一方面，也有可能出现这样的情况，从作品的分析和判断中，发现了某种非常可能的联系，但一时没有找到充分的事实来证明这种联系，这样的假定就只能成为一种尚待证明的推论。例如，研究者发现我国唐代的诗歌与欧洲的十四行诗及波斯诗人莪默凯延的鲁拜体，在演变发展的过程中有某些形式上和音韵上的类似，便提出了二者渊源关系的假设，② 但由于尚未找到充分的事实来证明，尽管它颇富启发，也只能是一种有待论证的推论。

---

① ［美］纪延：《比较文学中影响研究的美学》，见［美］W. P. 弗利德里希编：《国际比较文学学会第二届大会论文集》，186 页，北卡罗莱纳大学出版社，1959。

② 参见杨宪益：《试论欧洲十四行及波斯诗人莪默凯延的鲁拜体与我国唐代诗歌的可能联系》，载《文艺研究》，1983(4)。

四、影响的深入研究。

结合已经考订的事实，对作品的创作进行深入的研究，不仅可以证明假定的影响存在与否，还可以看出影响的程度，以及这种影响如何被吸收到受影响的作品之中，如何把两个不同民族的作家或作品联系起来，如何使一个创作过程中的因素转变成另一个创作过程中的因素，这样的研究不仅涉及了创作活动的美学，也可能有助于对文学本质和规律的认识。

作家所受的影响常常不是单一的，很可能是多元的。因此深入的影响研究往往不是从一个角度，而是从各个侧面来研究一个作家所受的外国影响。梵·第根把这种方法称之为"圆形的研究"。巴尔登斯伯格在他的《巴尔扎克作品中的外国倾向》一文中就对这位一代宗师的外国影响作过圆形的研究。我们看到这位浸淫于自己的时代和民族文化传统而又没有多少书卷气的小说家，原来受过种种的外来影响。这些影响可以追溯到阿拉伯的《一千零一夜》，英国的哥特式小说，戈德温的《凯莱布·威廉斯历险记》，斯特恩的《商第传》，司各特的历史小说，库柏的"皮袜子小说"，歌德的《少年维特的烦恼》和《浮士德》，霍夫曼的短篇故事，里希特的《梦》，薄伽丘的《十日谈》，邦戴罗的短篇小说，甚至还有瑞士神学家拉瓦特的人相学，瑞典哲学家斯韦登堡的神秘哲学等。① 显然，"圆形的研究"是影响研究中较好的方法，它能使人们对作家的创作有一个全面、深刻的认识。

鲁迅所受的外来影响也是多方面的。对他一生创作发生过较大影响的作家就俄苏来说，有果戈理、契诃夫、迦尔洵、安特莱夫、阿尔志跋绥夫、爱罗先珂、陀斯妥耶夫斯基、普希金、托尔斯泰；就东欧来说，有裴多菲、密茨凯维支、显克微克；就北欧来说，有易卜生；就西欧来说，有尼采、拜伦、雪莱；就日本来说，有厨川白村、有岛武郎、夏目漱石等。目前已有不少学者研究鲁迅和外国文学的关系，并尝试作"圆形的研究"，取得了一定的成果。②

影响研究从产生的时刻起，就不断受到来自各方面的挑战。

有一种意见认为，文学史上的天才和杰作是独特的，不能相互归纳、相互联系。这种意见把研究一个作家所受的影响，探讨一部作品的渊源，

---

① 参见［法］提格亨（梵·第根）：《比较文学论》，戴望舒译，174～180 页，上海，商务印书馆，1937。

② 如王富仁：《鲁迅前期小说与俄罗斯文学》，西安，陕西人民出版社，1983；张华：《鲁迅和外国作家》，西安，陕西人民出版社，1981。

谈模仿，谈借鉴，看作是对作家的独创性的否定。这里涉及对于独创性的理解问题。我们认为，独创性和外界影响并不是互相排斥的。难道作家可以不接触社会、不接触传统，不接触任何外来影响，在完全封闭的状态中"独创"出伟大的作品吗？也许有人会说，作家的创作可以依靠自己积累的生活经验，无须外来影响。但是，这样的说法仍然是站不住脚的。试问，作家的"生活经验"是什么？他的"积累"是从哪里来的？难道可以是天马行空、独来独往般的经历吗？难道可以在真空中积累吗？事实上，当作家观察体验生活的时候，在他对生活现象进行分析提炼的时候，民族文化的传统，外来的影响，都在起着作用，不管作家本人是否意识到这一点。所以作家的经验正是他向生活学习，向传统学习，向前人和同行学习的总和，是民族传统、文化素养、外来影响在他意识中的积淀，正如亨利·詹姆斯所说，"只有在丰厚的土壤上才能开放出灿烂的艺术之花"。① 这里所说的土壤，首先是民族文化传统，然而，要谈到土壤的"丰厚"，怎么可以没有外来的养分呢？可见，离开传统，离开影响来谈作家的经验是不可能的。没有传统，没有"影响"也就谈不上"独创性"。歌德说："人们老是在谈独创性，但是什么才是独创性！我们一生下来，世界就开始对我们发生影响，而这种影响一直要发生下去，直到我们过完了这一生。除掉精力、气力和意志以外，还有什么可以叫作我们自己的呢？"②其实，独创是建立在接受遗产和影响的基础上的，只有以传统为依托，不断借鉴他人，吸收外来的营养，才可能生产出杰出的新颖的艺术品。

还有一种意见认为，"模仿"是低能的表现，总是跟着别人邯郸学步，怎么能创造出独特的艺术品呢？这种意见自有它正确的一面，对那些专事模仿无意创新的作家来说，要求他们从亦步亦趋的状态中解脱出来无疑是正确的，但我们不能因此而否定模仿的意义。实际上，任何作家在创作中都存在着模仿。一般来说，在创作之初，作家们往往会有意无意地模仿某种风格、某种形式、某种技巧、甚至某种题材。即便是在创作经验极为丰富的时候，也很难说他一点都不模仿，只不过那时的模仿已经无迹可求，进入化境罢了。至少我们可以说，模仿是作家在学习创作时的必然阶段。正是幼稚、机械的模仿导致作家在不断吸收外来影响的基础上，形成自己

---

① ［美］亨利·詹姆斯：《霍桑评传》，转引自［美］J. E. 密勒编：《亨利·詹姆斯的小说理论》，48 页，内布拉斯加大学出版社，1972。

② ［德］爱克曼辑录：《歌德谈话录》，88 页，北京，人民文学出版社，1982。

的创作风格和特色。普希金曾经说过："模仿可能说明作家对自己的力量有充分的自信，说明他希望沿着某个天才的脚迹去发现一个新的世界，说明他渴望以谦恭的态度掌握自己尊崇的范例，从而赋予它新的生命。"①这就恰当地说明了模仿并不是低能的表现，而是一种信心的显示，它与创新不仅不矛盾，而且相互依存。它是创新的前提，是达到创新的必由之路。中外许多伟大的作家从不讳言自己对其他作家的学习和借鉴，甚至模仿。他们坦率地承认外来影响，并把这种影响看作他们创作的基础。歌德曾经说过："如果我能算一算我应归功于一切伟大的前辈和同辈的东西，此外剩下来的东西也就不多了。"他承认自己受到古希腊人、法国人莫里哀、英国人莎士比亚、斯特恩、哥尔德斯密斯等许多作家的影响，承认他的"靡非斯托唱了莎士比亚的一首歌"，《浮士德》的序曲有些像《旧约》的《约伯记》。② 鲁迅说他创作小说"大约所仰仗的全在先前看过的百来篇外国作品和一点医学上的知识"。③ 郭沫若、茅盾、巴金、老舍、曹禺等中国现代文学的主将们都开诚布公地承认外国作家对自己的影响，甚至公然承认自己模仿了他人。鲁迅说他"所取法的，大抵是外国的作家"。④ 郭沫若说他的《凤凰涅槃》、《晨安》、《地球，我的母亲》等诗作是在惠特曼的影响下写成的，⑤ 冰心说她写的《繁星》"仿用了"泰戈尔《飞鸟集》的形式，⑥ 巴金则称卢梭、雨果、左拉和罗曼·罗兰是他的老师。⑦ 上述作家并没有因为承认自己借鉴、模仿了他人而丧失掉"独创性"，恰恰相反，他们正由于善于学习，从而大大丰富了自己的创作宝库，创作出具有永久生命力的伟大艺术品。

---

①　转引自［美］约瑟夫·J·肖：《文学借鉴与比较文学研究》，见北京师范大学中文系比较文学研究组选编：《比较文学研究资料》，117 页，北京，北京师范大学出版社，1980。

②　参见［德］爱克曼辑录：《歌德谈话录》，56、88、178 页等处，北京，人民文学出版社，1982。

③　鲁迅：《我怎么做起小说来》，见《鲁迅全集》，第 4 卷，512 页，北京，人民文学出版社，1981。

④　鲁迅：《致董永舒》（1933 年 8 月 13 日），见《鲁迅全集》，第 12 卷，212 页，北京，人民文学出版社，1981。

⑤　郭沫若：《创造十年》，78 页，上海，现代书局，1932。

⑥　冰心：《繁星自序》，见陈绍伟编：《中国新诗集序跋选》，67 页，长江，湖南文艺出版社，1986。

⑦　《中国当代文学研究资料·巴金专集》（1），106 页，南京，江苏人民出版社，1981。

对影响研究的第三种挑战有较为复杂的历史背景，严格地说，这种意见并不是针对影响研究本身，而是针对某些法国学者把影响研究推向极端的做法。

西方近代科学史上最重要的变化之一是科学方法的诞生。由培根、伽利略、笛卡儿等人提倡的实验的方法则是这种科学方法的核心，无论是定性分析还是定量分析，都十分重视因果关系的探讨。由于科学方法的采用，导致了自然科学各个领域中一系列重大的突破。举凡一个自然现象的解释，一种新的物质的发现，一个新的定理的提出，一个新的公式的推导，一个新的理论的建立，无不包含着因果关系的假设和证明。自然科学的研究方法对社会科学的各个分支产生了重大的影响。许多人相信这些方法同样可以运用到文学研究领域中，力图按照自然科学的模式，以因果关系来解释一切文学现象。正是在这样一个社会背景下，早期的比较学者把因果关系的考察看成影响研究的一个法则，探索以某一件外国作品或者某一个外国渊源来解释另一件作品的途径。他们往往从渊源、借代、模仿、改编等方面去找原因，而在影响的接受者方面看结果，把文学的比较研究化成了简单的、机械的因果模式，完全忽视了审美的判断和哲学的思考。

毫无疑问，19世纪科学研究方法的进展，给社会科学工作者以极大的启发，他们尝试在自己的领域里引进自然科学的方法，致使许多社会科学的分支发生了巨大的变化。特别是与自然科学邻近的那些学科，如心理学、考古学等领域，由于引入因果论的模式而获得了很大的进展。然而，文学毕竟有自己的特点，在文学研究中试图用一件作品去解释另一件作品，把它们的关系化成单纯的因果关系既是不明智的，也是不可能的。我们说过鲁迅的"狂人"曾借鉴了果戈理、尼采、迦尔洵、安特莱夫笔下类似的形象，然而我们不能因此而把他们归结为原因，把"狂人"归结为结果。文学创造的过程和文学影响发生作用的过程是极其复杂、极其微妙的。不错，鲁迅的"狂人"身上闪现着上述外国作家的"狂人"（或"疯人"）不同角度的侧影，但他既不是上述任何一位外国形象个别的再现，也不是他们集合的摄影，而是一个完全崭新的形象。应该说，它是鲁迅在借鉴上述外国作家基础上的一个创造性的升华。可见，完全从自然科学的因果论来解释文学间的影响是不科学的。

不过，我们只是反对在影响研究中强调因果关系的偏颇，并不是否定影响研究，正如我们前面说过的，从事实出发，研究"影响"的各个层面，最终探索"影响"如何在复杂的创作过程中产生作用，如何催化甚至参加孕育出新的艺术花朵，正是影响研究的任务。

# 第二节　平行研究

在比较文学中，所谓"平行研究"，就是要将那些"相似"、"类似"、"卓然可比"，但是并没有直接关系的两个民族（或几个民族）文学，两个（或多个）不同民族的作家，两部（或多部）属于不同民族文学的作品加以比较，研究其同与异，并导出有益的结论。雷马克说："赫尔德与狄德罗、诺瓦利斯与夏多布里昂、缪塞与海涅、巴尔扎克与狄更斯、《白鲸》与《浮士德》、霍桑的《罗杰·马尔文的葬礼》与德罗斯特—许尔索夫的《犹太人的山毛榉》、哈代与豪普特曼、阿佐林与阿那托尔·法朗士、巴罗哈与斯丹达尔、哈姆松与约诺、托马斯·曼与纪德，不管它们之间是否有影响或有多大影响，都是卓然可比的。"①雷马克所开列的这个作家作品名单虽然全都是西方的，但却有一定的代表性。更重要的是，迄今为止，并未发现这些作家和作品之间有直接的影响和"事实联系"，而他们却都卓然可比。这样的研究有两个方面与影响研究不同。第一，由于尚未发现或者根本就不存在作家作品之间的"事实联系"，因此，它就无从像影响研究那样去考稽事实，追溯源流，探索影响，而是从一开始就比较异同，然后进行价值判断和审美思考，最终导出结论；第二，平行研究打破了时间、空间、质量和强度方面的限制。这就是说，处在不同时代、不同地域，具有不同地位和影响的作家和作品都可以在具有可比性的前提下，作平行的比较研究。例如公元 712 年出生的杜甫可以和比他晚一千多年的歌德比较；中国戏剧家汤显祖也可和远隔千山万水的英国戏剧家莎士比亚比较，作为世界第一流短篇小说家的契诃夫和莫泊桑，可以互相比较，在世界戏剧史上算不上第一流的戏剧家高乃依也可以和第一流的剧作家莎士比亚比较。这样看来，平行研究的范围是相当广泛的，相比之下，影响研究的范围就小得多，因为它要求以"事实联系"和实际的影响作为研究的前提，但有事实联系和实际影响的作家、作品毕竟是有限的。所以平行研究的范围无论如何要比影响研究大得多。

平行研究还提出了文学与其他艺术、文学与心理学、文学与思想史，文学与宗教等其他学科的科际比较，这就是比较文学中的跨学科研究。关

---

① ［美］亨利·雷马克：《比较文学的定义和功用》，见北京师范大学中文系比较文学研究组选编：《比较文学研究资料》，2～3 页，北京，北京师范大学出版社，1986。

于跨学科研究，我们将在第五章讨论。

平行研究通常包括了对文学的主题、题材、人物、情节、风格、技巧，甚至意象、象征、格律等的比较，此外还包括文学类型、文学史上的时期、潮流、运动的比较，自然也包括对作家、作品的全面比较。

不同时代、不同民族的作家、作品可以写类似的主题，从这一角度进行平行研究是很有意义的。例如，曹雪芹的《红楼梦》，托马斯·曼的《布登勃洛克一家》和马丹·杜伽尔的《蒂波一家》，都是写家族历史的小说，这些作品规模宏大，人物众多，线索错综，背景广阔，通过数代人在事业、爱情、婚姻、财产等各方面的纠葛，真实细腻地描绘出几个家族由兴盛发迹到衰败没落的历史图卷。这类作品中家族盛衰的历史不过是社会发展的一个缩影而已，它们要说明的，实质上是时代的风云变幻。这些作品在表现这一相似的主题时必然会有各自的特色和不同的角度，呈现出类同中的差异。因此，深入探讨和比较其异同，不仅有助于我们理解这些作家的作品，而且有助于我们理解他们各自的时代。再如，同样是写女儿对父亲忤逆不孝的两部作品：莎士比亚的《李尔王》和巴尔扎克的《高老头》，由于它们所反映的历史、时代、环境以及道德规范的不同，两位作家在表现这一共同问题时，又必然表现出复杂的差异。此外，描写青年男女忠贞不渝的爱情，讴歌他们为追求个人幸福而对封建势力大胆反抗的精神，是古今中外许多作品表现的共同主题，为我国人民所熟知的《孔雀东南飞》、《梁山伯与祝英台》、《西厢记》、《红楼梦》、莎士比亚的《罗密欧与朱丽叶》、薄伽丘《十日谈》中的许多故事、朝鲜的《春香传》等都可以就这一主题进行平行研究。

题材的类似和差异也是平行研究常常涉及的一个方面。不过，类似的题材常常有共同的来源，特别是那些取自神话、传说、民间故事、历史事件的题材。因此，在这一领域中的平行比较往往和追流溯源的影响研究相结合。例如，英国伊丽莎白时代的戏剧家克里斯托弗·马娄的《浮士德博士的悲剧》(1604)和歌德的《浮士德》都是根据中世纪德国关于浮士德把自己的灵魂出卖给魔鬼的传说写成的。这两部作品虽然在题材上同出一源，各自都可以作渊源的探讨，但彼此并没有直接联系。同一题材经他们以不同的方法处理后，在相似的同时又表现出各自的特点。此外，普希金也写过一个百余行的对话或抒情诗《浮士德一幕》。这首诗作于 1825 年，当时歌德的《浮士德》第一部早已完成。我们推测普希金可能通过法文读过歌德的作品。另外，还有一些别的迹象也说明这两位作家之间有直接关系。据说歌德曾经通过一位旅游者向普希金馈赠一支带有华丽套子的羽毛笔，上面刻有"歌德馈赠"的铭文；俄国诗人、翻译家茹科夫斯基曾经两度去德国拜访歌德，那时歌德正在写《浮士德》第二部，茹科夫斯基完全有可能向歌德谈起普希金的《浮士德一幕》。当然这不过是一些尚待证实的推测。如果两位作家之间的直接关系获得证实，这里就有一个影响研究的问题。但他们相似的题材无论如何是可以进行平行研究的。

作品中情节的类似也可以成为平行研究的一个方面。例如，唐朝杜荀鹤在《松窗杂记》中记载的一则故事就与古希腊神话中关于皮格玛利翁的故事有着大致相似的情节。故事说，唐朝时一位名叫赵颜的进士在一位画家那里看到了一幅画，画上是一位容颜美丽的女子，他看得入了迷，就对画家说："这样美的人世上再没有第二个，我要能娶她作妻子就好了。"画家说，"如果你果然有此诚心，事情一定能成功。我这画是神画。画上的女郎叫真真。你可带回家去，白天黑夜叫她的名字，一刻也不要停，待到一百天满了，她就会应声而下。然后你就拿从百家取来的绿灰和酒给她喝下，她就活了。"赵颜买了这幅画，回家后，照画家的嘱咐办事。真真果然活了，赵颜大喜过望，和她结为夫妇，一年后还生了一个儿子。皮格玛利翁是古希腊神话中的塞浦路斯王，也是一位技艺高超的雕刻家。他厌恶女性的浪荡，一生不近女色，只醉心于自己的艺术，但却不知不觉地迷恋上自己雕成的一尊大理石少女像。在爱神阿佛洛狄忒的帮助下，这尊雕像就像上面那个中国故事里的画中女郎一样获得了生命，变成了一个楚楚动人的女子，名叫加拉蒂亚，与皮格玛利翁结为夫妇，并生了一个女儿。明代的戏剧家吴炳曾经采用真真与赵颜的故事写出了情节与之大体相同的剧作《画中人》，而皮格玛利翁与加拉蒂亚的故事在罗马作家奥维德的《变形记》、英国 17 世纪诗人马斯顿的诗歌、英国 19 世纪作家莫里斯的叙事长诗《人间天堂》，以及稍后的英国剧作家吉尔伯特和肖伯纳各自的剧作中获得了情节类似的再现。把上述这些情节大致相似的作品加以平行比较，对于进一步理解情节在文学作品中的作用和意义，无疑会有助益。

我们还可以平行比较类似的人物形象。例如，有人把杜十娘和茶花女、王熙凤和郝思嘉、阿 Q 和堂·吉诃德、杨贵妃和克莉奥佩特拉等中外文学形象作了平行比较。[①] 这些人物在性格特征上不仅可能有某些外在的类同，而且可能有某些内在的、本质的相似，当然，他们也不可避免地会有许多

---

① 参见孙景尧、熊闿：《杜十娘与茶花女的相似命运说明了什么》，载《外国文学研究》，1982(1)；秦家琪、陆协新：《阿 Q 和堂·吉诃德形象的比较研究》，见北京师范大学中文系比较文学研究组选编：《比较文学研究资料》，北京，北京师范大学出版社，1986；蔡恒：《王熙凤与郝思嘉比较研究一得》，载《陕西师大学报》，1983(3)；方平：《倾国倾城——杨贵妃与埃及女王形象比较》，载《文艺研究》，1985(2)。

根本的差异。从比较的角度深入研究他们的同和异，可以帮助人们认识典型性格塑造方面的一些规律，至少可以加深我们对这些典型人物的理解。

文学作品的背景也可以作平行比较。例如，英国小说家哈代笔下透着阴郁情调的爱敦荒原，与美国作家爱伦·坡笔下充满恐怖的古老城堡，可以作为作品的典型环境进行平行研究；狄更斯作品中的伦敦，卡夫卡作品中古老的布拉格和索尔·贝娄笔下的芝加哥，同样可以作为西方文学中典型的都市背景加以比较。

旅行是西方文学中常见的、古老的背景。塞万提斯的《堂·吉诃德》，约翰·班扬的《天路历程》，狄更斯的《匹克威克外传》，马克·吐温的《哈克贝利·费恩历险记》，斯坦贝克的《愤怒的葡萄》和海明威的《老人与海》都写了一个陆上或水上的旅程，从比较的角度对这样的文学背景作平行研究必将增进我们对作品中的人物和事件以及作品总体的理解和把握。

除了在内容上从不同的角度去进行平行比较外，我们还可以在形式上作平行比较。通常可以比较的领域是文体风格、创作技巧、意象、象征、格律等。

例如在文体方面，我们如果将荷马与莎士比亚、但丁与弥尔顿加以比较，也许可以得出他们的文体均有雄浑、壮美的相似处；我们如果将法国的《罗兰之歌》、西班牙的《熙德之歌》、德国的《尼卜龙根之歌》和俄国的《伊戈尔远征记》的文体作平行比较，那就会发现这几部著名的中古英雄史诗都是从民间传唱文学的基础上发展演变而来的，它们不仅使用了民间文学中大量的俗语、俚语和套语，并且保留着适于吟唱的形式，但不讲究韵律。如，《罗兰之歌》常用三言两语、简洁明了的描写法，还多用重叠和对比，诗行不押韵，只求谐音；《熙德之歌》多用口语语汇，诗行长短不一，以顺口动听为主而不论韵律；《尼卜龙根之歌》则采用四行一节，每行中有一个停顿的形式，便于民间艺人吟唱；《伊戈尔远征记》采用了很多套语、固定修饰语以及民间常用的象征、哭诉、比喻等手法。上述文体特征无疑显示着和民间文学的渊源关系。

在创作技巧上，我们可以将采用同一手法的作家和作品加以比较。例如，我们可以平行比较乔伊斯的《尤利西斯》、普鲁斯特的《追忆逝水年华》、福克纳的《喧哗与骚动》和《当我弥留之际》以及沃吉尼亚·伍尔芙的《到灯塔去》与《海浪》等采用意识流手法的作品。通过研究他们采用这一手法的异同，增强对这一创作手法的认识。另外，我们还可以比较莫泊桑、契诃夫、马克·吐温、欧·亨利、亨利·詹姆斯、爱伦·坡等短篇小说大师在叙述结构和方法上的异同，从而更深入理解短篇小说的艺术特性。

我们还可以平行比较类似的意象。例如，《李尔王》中的暴风雨、《呼啸山庄》中的荒野、《厄舍古屋的倒塌》中破败的城堡就是一组可以平行比较的隐喻式的意象；约翰·邓恩、艾略特和波德莱尔往往在自己的诗作中采用隐喻式象征；布莱克笔下的"老虎"（《虎》）和海明威笔下的"豹子"（《乞力马扎罗山的雪》）是典型的神秘性象征，把这类象征作平行研究，显然是有意义的。

文学类型的比较研究自然可以是小说、戏剧、诗歌之类主要的文学体裁的研究，也可以是流浪汉小说、书信体小说之类的亚类的研究。例如，我们可以通过英国理查逊的《克拉丽莎》、法国卢梭的《新爱洛依斯》以及歌德的《少年维特的烦恼》等作品的平行比较，更好地理解"书信体小说"这种文学类型。

除了文学类型之外，文学思潮与运动也为平行研究提供了广阔的园地。例如，研究浪漫主义在欧洲的发展，平行比较德、法、英诸国的浪漫主义文学运动，将有助于我们从整体上理解浪漫主义。再如，对法（尤奈斯库、热内）、英（贝克特、品特）、美（奥尔比）等国的荒诞派戏剧进行平行比较，将有助于我们对"荒诞文学"这一流派的理解；同样，研究法国的萨特、奥地利的卡夫卡和美国的"黑色幽默"小说家，将有助于我们理解存在主义文学思潮。

平行研究和影响研究不同，它强调的不是文学作品的渊源和发生，作家作品之间的相互影响，也不是文学影响赖以传播的媒介，它强调的不是作家、作品之间的各种外部联系，而是作品的内在的诸种因素，作品本身的美学价值，因此，它不能像影响研究那样，采用历史的、考据的方法，而要采用哲学的、审美的、批评的方法，即通过不同民族作家作品之类同和差异的比较或对比，寻求文学的共同本质和共同的美学基础。从这一意义上讲，它比影响研究具有更多的理论价值和普遍意义。

这样说来，平行研究是不是可以漫无边际地将不同民族的任何作家、作品拿来作比较呢？或者将各种文学中的任何现象毫无选择地拿来作比较呢？我们说，平行研究的范围虽然远远大于影响研究，但它毕竟不能没有依据，这就在理论上提出了一个"可比性"和"文学性"的问题。

作为平行研究的对象的文学现象，往往同时具备相同与相异的两重关系。它们是同中有异，异中有同，而且在这种异同关系中显示出某种规律性的东西。在研究工作中，我们把文学内部和文学与其他领域的"同"加以比较，可以发现它们到底"同"在哪些地方，何以有这种"同"，这种"同"说明了什么，从这种"同"中我们可以得出怎样的结论。另一方面，把文学内部或文学与其他领域的"异"加以对比则可以发现，它们到底"异"在什么地方，何以有这种"异"，这种"异"说明了什么，从这种"异"中我们可以得到什么结论。对文学中的"同"和"异"这两个方面作深入的比较研究，并对从这两方面获得的结论加以综合，就可能对寻求文学的共同规律和美学本质做出贡献。

从根源上看，文学属于人文科学，人文科学是人类的创造物，它体现了人类的思想、愿望、感情，并为人类的需要服务，因此，任何人文现象都会超越时空的界限，反映某些共同的东西，蕴涵着某种类似的成分。例如，从文字的起源看，许多不同民族的文字最早都是象形文字，不论是汉语、埃及语、克雷特语，"日"、"月"、"山"之类的字都是从太阳、月亮和山脉的图像逐渐演变而成的；从艺术的起源看，不同民族的艺术都起源于初民的原始艺术，而这种原始艺术的起源则有许多类似的可能性（模仿、游戏、劳动、巫术、交流思想感情的需要、季节的变换、性欲的宣泄等）；不同民族的习俗和宗教也会表现出某种类似，如南俄、非洲、亚述、巴比伦、巴勒斯坦等地都有弑王的土俗，许多原始的民族都有大致类似的人体装饰手段，这种装饰的目的多半是为了吸引异性的注意。

从文学本身看，人类的共同需要和愿望在类似的自然和社会环境中，就可能产生出类似的文学现象，例如，各民族最早的文学形式往往是诗歌，戏剧的产生大都与宗教仪式有关，小说的产生大都与城市的兴起有关。不同地区的"英雄传奇"的形成也有类似和雷同之处。

此外，文学作为人类社会的一种意识活动，有它自身的规律和特点，因此，凡是属于文学范围内的东西都会有某些方面的类似。属于同一类型的文学作品，尽管处于不同的时空中，可能在某种程度上具有这一类别的特征（例如我国古典文学中的"话本"、"拟话本"和西方的"story"，都是短篇小说，尽管时代背景相异，却都会有短篇作品的某些共同特征）；属于同一文学潮流运动的不同民族文学可能在不同程度上打上这一潮流或运动的印迹（例如，德、法、英、意等民族的浪漫主义文学，文艺复兴时期欧洲各民族的文学，遍及世界的现实主义文学等等）；属于同一流派的不同民族的作家也会有某种类似的特点（例如，同属于未来主义的意大利作家马里内蒂和苏联诗人马雅可夫斯基）；那些处于相似的客观环境，具有类似经历、教养和禀赋的作家，自然会有某些类似的东西，这些都是不言而喻的。

关于文学类同现象产生的原因，有一种理论曾引起广泛的注意，并为许多比较学者所接受。这种理论就是俄国比较文学的先驱维谢洛夫斯基提出，后经日尔蒙斯基等人发展了的"平行回现论"（或译"个别阶段论"）。这一理论的要点是：在社会历史的发展过程中，在相似的历史文化环境里，不同民族的文学会出现重合与类似现象。这样的重合与类似是自成系统的，不必考虑作品的起源、地域、年代以及影响，只要注意文学发展中个别阶段的类似就可以了。根据这种理论，国际文学现象产生的类同，部分原因来自不同民族间的文化交流，部分原因则来自人类社会历史发展中的一致性和规律性。

总之，文学中的类同和相似现象是大量存在的。这种类同现象的客观存在就为平行比较中的类同研究提供了理论依据。通过类同研究，在毫无时空联系与接触的文学现象里，考察作家之间、作品之间、文类之间、潮流之间、流派之间的类同点和亲和点，可以加深我们对研究对象的认识与理解，进而归纳出文学的某些内在的规律。

文学中的"异"，主要表现在文化传统与民族个性方面。换句话说，这种差异主要表现在民族性上。不要说属于不同文化背景的诸民族文学（属于西方文化传统的欧美诸民族文学和属于东方传统的中、印、日、朝等各民族文学）之间存在着差异，就是属于一个共同文化传统的民族文学，也会在相似的背景上表现出形形色色的区别。韦勒克在一篇讨论德国浪漫主义和英国浪漫主义的文章中，首先指出欧洲浪漫主义文学运动中各民族文学在关于自然与人的关系、诗的概念、想象力的作用和性质，甚至诗的文体风格、意象、象征、神话等方面有着一致的理解和实践，随后即详尽地探讨了德、英两国的浪漫主义文学之间存在的"明显的、惊人的差异"。例如，在文学类型方面以散文而论，英国浪漫主义时期的小说，主要是司各特的历史小说，而这种历史小说与18世纪英国的哥特式小说、社会风俗小说有着传统上的承继关系；在德国，从歌德的《威廉·迈斯特》之类的"启悟小说"（或译"教育小说"）发展演变而来的一种把幻想与讽刺混合起来的新类型，成了小说的重要形式。在诗歌方面，德国的抒情诗与英国抒情诗——颂歌、抒情民谣和沉思的无韵诗等不同，是一种"编造的民歌"，这种文体像民歌一样，通常每节四行，有优美的音韵和节律，追求音乐效果。比较而言，德国抒情诗不像英国诗那样有社会意义和逻辑性，缺乏艾略特所说的那种"客观对应物"，往往是诗人主观和下意识情绪的自然流露。①

从上面这个例子可以看出，民族性是平行比较中"异"的基本表现。19世纪后期，当比较文学观念日趋成熟，也就是越来越多的人倡导从整体上研究文学的时候，文学的民族性并非日趋减弱，而是日益得到了强调。斯达尔夫人用一个著名的比喻暗示了民族性在比较文学中的重要意义。她认为每一个民族都像一支管弦乐队中的一件乐器，各有自己独特的音色和作用，各有自己的地位，只有在每一件乐器都发挥自己的特色时，演奏才能浑然一体，成为一部完整的交响乐。这就说明，每一个民族文学都有自己不可移易、不可取代、不可合并的独特性格。还有的学者把民族文学比作一部飞速运转的机器中的零件，它们同样各有自己的位置和作用。平行研究在认识到各种不同文学间的类同时，也必须看到它们之间的差异。这种类同和差异的客观存在以及对它们的认识，为平行研究提供了可比性的标准。

各种文学间的"同"和"异"的存在，往往呈现出复杂的形态，同中常常包含着异，而异中又往往包含着同，乍看是类似，而深入研究却发现了差异，反之亦然。杨绛在一篇论戏剧结构的文章中把李渔的戏剧结构论和亚里士多德的悲剧结构论作了比较，她发现二者是十分相似的：一本好戏只演一个人的一桩事，而不是一个人一生的事；这桩事必须是一个完整的有机体，各部分前后承接，因果分明。可是进一步研究，她却发现：李渔讲究的戏剧结构的整一，并不是亚里士多德《诗学》中讲究的戏剧结构的整一，这两个表面上看似相同的理论，所讲的却是性质不同的两种结构，中国传统戏剧结构的时间和地点是流动的、变化的；亚里士多德所谓的戏剧结构，时间和地点都很集中。这样看来，中国传统戏剧的结构并不符合亚里士多德所谓的戏剧结构，倒很接近他所谓的史诗结构。杨绛的研究说明，中西戏剧结构的理论有某种相似，但其实却完全不同的根本原因，在于两种戏剧传统的不同；文学理论与文学实践往往有不尽一致的情况，如果脱离了具体作品而孤立地单看理论，就容易迷误混淆。另一个例子是阿 Q 和堂·

① ［美］韦勒克：《德国和英国浪漫主义的对比》，见北京师范大学中文系比较文学研究组选编：《比较文学研究资料》，北京，北京师范大学出版社，1986。

吉诃德的平行比较。初看起来，这两个形象相差甚远，风马牛不相及，一个是接近疯狂的西班牙"骑士"，一个是麻木无知的中国农民。但深入研究却发现他们在本质上有许多相似之处：都具有质朴、直率的性格，因而处处受辱，被人愚弄；在生活中他们都是被欺侮的弱者，但却希望成为强者，其愿望之迫切，有时竟达到妄自尊大的地步；"精神胜利法"是他们气质的核心，但这种方法既不能挽回阿Q的败局，也不能改善堂·吉诃德的困境；他们都把想象和幻觉当成现实，因此，总是倒霉失败；他们偶尔也有小小的胜利；在摆脱外力控制的时候，也偶尔表现出几分清醒乃至聪明来。上述两例说明，文学中的同和异，并不是单一存在着的，如果我们仅仅看到类似，就会使平行研究显得肤浅，如果我们仅仅看到差异，则无法进行有效的平行比较，只有牢牢地把握住同中之异和异中之同，才能把比较引向纵深，得出有意义的结论。

各种文学之间这种同和异的错综复杂的存在，为平行研究提供了可比性，只有把可比性作为衡量的尺度，才能判定我们所进行的平行研究是否有价值。

"文学性"也是平行比较不可忽视的一个前提。所谓文学性，是指我们研究的内容和重点都必须是有关文学的，而不是别的学科和领域的。这一点对跨学科的研究特别重要，唯其如此，才能把文学研究和别的人文学科的研究严格区分开来。

至于怎样的研究才算具备了"文学性"，怎样就是失去了"文学性"，其边界在什么地方，却是一个极不容易说清的问题，但有几条大的原则必须遵循。第一，研究者的目的和重心必须在文学上，而不是在别的学科上；第二，研究的全过程必须始终围绕"文学"这个中心，不论研究者采用多少另一学科的事实和材料，怎样深入到另一学科之中，他总是力图在比较中用另一学科的材料来说明相关的文学问题。换言之，研究者必须以文学为出发点，以文学为主线，以文学为归宿，而不是相反。例如，巴尔扎克曾对资本主义社会的金钱关系有过极为真实生动的描写，他的小说中触及了大量的资本主义社会的金融问题。如果我们以巴尔扎克为代表对19世纪法国文学和资本主义经济学作一番平行比较的话，我们就应该力图以经济学中的材料来说明巴尔扎克如何在自己的作品中准确地、令人信服地再现了资本主义社会的现实，他在这方面的栩栩如生的描述，产生了怎样的艺术感召力以及诸如此类的文学问题，而不是力图利用他对证券交易的精细入微的描写去说明某个经济问题。再如，中国古典文学和佛教有久长而深刻的关系，倘若我们把中国古典文学和佛教作一个平行比较，我们应力图从佛教中采集有关的材料和事实，去说明中国古典文学的特征和性质，而不是从近两千年古典文学的长河中搜罗例证去说明某一个佛教理论。第三，研究的结果应该能作出对文学的发展有益的结论。

在文学本科内进行的平行比较同样有一个"文学性"的问题，其实质就是"文学艺术的本质这个美学的中心问题"。① 倘若我们对两个作家或作品作平行比较，不论我们采用何种材料，从何种角度入手（例如，传记、文化背景、作家个性、创作心理等），我们的最终目标应该是有助于阐明文学的一些基本问题，而不是别的什么，也就是说，我们的研究应该始终是对文学内在问题的研究，而不是对文学外缘的研究。如果我们仅仅围绕着与作家或作品有关的外围材料兜圈子，而不能深入到文学的本质和内核，这样的平行比较即便不能说一点没有文学性，但至少可以说文学性不强。

平行研究强调"文学性"，强调作品内在的各种关系，强调作品本身的美学价值，注意理论上的阐发，只有这样，才能避免简单的比附，零碎的拼凑，肤浅的异同排列，同时避免把文学研究引入非文学研究的歧途。但是，这绝不意味着平行研究可以无视产生作品的各种外在条件，无视与作品有关的社会的、历史的、作家个人的各种因素，因此，它要求研究者具有社会的、历史的眼光。钱锺书先生曾指出，平行研究者应该把"作品的比较和产生作品的文化传统、社会背景、时代心理和作者个人心理等等因素综合起来加以考虑"，② 才能在明辨异同的过程中加深对作家作品的认识，加深对某一文学现象和规律的认识。韦勒克始终强调平行比较的文学性，但却同时声称，这"绝不意味着应忽略甚至蔑视产生作品的诸关系，也不意味着内在的研究仅仅是形式主义或不适当的唯美主义"。③ 换言之，如果脱离产生作品的诸种关系，仅对其作孤立的研究，就很可能陷入形式主义的泥潭。因此，我们的研究者在注意文学性的同时，又必须注意把自己的研究对象置于一定的社会历史背景中加以考察。

---

① ［美］韦勒克：《比较文学的危机》，见北京师范大学中文系比较文学研究组选编：《比较文学研究资料》，60页，北京，北京师范大学出版社，1986。

② 同上书，94～95页。

③ 同上书，60页。

平行研究的具体方法如前所述，不是历史的、实证的、考据的，而是哲学的、审美的、批评的。它包括比较、对照、解析、推论、评价、综合等一系列过程。在这一过程中，比较和综合是最重要的环节，因为同异的发现有赖于比较（包括对比），而有意义的结论的导出，则有赖于综合（通过解析、推论、评估等）。

比较文学的先驱人物波斯奈特在他那部著名的《比较文学》中曾经说过，从某种意义上说，比较的方法如同思维本身的历史一样悠久。此后的许多比较学者都引用他这句话。事实上，古今中外，比较的方法在包括文学在内的所有学科中被普遍运用。但是在比较文学产生之前，文学研究中采用比较的方法不是自觉的和贯穿始终的。而平行研究者则特别强调"在运用比较方法上的自觉意识"。① 这一点正是比较文学和非比较文学研究的一个最根本的区别。雷马克说得好，虽然"比较文学研究不必在每一页上，甚至不必在每一章里都作比较，但总的目的、重点和处理都必须是比较性的"。② 可见，平行研究中所用的比较的方法与一般文学研究中的比较是不同的，它要通过有目的、有意识的比较、对比、分析等环节，从个别到总体，从特殊到一般，归纳出有益的结论。

归纳就是综合，它是平行研究中另一个重要环节。倡导影响研究的法国学派的代表人物如梵·第根、卡雷、基亚等人对大规模、大范围的综合始终抱怀疑态度，这是早期法国学者过分保守的证明。平行研究的终极目的绝不是为比较而比较，而应该力求对文学的基本问题乃至人类社会的精神生活作出理论上的阐释，应该力求对总体文学乃至世界文学做出贡献，因此，大规模、大范围的综合是必不可少的。正如雷马克所说："我们必须综合，除非我们宁愿让文学研究永远支离破碎。只要我们有雄心加入人类的精神生活和情感生活，我们就必须随时把文学研究中得出的见解和成果集中起来，把有意义的结论贡献给别的学科，贡献给全民族和全世界。"③

当然，由于没有事实联系，平行研究中跨越时空的纯比较和大规模的综合可能并且容易导致肤浅甚至谬误。许多前辈比较学者对此提出的忠告

---

① ［德］霍斯特·吕迪格：《比较文学的内容、研究方法和目的》，见北京师范大学中文系比较文学研究组选编：《比较文学研究资料》，98页，北京，北京师范大学出版社，1986。

② 同上书，11页。

③ 同上书，3页。

应该为平行研究者牢牢记取。我们必须遵循学术研究中"可靠性"和"科学性"的原则，以严谨、缜密、踏实的学风去从事这一艰巨的工作，才能做到既不畏首畏尾，又不莽撞轻率。

# 第三节　阐发研究

阐发研究是影响研究和平行研究之外的第三种比较研究的类型。这一方法特别适用于文化系统迥异的诸民族文学的比较研究，它包含了下述三方面的内容：一、文学理论对文学现象的阐发，即用一种恰当的外来理论模式解释本民族文学中的某些作品或文学现象，或者反过来，用本民族文学中的某种理论模式解释外民族文学中的作品和文学现象，以期在理解某些文学现象和作家作品方面获得一个新的角度和视野。它要求在具体研究之前，对一种理论模式和被解释对象作仔细的分析和选择，还包含着在研究中结合本民族的理论模式对外来模式的改造；二、理论对理论的相互阐发，即把不同民族文学的观念、理论、方法相互发现，相互印证，相互阐释，以达到完善某种文学观念、理论和方法的目的；三、在跨学科研究的范围内，阐发研究是以别的学科对文学作出阐发，或者用别的学科的理论来解释文学中的各种问题，而不是相反。

阐发研究的实践早先就有，而这一名称是晚近由中国学者首先提出来的。1978年台湾学者古添洪在一篇题为《中西比较文学：范畴、方法、精神的初探》的文章中说：

> 利用西方有系统的文学批评来阐发中国文学及中国文学理论，我们可命之为"阐发法"。这"阐发法"一直为中国比较学者所采用。①

事实上，在古氏之前，其他一些中国学者也提出过类似的看法。如一位在美执教的学者余国藩在1973年11月2日向美国现代语言学会年会比较文学小组提交的一篇论文中指出：

> 过去20余年来，旨在用西方文学批评的观念和范畴阐释传统的中

---

① 中国社会科学院文学研究所科研处、《文学研究动态》编辑组编选：《比较文学论文选集》，43页，1982。

国文学的运动取得了越来越大的势头，这样一种趋势预示在比较文学中将会出现某些令人振奋的发展。……应该指出，运用某些西方的批评观念和范畴来研究中国文学，原则上是适宜的，这正如古典文学学者采用现代文学技巧与方法来研究古代文学的材料一样。①

1975 年，台湾召开了第 2 届东西方文学关系的国际比较文学会议。台湾大学的朱立民在会上提出"运用西方的批评方法来研究中国古典和现代文学"的构想，他还在一篇文章中说，《淡江文学评论》的前 3 期中，"许多论文是研究中国文学的，而大多数作者用的是西方现在流行的批评方法，这就是我们当前所需要的"。② 朱立民的意见引起了热烈的讨论，也遭到了不少批评。

"阐发研究"无疑应该在比较文学的方法中占一席之地，但它所以遭到了一些学者的批评，症结不在方法本身，而在当时台湾学者的提法尚有不周密、不完善的弊端。

首先，阐发研究绝不是单向的，而应该是双向的，即相互的。如果认定只能用一个民族的文学理论和模式去阐释另一个民族的文学或文学理论，就如同影响研究中只承认一个民族的文学对外民族文学产生过影响，而这个民族文学不曾受过他民族文学的影响一样偏颇。这在理论上是站不住脚的。任何一国文学都不能没有自己的民族传统，不要说像我们这样一个具有悠久历史的文明古国，就是一个较为年轻的民族也有弥足自珍的宝贵传统和在这种传统中发展起来的与别的民族文学相区别的文学体系（创作、批评、理论等）。完全以自己的民族文学模式去衡量解释别的民族的文学不仅是不明智的，也是粗暴的，正如马隆和列文两位教授所指出的，这反映了一种帝国主义的态度；反过来，安全按别的民族文学的模式来衡量、解释自己的文学，也同样是幼稚的、卑怯的，这反映了一种民族虚无主义的态度和奴化心理。比较文学反对孤立的民族主义是一大功绩，但不等于说，它赞成帝国主义的态度；反过来，比较文学提出"世界文学"的理想，并不等于说它要取消民族文学。因此，阐发研究绝不是仅仅用西方的理论来阐

--------

① 余国藩：《中西文学关系的问题与前景》，见《比较文学与总体文学年鉴》23 页、50 页，1974。

② 古添洪、陈慧桦编：《比较文学的垦拓在台湾》，4 页，台北，东大图书公司，1976。

发中国的文学，或者仅仅用中国的模式去解释西方的文学，而应该是两种或多种民族的文学互相阐发、互相印证。这样说并不意味着每一个具体的研究都必须做到相互阐发，否则就不是"阐发研究"，而是说作为一种理论和方法，阐发的双向性、相互性是不容忽视的。

其次，阐发研究由于往往是在文化传统差距很大的两种或数种民族文学间进行的，因此，必须充分认识到它们在宇宙观、自然观、文学观、心理结构、表达方式、批评标准等方面的巨大差异，不论是用自己的理论去阐发外民族的文学，还是用外民族文学的理论来阐发自己的文学，都必须对所要采用的理论或模式，对要阐发的对象作具体分析，切实研究阐发的可行性。拿中西文学的关系来讲，历史上中国学者曾不断向外民族的文学学习，近现代以来，学者们借鉴、吸收俄苏文学和西方文学，用外来的理论模式阐发中国文学的情形是有的，例如在浪漫主义和现实主义的理论和方法传入我国之后，曾有学者以浪漫主义的理论来研究屈原和李白，也有学者用现实主义的理论来解释杜甫、白居易，这样的阐发显然不是盲目的、机械的乱搬乱套；再如严羽在理论的阐发中以禅喻诗，将佛理糅进诗歌的理论中，不仅不显得牵强附会，反而给人以别开生面、耳目一新的感觉。同时，从严格的意义上讲，任何一种理论或模式都是独特的，很难完全套在另一种文学(作家或作品)上，因此，在借用一种理论或模式来说明另一种文学时，就必须按照民族文学的传统和特征加以调整和改造。这样，才能使相互阐发的研究闪出异样的光彩，结出丰硕的果实。

阐发研究可以是用一种文学理论和模式来解释另一个民族的文学作品。例如，以结构主义的方法，从语言结构入手分析杜甫的《秋兴》，就可以从一个新的角度对历来学者的不同理解作出解释，从内在结构说明这些诗所以会产生歧义、多义和丰富内涵的原因。

例如，该诗第六首的五六两行"珠帘绣柱围黄鹄，锦缆牙樯起白鸥"。历来学者对此有两种解释，一说此联描写了京城旧日的繁华。曲江在长安西南，为明皇游幸之地，"江上离宫，珠帘围鹄，江间画舫，锦缆惊鸥"，[1]极言昔日之盛，而有回首失之之叹；另一说此联描写了当时战乱中唐室衰微的景象。"珠帘绣柱之间，但围黄鹄，锦缆牙樯之间，亦起白鸥也。意本衰飒，而语特浓丽"。[2] 为什么会产生这样的歧义呢？如果从结构主义的角

---

① （清）仇兆鳌：《杜诗详注》，第 4 册，1493 页，北京，中华书局，1979。

② （清）施鸿保：《读杜诗说》，166 页，上海，上海古籍出版社，1983。

度作一点语法分析，就容易明了。若将此联分别看作两个独立句，则"珠帘绣柱"和"锦缆牙樯"分别为主语，"围"和"起"分别为动词谓语，"黄鹄"和"白鸥"分别为宾语，上下语义联贯，强调的是旧日的繁华；若将此联分别看作包括两个不完全子句的并列句，则每句均变成了意义相反的两个部分，旧日的繁华与今日的衰败两相对比，愈益显出了今日的破落。事实上，我们完全可以认为诗人在此联中既写了昔日的盛，也写了今日的衰，这种深沉的今昔之叹与八首诗所兴发的感情基调是完全一致的。

对第二首第三句"听猿实下三声泪"，历来的解释是，为了韵律和对仗的需要，此句被倒装了，正常的语序应该是："听猿三声实下泪"。这样理解自然是较为合理稳妥的。但从结构主义的角度，则可以不这样理解，而将其语序视为正常，"三声"在这里起形容词的作用，修饰"泪"，用凄厉的三声猿鸣来形容泪就把听觉移入了视觉，给人以更加悲凉、沉痛的感觉。

第八首的三四两句"香稻啄余鹦鹉粒，碧梧栖老凤凰枝"可能有以下三种语序结构：

> 香稻啄余鹦鹉粒，碧梧栖老凤凰枝。
> 香稻鹦鹉啄余粒，碧梧凤凰栖老枝。
> 鹦鹉啄余香稻粒，凤凰栖老碧梧枝。

不少学者认为这一联应按第三种语序解释，但按结构主义的观点，不妨承认这三种可能性。第三种语序无疑是最自然的，鹦鹉善声，可比诗人，凤凰艳丽，影射君子。诗人酒足饭饱，可以歌颂升平；君子得其所哉，可以报效国家。诗行从一部分人的境遇暗示了旧日的繁荣；第一、二种语序虽不正常，但也可以从不同的角度给以解释，第二种以香稻、鹦鹉、碧梧、凤凰的并置，从气味、色彩、声音诸方面的美好，创造出一种和平安适的氛围，"啄余粒"、"栖老枝"又从食和住两方面暗示出社会的安定富足；第一种首先提出有多余的香稻，暗示国库充裕，随后以善择居处的凤凰得以栖身碧梧暗示人民安泰。以"鹦鹉"来修饰"粒"，使香稻在气味之外，更增添了声音和色彩的联想；以"凤凰"来修饰"枝"，则使梧桐在青绿之外，更增添了斑斓的色泽。上述三种结构强调的重点虽略有差异，但在总体上却又大体一致，写出了诗人对往昔盛世的怀恋和对现世衰败的哀婉。这里承认上述三种结构，从不同层次进行分析，显然比仅从一种固定的角度来分析，能够更好地揭示作品丰富的底蕴。

按照语义学派的"细读"法，学者应该紧紧把握作品语言中语音、语义、语法、意象、象征等不同的层次。从语音、意象、象征等层次来分析《秋兴》，也可对其作出许多有意义的阐发。例如，第四首以"闻道长安似弈棋"起兴，以棋局的变幻莫测，极写世局的变迁、宦海的浮沉，从第五句开始写战乱的纷扰，"直北关山金鼓震，征西车马羽书疾"。这一联中以连续的双声叠韵（"直"与"北"、"关"与"山"各各押韵；"金"与"鼓"双声，"震"与第六行的首字"征"再双声），从语音上造成一种势不可遏的动态，和金鼓震耳、车马隆隆的声音意象、视觉意象水乳交融，烘托出一幅战乱不息的景象，给人以极深的印象。

再如，第七首三、四行的"织女机丝虚夜月，石鲸鳞甲动秋风"，就可以从意象和象征的层面来挖掘其多义性和复杂性。汉武帝凿昆明池于长安，在昆明池畔雕刻了织女与牛郎的石像，二石左右相隔，以象征银河。并在"织女"的对面雕刻了石鲸，象征风暴的保护神。诗中的"织女"、"石鲸"、"夜月"既实指昆明池畔的石像，也虚指天上的织女和牛郎；牛郎和织女的相互盼望，象征了诗人（并通过诗人代表了人民）盼望早日结束乱世，重振家园，以使人民安居乐业的沉痛心情。神话传说中的牛郎织女，尚有一年一度的七夕相会，而地上的牛郎织女虽近在咫尺却无从会面。杜甫当时在夔州，常循着北斗而夜望长安，诗人从天上的织女星联想到昆明池畔的石像，从开凿昆明池的汉武帝的文治武功联想到当时朝政的衰败，抚今思昔，不禁感慨万端。天上的牛郎织女能相会吗？那是神话，未必可靠，然而毕竟给人心中留下一丝美好的希望，地上的牛郎织女在迷茫的夜月下，无时不在盼望相会，诗人也无时不在盼望回归，但是，这可能吗？石像岿然不动，石鲸在秋风中飘动的鳞甲暗示着蔓延的战乱，透着浓重的肃杀的气息，希望恐怕只能是绝望了。可见，此联通过意象的多层含义抒写了诗人主观上十分复杂的情绪。①

在援引一种外来的理论模式阐发本民族的文学作品时，要特别注意避免生搬硬套、牵强附会的弊病，这就要求充分认识不同民族之间文化背景的差异。例如，在西方神话中有一种"追寻"（quest）的原型理论。叙述一个英雄为了完成某种业绩进行的一系列冒险。故事的基本线索可以概括为以

---

① 这里部分采用了高友工、梅祖麟的分析，详见高友工、梅祖麟：《分析杜甫的〈秋兴〉》，载（台湾）《中外文学》，第1卷第6期，1972；又见古添洪、陈慧桦编：《比较文学的垦拓在台湾》，192～215页，台北，东大图书公司，1976。

下几个部分：一、必须有一圣天子式的人物；二、神或英雄与敌人争斗；三、神或英雄受难；四、神或英雄死亡；五、神或英雄复活；六、创世神话的象征性重现；七、圣婚或英雄的婚姻；八、神或英雄凯旋；九、命运的安排。追寻金羊毛的神话、寻找圣杯的传说和奥德赛的故事都属于这类原型。有人认为，中国的《西游记》和《西洋记》也属于这类原型。从原则上说，把这两部中国小说看作这样一种"追寻"的类型是合适的，因为不论是唐僧师徒赴西天取经，还是郑和率金碧峰等人下西洋寻找传国玉玺，都大体上经历了英雄与敌人反复争斗，遭受磨难（死亡和再生）以及最后凯旋这样一个过程。台湾学者侯健曾运用这种原型理论来分析《三宝太监西洋记通俗演义》。① 他的方法和某些见解对我们理解这部作品很有启发。但是他完全按照西方模式来套这部中国作品就显得生硬了。我们知道，《西洋记》虽然讲述了一个英雄追寻式的故事，但它却与外来的模式并不完全吻合。首先，全书用了相当的篇幅（第一回至第十五回）讲述佛道两家的争斗，在叙述金碧峰的身世来历以及与张天师的数次斗法中，夹杂着对佛家的推重；其次，西征九国各种争斗的故事和人物，如羊角大仙、金毛道长、郦山老母等显然取自《封神演义》、《西游记》等小说，另外，像"五鬼闹判"、"五鼠闹东京"、"红莲故事"等的穿插，与西征主线毫无有机联系，拼凑的痕迹十分明显。至于有关西洋各国的描写，主要采用《瀛涯胜览》和《星槎胜览》二书的材料。这与《奥德赛》之类完全从神话演变而来的故事不仅在材料的来源上完全不同，就是在故事的结构方面也有很大差异。何况作者在序中还点明了他作此书乃是有感于当时朝廷的无能和倭寇入侵的紧迫。可见，完全用西方的神话背景、神话结构来解释中国作品是很难言之成理的。

文学理论方面的相互阐发是阐发研究的重要领域。研究者在采用这种方法之前，应该对其所要阐发的对象有较为准确的把握，换言之，他应该对两种理论都很熟悉，具有相互印证的功夫。例如，陆机《文赋》中有"恒患意不称物，文不逮意"的说法，钱锺书从中指出了"意、文、物"三者的关系，并作了精辟的解释。他说，"'意'内而'物'外，'文'者发乎内而著乎外，宣内而象外；能'逮意'即能'称物'，内外通而意物合矣。"这就把创作过程中作家内在的思想感情，外在的客观事物以及通过文辞的表达方式三者的关系说明白了。他认为只要能准确地把握内在的思想感情，并把它表

---

① 侯健：《三宝太监西洋记通俗演义——一个方法的实验》，见叶维廉主编：《中国古典文学比较研究》，301～322页，台北，黎明文化事业公司，1977。

达出来，就能准确地反映外在的客观世界。他还指出，陆机所谓"意、文、物"也就是墨子所说的"举、名、实"，刘勰所说的"情、辞、事"，陆贽所说的"心、言、事"。近代西方学者佩尔斯提出的表意三角正是指这三者之间的关系。佩尔斯所谓的"思想"或"提示"(interpretant, thought or reference)正是中国学者所谓的"意、举、情、心"；他所谓的"符号"(sign, symbol)正是中国学者所谓的"文、名、辞、言"；而他所谓的"所指示之事物"(object, referent)正是中国学者所谓的"物、实、事"，至于三者间的关系，英国诗人勃朗宁在《环与书》中说，诗人"缘物生意"(the thing shall breed the thought)，"文则居间而通意物之邮"(the mediate word)；文能逮意，则需应之于心，而得之于手。这样，钱锺书就把"意、文、物"三者间的关系阐发得一清二楚了。意是人的主观世界，物代表了客观世界，文则是二者之间的桥梁。主观世界是客观世界在人心目中的反映，而客观世界又可以通过主观世界表述出来，要想真实、准确地表述客观世界，则需要正确的观点和表述方法，这就是"文"的职责。小而言之，这三者间的关系指明了作者、作品和作品所要表现的现实之间的关系；大而言之，它指明了创作过程中主观、表述和客观三者的关系。①

显而易见，钱锺书对这一问题的阐发是建立在对中国文论中"意、文、物"三者关系的精深理解上的。同时，他对西方文论中的有关论述又极稔熟。这样，他才能通过西方文论中的类似观点来补充、阐释中国文论中固有的论点，使上述三者间的关系更加明确，更加容易理解。

文学理论的阐发研究往往是相互的，因为研究者所撷取的各方面的论点必然是近似的，集中的。甲方的论点支持了乙方，反过来，乙方的观点也支持了甲方，因此，双方往往能收到相互生发、相得益彰的效果。钱锺书的《管锥编》和《谈艺录》二书中有许多中外文学理论相互阐发的好例子。例如，在论及艺术创造的途径时，他首先提出，艺术创造不外二途。一曰师法造化，模写自然；二曰润饰自然，功夺造化。两派理论均源于西方，但它们均可由中国诗人的理论来补充、概括。韩愈在赠孟郊的一首诗中说："文字觑天巧"，此语可以概括模写自然的理论，钱锺书说这"觑"字下得最好。那么什么叫"觑巧"呢？那就是 selective imitation(有选择的模仿)，所以模写自然派的观点概而言之就是：自然虽然有各种各样的美，但不能全善全美，因此，艺术家就需要对它有选择地模仿。同样，李贺的"笔补造化天

① 详见钱锺书：《管锥编》，第三册，1177～1178 页，北京，中华书局，1979。

无功"一语也可以总括润饰自然的理论。这一理论认为，艺术造境之美远非自然境界所能及，自然只能提供素材，经过艺术的驱遣陶熔，才能成为真正的艺术品。这实质上是强调了艺术家的创造（creation，invention）。

此外，在阐发研究中，研究者还要尽可能作出评判，导出结论。例如，钱锺书就"模写自然"和"润饰自然"的观点作了一番中西相互阐发之后，并没有就此止步，而是进一步评论说，两派理论"若反而实相同，貌异而心则同"。不论是模写自然的"选择"，还是润饰自然的"修补"，终归是师法自然，不能脱离自然，正如师法古人，不外"拟议变化"，不宜拘泥不化，固守极端。倘模写自然者坚持绝对写实，……牛溲马勃，都拉杂写来，岂非可笑，若润饰自然者坚持绝对创造，……牛鬼蛇神，都要入诗，也复荒唐。①

无论是用一种模式或方法去解析另一个民族的文学作品，还是就文学理论进行相互阐发或阐发研究都必须是具体的、细微的，特别是在文学理论的领域中，研究者通过不同民族文学中一些具体论点（有时甚至是一些零碎但却精彩的见解）的相互阐发，往往能说明一些基本的道理。钱锺书的研究看起来常常是星星点点的阐发，却往往能发微抉隐，申明大义。如果采取一些大而无当的方式，不从具体的观点、见解出发，阐发研究就会失去说服力，因此，它最忌那些空空洞洞、言之无物的理论说教。

从具体方法来讲，阐发研究离不开分析和解释，当然也应该有判断和结论，这是毫无疑问的。

# 第四节　接受研究

比较文学中的接受研究同样研究民族文学之间的事实联系，研究一个民族对外民族文学的接受情况，从这个意义上讲，它与影响研究有某种一致性，但它与传统的影响研究有着明显的区别。传统的影响研究着重探讨不同文学之间的相互关系，它的重点在发现不同民族的作家作品间的联系的事实上，而接受研究却把重点放在研究作家作品被不同民族的广大读者（听众、观众，包括作家）的接受情况、产生的作用，以及它们的成因上。

文学作品是以读者大众为对象的，离开了读者大众，它本身就失去了

---

① 参见钱锺书：《谈艺录》，60～62页，北京，中华书局，1984。

存在的意义。因此捷克著名的结构主义学者穆卡洛夫斯基(1891～1975)把艺术品分成了两个部分：未经读者大众阅读的本文只能是一种人工制品(artefact)；只有经过读者阅读理解之后，它才能成为一个审美客体(aesthetic object)。阅读过程是一个审美过程，只有经过审美的人工制品，才能转化为真正的艺术品。由此可见读者的参与作用在艺术创造过程中的重要性。

从文学史上说，历来的文学研究都没有对艺术品被接受的因素，或者说读者的参与作用给予重视。从西方来看，17世纪以前，文学研究主要采用古典主义—人文主义的模式，研究者把古典作品作为衡量一切文学作品的尺度，作品一经问世，就要和古典作品加以比较，凡是成功地模仿了古人的都是上乘之作，凡破坏了传统，不模仿古人的均被视为劣品，至于作品对作者所处的时代及其广大读者产生什么作用，怎样被他们理解和接受，一般是不予理睬的，仿佛作品的创造不是为了读者，倒是为了那些已经产生的经典作品，不是为了今人，倒是为了古人。在这样一种厚古薄今的气氛中，不仅读者被忽视了，连时代也被遗忘了。

18、19世纪，由于自然科学中新思想、新方法的影响，文学研究转向了历史主义-实证主义的模式。在民族意识增强的背景下，民族文学受到了重视，学者们强调渊源的探索，以重建民族文学的史前阶段(中世纪)。这种研究对作家的生平传略、思想发展过分偏重，对作品的处理也比较机械，不过在不重视读者作用这一点上，却是同前一阶段相同的。

第一次世界大战后，文学研究进入了一个新阶段，历史主义-实证主义的模式被美学-形式主义的模式所取代。不论是施皮泽提出的文体学研究法，还是瓦尔泽尔提出的思想史研究法，抑或是俄国形式主义和英美的新批评，都把作品作为研究的核心。他们认为作品本身是一个自足的、封闭的系统。文学研究的根本不是作家，而是作品，不是从历史实证主义出发去作因果解释，而是对作品内在的各种因素作审美的剖析和判断。如果说17世纪文学研究的重点在古典，19世纪文学研究的重点在作家的话，那么本世纪初文学研究的重点则在作品，同样也没有考虑到读者对作品的接受这一极其重要的方面。

从中国来说，情况也类似。文学研究和批评中一直存在着"重古轻今"、"贵远贱近"(陆贾、桓谭、王充、曹丕等均说过类似的话)的倾向，至于读者的作用虽也偶然有人提及，但从未引起批评家的注意，文学研究的重点一直是作家、作品及其与历史和时代的关系。

然而，正如我们已经说过的，读者的作用是无论如何不容忽视的。第二次世界大战后，西方批评界开始重视读者的参与作用，20世纪60年代末出现了以德国学者尧斯和伊塞尔倡导的"接受理论"（Rezeptions ästetik），后来一些美国学者又提出了"读者反应批评"（Reader-Response Criticism）。其要点是把读者和作品的关系作为研究的主体，探讨读者对作品的理解、反应，以及阅读过程对创作过程的积极干预，并研究产生各种不同反应的社会的、历史的和个人的原因。

接受理论首先承认读者对作品的阅读理解和反应是多种多样的。读者对作品的不同理解是一种客观存在。穆卡洛夫斯基不仅把艺术品分作了"人工制品"和"审美客体"两个部分，而且认为一件"人工制品"通过不同读者的阅读和理解可以产生许多不同的"审美客体"。现象学派的代表人物波兰哲学家英格丹则从哲学的高度提出了文学艺术品的认知（cognition）问题。所谓"认知"，自然离不开读者，离不开读者阅读和理解的过程。英格丹指出，文学艺术品的认知有多种形式，它所产生的结果也是多种多样的。无论是传统的阐释学的代表人物施莱尔马赫和狄尔泰，还是新阐释学的代表人物伽达默，都承认对文学艺术品的理解和阐释可以有多种可能性，正是在这样一个前提下，阐释学把对文学艺术品的各种理解和阐释作为研究的核心。中国古人对认识和理解的多样性和相对性也早有认识，《易经》系辞就有"仁者见之谓之仁，知者见之谓之知"的话。

接受理论认为，任何阅读和理解都是一定时空中的活动，都具有历史性。由于时代不同，地域不同，就必然会形成不同的认识水平和理解水平，从而产生不同的理解和阐释。正是历史距离使过去时代的作品对今天的读者呈现出不同的面貌，产生各种理解的可能性。例如，狄更斯虽然从19世纪30年代到他逝世的30多年里名震欧美两大陆，是当时最受欢迎的小说家，直到今天，他的地位仍然是"牢不可破的"，[①] 但百余年来他被西方接受的情况仍然经历了时代的变化。从《匹克威克外传》于1836年在杂志上分期发表后，书中"现代的堂·吉诃德和潘沙"立即引起了大西洋两岸不同读

---

① 朱虹：《狄更斯小说欣赏》，1页、13页，太原，山西人民出版社，1985。

者层的极大兴趣，成为家喻户晓的人物，杂志的销售量从最初的四百份激增到四万份，仍然供不应求。随着《奥利佛尔·特维斯特》、《老古玩店》、《大卫·科波菲尔》、《小杜丽》等作品的问世，狄更斯声名大噪，成为当时最受欢迎的小说家，"从来没有一个作家在世时赢得了那样多的读者"。①他那支生花妙笔能够在分期发表的各期中写出传奇、幽默、滑稽的故事，辛辣的讽刺，以及哀婉动人的篇章，因此能适合各种人的口味和兴趣。上至女王，下至女佣，各种家庭，各个阶层都如痴如醉地读他的作品。所以，他理所当然地被公认为当时的经典作家。

1870 年狄更斯逝世以后，他的声望不断下降，自然主义者认为他过分夸张，不够真实，唯美主义者则认为他缺乏艺术上的自觉，许多人把他看作一个浅薄、逗乐的通俗小说作者。直到 20 世纪 20 年代，以沃尔芙夫妇、利顿·斯特拉契、福斯特等作家为核心的布鲁姆斯伯里文社依然觉得他趣味不高，不愿对他作严肃的评论。在这一段时间里，评论者减少了，读者也减少了。一般认为，一个学生在进大学以前能读过一半狄更斯的作品，就算是不错了。

20 世纪 20 年代之后，狄更斯的声望开始缓慢上升。一些著名的评论家，如乔治·奥威尔、艾德蒙·威尔逊等发表了重要的评论文章，重新确立了狄更斯的崇高地位。到 60 年代，他被公众的接受，呈现出极为繁荣的局面。当时出版的专著和论文比 30 年代多一倍。1970 年，在纪念他逝世100 周年时，对他作品的研究、出版的盛况达到了前所未见的高度。然而，正如列文教授所说，"今天对人们具有魅力的狄更斯已经完全不同于曾经使他的同代人沉醉的狄更斯，也完全不同于使 19 世纪最后一代和 20 世纪最初一代人对他怀念不已的狄更斯。"②换言之，西方读者大众、批评界对狄更斯的接受，不仅经历了历史和时代的变化，而且不同时代对他的接受和理解绝不会是相同的。这就是接受的历史性。

接受理论还认为，任何阅读与理解都是以读者个人头脑中已经存在的某种意识结构为前提的。海德格尔把这种结构称作意识的"先结构"，也就

---

① ［美］哈利·列文：《一个世纪后的狄更斯》，见《比较的基础》，339 页，哈佛大学出版社，1972。

② ［美］哈利·列文：《一个世纪后的狄更斯》，见《比较的基础》，341～342 页；朱虹：《狄更斯小说欣赏》"代序"，太原，山西人民出版社，1985。

是意识中先有（vorhabe）、先见（vorsicht）、先把握（vorgriff）的东西，这种先意识，正是读者阅读、理解、阐释作品的立场、观点、方法、趣味等，或者说是一种主观的成见，正是这种先入为主的见解构成了阅读和理解的个人色彩，产生了因人而异的理解和解释。中国古代的文论家对理解和阐释因人而异的现象虽然未能作出理论上的剖析，但对这种情况是有所认识的。曹植对杨修说，"人各有好尚"，① 不可强求统一；刘勰说："知多偏好，人莫圆该。慷慨者逆声而击节，酝籍者见密而高蹈，浮慧者观绮而跃心，爱奇者闻诡而惊听。"②这些论述都说明了阅读和理解的多样性。事实上，无论中外，对于同一部作品常常有各种不同的理解和解释。例如，《红楼梦》和《水浒传》在梁启超看来是"诲淫诲盗"的坏书；③ 但是在其他读者看来，《红楼梦》则"可谓之政治小说，可谓之伦理小说，可谓之社会小说，可谓之哲学小说、道德小说"。④《水浒》也同样可以是"社会主义之小说"，"虚无党之小说"，"政治小说"。⑤ 再如，《哈姆莱特》在经过三个多世纪的阅读、上演之后，到今天已经成为了不朽的经典，但对它的理解和解释同样是多种多样的。多佛·威尔逊教授说："哈姆莱特有好多类型，正如扮演哈姆莱特的演员那样多：伯恩哈特证明了一个女演员也可以成功地扮演哈姆莱特。对于这样不定型的角色，怎样表演都行；任何演员根据这一性格所具有的诱人的、伟大的轮廓去扮演，总不会失败的。"⑥演员可以根据自己的不同理解去表演《哈姆莱特》，读者又何尝不可以根据自己的理解去阐释这一作品呢？柯尔里奇认为哈姆莱特是一个敏于沉思而不善于行动的悲剧人物⑦；歌德认为这出戏写的是"一件伟大的事业担负在一个不能胜任的

---

① （魏）曹植：《与杨德祖书》，见《文选》，929 页，北京，商务印书馆，1959。

② （南朝梁）刘勰：《文心雕龙·知音》，见陆侃如、牟世金：《文心雕龙译注》，下册，387 页，济南，齐鲁书社，1982。

③ 梁启超：《译印政治小说序》，见《饮冰室合集·文集》，第 2 册，34 页，上海，中华书局，1936。

④ 转引自古典文学研究资料案编：《红楼梦卷》，第 2 册，570 页，北京，中华书局，1963。

⑤ 王无生：《中国三大小说家论赞》，见《月月小说》，第 14 号，1908。

⑥ 转引自[英]基托：《哈姆莱特》，见杨周翰编选：《莎士比亚评论汇编》（下），428 页，北京，中国社会科学出版社，1979。

⑦ 杨周翰编选：《莎士比亚评论汇编》（上），145～156 页，北京，中国社会科学出版社，1979。

人的身上"的悲剧；① 别林斯基说，哈姆莱特是"一个精神强大的人"，他的软弱不是天性造成的，即便在软弱时，他"也是伟大而强有力的"；② 屠格涅夫认为，哈姆莱特是"一个利己主义者"；③ 托尔斯泰则说，哈姆莱特"没有性格"，完全是作者的传声筒；④ 艾略特认为"哈姆莱特是一个感情在行动中找不到发泄处的小丑"，⑤ 弗洛伊德派则认为，这出戏写的是"俄狄浦斯情结"。莎士比亚是说不尽的，狄更斯是说不尽的，杜甫是说不尽的，曹雪芹也是说不尽的，一切伟大的作家都是说不尽的，因为对他们的理解和解释不仅会经过时代的沧桑，还要随解释者的不同而变化。

接受理论认为，传统阐释学关于重建作者意图的要求在实际批评中不仅是不可能的，也是没有必要的。读者的理解为什么一定要与作者的意图相吻合呢？倘若所有的理解和解释都与作者的意图一致，那就不会出现富有独创性的批评了。正是由于时代和读者（或读者层）的不同而产生不同的解释，才维持着作品的生命，使作品对读者不断呈现出新的意义，所以谭献说："作者之用心未必然，而读者之用心何必不然。"⑥读者可以不去体会揣摩作者的本意，作出自己独到的解释。

接受理论还认为，作品本身为阅读和理解的多样性提供了基础。英格丹把作品本文看作一个多层次的结构，其中充满了许多不确定的点（Unbestimmtheitsstellen）。这些不确定的点也就是作品中没有明确说明的地方，读者在逐字逐句阅读一篇作品的时候，他总是在积极地思考，对语句的接续、情节的展开、意义的呈示不断作出期待、预测、判断，在碰到这些不确定点的时候，他就会根据上下文的提示和自己的想象加以填充，这就是所谓阅读中的具体化的过程。具体化过程是读者的一种积极的、创造性的活动，因为在具体化的过程中，读者的想象常常超越本文，只有经过

---

① 杨周翰编选：《莎士比亚评论汇编》（上），296 页，北京，中国社会科学出版社，1979。

② 同上书，436 页。

③ 同上书，468 页。

④ 同上书，514～515 页。

⑤ ［英］艾略特：《哈姆莱特和他的问题》，见哈扎德·亚当：《柏拉图以来的批评理论》，788 页，HBJ 出版社，1991。

⑥ （清）谭献：《复堂词话》，见《词话丛编》，第 4 册，3987 页，北京，中华书局，1986。

这一过程，作品才能对读者呈示出某种意义。① 伊塞尔则提出了"暗含的读者"（der implizite Leser）的概念。这一概念的含义是，作品本文允许读者根据历史和个人的不同理解，以不同的方式对作品作出解释，作品本身的结构已经暗含着读者可能作出种种解释的可能性，这个"暗含的读者"是一个"理想的读者"，他可能对作品作出完满的各种各样的解释。但真正的读者在实际的阅读和理解过程中，只能完成"暗含的读者"的某一方面的作用，而排除了其他方面的可能性，可见，任何真正的读者的作用都无法与"暗含的读者"相比拟，它的作用的实现是一个选择性的过程。②

当然，实际的阅读过程是相当复杂的。它不可能是一种直线运动，可能有许多层次的错综交迭。同一个作品可以随读者的不同产生不同的解释；也可以随同一个读者的不同次阅读产生不同的意义。我们常常会有这样的经验，第一次阅读一部作品时产生一套联想，当再次阅读时，这些联想就可能有所变化，反复阅读还可能发生根本的改变，假若隔了许多年我们再读过去读过的一本书，很可能作出和过去完全不同的解释。这是因为时代发生了变化，读者个人的知识结构、生活阅历、艺术趣味等因素都发生了变化的缘故。阅读过程作为作品和读者之间的一个中介，它永远处在二者之间，它既不可能等同于作品的本文，也不可能等同于作者。接受理论要研究的正是它们三者的关系。

比较文学中的接受研究以接受理论为基础，着重研究不同民族的文学和读者（读者层和社会）之间的关系，而不考虑在同一民族内部文学和读者之间的关系。它讨论海明威被法国的读者大众接受的情况，而不讨论海明威被美国读者大众接受的情况。简言之，比较学者所谓的接受研究是在两种民族和文化的范围内进行的。这不仅因为读者对一部外来作品的接受方式和对本民族作品的接受方式不尽相同，还因为只有跨越民族和语言的界限，才能构成比较文学的基础。

从比较文学的角度进行的接受研究，可以使我们考察一种文学主张、观念或者方法形成的途径和方式。例如，有的学者指出，19 世纪 80 年代以前，德国文学中还没有自然主义的观念，然而由于在以后的一二十年中，

---

① 参见［波］英格丹《文学艺术品的认知》，杜宾根，50～55 页，1968。

② 参见［美］罗伯特·C·豪卢伯：《接受理论》，83～89 页，梅修恩出版公司，1984；［德］沃尔夫冈·伊塞尔：《暗含的读者》，274～294 页，约翰·霍普金斯大学出版社，1974。

随着左拉、易卜生、托尔斯泰和陀斯妥耶夫斯基（当时他们都被看作自然主义者）的作品的翻译和评介，自然主义的观念和方法被引入了德国。自然主义的引入，造成了审美观念的变化，动摇了文学表现真、善、美的信条，[①]使读者开始对自然和人性中丑恶、残忍的一面获得审美体验。从中国当代文学的情况看也是如此，由于从20世纪70年代末开始译介一些西方现代派的作品，引入了一些现代主义的观念和方法（例如，乔伊斯的《青年艺术家的画像》和福克纳的《喧哗与骚动》），而且被相当一部分读者和作家接受，使心理现实主义和意识流的方法在中国当代文学中获得了一席地位。从一些当代作家的创作和读者大众的评论中，可以完全证实这一点。

从比较文学的角度进行的接受研究，还可以阐明一个民族性格的形成和一个社会的内部变化。例如，为什么五四前后俄国、东欧和北欧的现实主义文学能够被我国广大读者接受呢？研究这样的问题无疑会使我们深入认识当时时代、民族的命运和社会结构之类的问题。按照比较文学的观点，外来的因素往往在一个民族和社会内部发生重大变革的时机产生决定性的作用。在这样的关键时刻，传统的文学思想、观念和方法受到严重的挑战，外来的新思想、新观念和新方法往往极易被接受并当作反叛传统的依据，因此，从外来的思潮和观念被接受的程度，可以反观一个社会和民族内部的变化。

五四开始的新文化运动，强烈要求找到一种新的文学形式来为处在变革中的中国社会服务。俄罗斯现实主义文学已经为反映变革的俄国社会现实积累了丰富的经验。俄国和中国大致经历了相似的历史阶段，只不过她比中国先行了一步。十月革命前的俄国人民深受封建农奴制度的压迫，迫切要求推翻专制统治，这种情况与当时中国人民所经历的苦难和殷切期望变革社会现实的愿望正相类似。十月革命的胜利又为中国人民看到了获得自由和解放的光明前景，正是这诸多方面的相似，引起了中国人民的共鸣，使他们感到，俄国现实主义文学可以借鉴来更好地表现中国的现实。这样，我们就很容易理解俄国文学为什么在当时被中国人民广泛接受的问题了。

这样的研究必然要和文学社会学的方法紧密结合起来。按照文学社会学的观点，文学是社会生活的反映，是时代精神的表征，因此，文学和社会的关系是它研究的主要目标。从文学社会学出发的研究，把文学过程描

---

① 参见［美］西格弗里德·缪斯：《德国杂志中的外国文学：1870～1890》，载《比较文学和总体文学年鉴》(18)，36～47页，1969。

述为创作、生产、传播和接受四个过程，从总体来看，它包含了作者、出版者、评论者和读者四方面的关系，同时，还要考虑作者创作出的作品本文、经过出版者而形成的书、评论者和读者大众的评论与反应这几方面之间的关系。从接受方面来看，为什么某些作品受到欢迎，而某些作品却受到排拒？为什么某些外来作品只受到某一读者层的欢迎？为什么侦探、言情、科幻和一些情节离奇复杂的外来通俗小说总能为广大读者所乐于接受？社会的其他因素（例如政治哲学思潮、民族意识、传播媒介等）对外来作品的接受会产生怎样的影响？反过来，被接受的外来作品又会对社会的各个方面产生怎样的反作用？目前，对于这类问题的研究已经引起比较学者的重视。

　　研究一个外民族文学被本民族的读者大众接受与排斥的情况，还可能和文学心理学相结合，成为探讨一个时代民族心理、探讨集体意识和想象力的一条渠道。1982 年 8 月在纽约召开的国际比较文学第 10 届学术讨论会上，曾经举行过关于文学史和心态史的讨论，其中心态史的研究就涉及了从接受的角度看一个民族的心态这样的问题。此外，还可以从文学心理学的角度探讨外来作品的传播和被一个民族的读者接受的过程。例如研究美国对外国文学的接受，就十分有助于阐明美国的民族心理。许多学者的研究表明，由于多民族混居的社会结构和多元文化的现实，造成了不同民族的读者层主要接受来自同一民族的外来文学，而在相当程度上排斥来自异民族的外来文学的情况。早期的美国主要接受的是英国文学，随后加入了法、德、意、西、俄等欧洲诸民族的文学，19 世纪之后又加入了亚、非、拉美诸民族的文学，不同民族文学被美国的接受表现为一个复杂的相互同化又相互排斥的运动过程。这一过程一方面说明美国民族心理是一个多元化的结构，另一方面，也说明它还缺乏形成一个统一的民族精神的内聚力。托马斯·沃尔夫对此有十分清醒的认识，他说：“我认为，我们尚未真正发现美国，尚未真正形成自己民族的精神，尚未真正实现人民的愿望，尚未真正建成强大而不朽的祖国。”①接受研究的事实表明，美国要形成真正统一的、强大的民族心理，还需要作长期的努力。我们还可以发现欧洲某些著作对美国民族心理的形成所起的作用。17 世纪，新英格兰所有较大的图书馆都藏有加尔文著的《基督教机构》一书，许多人阅读它，许多牧师在布道时提及它，今天已被忘却的许多法国新教作家当时在新英格兰的清教徒中极受欢迎；笛卡儿的著作也拥有许多清教徒读者。这对曾在美国民族意

---

① ［美］托马斯·沃尔夫：《你不能再回家》，741 页，纽约，1940。

识的发展中起过重要作用的清教徒精神的形成具有重要的意义。孟德斯鸠的《论法的精神》问世之后，立即被译成英语，传入了新大陆，并在18世纪一再重印，成为美国读者十分喜爱的一本书，许多报章杂志以及讲演中引用它的片断。据说，即使所有的原文都被销毁，人们完全可以从各种引文中重新拼成这本书。美国人之所以喜爱这本书，是因为它回答了许多使他们困惑的问题。从这本书被接受的情况，不难看出它在形成美国民族心理中关于法的概念时所起的作用。伏尔泰攻击专制独裁的论著也极受欢迎，但他嘲笑宗教的著作却受到了冷遇。卢梭倡导社会道德，批判封建法权的《社会契约论》受到了热烈的欢迎，成为许多政界人士爱不释手的一部书，它的精神后来反映在美国的独立宣言中，成为美国人民尊重民主、自由、平等、博爱的精神源泉。19世纪初，美国想极力摆脱英国的影响，形成自己的民族性格。对蒙田和法国启蒙主义作家的接受，对它摆脱英国的影响起到了极大的推动作用。

这样的接受研究还可能为从一个新的角度撰写区域性或者更大范围的世界文学史奠定基础。从接受理论的角度看，文学发展的历史应该被看成一个生产和接受的辩证过程。只有把作为生产主体的作者和作为消费主体的读者大众的相互作用纳入一个辩证运动的模式中，并从这一辩证运动的过程来研究一系列作品，文学才能获得历史的意识。这样写出的文学史将同只注重作者和作品的传统文学史截然不同。

按照接受理论，研究者还要力图一方面将文学置于总的历史潮流中；另一方面又要把感受的主体即读者大众放在重要的地位，同时，还要注重作品中潜在的东西，这样才能把历史的意识和审美的判断结合起来。我们一方面承认作品中的许多不确定点给读者通过想象作出各种解释提供了可能，同时，又要承认作品本身为阐释的多样性划定了范围。换言之，无论我们对作品作出怎样多的解释，这些解释都应该是，而且只能是对某一特定作品本文的解释。离开了作品（及其作者）的解释，必然会成为不着边际的痴人说梦；离开解释和理解的作品，也必然会成为毫无意义和价值的东西。这正是创作和接受的辩证关系。所谓注重对作品的审美判断，就是既要认识作品的审美结构及其可能产生的各种理解，又要认识自己的审美经验和判断标准，通过不同参照系的比较最终认识文学的本质。

具体地说，接受研究在研究一个作家和一部作品被外民族读者大众接受的情况时，或者说，在研究一个作家在国外获得的声誉，一部作品在国外被翻译、介绍、评论、上演、出版的情况时，一般要采用历史的、实证的、统计的方法；在研究不同时代、不同的读者层对外国作品的解释和理解的多样性时，在研究读者的参与作用、审美判断对创作过程的作用时，又要采用哲学的、审美的方法；在研究不同的阅读和理解反映出的民族心理和鉴赏趣味的变化，及其反映出的民族间的相互理解等方面时，必须考虑文学社会学、文学心理学的方法，所以，接受研究在具体的研究方法中完全可能是综合的、多样的。

目前，已经有越来越多的比较学者注意到接受研究的重要性。1979年，在因斯布鲁克召开的国际比较文学第 9 次学术讨论会上，就是以"文学的传播和接受"为题展开讨论的。大会的成果反映在次年选编的一本论文集中，它论及了法国的抒情诗、英国的小说、超现实主义文学、新小说派、《尼卜龙根之歌》以及歌德、豪普特曼、布莱希特等许多作家、作品被接受的情况，涉及了各种研究方法。许多学者指出，接受研究是一个十分诱人的领域，必将引起更多比较学者的兴趣。

# 第五节　中外比较研究中的方法论

对于中国的比较学者来说，立足于中外文学的比较应该是不言自明的事。所谓中外比较，自然包括了中国文学和西方诸国文学的比较；中国文学和俄苏文学的比较；中国文学和中近东、远东诸东方各国文学的比较；以及中国文学和拉美诸国、非洲诸国文学的比较等。那么在这样的比较研究中，对于上述几种方法应该如何对待呢？

影响研究在比较文学的四种类型和方法中一直最受人重视，也最容易被比较学者所接受。且不说一直遵奉这种传统的欧洲诸国始终以影响研究为核心，即使在倡导平行研究最早最力的美国，影响研究的理论和实践仍然占据着较大的优势。从研究实践来看，目前美国的两份主要比较文学杂志（俄勒冈大学主编的《比较文学》和伊利诺大学出版的《比较文学研究》季刊）仍然都是以传统的比较文学为主，重材料的搜求和事实的考据；① 中国

---

① 我们做了一个大略的统计，1984 年 4 期《比较文学研究》的 20 篇文章中，属于影响研究的有 12 篇；同年冬季号的《比较文学》的 3 篇文章中，属于影响的至少有 2 篇。另一份重要的比较文学杂志《比较文学和总体文学年鉴》由于缺近期材料，未及统计。

的情形大体也是如此，即影响研究所占比重远大于平行研究。有人统计，从 1977 年到 1983 年的 103 种刊物中，"可算作比较文学研究"的论文共 283 篇，其中影响研究的文章占 60.4％，平行研究的文章占 10.2％，从 1983 年到 1984 年 6 月的 76 种刊物中，在所有的论文中，影响研究的论文占 44.8％，平行研究的论文占 26％。① 在理论上，法国学派的观点在美国学派崛起之前一直是比较文学的正宗，即便在遭到美国人强有力的反驳之后，仍有相当的势力，在美国就不乏持法国观点的学者。韦斯坦因的《比较文学和文学理论》被韦勒克誉为"同类书中最好的一本"，它的确"材料翔实、结构分明，论述清晰，观点宽容"，但也无疑流露出较多的实证主义和欧洲中心主义的倾向，对于影响研究的偏重也是很明显的，尽管作者在后来的一些文章和演说中对欧洲中心主义的立场有所纠正，对平行研究的方法（他称之为"绝对的平行"）也不再排拒，但该书在基本结构上重视影响研究的倾向，并没有变化。我国一些从 20 世纪二三十年代开始就已接触比较文学的老一辈学者，也多是法国学派理论的实践者和追随者，他们翻译介绍法国人的著述，写出了一些颇有质量的论文，著名历史学家陈寅恪还提出了与法国学派颇为一致的见解，他说："即以今日中国文学系之中外文学比较一类之课程言，亦只能就白乐天等在中国及日本之文学上，或佛教故事在印度及中国文学上之影响及演变等问题，互相比较研究，方符合比较研究之真谛。盖此种比较研究方法，必须具有历史演变及系统异同之观念。"② 陈寅恪的这一观点颇能代表多数中国前辈学人的意见，因为他们那一代人中的不少人，不仅接受了当时盛行于欧洲的法国学派的理论熏陶，还深深浸淫在中国文人对历史的敏锐意识之中，所以能较为容易地接受影响研究的理论。

由于中外文学关系有着源远流长的历史，特别是自汉以来佛教和印度文学对中国古代文学发生了较大的影响，近代和"五四"前后西方和俄苏文学对中国文学的影响更是难于估量，加上影响研究从方法论的角度看，具有坚实、可靠的优点，研究者通过材料的搜集、考索，可以在不同民族的大范围内对作家之间的相对关系，作品之间的相对关系，作品与社会、历史、时代的关系作出分析，导出结论，这样的研究不仅不会蹈虚踏空，而

---

① 参见远浩一：《近年来我国比较文学的发展》，见《中国比较文学》，319～328 页，1984 年创刊号。

② 陈寅恪：《与刘叔雅论国文试题书》，见《金明馆丛稿二编》，223～224 页，上海，上海古籍出版社，1982。

且将会对深入理解我们自己的民族文学，繁荣我们的创作很有助益，因此，许多论者认为，中外文学比较研究的当务之急是清理中外文学的关系。这一观点毫无疑问是正确的。

影响研究在 19 世纪实证主义思潮和唯科学主义的影响下，曾经被推到了极端。研究者只重视事实的考据、因果的解释，完全排斥对文学作品本身的美学探讨，把文学研究变成了文学的"外贸"，这样的偏颇，我们的比较学者应该极力避免。

我们的影响研究不仅要注意结合对艺术品的审美研究，还要注意对创作过程和创作理论的探索，研究者应该尽量通过作家对外来因素的吸收、消化、创新来讨论创作动机的萌发，创作过程中各种关系的转化，作家在调动生活积累、融化外来影响方面的能力，以便加深对创作活动本质的认识。

但是，在中外文学的比较研究中过分强调影响研究显然是不适宜的。不同民族文学之间的"事实联系"毕竟是有限的，何况中外之间特别是中西之间，由于文化传统和背景的巨大差异，其间的事实联系不可能像属于同一个文化系统的欧洲诸民族文学那样紧密。因此，从长远的观点看，平行研究可能成为我国比较文学中的一个更重要的方法。

平行研究大大开拓了比较文学的疆域，克服了影响研究画地为牢的局限，它不仅提出了文学内部的比较研究，还提出文学与其他学科的比较研究，这样就在理论上使比较文学的领域大大拓宽了。

平行研究拓宽了比较文学的视野，提升了比较文学的高度。它不仅要求研究者在作家、作品之间作微观的研究，同时还倡导研究者对主题、文类、时代、潮流、运动、诗学等方面作宏观的研究，这样的研究必然要作大范围、大规模的综合，必将从大量的现象中抽象出规律和法则。正是从这个意义出发，近年来，不少西方比较学者强烈要求把东方文学，特别是中、印、日诸国的文学，纳入比较文学的范围，进行东西方文学之间的比较研究。中西之间正由于文化系统迥异，从国际的角度，对它们作高屋建瓴式的平行研究必然有广阔的前景，有志于这一学科的中国比较学者应该有能力、有信心在这方面做出贡献。

当然，大规模的综合，跨越时空的纯比较，可能并且容易导致肤浅甚至谬误。许多前辈学者对此提出了警告，这无疑是有益的。但这种警告绝不是对平行研究的排斥，而是要我们更好地进行这种研究。正如影响研究者应该注意结合对作品本身的审美分析一样，平行研究者也要注意研究的科学性和可靠性。这就既要避免对比较研究的对象不作深入的研究便信口开河作简单的比附，又要避免在较大范围内进行综合时，空话连篇，大而无当。例如，在中西文学理论的比较研究中曾经有过一种简单化的做法，研究者把数千年来的中西文论归为几个模式，加以比较，有点像五四前后的一些论者以"动""静"来概括西方文明和东方文明一样。我们不能说这样的概括毫无道理，但它毕竟把数千年丰富复杂的文学现象和理论简单化了，因此，这样的平行比较就显得较为空泛，有时甚至生硬。

在精神实质上，我们主张影响研究和平行研究二者取长补短，有机结合，在具体研究上也希望两种方法并重，而不是以影响研究为主。考虑到平行研究在范围上的无限广阔性，宏观的比较角度和较易对理论问题作出综合和概括的优点，它在国际比较文学界越来越受重视的前景和中西文化背景的差异，我们虽然没有理由偏爱它，但绝没有理由轻视它。

阐发研究是由我国学者提出的，在两种完全不同的文学模式和理论之间采用这一方法有特殊的意义，这一点我们在前文已经述及。在中西文学之间进行阐发研究时，有一点要特别提及，我们应该尽力避免只能用外来模式阐发中国文学的偏颇，而要注意阐发的相互性，考虑到目前不少论者多以西方文学来阐发中国文学的实际情况，我们要特别强调或提倡以中国文学来阐发西方文学。在这一方面，钱锺书为我们做出了榜样。《管锥编》和《谈艺录》中，不仅有以西释中的例子，也有大量的以中释西的例子。例如，在谈到法国诗人戈蒂耶、波德莱尔，美国诗人爱伦·坡等人喜用金石等硬性物作比喻时，他以李贺、孟郊诗中大量的硬性物喻加以阐发，收到了相互生发、相得益彰的效果，使我们对这一艺术手法有了更为深刻的认识。① 所以，通过强调以中释西来注意文学间相互阐发，是我们的比较学者在采用这一方法时不可不注意的一个方面。

接受研究为比较研究展现了一个新的境界，目前，我们的比较学者对此尚未给予足够的重视。但正如我们已经说过的那样，这种研究包含了文学中作者、作品、出版者、评论者和广大读者各方面的关系，旁及了文学社会学、文学心理学等多种分支的方法，因此是比较学者可以大有作为的一个蕴涵丰富的领域。对于我们中国的比较学者来说，它也同样具有诱惑力，并应成为我们尽快加以探索的一个重要领域。

概而言之，作为比较文学的几种基本类型，影响研究、平行研究、阐

---

① 参见钱锺书：《谈艺录》，48～49页，北京，中华书局，1984。

发研究、接受研究在本质上是相互依存，相互包含，相互结合的，从中外
文学比较的现实和前景看，我们对这些类型应一视同仁，给以同样的重视。
我们应该抛弃先入为主的偏见，只根据研究对象和目的的实际来选择其中
的一种，同时在需要的时候，结合别种方法。在研究方法的选择上，任何
拘泥和教条都是没有好处的。最后，还有以下两点应该提及：

一、无论采用何种方法，中国的比较学者都应该努力不懈地加强自身
的建设。在第一章，我们曾经提到，比较文学对每一个研究者提出的要求
是很高的。它要求研究者至少要熟悉两种文学，而要熟悉两种文学就要精
通两种语言，对于我们中国的比较学者来说，它要求我们不仅要熟悉中国
文学，还要至少熟悉一门外国文学，也就是至少要精通一种外语。例如，
要进行中法两国文学的比较研究，就需要既熟悉中国文学，也熟悉法国文
学，这就要求研究者精通法文，否则，他对法国文学的了解只能依靠第二
手资料，影响他对法国文学的真正把握。（当然，这样讲并不是说通过二手
材料的把握不能搞比较文学）。我国的老一辈学者中有很多人能通数种外
语，熟悉数种文学，青年学者应当以他们为榜样，努力多掌握几种外语，
多熟悉几种外国文学。只有不断提高研究者的素质，才能不断提高比较研
究的质量，我们的比较研究也才能有希望。

二、中国的比较学者应该以民族文学为根本。以民族文学为根本有几
层含义，首先，它要求研究者以中国文学为核心，立足于中国文学，深深
扎根在我们民族文学的土壤中，这样的中外文学比较研究才会对我们中国
文学，乃至世界文学做出贡献。其次，它与那种扫荡传统的民族虚无主义
和奴化思想是水火不相容的。这一点无须解释，因为采取民族虚无主义的
态度就等于取消了中外比较文学。最后，它还意味着避免民族沙文主义的
情绪。比较文学的宗旨之一是倡导各民族文学的相互交流和借鉴，促进民
族文学的发展，加深对文学总体的理解，它反对各种形式的沙文主义和民
族主义，在比较文学中没有二等公民，各民族文学不论资历、大小，都一
律平等。我们讲中国的比较学者要以民族文学为根本，只是说明我们的立
足点和出发点应是自己的民族文学，并不是要提倡以炫耀自己为目的的民
族主义，因此，我们必须克服民族沙文主义，这样才能使我们的比较研究
具有客观性和科学性，才能促进中外比较文学的发展。

# 第四章　文学范围内比较研究的若干领域

第四章的内容是对第三章中各种研究类型在文学范围内的具体化，它一般包括神话和民间文学的比较研究、文类学、主题学、媒介学、形象学、思潮流派比较研究、比较诗学等。这些具体的方面，或是由比较文学长期的研究经验提炼总结而成，如媒介学、形象学等，或是从其他文学研究领域移植而来，如文类学、主题学、比较诗学、思潮流派比较研究等。后者能从其他文学研究领域被吸收到比较文学中来，主要是因为它们对比较文学有特殊的研究价值；或者说，只有借助比较文学，这些研究才能深入进行。例如文学思潮流派研究，它不可能只在一个国家、民族中兴起和衰落，必然在多个国家发生、发展，对它的研究一定是比较的。自 20 世纪 60 年代以来，影响研究和平行研究的壁垒已经打破，所以这里所说的各类研究（文类学、主题学等）是撇开研究类型而单就研究内容、研究范围、研究课题而言的，有的可能兼顾两种类型，有的可能单属一种类型（如媒介学属影响研究，比较诗学一般来讲属平行研究），有的则可二者结合。总之，这里的分类不受研究类型的限制。另外，读者会发现，本章中各节的标目多冠以"××学"字样。"学"在此处主要指比较文学在各个具体领域的"学问"，至少目前还难以升格为"学科"。它们提供了一些基本的范式、规则、术语，但它们主要是实践性的，而非思辨性的。所以，它们完全可以改称为"文类的比较研究"、"主题的比较研究"、"译介研究"等。还应该指出的是，本章各节并没有涵盖比较文学在文学范围内的全部内容，只包括了可以划类的、有特色的那部分内容，在实际研究中，不必硬往这些题目上靠，要从对象出发，要破除迷信，视野开阔。

## 第一节　神话和民间文学的比较研究

比较文学的产生和民间文学与神话的比较研究大有关系，从某种意义上说，它是在后者的启示下诞生的。在比较文学从诞生到今天的百余年中，神话和民间文学一直是比较文学中一个十分重要而有活力的领域。

"神话"（myth）从辞源上说，来源于希腊文的 mythos，含义为"字"或"口头的语言"；而神话的总称（mythology）则来源于希腊文的 mythos＋logos，希腊文中的 logos 是"故事"的意思，荷马和其他古希腊诗人都是在这些意义上使用 mythos 和 logos 这两个词的。

拉丁文的神话是 fabula，这个字含有某些道德上的寓意，包括了传说、寓言、神话故事等。英文的 fable（寓言）显然是从这个词演变来的。

权威的牛津字典对 mythology 和 myth 的解释是："纯虚构的叙述性结构，通常包含超自然的人物，反映人们对自然现象的一般观念"，从辞源上看，"虚构"之类的含义显然是后加的。

法国象征主义诗人保尔·瓦雷里给神话下的定义是："口头流传下来的一切事物的名称"。鲁迅给神话下的定义是："昔之初民，见天地万物，变异不常，其诸现象，又出于人力所能以上，则自造众说以解释之；凡所解释，今谓之神话。""神话不特为宗教之萌芽，美术所由起，且实为文章之渊源。"①高尔基说："一般讲来，神话乃是自然现象、对自然的斗争的反映，以及社会生活在广泛的艺术概括中的反映。"②马克思说："任何神话都是用想象和借助想象以征服自然力，支配自然力，把自然力加以形象化。"③

根据上述定义，我们可以认为：一、神话是初民对自然和社会现象的感性的、表象的认识，是它们借助想象对客观世界的一种不自觉的艺术加工；二、由于初民不能科学地认识那些超越他们理解力的自然现象，因而他们的种种解释就必然表达了他们对自然力的敬畏、崇拜和奇幻的想象，从而与宗教和神紧密地联系在一起；三、神话主要是讲述各种"神"和与神有关的故事，它既是虚幻的，超自然的，又是反映太初时代的现实生活的；四、神话是口头流传下来的一种文学类型，是后世文学的土壤和源泉。

民间文学是通过人民大众口头流传的一切民间创作形式的总称，包括神话、传说、民歌、民谣、民间故事、寓言、童话、谚语、谜语等各种类型。1846 年，英国学者威廉·约翰·汤姆斯提出了"民俗学"（Folklore）的概念。从语源上说，lore 是中古英语，来源于古英语的 lar，接近古高地德语的 lera，含义是"教条"、"学问"，与"folk"（民众）合在一起，就是"民众的知识"、"民众的学问"之意。今天，"民俗学"不仅指民间的风俗、习惯、

---

① 鲁迅：《中国小说史略》，见《鲁迅全集》，第 9 卷，17 页，北京，人民文学出版社，1981。

② ［苏联］高尔基：《论文学》，97 页，北京，人民文学出版社，1978。

③ 《〈政治经济学批判〉导言》，《马克思恩格斯选集》，第 2 卷，113～114 页，北京，人民出版社，1972。

信仰以及一切创作形式，还指对民俗和一切民间创作形式的研究。可见，"民俗学"包含着"民俗"和"民间文学"两个部分，但二者是相互包容、密不可分的，研究民间的一切文学形式，离不开对民俗的考察分析，而民俗中则总是包含着各种民间传说、故事、寓言和歌谣。

那么，神话和民间文学究竟是怎样的关系呢？根据神话的定义和实质，我们说，神话是初民集体创作的一种口头流传的文学形式，它自然应被包括在民间文学的范围内。另一方面，由于它是后世一切文学的渊源，因此民间文学中的相当一部分是从它演变、发展来的。神话和民间文学虽然都是人民的集体创作，但二者也有一定的区别。前者是一种不自觉的艺术加工，后者则渐渐变为自觉的艺术创造；前者是绝对的无名氏的集体创作，后者则在一定程度上蕴涵着讲述者、传承者的个人因素。然而，二者之间的关系毕竟是紧密的，有时，我们甚至很难准确地说出一种形式究竟是神话还是民间文学。所以，许多民俗学家历来都把它们合在一起研究，统称为"民俗学"。

在神话和民间文学的搜集、整理与研究中，曾出现过各种各样的理论和流派，如神话学派、人类学派、心理分析学派、历史地理学派、结构主义学派，等等，但不论是哪一种理论，哪一个流派，都毫无例外地要采用比较的方法。正因为如此，《韦氏新文学辞典》把"民俗学"正确地解释为"一门比较的科学"。

对神话和民间文学的系统研究开始于浪漫主义时期，一批德国学者为此做出了重要贡献。

从 18 世纪中期起，英国出版了不少民间文学的作品集和有关论述。其中最著名的是 1793 年詹姆斯·麦克弗森出版的所谓莪相史诗和托马斯·帕西 1765 年出版的《古英诗钩沉》。莪相据说是 3 世纪苏格兰的一位民间诗人。当时生活在苏格兰、冰岛一带的是盖尔民族，莪相用盖尔语写的诗歌反映了这一地区人民古老的英雄传说。麦克弗森声称他是莪相作品的译者，引起了以约翰逊博士为代表的不少学者的怀疑，他们要求麦克弗森出示莪相的原作。麦克弗森出示的"原作"并未能使他们信服。后来的调查证明，所谓的"莪相史诗"是伪作，它不过是麦克弗森在搜集的许多盖尔人的民歌和民谣中塞入他自己的创作杂凑而成的。这件事不仅引出了一场辨伪的风波，也引发了许多人对民间文学的兴趣。帕西的选集收入了许多古代的歌谣和一些后来的作品，这部书在唤醒人们对古代民歌的热情方面也起了很大的作用。此后不久，德国就掀起了搜集研究民间文学的高潮，并取得了显著的成绩。

　　赫尔德是第一个采用"民歌"这一概念的人，也是最早搜集民间文学的学者之一，他搜集了德、英、北欧诸国，拉脱维亚、波兰等地的民谣、民歌，汇编成《民歌集》于 1778 年出版。他不仅是一位辛勤的实践家，也是一位卓越的理论家。他仔细阅读了麦克弗森的莪相史诗，并将莪相和荷马作了比较，写出了《关于莪相和古代民歌的通信摘要》；他还比较研究了英、德两国的中古民歌，写出了《论中古英国和德国诗歌的相似性及其他》；此外，《诗歌艺术对古今民俗的作用》等著述中也都贯穿着比较的精神。他通过对许多民族和地区流传的民谣、民歌的比较研究，寻找题材的共同性，探索诗歌形式，最终发现民间文学的本质和规律。正是通过比较研究，他指出所谓的莪相史诗和《古英诗钩沉》都是口头流传的民间诗歌，这一点是这两本书的作者未曾意识到的，因此，他们才把自己编选的"民歌"称作"史诗"和"古代诗歌"。通过比较研究，赫尔德还提出了"诗歌最初完全是人民的"观点。按照他本人的意愿，《民歌集》在他去世四年后的 1807 年再版时，把题目改成了《歌中的人民之声》。从这一修改，我们不难看出他的民间文学观中的人民性思想。

　　被人称作海德堡派的几位德国浪漫主义者都十分热衷于民间文学的搜集和研究。约瑟夫·戈莱斯的《德国民间故事书》研究了 16 世纪以前流传在德国民间的"浮士德"、"海蒙的孩子们"之类的传说和故事。他把这些德国故事和中世纪欧洲各民族的英雄传奇、东方诸国的传说加以比较，探索其渊源、题材的流变等，这不仅开创了后来盛行欧洲的所谓"题材史"的研究，也是"比较文学史中研究主题流变的早期文献"。① 戈莱斯通过比较研究正确地指出了许多中古德国民间故事的外来渊源，但却未必十分恰当地认为，这些中古民间故事表达了"真正的日耳曼精神"。事实上，这些民间流传的传说和故事反映的绝不仅是日耳曼一个民族的精神，应该说，它们反映了欧洲甚至世界一些民族的共同思想和愿望。

　　戈莱斯还对比分析了《尼卜龙根之歌》和北欧英雄传说的同异，指出《尼卜龙根之歌》只不过是一个巨大的神话中流传下来的一部分。他还在《亚洲神话史》（1810）一书中提出一切神话起源于东方的论点，并提出了世界上只有一种自然诗，那就是神话的设想。仅在绪论中，他就比较研究了印度史诗、荷马、莪相、《尼卜龙根之歌》和德国 13 世纪关于圣杯的传说《堤图莱

---

① ［美］雷内·韦勒克：《现代批评史》Ⅱ，281 页，耶鲁大学出版社，1955。

尔》。他阅读极为广泛，但缺乏充分的批评意识，因此，他所提出的结论就显得证据不足。

海德堡派的主将阿尔尼姆是民间文学热的积极鼓吹者，他不遗余力地为民间文学的传播和繁荣奔走呼号。他曾建议在瑞士建立民歌吟诵学校，以便传播民间文学和德语。他还提出，民歌的没落造成法国大革命的爆发。这种观点的偏激是显而易见的。他和布伦坦诺共同编辑出版了德国民谣集《男童的神奇号角》，对当时欧洲各国的民间文学的整理、研究起了一定的推动作用。

和海德堡派关系密切的格林兄弟创立了民间文学研究中的神话学派，他们是对民间文学的起源、本质作出理论探索的先驱者。

雅科布·格林和威廉·格林两兄弟在语言、法律和民间文学诸方面都作过深入的研究。在民间文学的发掘、整理和研究方面用力颇勤。从1812年到1814年间出版的《格林童话集》（即《儿童和家庭童话集》）最为著名。雅科布·格林还在1835年出版了《德意志神话学》，较为全面地说明了自己关于神话和民间文学的观点，成为这一学派的奠基之作。

他们不仅对德国的民间文学感兴趣，而且对其他民族和地区的民间文学同样感兴趣。雅科布·格林是法国的《列那狐传奇》、"武功歌"最早的研究者之一。他还出版了西班牙语的《古代传奇集》。为了研究和翻译塞尔维亚的民间史诗，他还学习了塞尔维亚语。威廉·格林则研究了丹麦等北欧诸国的古老传说。

19世纪初，包括雅科布·格林在内的一批德国语言学家对欧洲各民族语言进行了深入、细致的比较研究，并在此基础上引进梵语，从而确立了庞大的印欧语系，证明在各民族语言形成之前存在着雅利安民族和雅利安共同语（印欧语）。换句话说，欧洲各民族的语言有着共同的祖先，那就是雅利安语。

雅科布·格林不仅致力于从比较语言学的角度探索这种共同语的存在，还进一步断定，既然存在着原始共同语，那就必然存在着共同的种族，既然存在着共同的种族和语言，那就必然有共同的生活习俗和方式以及反映这种习俗和方式的共同的精神文化形态。他没有停留在推断上，而是进一步搜集了大量的德意志和印欧其他民族的神话、传说、故事，加以对比分析。倘若一则神话在印欧语系的所有民族和多数民族中以各自的形态保留了下来，那就说明这则神话是雅利安族固有的原始共同神话。例如，印度神话中有一个神叫作Dyaus，希腊神话中的众神之父叫作Zeus，罗马神话中的这位主神称作 Jupiter，而北欧神话中众神之父奥丁的儿子战神称作 Tyr，这些神的名字看上去各不相干，且意义不同，但经过仔细的考证、辨析、比较之后发现，它们不过是同一个词的不同形态而已。在形成神话之前，它们并不是什么神，只是同一个具体事物"天空"的名称。用这一新的观念去重新分析上述神话，就可以清楚地看出它们产生发展的脉络。

通过对各民族神话的比较研究，格林看到原始神话和初民的原始信仰间的紧密联系。太初时代的人民崇拜自然力，欢迎那些有利于他们生存的自然力，躲避那些威胁他们生存的自然力，形成了一种单纯的、极其质朴的原始自然观，在此基础上，那些代表不同自然力的神被分成了善恶两类。他们尽量讨好巴结那些恶神，希望以自己的顺从和敬意使恶神息怒，以便减少苦难；另一方面，他们又衷心期望获得善神的帮助，战胜恶神，这就形成了诸神之间错综联系和争斗的神话。这样，格林就把语言、神话和原始宗教联系起来了。

此外，格林还认为，每一个民族都有古老的原始神话，有自己原始的宗教观念，从他们的一切民间文学形式（不论传说、故事，还是民谣、民歌、童话、寓言）中都可以找到原始神话的架构，至少可以发现这种原始神话的观念和意识。在漫长的历史发展过程中，古老的神话可以被忘却，但神话的观念却留存在民间文学的形式中。因此，他得出结论说，一切民间文学都来源于神话，正因为此，这一学派才被称作神话学派。①

格林兄弟采用的历史比较法在马科斯·谬勒的研究中获得了进一步的发展。谬勒是著名的德国语言学家、神话学家。1846 年赴英，执教于牛津大学，后成为英国公民。他出版了一本带注释的印度的《梨俱吠陀》，主编了《东方经典》五十卷。1856 年，出版了研究神话和民间文学的专著《比较神话学》，这部书的问世引起了学术界的高度重视，被称为"划时代的"事件。

谬勒创立了"太阳神话说"，即认为人类的共同神话是太阳神话，不论哪一个民族，哪一个地区，其最早的神话必然是与太阳有关的神话。这一结论也是从语言的比较分析入手得出的。谬勒认为，神话的产生是和语言发展一定的历史阶段紧密相关的。他把人类语言的发展大体分作四个阶段。第一个阶段相当漫长，是形成根词和最原始的语法形态的阶段；第二个阶

---

① 参见［美］雷内·韦勒克：《现代批评史》II，283～288 页，耶鲁大学出版社，1955。

段是原始共同语逐渐分化成一些独立的方言的阶段，如闪含语、雅利安语（印欧语）和突厥语等几个较大的基本语系；第三个阶段即所谓的"神话阶段"，印欧神话正是在这一时期形成并流传开来，这时由于雅利安民族（即印欧民族）及其语言尚未进一步分化，因此，现代印欧语系各民族的神话、民间传说和故事同出一源，彼此十分相似；第四个阶段即雅利安语进一步分化，形成凯尔特、日耳曼、拉丁、希腊、梵语诸民族语言的阶段。

那么神话究竟是如何形成的呢？按照谬勒的观点，在神话时代，"雅利安共同语中的每一个字在某种意义上都是一则神话"，[①] 因为初民的意识中没有抽象的词汇，只有表示自然现象的具体名称，以及表示事物某种特征的名称，这些名称都有具体的含义，如天、地、山、河、日、月、黎明、黑夜等。这些词不仅是实在的、具体的事物，有个别的性质，而且像人一样具有行动的能力和男女的性别。例如，我们今天说，"太阳随朝霞升起"，初民只能说出"太阳热爱并拥抱了朝霞"；我们说"日落"，他们则说"太阳老了，死了"；我们说"日出"，他们则说"黑夜生出了一个闪光的婴儿"。谬勒认为，当时语言的这些特点，只能产生神话的性质，但还不足以创造神话。初民的语言还有另一方面的特点，那就是一词多指，和多词一指的现象。因为一事物往往有多方面的特性，一个名称只能指明它某一种特性，同时有许多词指明这一事物各方面的特性，但它们在实质上却代表同一事物，这就是多词同义的现象；另一方面，不同的事物往往有相同的特性，这样一个指明同样特性的词就很可能用于不同的事物，这就是一词多义的现象。在漫长的语言形成发展过程中，许多中间环节被遗忘了，于是原本浅显明白的叙述，在后人看来变得难于理解和怪诞了。这其中情况颇复杂，很可能一个词的原意丢失了，变成了人名，例如 Zeus 的原意是"天空"，但逐渐变成了诸神之神；也可能一个词的原意被忘却了，接受了一种新的含义；还可能一个词的两个名称被后人理解为两兄弟或两姐妹；也有可能由于指称几种事物的同一名称常与某一形容词连用而发生混淆。例如手（hand）和光（ray）是用一个字来指称，而这一个字又经常与"金光闪闪的"（golden）连用，这样，"闪着金光的太阳"（sun with his golden rays）就很可能被混淆为"长着金手的太阳"（golden－handed sun）。如果这句话被用来形容阿波罗（Apollo）和因陀罗（Indra，或译"帝释天"）就会产生一则神话。德语和梵语

---

① ［德］马科斯·谬勒：《比较神话学》，68 页，乔治·鲁特莱杰父子出版公司，1856。

神话中就有这样的说法："因陀罗的手掉了，换了一只金手。"

谬勒把神话形成的根本原因归结为语言发展中出现的某些障碍，某些中间环节的丧失和不正常，提出神话是"语言的疾病"的著名论点。他认为要研究神话，必须从比较欧洲各民族的语言入手，剥掉语言由后人所加的层层修饰，恢复它在雅利安共同语中的本意，才能找出神话的真正含义。

下面我们举一个例子来说明。希腊神话中有一则美丽的神话，太阳神阿波罗爱上了神女达佛涅（Daphne），达佛涅为逃避阿波罗的追逐，变成了一棵月桂树，阿波罗在十分沮丧之下，只能折下桂树的枝叶编成花冠。这则神话在久远的神话时代实际上只是人们说的一句话，即"发光者追逐燃烧者"，换句话说，就是"太阳追逐黎明"。因为在希腊语中，Helios（赫利俄斯）原意是"发光者"，在雅利安共同语中，"发光"由于说明了太阳的一种特性，因此是太阳的一种名称，但 Apollo 也是太阳的另一种名称，于是二者就经常混用。在梵文中 Dahanâ 表示燃烧者，实际上是雅利安共同语中表示"黎明"的名称，因为黎明时分常常可以看到火红的朝霞，故而称之为"燃烧者"，希腊语中的 Daphne 显然是从 Dahanâ 变来的，后来失去了"燃烧者"的意思，用来指一种易燃的桂树。这样，在最初时的"太阳追逐黎明"，只不过是 Helios 追逐 Dahanâ，渐渐变成了 Apollo 追逐 Dahanâ，最后变成了 Apollo 追逐 Daphne。这一演变过程中的许多中间环节丧失了，于是，最初"发光者追逐燃烧者"这样一个简单的意思就演变成了太阳神追求神女，而神女变成桂树的神话。谬勒从语言学的角度比较研究了印度的《吠陀》和希腊神话，发现了许多可以证明这一演变的旁证。如《梨俱吠陀》中一首庆祝因陀罗（《吠陀》中主要的太阳神）胜利的颂歌唱道："哦，因陀罗，你完成了英勇、强大的业绩，击败了狄阿斯（天空）的女儿（黎明），那个难以征服的女人。"《吠陀》中的一位诗人唱道："黎明走近了他（太阳），当他开始呼吸，那光辉照亮了天空，她立即死了"；希腊神话中则有"年轻、漂亮的阿波罗爱上了达佛涅，她想逃走，死在了他灿烂光辉的怀抱中"的类似描述。在谬勒看来，这些神话都是初民把自然拟人化之后的各种说法，即"黎明在太阳面前逃遁"；"黎明死在太阳的拥抱中"；"黎明的车子被太阳击碎"——也即"太阳升起，黎明消失"的演变和发展。[①]

谬勒认为，初民把自然分成了两半，一半是黑暗的、冰冷的，象征着

---

① ［德］马科斯·谬勒：《比较神话学》，118～120 页，乔治·鲁特莱杰父子出版公司，1856。

严冬、衰老和死亡，而另一半是光明的、温暖的，象征着春天、欢乐和生命。由于这两部分的相互交替更迭完全取决于太阳的活动，因此，一切在自然现象的基础上产生的神话都是太阳神话。

谬勒把语言的研究和神话的研究紧密地结合在一起，并把比较语言学中历史比较的方法运用到神话研究中，还在比较研究印度神话、希腊神话的基础上考证印欧语系中许多神话的由来和原意，这是他的功绩。但他这套理论中也存在着一些不足。一、从语言的角度来解释神话有一定的合理性，但仅从语言的角度来解释是不够的。二、认为一切神话都是太阳神话的观点在理论上太绝对。谬勒和他的追随者乔治·科克斯（他曾在 1881 年发表《比较神话学和民俗学导论》）把每一位神话英雄，如赫拉克勒斯、珀耳修斯、忒修斯、俄狄浦斯、参孙、贝奥武甫、亚瑟王直到民间传说中的青蛙王子、灰姑娘——都看作是太阳神的化身或者是黎明女神的子孙，这显然是站不住脚的。这样的理论无疑把十分复杂的神话体系过分简单化、绝对化了。三、由于这一学说是建立在印欧语系内各种语言比较的基础上的，它充其量只能说明这一语系内各民族神话的部分真实。如果把它看作解释全人类神话的理论，至少有以偏赅全的弊病。四、他的所有神话都是产生在"神话时代"的假说尚须进一步证明。要克服谬勒学说的上述不足，就须把神话和人类社会的宗教、信仰、习俗、政治、人伦等结合起来考察，也就是从人类学派的角度加以研究。

与谬勒的"太阳神话说"相对照，另一位著名的德国神话学派学者阿达尔贝尔·库恩与另外几位民俗学家一起建立了"雷雨神话说"。他对许多印度和欧洲的神话作了深入的比较，认为印欧神话中的主要部分是把雷、电、雨、云等自然现象神化后建立起来的。这样就形成了"雷雨神话"的学说。库恩在他的重要论著《火和酒神的降凡》（1859）中还就许多普罗米修斯型、狄俄尼索斯型神话进行了研究，对这些神话中各种人物的名称作了细致的比较分析，指出普罗米修斯的名字实质上来自梵语"钻木取火的人"。因此，应把这则神话与初民钻木取火的生活情景联系起来。库恩对普罗米修斯的这一新的解释引起学术界的普遍重视，但他的比较研究同样存在着简单化、绝对化的弊端，因此很难避免片面和绝对，很难对神话的产生和民间文学历史发展的本质作出正确的结论。

继神话学派之后，在神话和民间文学研究中产生重大影响的是人类学派。这个学派的代表人物是英国的安德鲁·朗、弗雷泽和哈特兰等。

安德鲁·朗是著名的民俗学家、历史学家和希腊学家，曾在爱丁堡和牛津等地求学。他对民俗学的重要贡献是 1884 年发表的《习俗与神话》。

朗是对谬勒的学说首先发难的人之一。他吸取了泰勒《原始文化》中的人类学观点，借鉴了达尔文的学说，创立了人类学派的民俗学理论。他说自己曾在北美的印第安人、北欧的爱斯基摩人以及其他不属于雅利安语系的人种中找到了一些神话，经过比较分析，发现它们与希腊神话有许多相似之处。为什么在雅利安语系之外也会有如此相似的神话呢？按照谬勒的说法，希腊神话的产生在于雅利安语发展过程中的"疾病"，那么那些非雅利安种族中与希腊神话极为相似的神话是如何产生的呢？难道雅利安语系有过的那种"疾病"传染了别的语系吗？这样的解释显然是不通的。它的问题在于把神话的产生发展和语言的产生发展的关系绝对化、片面化了。因此，必须从别的角度找出合理的解释。

朗认为神话的产生和发展与初民的原始习俗、礼仪、宗教、信仰有着密切的关系，研究者应该尽量采集不同民族的上古神话，同他们的信仰、习俗、宗教、仪式，加以比较，从中自然可以发现许多惊人的类似。这种类似是以原始的共同心态为依据的；类似的心态触发类似的想象。对初民共同的心理状态，朗在比较研究之后，举出了五个特色。一是万物同一，物我同一的观念。即在初民的心目中，世界万物，无论日月星辰，山川河流，花草树木，鸟兽虫鱼，都没有本质的区别，同样，人与万物也没有本质的区别。大家都有同样的生命、性别、生殖力、情感和语言。这种观点实际是泰勒的"万物有灵论"。二是笃信巫术和符咒。在他们看来，世界万物都有感觉和知识，都服从某一类人的指使和命令，这类人便是部落的酋长、巫师、术士等。在这些人所施的命令，即法术和符咒的作用下，宇宙万物可以随心所欲地发生变化。三是对精灵鬼魂的信仰。初民认为，人死后有鬼魂长久存在，万物也有精灵，这些鬼魂和精灵具有某些超越其原形的能力，他们可以隐匿或附着在任何东西上，可以随意转化变形，可以做一般人做不到的事。四是好奇。处在原始状态的野蛮人像现代人一样好奇，对于那个光怪陆离的世界，他们渴望找出一种解释。好奇心的萌动，促使他们驰骋自己的想象。上古神话在一定程度上是他们想象的产物。五是轻信。初民不仅好奇，而且轻信，和儿童十分相似。他们满足于任何解答，而这些解答正是他们自己制造的那些神话故事。这些神话故事集中体现了初民的原始宗教和信仰。

詹姆斯·弗雷泽是朗之后最重要的一位人类学家。他的鸿篇巨制《金枝：巫术与宗教之研究》（以下简称《金枝》1890～1915）可以说是研究民俗学的人无人不知的经典之作。弗雷泽的主要贡献在于他考察了不少现代野蛮人的生活、思想、习俗、宗教、仪式，并在搜集整理的基础上作了比较研究，提出了巫术和图腾崇拜的理论。他指出，原始人古老的部落中相信人与某种动物、植物或无机物有一定的血缘关系，因此把这种动植物或无机物当作自己部落的始祖加以崇拜。这就是所谓"图腾崇拜"。弗雷泽认为，从这种"图腾崇拜"可以充分地解释许多人兽通婚、人兽易形的神话。与泰勒和安德鲁·朗等人不同的是，弗雷泽并不认为"万物有灵"是初民唯一的信仰。他在《金枝》中进行的大量有关巫术的比较研究证明，初民对巫术的信仰并不仅仅是这种万物有灵观的一个派生物，而是有着实用的目的。他们认为，巫术中有着一种神奇的力量，可以帮助他们控制自然力。只是当他们发现这种巫术并不能奏效时，才产生某种敬畏，企图乞灵于较高一级的能力：魔鬼和神祇。①

人类学派的理论在较长时间和较大范围内产生过影响，不少学者追随泰勒、朗和弗雷泽，并力图对他们的观点作出补充和进一步的阐释。他们的理论对后人的重大启迪主要在两个方面：一是把神话与原始时代的一定历史阶段相联系，把神话与初民的原始宗教、信仰习俗相联系。这样就把语言学派只关心的自然神话扩展到社会生活的层面上（这就是泰勒所谓的"文化神话"）。同时，他们指出，神话不仅是关于神和创世的传说，而且是原始时代初民思维发展的一个阶段，是"人的头脑向着稳定缓慢进化的一个必然过程"，② 这就把神话和文化进化的观念联系起来了。二是在研究中自觉运用历史比较的方法。这表现在两方面，首先是有意识地把不同民族的神话作横向比较，例如，哈特兰在其三卷集的《珀耳修斯的传说》中广泛采集了世界各地有关珀耳修斯式的传说，作了精细的考证、比较，克劳德则对世界范围内各种有关灰姑娘类型的故事作了详尽的比较研究；其次是取现代尚未开化的原始部族的神话与古代神话作纵向比较，例如，朗在研究希腊神话中关于克洛诺斯在他父亲天神乌拉诺斯将要拥抱他母亲地神该亚之际将其阉割的传说时，用现代新西兰毛利族的神话与之比较，这则神话说天与地原是一对夫妇，他们把自己的子女囚禁在他们中间，后来这些子女中的"森林之神"迫使他们分开，救出他的兄弟姐妹。朗指出希腊神话的

---

① 参见[英]弗雷泽：《金枝：巫术与宗教之研究》，徐育新等译，北京，中国民间文艺出版社，1987。

② [英]爱德华·克劳德：《神话和梦》，5～6页，伦敦，1891。

原意显然是克洛诺斯将天(乌拉诺斯)与地(该亚)分开,只是后人将这层意思忘却了。① 这种横与纵的比较方法开启了后来比较文学中的历时研究和共时研究。

人类学派的观点虽然与社会历史文化的层面有所接触,但它的研究重心仍停留在原始习俗、信仰、宗教、仪式、心理等方面。因此,欧洲、苏联、中国、日本后来的许多有见识的研究家都在汲取人类学派长处的基点上,力图以社会历史学派的观点来矫正它的偏颇。例如,苏联著名的文学理论家、民俗学家维谢洛夫斯基、日尔蒙斯基,我国著名作家、民俗学家茅盾、钟敬文等就在这方面作过许多努力。

继人类学派之后的另一个重要的流派是历史地理学派。这个学派的理论是由一些芬兰学者提出来的,因此又被称作芬兰学派。其中著名的代表是科隆和阿尔奈。

卡尔·科隆继承了他的父亲老科隆对史诗《英雄国》的研究方法。老科隆把流传在民间的同一故事的异文,按内容和流传的年代、地域加以排列比较,从中可以看出情节的变化,推断故事流传发展的情况和起源。卡尔·科隆进一步发展了这一方法。他用这种方法研究了《聪明狐狸的故事》,发现这一故事有许多类型,其中讲傻熊的类型最早是从德国北部传到挪威、瑞典,然后再传到芬兰西部和南部,而讲笨狼的类型则是从北欧其他国家传入的。科隆在对芬兰民间故事的进一步研究中发现,属于芬兰自己的民间故事并不多,多数故事都是从俄国和瑞典传来的。这样,他的比较很快就越出了芬兰的范围,进入欧洲的领域。他曾说:“我父亲的主要工作就是对《英雄国》进行比较研究。……《英雄国》的研究,对于阐明芬兰史诗跟古代斯堪的纳维亚的、俄罗斯的和立陶宛(的史诗)的联系是有意义的。……但是,我觉得我父亲的工作还引起了更大的兴趣,我继承了下来,那就是把芬兰的民间文学跟世界各国的这类传统加以比较。”②正是在大范围的比较、分析和综合研究中,他得出了以下结论:一、民间故事和传说的国际性不仅在于它有共同的基本思想,而且也在于情节的发展和复杂化,以及全部情节的大同小异,在各种大同小异的情节中表现出共同的主题;二、要想找出最原始的讲述形式,就必须把一个故事的各种异文加以对照和比

---

① 参见[英]安德鲁·朗:《习俗和神话》,45~63页,伦敦,1901。

② 转引自连树声:《俄国民间文艺学中的重要流派》,见钟敬文主编:《民间文艺学文丛》,296页,北京,北京师范大学出版社,1982。

较；三、对有文字记录的异文，须按照历史的原则来分类；四、要尽可能掌握一个故事的全部异文，这样才能在比较研究中得出准确的结论。

安蒂·阿尔奈是科隆的学生。他运用科隆的原则，创造出一套十分精细的民间文学类型的分类方法，出版了影响很大的《故事类型指南》一书。他通过比较，分门别类地研究一个故事类型的历史，它的最早形态，向什么方向流传，怎样变化，为什么变化等。

他的分类方法大体上是先按语言加以区分，给个符号，然后再根据国家的区别给个符号，最后加上故事的顺序编号。如 $GF_4$，那就表示这个故事是芬兰的第四个此类德语故事，如果这个故事从芬兰传到挪威，那就再加上一个 N，表示这一故事是在挪威发现的。如果这个故事还有别的特征（年代先后、流传经过等），还可以附上别的符号来表示。阿尔奈分析了大量的民间故事，归纳出三个大类：一、动物故事；二、普通民间故事；三、笑话。每个大类又可分作若干细类。如在"动物故事"的大类下，根据故事的中心人物又可分作"野生动物"、"野生动物和家畜"、"人和野生动物"、"禽类和鱼类"等，这些细类还可以再分，如"野生动物"细类下还可以分作"狐狸"、"其他野生动物"。同样"普通民间故事"和"笑话"这两大类也可细分为若干亚类和亚亚类。

阿尔奈的分类索引最初只能概括芬兰和北欧诸国，虽然后来一再增补，仍不能包括整个欧洲，更谈不上美洲、非洲和东方各国。在这种情况下，美国著名民俗学家斯蒂思·汤普森在芬兰民俗学家卡尔·科隆的指导下对阿尔奈的索引进行了大量的增补修订。汤普森引入了世界范围内许多民族和地区的民间故事，作了大量的、更加艰苦细致的分析、比较工作，把阿尔奈原来的三大类扩充为五大类，增加了"程式故事"和"未分类故事"两大类，把原来阿尔奈的类型从 504 个增加到 2 499 个。这个新的类型索引包括了除芬兰、北欧诸国以外，东欧、南欧、西欧、西亚、北美等许多国家和地区的民间故事资料，详细地列举每一种类型在有关国家流传、记录的情况，使这部索引具有较大的国际性。这就是以阿尔奈和汤普森的名字字头命名的 AT 分类法。① 它在今天已经成为各国民间文学研究家必备的工具书之一。当然，从严格的意义上说，这部索引仍然是不完善的，因为亚非拉美许多地区和民族的民间故事尚未被完全收入，因此，许多国家的民间

---

① 参见［美］斯蒂思·汤普森：《民间文学类型索引》（六卷本），哥本哈根和布鲁明顿，1955～1958。

文学家一直在结合本民族的情况对它进行增订，或编写新的适合自己使用的索引。

中国的民俗学家早在 20 世纪二三十年代就开始注意中国的民间故事类型。1930 年至 1931 年，钟敬文撰写了《中国民谭型式》一书，提出了 45 个中国民间故事的基本类型，"为中国民间故事类型的编排做了极其难得的开拓工作，给半个世纪后的当代民间故事类型研究做出了科学的先导"。[①] 这方面最新的成果是 1978 年著名民俗学家，美籍华人、美国伊利诺州立大学教授丁乃通以 AT 分类法编撰的《中国民间故事类型索引》。这部资料，搜罗极富，篇例注释极详，包括了新中国成立以来直到"文革"前的绝大部分民间故事资料。因此，必将成为当代研究中国民间文学的一本十分有用的工具书。

历史地理学派忽视作品的思想艺术的实际内容，只着眼于故事的情节类型，很少从社会、习俗、文化背景来研讨民间文学产生发展的过程，表现了一定程度的偏颇，但他们创立的比较分类法在民俗学乃至整个文化史的研究中都有不可抹杀的功绩。

在神话学派和人类学派之后，继之而起的民俗学理论除上面论述的历史地理学派之外，还有在 20 世纪初产生的心理分析学派。这一学派的代表人物是弗洛伊德和荣格等人。

如果说，神话学派主要是从语言的层面理解并解释神话和民间文学，人类学派主要是从习俗、信仰、宗教、仪式等文化的层面来理解并解释神话和民间文学，历史地理学派主要从历史地理的层面来理解并解释神话与民间文学的话，那么心理分析学派主要是从心理中潜意识的层面来理解并解释神话与民间文学。弗洛伊德认为，人的心理结构绝大部分是充满了本能欲望的无意识，诸种本能欲望中最根本的是性的欲望。从这种泛性欲观出发，弗洛伊德和他的追随者认为，初民第一个接触的异性便是自己的父母，儿子一生出来就在无意识中潜藏着恋母恨父的复杂意向，女儿一出世就在无意识中潜藏着恋父恨母的复杂意向，前者就是所谓"俄狄浦斯情意结"，后者就是所谓"厄勒克特拉情意结"。弗洛伊德等人不仅用这两个"情意结"来解释希腊神话中关于俄狄浦斯和厄勒克特拉的传说，而且用它们来

---

① ［美］丁乃通：《中国民间故事类型索引》，中译本序，3 页，沈阳，春风文艺出版社，1983。

解释一切神话和文学(包括民间文学)。所以,马科斯·谬勒《比较神话学》中的"太阳"对"黎明"的追逐变成了弗洛伊德理论中的俄狄浦斯对伊俄卡斯忒的追逐。如果说,在谬勒的框架中原始共同神话的英雄是"太阳",这则神话主要讲述的是光明对黑暗的征服,或者用荣格的话说是意识对无意识的征服,① 那么在弗洛伊德的框架中,这则原始共同神话的主角就是"被压抑的无意识中要求获得满足的本能"②欲望,而这则神话讲的则是无意识对意识的征服。从对"俄狄浦斯"这则古老神话的解释中可以清楚地看出两派的区别。按神话学派的"太阳神话说",俄狄浦斯是太阳,他在前往忒拜的途中战胜斯芬克斯是太阳击败了雷雨,他的母亲伊俄卡斯忒是黎明,他和母亲的婚配是太阳又拥抱了黎明,他刺瞎自己的双眼是太阳被乌云和黑暗吞没,他最终在放逐中死亡意味着太阳在黎明的树丛中让位;③ 按照弗洛伊德派的心理分析说,俄狄浦斯揭示了儿童渴望排挤父亲而同母亲在一起的愿望。有的学者则对此作出了进一步的解释:Oedipus 从词源上说是"肿胀的脚"(swell-foot,在神话中,俄狄浦斯出生后被父亲刺穿双脚,是在双脚肿胀的情况下被遗弃的)。"脚"在睡梦和笑话中常常象征男性生殖器,"肿胀"意味着"勃起",俄狄浦斯刺穿了自己的双眼,代表着对自己的阉割。这里,"双眼"也被看作了"睾丸"的象征。他这样做,既是对自己所犯罪恶的恐惧,也是为了不再看见父亲,按照弗兰采的观点,歌队合唱中的阿波罗正是"父亲"的象征。④

弗洛伊德等人用"俄狄浦斯情意结"来解释一切神话和文学的做法遭到了他的弟子荣格的反对。荣格认为,今天我们所谓的神话、仪式实际上是一些远古的意象在初民集体无意识中的储藏和反映,这些远古的意象就是原型,它们留存在人类的集体无意识中,并不断复现,于是形成了世世代代文学中类似的模式和母题。按照荣格的观点,原型是许多不同民族共有的、集体无意识中的遗留物,它们展示了人类集体生活的经历以及潜在内

---

① [奥地利]卡尔·荣格、克莱尼:《神话学论文集》,119 页,哈尔译,纽约,万神殿出版社,1949。

② [奥地利]弗洛伊德、奥本海姆:《民间文学中的梦》,39 页,理查兹译,纽约,国际大学出版社,1958。

③ 参见[英]乔治·科克斯:《比较神话学和民间文学导论》,126 页,伦敦,1881。

④ 参见[匈牙利]山道尔·弗兰采:《俄狄浦斯神话中欢乐原则和现实原则的象征含义》,见《心理分析中的性》,253~269 页,厄内斯特·琼斯译,纽约,1950。

心的世界。

心理分析学派也采用比较的方法，但他们主要是用一些既定的模式来套各种神话和民间作品。例如，弗洛伊德派往往用泛性欲观的模式来研究一切民间作品。连人们熟知的"杰克和大豆秆"的传说以及"小红帽"的故事都被他们作了这样的解释。杰克顺着大豆秆爬上天堂，获取了财富，被说成是一种手淫的象征，因为大豆秆代表男性生殖器；① 小红帽也成了一位被人引诱的处女，她的红帽子象征着月经，狼假扮外婆吃掉她，象征着性的行为。弗洛姆甚至提出更复杂的象征，狼虽然代表着男性，但它的肚子代表子宫，因此吞吃外婆和小红帽就是对女性怀孕一种妒忌的象征，小红帽在他的肚子里堆石头，象征着不育，故事内含的全部性行为说明女人仇恨男人和性的结论。② 荣格派提出了若干原型，例如，创世、造人、洪水、人神婚配、人兽婚配、英雄探险、寻找父亲、死亡和再生、聪明的傻瓜、魔鬼、替罪羊、女诱惑者，等等。用这些原型来解释神话和文学，似乎比把丰富繁杂的神话世界仅仅纳入一种模式要合理得多，何况，那些已经提出的原型都是通过对不同民族的上古神话比较研究之后归纳出来的，而且通过不断的探索还将继续归纳出更多的原型。尽管心理分析学派从人的心理的深层中的无意识解释神话不无偏颇，但他们毕竟提供了一种崭新的角度，特别是荣格的原型理论，它显然具有较多的合理因素，因而被后来的许多民俗学家接受。

结构主义是 20 世纪 60 年代以来西方文学理论界的一股重要思潮，它倡导从总体、从大的系统来探索各种学科的内部结构和相互关系，因而被运用在人文学科的各种领域中。在神话和民间文学的研究中，法国人类学家克劳德·列维——斯特劳斯于 1958 年发表了《神话的结构研究》，引起了学术界的普遍关注。斯特劳斯认为神话是一种文化向它的个人传达某种信息的密码，仅仅从一则神话的自然叙述顺序来阅读，是很难破译这种密码的，要想破译这种密码，就须解析神话的叙述结构。在斯特劳斯看来，一则神话的叙述结构可以分解成若干互相关联的单元，他把这样的单元称作"神话元"（mythemes），研究者在解析之后，再将这些"神话元"按照某些表

---

① ［美］威廉·戴斯蒙德：《杰克和大豆秆》，见《美国意象》，Ⅷ，287～288 页，1951。

② ［美］埃里希·弗洛姆：《被遗忘的语言：梦、童话和神话的解析导论》，235～241 页，纽约，理查出版公司，1951。

面类似的性质重新装配，重新组织，如果安排组织得当，就可以破译这一神话的密码，理解其要传达的信息。他解析俄狄浦斯神话是一个常常被人引用的著名例子。经过解析，他给我们提供了下面的图表：

卡德摩斯
寻找他的妹妹　　　　　　　　卡德摩斯
被宙斯劫走的　　　　　　　　杀龙
欧罗巴
　　　　　　龙种武士
　　　　　　自相残杀


　　　　　　俄狄浦斯　　　　　　拉布达科斯（拉伊俄斯
　　　　　　杀死父亲　　　　　　之父）＝跛子（？）
　　　　　　拉伊俄斯　　　　　　拉伊俄斯（俄狄浦斯
　　　　　　　　　　　　　　　　之父）＝左腿有疾患（？）
　　　　　　　　　俄狄浦斯杀
　　　　　　　　　斯芬克斯
俄狄浦斯娶母　　　　　　　　　　俄狄浦斯＝肿脚的（？）
伊俄卡斯忒
　　　　　　厄忒俄克勒斯
　　　　　　杀死兄弟
　　　　　　波吕尼刻斯
安提戈涅
不顾禁令
安葬其兄
波吕尼刻斯


斯特劳斯从俄狄浦斯神话系统中选择了部分情节，按照某种表面的类似，将它们排成上表从左到右四栏；"同一栏中包含的所有关系揭示出某种共同的特性"，这一共同的特性就是神话的深层含义，也是研究者通过解析要找出的某种信息。按照斯特劳斯的解析，第一栏包含了某种过分紧密的血缘关系：这显然是指俄狄浦斯和母亲的乱伦；其余两对兄妹通过反对神和人的共同斗争大概也表现了某种象征意义上的乱伦；暗示人是血缘关系的产物；第二栏与第一栏相反，它所表明的血缘关系被父子残杀、兄弟残杀毁坏，暗示人不是血缘关系的产物，这样，第一栏与第二栏就以血缘关系的过分紧密和过分疏淡暗示出人的起源的矛盾，表现出他所谓的二项对立。三、四栏的对立表现得不十分明显。第三栏中被杀的妖魔据说是土生土长的，人杀死妖魔，暗示人不是土生土长的；第四栏的"跛"和"脚肿"等表示不能正常行走，暗示人离不开泥土，确实是土生土长的。这样，这则神话包含的实际上就是人究竟是由一个（泥土），还是由两个（父母）出生的问题。按照原始信仰，人是由泥土生出的，但实际上，原始人知道人是父母婚媾的产物。这种理论和实际知识的矛盾困扰着初民的头脑，由于找不到满意的解答，初民就让这种对立的观点并存于神话中，以便使矛盾获得缓和。可见，俄狄浦斯神话实质上是为初民解决思维中的矛盾提供了一种"逻辑工具"。这就是这一神话结构的深层含义。①

斯特劳斯的这种解析不仅是"难于理解的，甚至更难于使人信服"。②因为他一开始就有意略去神话中的一些重要情节，只选择那些表现出明显的二项对立的部分，然后精心安排成一个结构框架，给人一种根据预先设计的结构来解析，而不是在解析中展示某种意义的感觉。此外，他推导的结论也显得牵强，难于使人信服。然而，他的这套结构解析毕竟为人们提供了方法上的启示，不仅为探索神话的深层结构，也为探索一切文学作品的深层结构所隐含的意义，提供了一个范例。

用这种结构主义的方法对神话和民间文学的研究做出重大贡献的另一位学者是俄国的弗拉基米尔·普罗普。他于1728年出版的《民间故事形态学》在民俗学研究中产生过很大的影响。普罗普的研究从维谢洛夫斯基等人的研究起步，他认为按人物和母题来划分民间故事类型的方法是不严密的，不科学的。他提出了按"功能"（function）来分类的原则。所谓功能，就是对情节的展开具有意义的人物的行动。普罗普比较研究了100个俄国民间故事，得出四条结论：

一、故事中人物的功能是稳定的、不变的，不论这些功能是怎样和由谁来完成；它们是构成故事的基本成分。

二、故事中已知功能的数目是有限的。

---

① 参见［法］列维-斯特劳斯：《结构人类学》，209～212页，花园城，铁锚出版社，1967。

② ［美］罗伯特·斯科勒斯：《文学中的结构主义》，73页，耶鲁大学出版社，1974。

三、功能的排列顺序总是一致的。

四、所有故事在结构上属于一个类型。

普罗普一共归纳出 31 种功能，故事的主人公开始出发的准备阶段一般有 7 种功能；情况变得复杂化的阶段一般为 3 种功能；主人公转移阶段大致有 5 种功能；与坏人斗争阶段有 4 种功能；主人公返回阶段大致有 7 种功能；识别阶段有 5 种功能。每个童话故事都毫不例外地包含了这 31 种功能中的一部分，其排列顺序总是符合上述 6 个阶段。此外，他还总结出 7 个"行动范围"和 8 个与之相应的角色：坏蛋、为主人公提供某件东西者、帮助者、公主（被追求的人）及其父亲、派遣者、主人公（历险者或牺牲者）、假主人公。上述一个角色可以由各种人物担任（例如，可以有各种坏蛋），也可以由一个人担任数种角色（例如，坏蛋可以是假主人公；为主人公提供某物者也可以是他的派遣者），有时也可以由几个人共同担任一种角色。①

普罗普归纳出的人物的功能和行动的范围及角色都有一定的数目，这样，就从各种民间故事中概括出一个基本的模式，这对于我们理解神话和民间文学的形态和结构显然有帮助，但是，由于他只注重情节与功能、人物与角色之间的关系，忽略具体作品的思想意义和艺术特点，因此，对理解具体作品很难有什么好处。

综上所述，我们不难看出，从神话学派到结构主义的各个学派，都是从各自的立场来研究神话和民间文学的，尽管它们各有偏颇，但也各有特色，都曾在民俗学的研究史中占有一席之地。从另一个角度看，虽然它们在研究途径上强调的重点不同，有的强调从语言入手，有的强调从习俗、礼仪入手，有的则强调从心理、地理乃至作品的结构入手，但有一点是共同的，那就是都要采用历史的、比较的方法，都要超越民族的范围，进行大规模的对比、分析和综合。正是在这一点上，它们启示了比较文学的诞生，并且一直成为比较文学中一个极其重要的领域。

民俗学的研究之所以要采用历史的、比较的方法是由研究对象的性质决定的。神话作为人类在远古时代的一种不自觉的艺术创造，它必然是各民族的共同财富；就目前的情形看，我们至少可以说在同一个文化系统或文化区域之内，它是各民族共同的。事实上，就是在不同的文化系统和文化区域内，也常常可以发现十分类似的神话。创世、造人、盗火、洪水等

① 参见［苏联］弗拉基米尔·普罗普：《民间故事形态学》，20～25 页，得克萨斯大学出版社，1970。

神话毫无疑问具有世界性。美国著名民俗家克莱德·克拉克霍恩和他的一位同事曾经研究了世界上六个文化区（欧亚大陆东部、地中海周围、非洲、太平洋岛屿、北美、南美）的 50 个神话，发现了一些共同或接近共同的主题。在 50 个神话中，有 34 个涉及了洪水，39 个涉及斩妖除怪，32 个涉及兄弟姐妹同胞争斗。① 另一位学者研究了北美印第安人中流传的 300 个关于创世神话，从中归纳出 8 个类型，然后与欧亚大陆流传的创世神话加以比较，发现其中的 7 种类型是共同的，她还同时比较了秘鲁、中美洲以及太平洋岛屿的类似神话，从历史流传的角度解释了造成这些类似的原因。② 从中国来看，同样存在克拉克霍恩列举的那些主题。闻一多在《伏羲考》中列举了流传在中国西南部湘西、广西、云南、贵州、西康诸少数民族以及台湾、越南、印度等地的 49 个洪水遗民故事，并抽象出这些故事的基本形式："一个家长（父或兄），家中有一对童男童女（家长的子女或弟妹）。被家长拘禁的仇家（往往是家长的弟兄），因童男女的搭救而逃脱后，发动洪水来向家长报仇，但对童男女，则已预先教以特殊手段，使之免于灾难。洪水退后，人类灭绝，只剩童男女二人，他们便以兄妹（或姐弟）结为夫妇，再造人类。"③伏羲、女娲便是其中的一对兄妹。他们躲避洪水，大都进入葫芦。由此看来，中国的洪水故事在不少地方类似《旧约》中挪亚方舟的传说。至于伏羲、女娲兄妹婚配，成为再造人类的始祖，则又可以纳入克拉克霍恩原始神话中"兄妹乱伦"的共同主题。这一点是容易理解的，因为乱伦的行为是人类处在荒蛮时代的生活的现实，这种情况必然会在原始神话中反映出来。所以，"在创造神话中，人类的始祖往往是乱伦的"。④ 希腊神话中的情形也是如此，大地女神该亚和自己的儿子乌拉诺斯生下了克洛诺斯，而克洛诺斯则和自己的姐妹瑞亚生下了宙斯。通过上述例子，我们很容易得出神话（特别是原始神话）是人类共同的精神财富的结论。正是这种共同性，为我们的比较研究提供了依据。反过来，对神话和民间文学的

---

① ［美］克莱德·克拉克霍恩：《神话与神话创造中反复出现的问题》，见亨利·马莱编：《神话和神话创造》，46～60 页，波士顿，灯塔出版社，1969。

② ［美］鲁丝：《北美印第安人中的创世神话》，载《人类学》，1957 年第 52 期，497～598 页。

③ 闻一多：《伏羲考》，见《闻一多全集》，第 1 卷，甲第 56 页，北京，生活·读书·新知三联书店，1982。

④ ［美］克莱德·克拉克霍恩：《神话与神话创造中反复出现的主题》，见亨利·马莱编：《神话和神话创造》，51 页，波士顿，灯塔出版社，1969。

比较研究，不仅能加深我们对神话和民间文学以及人类的文化史的理解，还能加深我们对人类作为一个整体的幼年、童年生活及至整个社会的认识，所以，著名的美国民俗学家约瑟夫·坎贝尔说："对世界神话的比较研究迫使我们把人类的文化史看作一个整体"。① 今天，这一观点已为越来越多的神话学家和民俗学家所认识。

从四五十年代起，西方学术界倾向于把神话和民间文学作为文化史的一部分来研究，在方法上则主张结合语言学、人类学、考古学、心理学等各个学科的方法，也就是综合上文阐述的除结构主义以外的各种流派的方法。此外，还有一种倾向也值得注意，一些学者主张把神话和民间文学分开来研究，认为二者的研究对象是不同的。一些民俗学家采集除神话之外的一切民间创作形式，加以比较研究，即便提到神话，也把它作为传说和民间文学的素材。在他们的研究中，神话中的英雄不再是太阳、阳物，也不再是超自然的力量，而是一个伟大的战士，围绕着这个伟大的战士的英雄业绩衍生出各种各样反映人类历史上现实生活的传说和故事。查德韦克兄弟的《文学的成长》三卷本是这方面的代表作，他较好地解释了民间史诗形成的原因。② 从六七十年代之后直到当代，由于加入了结构主义的方法，使神话和民间文学的研究更趋深入，研究的方法也更加多样化。

随着中国比较文学的复兴，中国神话和民间文学的研究也呈现出新的面貌。比较文学的理论和方法打开了民俗学家的视野，也为他们提供了大范围比较研究的新工具。神话和民间文学研究者在继续搜集整理中国民间文学宝藏的同时，开始一方面把中国的神话、民间作品和外民族的神话、民间作品加以比较分析；另一方面又把中国各少数民族的神话和民间文学加以对比研究。自觉地运用比较文学的理论和方法来研究神话和民间文学，必将使我国在这方面的研究取得长足的进展。

# 第二节　文类学

比较文学的"文类学"，指的是对于文学形式的各个种类（kind）和类型

---

① ［美］约瑟夫·坎贝尔：《神话的历史发展》，见［美］亨利·马莱编：《神话和神话创造》，19页，波士顿，灯塔出版社，1969。

② ［英］H.M.查德韦克、N.K.查德韦克：《文学的成长》（三卷本），剑桥，1932～1940。

(genre)以及对于文学风格的比较研究。在比较文学提出对这一领域的研究之前，文类的研究往往局限在一个民族文学的范围内。通常的做法是从历史的角度研究一个文类产生和演变的过程。自从比较文学提出从国际的角度、在不同民族文学的大范围内研究文学之后，文类的研究也获得了新的角度。研究者发现，有些文类（如流浪汉小说、十四行诗）在一个民族文学中产生之后，流传演化的历史轨迹往往可以在不同的民族文学中找到；不同民族文学中的类型也有许多是相似的。这样，采用比较文学的方法研究文学类型的设想就迅速变成了现实，并形成了相当的规模。这一研究文类的学问就是学者所说的"文类学"（法文 Genologie，英文 Genology）。

什么是文类，或者说文学体裁？我国明代学者徐师曾说："夫文章之有体裁，犹宫室之有制度，器皿之有法式也。为堂必敞，为室必奥，为台必四方而高，为楼必狭而修曲，为笆必圜，为筐必方，为簠必外方而内圜，为簋必外圜而内方，夫固各有当也。苟舍制度法式，而率意为之，其不见笑于识者鲜矣，况文章乎？"①美国著名学者哈利·列文提出文学种类是一个"公共机构"②（institution）的观点与徐师曾的观点多有不谋而合之处。列文认为，文类就像一座教堂、一所大学、一个国家，它不仅有特定的外在形式，而且有内在的制度。传统的观点把确定文学类型仅仅看作一种分类的方法。英国批评家格雷厄姆·霍夫说，研究文学的种类"不过是为文学分类建立一种体系"。③ 这种理论必然要对不同的文类作出人为的界定，然后把文学作品分门别类纳入不同的文类之中。与这一观点针锋相对，18 世纪中期之后，有人提出文学无法分类，只能作出解释的论点。他们认为有些文学作品是很难纳入那些既定的文类之中的，况且类型本身也在发生变化，所以类型没有明确的界限。伏尔泰在《论史诗》中开宗明义说："几乎一切的艺术都受到法则所累，这些法则多半是无益而错误的。"④这里，他所指的虽然是关于艺术的一般原则，但显然包括了关于文类的理论。英国学者凯姆斯认为"文学类型互相包容，就像颜色一样，往往你中有我，我中有你，有时，很难区别彼此"。⑤ 然而事实上，文类在相对的意义上是存在的，完

①　徐师曾：《文体明辨序说》，77 页，北京，人民文学出版社，1962。

②　[美]哈利·列文：《作为公共机构的文学》，见《批评》，546～553 页，纽约，1948。

③　[英]格雷厄姆·霍夫：《论批评》，84 页，伦敦，1966。

④　[法]伏尔泰：《论史诗》，见伍蠡甫主编：《西方文论选》（上），318 页，上海，上海译文出版社，1979。

⑤　[英]亨利·霍姆、凯姆斯：《批评的基本成分》，第 3 卷，纽约，219 页。

全否认文学分类的说法无疑过分偏激。于是有人从阐释的角度提出，最好把文类看作"典型"（type）而不是"种类"（class）的观点，因为"种类"强调的是一般性、共同性，而"典型"强调的是个别性、特殊性。正如传统阐释学派的代表赫斯所说，"一个典型完全可以由一个例子来表示；而一个种类却往往代表一系列例子。"①这派学者指出，把文学种类看作"典型"，就意味着它的所有法则并不一定要求属于这一典型的每一个作品都遵守，新的作品可以提供新的法则。这样看，文类不仅可以随时代变化，而且它的界说也不必确定。它的作用主要不是对文学作品进行分类而是作出解释，对作品的意义作出解释和评估。

从这一立场出发，有人力图把维特根斯坦关于"家族相似"的理论用到文类研究中，认为一个文类中的作品组成了一个家族，其成员之间有各种各样的亲缘关系。但不一定要具有共同的特性，所以文学类型更像家族而不是种类。②

从目前的趋势看，传统类型理论过分僵硬的分类方法已经显得陈旧过时，但承认类型的存在仍旧是学者们研究这一问题的前提。许多学者主张以变化发展的观点来看待文类的概念，并且提出较为全面、灵活的分类原则，即以作品的"外在形式（如特殊的格律或结构）"和"内在形式（如态度、情调、目的以及较为粗糙的题材和读者观众范围等）"为依据③来进行文学分类；以"家族相似"来解释类型的观点。这是一种颇有希望的类型理论。但人们发现这一理论存在的弱点是过分强调外在的相似，忽略历史的考察。他们提出，造成这些相似的基础是传统，这样，就把历时的方法和共时的方法结合起来。正是在这个意义上，比较学者认为，文类研究"为文学研究提供了一个广阔而富有成果的领域"，至于研究方法，则应该"既采用批评的方法又采用历史的方法"。④

从历史上看，中外学者对文学的分类、类型的理论作过各种各样的探

---

① ［美］赫斯：《阐释的有效性》，50 页，纽赫文，1967。

② 参见［美］罗伯特·C·艾略特：《讽刺文学的定义》，载《比较文学和总体文学年鉴》11，1962；莫里斯·曼德尔鲍姆：《各种艺术的家族类似》，载《美国哲学季刊》，1965 年第 2～3 期。

③ ［美］奥斯丁·沃伦：《文学的类型》，见韦勒克、沃伦：《文学理论》，263 页，北京，三联书店，1984。

④ ［美］乌尔利希·韦斯坦因：《比较文学与文学理论》，97 页，沈阳，辽宁人民出版社，1987。

讨。亚里士多德是西方最早力图对文学作出分类的学者。他不仅把人类知识分成理论性科学、实践性科学和创造性科学三大类，而且把创造性科学进一步分为诗学和修辞学两种，在《诗学》中，他首先根据摹仿的对象、摹仿所采用的媒介和方式的不同，把当时的文学分成了史诗、悲剧、喜剧和酒神颂等几大类别，并对这些类别作了决定性的阐述。① 贺拉斯认为，不论写什么，都要做到"统一、一致"，都必须遵循"习惯"，即古人订出的各种体裁的标准。他还就恪守古代作家创造的悲剧、喜剧等文类的程式作了进一步的阐述。② 刘勰也作过本质上类似的阐述，说明了中国文学中各种文类应遵循的法式："章、表、奏、议，则准的乎典雅；赋、颂、歌、诗，则羽仪乎清丽；符、檄、书、移，则楷式于明断；史、论、序、注，则师范于核要；箴、铭、碑、诔，则体制于弘深；连珠七辞，则从事于巧艳。此循体而成势，随变而立功者也。虽复契会相参，节文互杂，譬五色之锦，各以本采为地矣"。③ 刘勰提出了各种体裁之间"契会相参"的相互关系，说明文体的规范不是泾渭分明的，而是相互渗透的，这一观点显然与现代西方学者赫斯等人的观点一致。

关于文类的具体划分，亚里士多德的三分法（史诗、戏剧、抒情诗）曾经在相当长的时间里被西方学者接受。后来的学者虽然从不同的角度（如地域、时序、作者的态度、作品的内容、目的、结构、韵律等）进行过各种文类的划分，但大都未出亚里士多德的范畴，例如霍布斯先把人类的活动分成三个区域：宫廷、城市和乡村，然后提出英雄诗（史诗和悲剧）、谐谑诗（喜剧和讽刺诗）、田园诗三个类别与之对应。可以明确地看出，他并没有提出什么新的类型；达拉斯总结出的三个类型：戏剧、故事和歌曲也在亚里士多德的范围内。④ 现代西方的文类理论大多把文学分成小说（长篇、短篇和史诗）、戏剧（散文和韵文形式）、诗三大类。根据这些大类又可从不同角度分成若干亚类和亚亚类。

古代中国文学的分类比西方似乎复杂、细致。曹丕在《典论·论文》中最早把文体分成四科八类：奏议、书论、铭诔、诗赋。后来陆机在《文赋》

---

① ［古希腊］亚里士多德：《诗学》，3 页，北京，人民文学出版社，1982。

② ［古罗马］贺拉斯：《诗艺》，138～140 页，北京，人民文学出版社，1982。

③ （南朝梁）刘勰：《文心雕龙·定势》，见陆侃如、牟世金：《文心雕龙译注》，132 页，济南，齐鲁书社，1982。

④ ［美］韦勒克等：《文学理论》，258～259 页，北京，生活·读书·新知三联书店，1984。

中把它扩展为十类：诗、赋、碑、诔、铭、箴、颂、论、奏、说。到了挚虞的《文章流别论》，分类就更细。由于此书早已佚失，现仅存片段，在这些片段中已包含的文章就有 11 种之多。学者们认为，《文心雕龙》第 25 篇"文体论"提及的 35 种文体(不包括《杂文》、《书记》等小类)，就是在《文章流别论》的基础上发展而来的。萧统编选《昭明文选》所列的文类与《文心雕龙》大致相似。明代吴讷的《文章辨体序说》则列出 59 种文体，徐师曾的《文体明辨序说》列出的文体更多，竟达到 127 类。当然，从今天的观点看，古代中国文类划分中有一个很大的弱点，即未能清楚地分出文学和非文学的界限，严格来讲，有不少文体如章表奏议之类不应包含在文学的范围内。但由于中国古代文史哲不分家的情况，许多非文学的类型中无疑含有较多的文学因素。虽然古代西方也有这种情况，但由于亚里士多德最早就把政治学、伦理学、形而上学之类的科目排除在文学之外，从而确定了较为合理的文学范畴，因此二者似有程度上的不同。

比较文学中的文类研究一般有两个方面。一是采用历时的方法，从纵的方向对属于同一"家族"的作品进行比较，目的是通过综合、归纳，总结出某一类型的基本共同点或者说规范。二是采用共时的方法，从横的方向对不同民族文学中某些文类加以比较，其重点是辨异，而不是求同，当然在辨异的过程中也可以发现类似。通过这样的比较研究，我们一方面可以了解文类的演变发展的历史和基本特征，另一方面，也可以认识作家的独创和文学的民族传统、民族特性。

例如，纪延等学者对"流浪汉小说"(Picaresque novel)的研究就采用了第一种方法。他们从 16 世纪中叶产生在西班牙的一部无名氏的作品《托梅斯河上的小拉撒路》(中译本名《小癞子》，1554)起步，顺着时序研究了西班牙的一批仿作：《古斯曼的生平》(作者：马提奥·阿莱曼)、《流浪女胡斯蒂娜》(作者：弗朗西斯科·洛佩斯·德·乌维达)、《骗子堂·巴勃罗斯的生平》(作者：弗朗西斯科·德·克维多)，以及稍后在德国出现的《西木卜里其西木斯奇遇记》(作者：格里美尔斯豪生)、法国出现的《吉尔·布拉斯》(作者：阿兰·勒内·勒萨日)、英国出现的《蓝登传》(作者：斯摩莱特)和《摩尔·弗兰德斯》(作者：笛福)，直到 20 世纪 50 年代美国出现的《奥吉·马琪历险记》(作者：索尔·贝娄)等作品，在比较研究中，既综合出"流浪汉小说"的共性，又发现了它在三四百年间发展演变的脉络，看出外来影响如何与民族传统融为一体的情形。

研究者发现，这些小说有以下一些基本的、共同的因素：

一、都是以一个流浪汉式的中心人物一生的经历贯穿始终，展开一幅较为广阔的社会生活画面。

二、小说具有大致类似的情节结构。主人公往往出身寒微，幼年丧亲，成为孤儿，或被人收养，或投靠各色主人，被其驱使，为其服务。他们浪迹一生常有各种冒险的经历。如小拉撒路 10 岁时父亲战死，母亲无力养活他，只好踏上社会，自谋生路，曾给盲丐、极端悭吝的老教士、破落绅士、卖免罪符的人、大祭司等各种人当仆人；吉尔·布拉斯的母亲是女佣，父亲做侍从，因为生活艰难，将他送到做大司铎的舅舅那儿寄养。他曾伺候过一位患痛风病的大司铎，做过阔绅士、花花公子、小姐的仆人，逐渐混入上层，做了大主教的管事、伯爵的总管，最后竟进入宫廷，做了首相的亲信秘书。蓝登出身稍好，但仍属下层，母亲不过是个管家，他出世不久，母亲被祖父逼死，父亲被逼失踪，他不得不跟随在海军供职的舅父出海，做过水手、医生的助手、店员、阔妇的仆人、士兵，后来与生父团聚，成就姻缘，赎回祖产，安居度日。

三、小说的目的大都在于暴露社会的腐败、黑暗、丑恶。

四、小说的主人公大都是当时社会现实的产物。16 世纪中叶，西班牙封建经济开始瓦解，人民大众日益穷困，大批农民和手工业者破产，沦为无业游民。到 18 世纪，法、英诸国，新兴资产阶级的商业经济逐渐壮大，封建经济解体，路易十四穷兵黩武，妄图称霸欧洲，在国内大兴土木，建造宫室，弄得府库空虚，于是又滥征赋税，结果民不聊生，许多农民、小手工业者在在层层重压下破产，沦为游民。英国的情况更甚，资本主义的原始积累，几个世纪以来的圈地运动把大量自耕农逐出了自己的土地，破产农民无家可归，只能到处流浪。可见当时欧洲各国都有一支庞大的游民队伍，他们从农村涌入城市，幸运者成为出卖劳力的雇工，不幸者则沦为乞丐、小偷、流氓、娼妓。显然，这种社会现实是流浪汉式的主人公得以产生的社会基础。

五、小说的主人公往往幽默诙谐，聪明过人，因此常常能化险为夷，出奇制胜，在各种场合中应付自如，最终摆脱困境。

六、流浪汉主人公的机智、勇敢、单纯，往往和他们主人的昏庸、怯懦、狠毒、贪婪形成对照，小说从头至尾充满了讽刺的情调，对世态和人情的嘲讽往往入木三分。

七、小说采用现实主义的创作方法和插曲式结构，由流浪汉主角贯穿许多不连贯的小故事，因此结构较为松散。基本上采用第一人称的叙述方法。

上述共同点从内在和外在的各个角度确立了流浪汉小说在西方小说中作为一体的地位，研究者可以根据"家族相似"的理论，用这些共性来衡量各种小说，看它们可否归入这一类型。

自然，对这一类型在发展过程中的种种变化，学者们也作了考虑。归纳起来，这一类型的发展大致有三个阶段：以《小癞子》及随后在西班牙产生的一批仿作为代表是它的产生阶段；到18世纪法、英、德的一批类似作品的产生是其发展阶段；第三阶段是18世纪之后产生的一些作品。其演变的线索是：

一、第一阶段流浪汉（女）家庭出身十分低贱，父母往往是佣人、贼或妓女；但到第二阶段，父母身份就有所提高，吉尔·布拉斯的父亲是退伍军人、侍从，蓝登的祖父是有钱有势的乡绅。

二、第一阶段，流浪汉主人公还显得质朴单纯，他们干坏事往往是迫不得已；第二阶段，流浪汉主人公已经取得了经验，变得成熟起来。他们干坏事固然不能说与环境无关，但在相当程度上具有自觉性。

三、第一阶段流浪汉主人公行窃、行骗并没有什么犯罪感，但到第二阶段，他们就有了明显的犯罪感，每次做了坏事，总要受良心的谴责，愿意忏悔。他们在犯罪中的牵连往往是作者要揭露的社会罪恶的一个陪衬。

四、第一阶段流浪汉主人公个性的发展缺乏立体感；到第二阶段，人物形象就比较丰满、复杂，我们可以看出他成长变化的踪迹。

五、第一阶段故事结构较简单，情节线索较单纯，人物较少，到第二阶段，结构就趋于复杂，情节线索也不止一端，人物增多，场面扩大，讽刺手法的运用也较前圆熟，暴露的程度较前深刻。

六、第三阶段的一些作品中，这一类型的基本因素丧失较多，仅在结构上保留一些流浪汉小说的因素。以《奥吉·马琪历险记》为例，这部作品中只有主人公出身低微（母为弃妇，父不知何许人）和不断变换工作（戏院散戏报、旅馆打钟、给瘫痪资本家作仆人，在大学公寓看电话送信……）这两点还像流浪汉小说，在内容和形式的其他方面则与这一类型距离较大，更重要的是，作者的目的不在于对社会批判，而是要说明现代社会中人要维持自我本质的意志与要使人丧失自我的外在力量之间的冲突。

流浪汉小说是目前西方研究较为充分的一个小说类型，也是比较文类研究中的一个范例。

十四行诗（或译商籁体）的产生与流变，也是一个颇有意义的例证。这种诗体(Il Sonetto)的语源是普罗旺斯和西西里语的 sonet(歌唱)，指中世纪流传在民间可以配乐歌唱的短诗。据一般学者的研究和考证，十四行诗是13 世纪上半期在意大利的西西里岛形成的。最早拟定这一形式的是意大利诗人雅科波·达·兰蒂诺，他使用了两个四行加两个三行的结构和 abab abab acd acd 的韵式。到 13 世纪后半期，经过圭托内·达雷佐等诗人的实践，十四行诗形式从抒写爱情扩大到叙事、讽喻等领域。但丁虽然在《论俗语》中十分轻视这一形式，但毕竟写过 55 首，收在《新生》中。彼特拉克对于这一形式的意义有充分的认识，前后一共写了 300 多首。文艺复兴时期，梅迪契、米开朗琪罗、达·芬奇、阿里奥斯托、塔索等更多的诗人参加了创制这一诗体的实践，使这种形式在意大利获得了进一步的发展。

十四行诗的形式随后传入法、西、葡、荷、英、波、德等国。法国最早写这种诗的是马罗和圣格莱，他们都曾在意大利住过一段时间，熟悉了这种诗体，于是模仿意大利诗人写了少量的十四行诗。真正使十四行诗在法国得以流行的是龙沙、杜贝莱等"七星诗社"的诗人们和后来的马莱伯。浪漫主义诗人雨果、缪塞、戈蒂耶以及象征主义诗人波德莱尔、韩波、马拉美、魏尔伦、阿波利奈尔、瓦雷里、克洛代尔等人都写过十四行诗。在英国首先写十四行诗的是魏阿特和萨里，随后，斯宾塞、莎士比亚、弥尔顿、邓恩等许多人都用过这种诗体。16、17 世纪是十四行诗在英国盛行的时代。18 世纪以后，写十四行诗的人锐减，直到华兹华斯、格雷、杨格等人，这一传统才逐渐恢复。此后，罗塞蒂、勃朗宁夫人等都写过一些著名的十四行诗，叶芝、迪兰·托马斯、奥登也都很纯熟地运用过这一形式。19 世纪上半叶，十四行体传入美国，写十四行体的诗人有爱伦·坡、惠蒂埃、朗费罗、罗宾逊、弗洛斯特等。

十四行体传入伊比利亚半岛的时间比传入法国的时间大约早一个世纪。著名文人塞万提斯、维加、贡果拉都留下了不少佳作；葡萄牙著名诗人卡蒙斯也以创作十四行体闻名。这一诗体后来由西、葡传入了拉美诸国。

在德国，这一形式得到确认的时间较晚，虽然早在 16 世纪，奥皮茨等人倡导过十四行诗，但直到奥·威·施莱格尔的时代，这一诗体才逐渐被诗人采用，诗人虽然对它不十分感兴趣，但也留下了 25 首彼特拉克式的情诗。此后，荷尔德林、艾兴多夫、海涅、里尔克等人都写过不少十四行诗。在斯拉夫语族的国家中，这种诗体流传也较缓慢。它首先传入波兰、南斯拉夫、捷克一带。在 19 世纪的俄国，普希金开始写十四行诗，后来的诗人布洛克、费定、伊凡诺夫等也写过这一形式。我国诗人闻一多、梁宗岱、徐志摩、朱湘、冯至、卞之琳等也尝试过这一诗体。近年来，仍有人采用十四行体写诗，如台湾的余光中、夏宇等。

从起源上讲，许多学者相信，十四行诗是在两个四行的基础上加两个三行构成的。在这种诗体形成之前，包括两个四行的短歌(strambotto)，是西西里地区流行的一般形式。这种四行体与早一两个世纪在波斯流行的鲁拜体以及更早的我国唐代的七绝、七律有不少相似之处，我国学者杨宪益在 1983 年召开的中美双边第一次比较文学讨论会上，曾提出欧洲十四行诗的最早渊源可能通过鲁拜体的中介追溯到中国唐代的律绝形式。① 这一提法虽然还有待事实的论证，但作为一种推测，却可以开启后人的思路。进一步探索三者之间的可能联系，是一个十分诱人的题目。

十四行诗在欧洲流传的过程中发生了不少的变化。从流传在意、英、法的三种主要类型来看，只有确定的行数(十四行)是它们共同的。在意大利，前八行加后六行是普通的结构，但在韵式上却有很多形式，早期的一位批评家安东尼奥·达·泰姆波曾提出十六种韵式，变化主要在后六行，其中主要的是早期的 abab/abab/cde/cde，以及后来经但丁、彼特拉克等发展成的 abba/abba/cde/cde 和 abba/abba/cdc/dcd 或 abba/abba/cdc/ede 等。英国人把彼特拉克式的八行加六行的结构变成了三个四行加一个对句的形式，经魏阿特改造的模式是 abba/abba/cdd/cee，虽然结构发生了变化，但意大利式的痕迹仍然是十分清晰的，我们很容易看出略有变化的后六句 cdd/cee 来。但到莎士比亚，结构形式的变化已判然分明起来，他把尾韵从意大利式的四个或五个增加到七个，并把韵式确定 abab/cdcd/efef/gg，这样就把英国式(一般称莎士比亚式)和意大利式(彼特拉克式)完全区分开来。当然，英国也有不同的变体，例如，有人采用三韵式的 abab/abab/abab/cc。斯宾塞则多用五韵式的 abab/bcbc/cdcd/ee。法国人在结构式方面基本上遵循意大利人的传统，即保留八行加六行的形式，但韵式有所变化，早期较多采用 abba/abba/ccd/eed 的五韵式，后来变化为 abba/abba/ccd/ede 的五韵式。

从 19 世纪后半叶起，十四行诗的结构已经从单一的彼特拉克式或莎士比亚式向多种结构式和韵式变化。法国有不少人采用一种"倒置十四行"，即把前八行加后六行的位置颠倒，变成前六行加后八行。例如，魏尔伦《农

---

① 参见杨宪益：《试论欧洲十四行诗及波斯莪默凯延的鲁拜体与我国唐代诗歌的可能联系》，载《文艺研究》，1983(4)。

神体诗集》的第一首诗就采用了 abb/acc/deed/deed 的倒置结构式；马拉美的《我饥不择食》也采用了类似的倒置结构，韵式为 aab/cbc/deed/deed。一些美国诗人则采用更为灵活的结构形式，例如莫尔创作的所谓"美国式的十四行诗"就有各种形式：《老年男女乘车回家》为 abba/cddc/efe/gfg，《警告》为 abcdeed/ffbaeff；《村乡午钟》为 aa/bb cc dd ef/egfg；《陈尸房中身份不明的死者》为 ababa/cbcdd/eebb。此外在行数方面，每行的音节数方面也时而出现变体。在莎士比亚所写的 154 首十四行诗中，第 126 首《哦，我可爱的孩子》为十二行，拜伦的《勒曼湖抒怀》为十三行，阿波利奈尔的《秋水仙》却有十五行，而他的《订婚》是一个倒置的结构，只有十一行（三行加八行）。一般说来，意大利式的十四行诗，每行 11 个音节，英国式的每行 10 个音节，而法国式的每行 12 个音节。但也同样有例外，韩波的《梦暮年》四行中的第二和第四行及三行中的第三行只有 6 个音节；德·邦维伊的《一位金发夫人》只有 8 个音节；一些诗人甚至写了单音节的十四行诗，如下面的英、法、德各一首：

| | | | | | |
|---|---|---|---|---|---|
| "I | "我 | Fort | 她 | Mit | 带着 |
| Through | 穿过 | Belle | 睡得 | Prall | 铿锵的 |
| Blue | 蓝色的 | Elle | 太 | Hall | 声音 |
| Sky | 天空 | Dort! | 美！ | Sprüht | 南风 |
| * | | * | | * | |
| Fly | 飞 | Sort | 脆弱的 | Süd | 喷出 |
| To | 向 | Frêle | 命运 | Tral— | 欢乐 |
| You | 你。 | Quelle | 怎样地 | Lal | 的 |
| Why? | 为什么？ | Mort! | 死去！ | Lied, | 歌声， |
| * | | * | | * | |
| Sweet | 亲爱的 | Rose | 微风 | Kling- | 丁冬 |
| Love | 人儿 | Close | 吹去 | Klang | 地 |
| Feet | 步 | La | 了 | Singt | 唱着！ |
| * | | * | | * | |
| Move | 行 | Brise | 凋谢 | Sing- | 轻快 |
| So | 太 | Lá | 的 | Sang | 地 |
| Slow!" | 慢！" | Prise | 玫瑰。 | Klingt. | 唱着。 |

不难看出，这些小巧玲珑的诗作在韵式和结构上都完全符合各式十四行体的规范。

从内容上看，各式十四行诗均可分作两个部分。意、法式由前八行构成第一部分，后六行构成第二部分，仿佛音乐中的主旋律和副旋律相辅相成，取得某种平衡的效果。英式以前十二行为第一部分，后两行为第二部分，显得不够平衡，因此，第一部分中往往再分作两个部分的对立和互补，这样就可以在总体上取得较为平衡的效果。两个部分的关系往往是第一部分提出问题，解释形势，描绘理想，第二部分回答（或回避）问题，解释疑虑，作出结论。最后的结句往往是带有哲理性的警句或幽默含蓄的隽语。这种情况常常出现在英式最后的对句中。内容与形式的完美结合，在十四行诗这种规范较为严格的文学形式中不易做到，歌德在 1800 年左右写的一首十四行诗中解释他所以不大喜爱这一种诗体的原因时，就在结尾的两句中用了一个贴切的比喻，把写十四行诗的诗人比成用胶拼贴形象的艺术家：

Ich schneide sonst so gern gauzem Holze,

Und müsste nun doch mitunter leimen.

（我宁愿用整块木头雕刻出形象，

也不愿用胶水去拼合作品。）

有的诗人却刻意追求艺术的完美，莎士比亚的第 105 首十四行诗中借对爱人的赞美表达对"真、善、美"三位一体的追求，他反对偶像崇拜，表示要创作出真善美结合的艺术品，并在最后的对句中作了结论：

"Fair"，"Kind"and"True"have of ten lived alone,

Which three till now never kept seat in one.

（过去"美、善和真"常常分道扬镳，

到今天才在一个人身上协调。）①

关于对文类进行共时的比较研究，可以中西悲剧的平行比较作为实例。

西方悲剧从公元前 6 世纪的希腊悲剧发展到伊丽莎白时代以莎士比亚作品为主的悲剧，到以高乃依和拉辛为主的古典主义悲剧，以易卜生为代表的现实主义悲剧，再到以存在主义和荒诞派为主的现当代悲剧，悲剧的观念发生了较大的变化。特别是现当代的悲剧和亚里士多德时代的悲剧，

---

① ［英]莎士比亚：《莎士比亚十四行诗》，梁宗岱译，107 页，成都，四川人民出版社，1983。

已不可同日而语。中国的悲剧是在元杂剧时代形成的，由于历史较短，又一向为理论界所轻视，因此没有形成理论体系，甚至有关悲剧的议论都很少。王国维虽然谈过一些零散的意见，但他的见解也主要是在叔本华、尼采的影响下形成的。过去有人曾提出过中国无悲剧的观点，这一说法是站不住脚的。我们也许可以说，中国没有亚里士多德式的悲剧，但我们有自己的悲剧。王国维在《宋元戏曲考》中曾高度评价《窦娥冤》等元代悲剧，认为它们可以列入世界大悲剧中而毫不逊色。王季思主编的《中国十大古典悲剧选》中选出《窦娥冤》、《汉宫秋》、《赵氏孤儿》等著名剧目为中国古典悲剧的代表。① 中国古典悲剧显然有自己的特色，与西方悲剧相比较，主要有以下几方面的差异：

从悲剧的本质上讲，西方悲剧可以大致分为以下几类：命运悲剧（古希腊悲剧大多属于此类，其中以《俄狄浦斯王》为代表），性格悲剧（以莎士比亚的《哈姆莱特》为代表），社会悲剧（如易卜生的《人民公敌》、《群鬼》，肖伯纳的《巴巴拉少校》、《华伦夫人的职业》，阿瑟·密勒的《推销员之死》等）和形而上的悲剧（如贝克特的《等待戈多》）。当然，这样的分类只有相对的意义，还有许多别的剧作具有复杂的倾向，无法归入上述类别。中国的悲剧从古典悲剧（《窦娥冤》）到《雷雨》等现代悲剧几乎全是社会悲剧。我们不妨以《俄狄浦斯王》、《哈姆莱特》、《推销员之死》、《窦娥冤》、《雷雨》这几出戏为例，对各类悲剧略作说明。俄狄浦斯始终处在与命运的矛盾对立中，他要实现的理想是逃避杀父娶母的命运，造成他的悲剧的根源看起来好像是一系列偶然因素，但这种偶然性在命运的支配下又表现出某种必然性；哈姆莱特一方面处在与邪恶势力的矛盾冲突中，但更主要的是处在与自身性格的矛盾冲突中，他要实现复仇、重整家园的意愿，首先就要克服他自己性格中的迟疑、延宕和委蛇。然而，他性格中的这种障碍又是不可克服的。正是这些性格中的不利因素，给他带来了无穷的苦难。威利·洛曼要保持人格的尊严，实现在事业上出人头地的愿望，但他所面对的却是一个要剥夺他的尊严、摧毁他的理想的资本主义社会。这样一个社会的力量是他自身力量无法抗衡的，因此，他的结局只能是自我毁灭。窦娥所面对的同样是一个残害人民的邪恶的社会，这一社会由于其封建专横而更带腐朽性。《雷雨》的悲剧性固然似有某种命运的因素，但这种命运的偶然又产生在社会关系的必然中，这就与古希腊的命运悲剧有所区别。但归结起来，

---

　① 王季思主编：《中国十大古典悲剧选》，上海，上海文艺出版社，1982。

后面三个戏中，造成悲剧的主要原因是来自社会，从这个意义上讲，它们又都是社会悲剧。

从悲剧的产生来看，中国悲剧比西方悲剧晚了近 2000 年。希腊悲剧产生于酒神颂；中国悲剧则是在古代民间流传的讲唱文学和舞曲歌词的基础上逐渐演变成的。希腊悲剧多取材于神话，中国悲剧的取材则较广泛。

西方古典悲剧中的主人公可以说都具有高贵血统，或帝王将相，或名门贵胄；中国古典悲剧中的主人公则多是普通人（窦娥、赵五娘、王娇娘、申纯、李香君、程婴、秦香莲等）。在这一点上，和西方现代悲剧倒十分接近，因为在西方现代悲剧中，主人公已经由古典的英雄变成了普通人（如易卜生的斯多克芒、娜拉；奥尼尔的扬克、琼斯、伊本；阿瑟·密勒的洛曼等）。

从形式和结构上看，中西悲剧有较大的差异。西方悲剧除希腊悲剧使用合唱队和偶有歌唱外，基本上是以对白为主的话剧（或诗剧）形式，而中国悲剧则是以歌唱为主，多是唱白相生的戏曲形式。中国现代悲剧虽然是话剧，但它基本上是在西方话剧的影响下形成的。中国古典悲剧的结构规模庞大、内容复杂，有时一出戏可以多至 50 折（"折"大致相当于西方戏剧中的"场"），其中的一些折又具有相对独立性，可以抽出作为"折子戏"单独演出。这在西方悲剧中是不可能的。此外，中国悲剧不受"三一律"的束缚。

尽管中西悲剧由于文化背景的差异表现出不同的特色，但作为悲剧，又表现出一些异中的相似来，归纳起来大致有以下几个方面：

一、中西悲剧的起源都与民间活动关系紧密，与宗教关系紧密。因为产生西方悲剧的酒神颂是一种民间的祭祀活动，而中国悲剧的前身应是民间流行的各种讲唱形式。

二、无论中国悲剧还是西方悲剧，悲剧性（悲剧的因素或精神）总是占据主导地位，成为贯穿始终的戏剧冲突的基础。

三、中西悲剧不论主人公出身如何，经历如何，他们总是典型的悲剧人物。就是说，他们总是处在与敌对力量的矛盾斗争中，他们往往要遭遇失败和苦难，但却能保持崇高的气节、保持自己的理想与向敌对势力斗争的勇气，他们的理想和愿望反映了人类的普遍愿望和共同追求，因此他们的失败和受难也常常显出特别的光彩。

四、悲剧冲突往往是在悲剧结构中围绕着由主人公代表的正面势力与敌对势力的对立而展开，不断推动剧情，并导向最终的解决。

五、悲剧中始终充满了悲剧的气氛与情调，这种气氛与情调和悲剧情节的展开相始终、相表里、相辅相生。

文类学是一个广阔的领域。我国的文类学研究虽已取得一些成果，但尚有许多有价值的课题未曾解决，如汉族为什么没有史诗（属于缺类研究），中国的新诗和话剧如何借鉴西方而向民族化演变，中国的长篇小说和短篇小说的起源与发展变化同外来影响的关系，等等。研究这些问题，不仅是中国比较文学的需要，也是中国文学研究以致文学理论应该迫切解决的问题。

# 第三节 主题学

比较文学中的"主题学"是一个特别的领域，而且是一个范围极其广泛的领域。大约在 19 世纪初期，它已经从德国民俗学中衍生出来，成为一种专门的学问。在民间文学研究比较活跃的那些国家，这门学问尤其发达。但是，在比较文学的故乡法国，它却曾遭到巴尔登斯伯格等权威学者的非议。① 在美国，它也曾受到冷落。不过，由于主题学本身具有不容忽视的价值，因而始终是各国比较学者热衷的领域，即使是巴尔登斯伯格这样持反对意见的人，也不得不承认这是"一种有意义的研究工作"。② 主题学发展的重要成就终于使自己得到学术界的承认，并正式列入比较文学理论的体系之内。有些学者还写了主题学研究的专著。比利时的雷蒙·图松、德国的伊利莎白·弗兰采尔、美国的哈利·列文等，为建立比较文学的这一学术分支做出了重要贡献。

"主题学"这一术语与德文的 Stoffgeschichte（题材史）和 Motivgeschichte（动机史）、法文的 thématologie（主题学）有关，德文的 stoff 通常指作品的题材或材料，相当于英文的 subject matter 和法文的 matiére；而 Motiv 着重指作品的主题或动机，即推动作品情节不断向前发展的某种主导思想，相当于英文的 theme 和法文的 théme。英文和法文中的这个字来自希腊和拉丁语源的 thema。thema 本来指修辞学上的命题，或指一篇文字的论点，甚至是讲演者选定的题目，或指老师布置给学生的作文题目。直到今天，法文的 thème 除了"主题"、"题材"的含义外，仍然保留了"将本国文译成外文"这样的意思。英文的 theme 的主要意思也是"主题"，"题材"。这样看来，德文的 Stoffgeschichte 着重强调的是对题材作历史的研究，而 Motiv-

---

① ［法］巴尔登斯伯格：《比较文学名称与实质》，见干永昌、廖鸿钧、倪蕊琴编选：《比较文学研究译文集》，37 页，上海，上海译文出版社，1985。

② 同上。

geschichte 则强调作品的主题和动机的历史。法文的 thématologie 兼有二者之意。英文中没有相应或接近的字，于是，美国著名比较学者哈利·列文创造了英文的 thematology 这一术语，汉译为"主题学"。

比较文学中的主题学并不等于我们通常所说的主题研究，它包括对题材、主题、母题、情节、人物、意象等方面的研究。下面我们结合对这些术语进行必要的解释，来说明主题学的研究对象和研究方法。

主题和母题在许多情况下似乎可以混用，但二者是有区别的。一般说来，主题是通过人物和情节被具体化了的抽象思想或观念，是作品的主旨和中心思想，往往可以用名词或名词性短语来表述。例如说"爱国主义的精神"、"战争的残酷和恐怖"、"人与人之间真挚、美好的感情"、"人性的复归"之类，其母题则是较小的、具体的主题性单位。一连串母题的结合就构成了作品内容的框架，从中可以抽象出主题。例如，古华的《芙蓉镇》中，勤劳致富的形势、连续的政治运动、一个女人和两个甚至几个男人的关系、政治人物和群众的关系等就是母题，这些母题的结合构成了《芙蓉镇》的总体框架。表现特定历史时期错误的政治运动给社会生活和人的心灵带来的灾难性后果，则是这部作品的主题。显然，主题包括了母题。主题可以从母题的结合中抽象出来。

西方有些评论家认为，主题和人物（character）相关，而母题则和情境（situation）相关，所谓"情境"，主要指作品的情节、事件、行为方式的组合，环境因素等。例如，韦斯坦因在归纳了德国学者弗兰采尔和比利时学者图松的观点后说："主题是通过人物具体化的，而母题是从情境中来的。"[1]这种观点无疑值得商榷，为什么主题只能通过人物具体化呢？难道主题与情境没有关系吗？固然，西方文学中常常以一些典型人物的名字来指称主题，如说俄狄浦斯主题，浮士德主题，唐璜主题，普罗米修斯主题，堂·吉诃德主题等，但这绝不意味着主题只与典型人物有关，而与形成这些典型人物的情节、事件、环境无关。试问，浮士德离开了魔鬼引诱他的一系列事件和背景，能成为浮士德吗？当讲俄狄浦斯主题时，我们不仅想到人在命运面前的无能为力，只能通过自我惩罚来拯救自己的灵魂之类的抽象观念，而且也会想到主人公杀父娶母以及有关的具体情节。正是在具体的情节事件中，人物形象产生了意义。可见，用典型人物来命名主题，

---

① ［美］乌尔利希·韦斯坦因：《比较文学与文学理论》，137 页，沈阳，辽宁人民出版社，1987。

只在一定程度上具有概括性。主题不仅从典型人物中抽象出来，也从情境中抽象出来。同样，我们也不能说母题只与情境有关，与人物无关。例如，我们可以说俄狄浦斯主题中，神谕的权威力量、躲避厄运、灾难需由英雄人物来解救、母子乱伦、赎罪等是一系列母题，这些母题自然不能不和一定的情节、事件等紧密相关，但是难道这些母题不是也和人物性格的发展紧密相关吗？倘若没有俄狄浦斯、拉伊俄斯、伊俄卡斯忒、克利翁等人物在一系列事件中的行动，没有这些人物形象的逐渐分明和丰满，能够有这些母题吗？事实上，情节、事件和人物三者是不能作绝对区分的，人物的行动往往是情节、事件的主要成分，而人物性格的形成，形象的塑造，又往往在事件的衔接、情节的展开中完成，因此，把主题只和人物联系在一起，把母题只和情境联系在一起的做法是不可取的，至少是不全面的。

　　我们说母题是较小的主题性单位，比较具体，往往和情节、事件、人物的行动相关，那么，它与情节有什么区别呢？德国学者弗兰采尔说，母题"还未能形成一个完整的情节或故事线索，但它本身却构成了属于内容和情境的成分"，① 列文似乎也采用了类似的观点，认为"母题是情节的部分"，② 他举例说，在罗密欧与朱丽叶和皮拉姆斯与提斯比主题③中都有"墓室幽会"的共同母题；比利时学者图松则认为母题这一术语"是要指明一个背景或大的观念，……说明某种态度"。④ 按照这种看法，母题显然又大于情节。这里的两种观点显然是对立的，前一种观点认为母题是情节，但小于情节，是情节的部分；后一种观点认为母题不完全是情节，而是一种观念或态度。比较而言，后一种观点较为合理，它把母题和情节加以区分，但未能进一步说明二者的联系。应该说，母题是对情节中一个或数个事件的概括，它不完全等同于这些事件，而高于这些事件。例如，上面列文所说的"墓室幽会"，就只能是情节中的一个事件，而不是母题，倘把这一事

---

　　① 转引自［美］韦斯坦因：《比较文学与文学理论》，136 页，沈阳，辽宁人民出版社，1987。

　　② ［美］哈利·列文：《比较的基础》，108 页，哈佛大学出版社，1972。

　　③ 皮拉姆斯是一个巴比伦青年，与提斯比相爱，但由于家庭的阻挠，不能如愿，于是二人密约在尼努斯王的墓室幽会，提斯比先来到墓室，遇到了一头狮子，惊慌逃窜。皮拉姆斯来后，以为情人遇难，随即自杀。提斯比发现皮拉姆斯已死，立即扑到他的短剑上。

　　④ 转引自［美］韦斯坦因：《比较文学与文学理论》，136 页，沈阳，辽宁人民出版社，1987。

件加以概括，我们就会得出"热恋中的男女面对巨大阻力采取行动"这样一个母题。

意象是比情节和事件更小的单位，作品中的细节描写、比喻、暗示、象征、双关等形成了一系列意象。然而，并不是所有的意象都具有主题性的意义。只有当意象作为一种中心象征，与作品的主题发生紧密关系时，才可以成为主题学研究的对象。例如，英国小说家沃吉尼娅·伍尔芙的《到灯塔去》中的"灯塔"，显然是贯穿全篇的主导意象，它的象征意义与作品要表达的主题(生活的理想与实现这种理想的对立)是紧密相关的，因而具有主题学上的意义。同样，《红楼梦》中的太虚幻境、大观园、金陵十二钗正副册、又副册上的诗与画，甚至宝玉那块"通灵宝玉"、宝钗那副"金锁"都因为与表现复杂的主题关系紧密而成了主题性的意象。

题材是作品的素材，它经过了作家的选择，但尚未经过作家的处理。经过作家艺术构思和审美加工之后的题材就化作了作品的情节、人物和某种艺术形式。因此，我们可以把作品分作一个四层的结构。最下面一层是题材；题材的上面是情节、人物和一定的艺术形式；再上面一层是从具体的情节、人物中概括出来的一系列母题；母题上面的最高层次是作品的主题。

主题学即是以作品的这四个层次为对象，于是，有题材研究、人物研究、母题研究、主题研究等。既可以对不同文学中类似的题材、情节、人物、母题、主题作平行研究，又可以对一种题材、人物、母题或主题在不同民族中的流传演变作历史的探讨。既可以侧重对这些层面中的任何一个加以论述，也可以对这四个层面作综合的研究。

值得注意的是，作为主题学研究的对象，并不是个别作品中的题材、情节、人物、母题和主题，而是不同作品中，同一题材、同一人物、同一母题的不同表现以及它们之间的联系。因此主题学经常研究同一题材、同一母题、同一传说人物在不同民族文学中流变的历史，研究不同作家对它们的不同处理，研究这种流变与不同处理的根源。

在西方学者的主题学研究中，主题史和题材史研究，也就是对于某一题材、某一人物在不同民族、不同作家创作的流传演变的历史的研究，是他们最感兴趣的题目，这方面的研究成果也最多。譬如，他们对浮士德主题和唐璜主题的研究就很有成效。他们研究浮士德的原型、浮士德的民间传说、浮士德的故事书，研究这一传说如何为文艺复兴时期英国剧作家马洛用来写成剧本，又如何为德国大诗人歌德用来写成举世闻名的诗剧《浮士德》等。对于唐璜这个人物也是这样，他们不仅参考唐璜传说的最初根源，而且对于以唐璜传说为题材写成的各国作品逐个进行考察。这种研究的价值在于它们"异常清楚地阐明了各位不同的诗人之天才和艺术，并同样阐明了他们的群众间的情感之演进"。①

题材的比较研究往往必须与其他方面的比较研究相结合，才能加深研究的深度。莎士比亚的《终成眷属》是一部饶有情趣的喜剧。作品通过海丽娜与勃特拉姆伯爵微妙的婚姻关系和圆满结局，以轻松、谐谑的调子，歌颂女主人公为追求幸福表现出的超人意志、才能与智慧；抨击了婚姻中不合理的等级观念。作品的主题思想、情节结构、人物关系与薄伽丘《十日谈》第三天第九个故事十分相似。两部作品都有：女主人公追求伯爵，但伯爵却以门第不相当为理由不予接受；女主人公为国王治病、在国王的主持下与伯爵成婚；伯爵向女方提出苛刻的、几乎是不可能的要求，否则就拒绝圆房；女主人公以非凡的机智实现伯爵的要求，最终夫妇得以团聚等情节。莎士比亚不仅对原来的情节作了一定的调整，使其复杂化，而且加重了对封建贵族的等级观念的批评。美国伊利诺伊大学科尔教授的《从薄伽丘到莎士比亚的〈终成眷属〉故事》②在前人研究的基础上，从历史的角度探讨了《十日谈》第三天第九个故事的母题（如夫妇间悬殊的等级地位、女主人公凭着个人的才能和机智赢回失落的爱情、实现夫妇的结合等）及其题材的流传演变。从纵的角度，科尔指出了产生于 14 世纪中期的《十日谈》、产生于 15 世纪末的法国骑士传奇《阿尔特瓦伯爵和他的妻子》、意大利喜剧《维吉妮亚》（*Virginia*）以及产生于 16 世纪初的《终成眷属》之间的传承关系，并考虑了《十日谈》的几种不同的英、法译本的媒介作用。从横的角度，他始终注意从各个作品的影响及其与别的作品的关系来考察。例如，在讨论《十日谈》第三天第九个故事时，随时注意它和这一天讲的其余九个故事的联系。在分析《终成眷属》时，经常把它放到《皆大欢喜》、《无事生非》等喜剧的背景中。这样，从芝莱特到海丽娜故事的研究就不仅仅是一种简单化的渊源追溯，而是在主题学的意义上表现了一定的深度。

普罗米修斯式的盗火英雄的故事无疑具有国际性。鲁迅曾谈到非洲瓦

---

① ［法］提格亨（梵·第根）：《比较文学论》，戴望舒译，105 页，上海，商务印书馆，1936。

② 参见［美］霍华德·C·科尔：《从薄伽丘到莎士比亚的〈终成眷属〉故事》，伊利诺伊大学出版社，1981。

仰安提族一位失去了名字的盗火者，"他从天上偷了火来，传给瓦仰安提族的祖先"，触怒了大神大拉斯，大拉斯把他锁在地窑里，派蚊、蚤、臭虫吸他的血。[①] 印度古代诗歌集《梨俱吠陀》提到摩多利首从天神处取火给人类，因而变成了火神。意大利洛古多洛地区传说由猪倌修炼成圣者的圣安东尼奥到地狱里用葵花秆和牧猪棍盗来了地火。玻利尼西亚的神话认为神圣的马依是人类祖先，他变成了一只鸟，赐给人类摩擦取火的技术。埃及的盗火英雄是条土司（Teuthus）。中国的"盗火英雄"是燧人氏，他教给人类钻木取火的本领。袁珂认为，除燧人氏外，伏羲和夸父也是普罗米修斯式的英雄，伏羲为人类取来自然火，"夸父逐日"也是为了取火。这些不同文化背景中的"盗火"故事，在细节的差异中表现出总体上的类似。这是主题学中平行比较的好课题。

普罗米修斯的故事既为埃斯库罗斯的同名悲剧三部曲提供了素材，也为雪莱的诗剧《解放了的普罗米修斯》提供了素材。但两位剧作家在选取同一题材后，对它作了不同的艺术处理。这种不同的处理包含了他们各自对这一题材的不同理解，因而产生了各自不同的主题。

埃斯库罗斯的悲剧热烈赞颂雅典民主派的斗争，表现了为正义事业而奋斗的崇高精神和英雄气魄，同时又流露出调和民主派与贵族之间矛盾的愿望。雪莱的诗剧则以神话结构为象征，热烈讴歌人类反对专制暴政、向往民主自由及其崇高的自我牺牲精神，同时也表现了法国革命失败后英国和欧洲资产阶级革命家对封建反动势力的不满与反抗情绪。雪莱歌颂的这种反抗专制的精神是彻底的、不妥协的，正因为如此，他修改了埃斯库罗斯悲剧妥协和解的结局（希腊剧作家的三部曲中，普罗米修斯与宙斯和解，宙斯命赫拉克勒斯把他释放），以自然的力量和冥王的干预彻底解放了普罗米修斯这位捍卫人类自由与尊严的伟大战士，并把专横的天帝拉下了宝座。

可见，由于作者赋予不同的主题，两个作品在相同的背景下完全可能呈现出较大的差异。

索福克勒斯的《厄勒克特拉》、莎士比亚的《哈姆莱特》和纪君祥的《赵氏孤儿》是三出有着共同母题的悲剧：以怨报怨，替父报仇。从情节上看，则两两相似：《厄勒克特拉》中克吕泰涅斯特拉与奸夫埃癸斯托斯合谋，杀死亲夫，篡夺王位，俄瑞斯忒斯归来与姐姐厄勒克特拉一起杀死淫妇（母亲）

---

① 鲁迅：《准风月谈·别一个窃火者》，见《鲁迅全集》，第 5 卷，北京，人民文学出版社，1981。

奸夫，报仇雪恨，与《哈姆莱特》的情节大体一致；《赵氏孤儿》中屠岸贾害死赵盾，诛杀赵家满门 300 余口，害死赵朔与公主后，还要杀死赵氏孤儿，幸得门人程婴以牺牲亲生儿子的代价将其救出，并将其哺育成人，20 年后归来，完成报仇大业，与《厄勒克特拉》中埃癸斯托斯与克吕泰涅斯特拉阴谋杀害幼小的俄瑞斯忒斯，斩草除根，俄瑞斯忒斯由姐姐救出交给一位从小在他家作仆人的老师父带出去哺养，长成归来，替父报仇的情节十分类似。此外，三个剧中都有一个与主人公站在一起的重要角色：与哈姆莱特站在一起的是他的朋友霍拉旭；与赵氏孤儿站在一起的是他的养父程婴；与俄瑞斯忒斯站在一起的是他的姐姐厄勒克特拉。他们是三位主人公道义上的支持者，暗中的保护者，灾难的见证人，复仇的推动者和助手。三位主人公复仇的动机和对象大体上相似。哈姆莱特和俄瑞斯忒斯的复仇对象是母亲和她的情夫，赵氏孤儿的复仇对象是杀害他们全家的屠岸贾。这些对立面都是显赫高贵的人物（王后、国王、近臣），复仇的动机都是铲除奸雄，为父亲和全家伸冤雪恨。但《赵氏孤儿》中有一点与另外两部戏略有不同，孤儿曾被屠岸贾收为义子，真正的仇敌在相当长的一段时间内化作了义父，复仇者及其对象的关系在最后才明了，这就在很大程度上增强了戏剧性和悬念的效果。三剧向主人公揭示仇敌的阴谋和罪恶的途径是不同的，莎剧通过老哈姆莱特的鬼魂的启示，索剧来自阿波罗神座的旨意，《赵》剧来自亡父临终时的遗命。莎剧中老王鬼魂的启示通过一场戏中戏获得证实，《赵》剧中亡父遗命通过程婴画在手卷上的赵氏全家被害的经过得以具体化，索剧和《赵》剧中都有假说孤儿已死的细节，以蒙蔽对手，这些都是细节上的异和同。

　　从情节结构上看，三剧都较完整，事件基本上连贯统一。《赵》剧显得简朴，索剧也不复杂，但莎剧在情节、布局等方面却较二剧严密、繁复，特别是在人物塑造上，俄瑞斯忒斯和赵成远不及哈姆莱特丰满、复杂、生动。哈姆莱特正是以性格的多面性、内心世界的复杂多变性成为世界文学中一个不朽的典型形象。

　　这三出复仇悲剧以一种悲愤、壮烈的基调展开戏剧冲突，表达了一个共同的主题：奸邪的力量虽然可能逞雄一时，但终将被正义的力量击败；黑暗可能一时蒙蔽天日，但终将被光明驱散，罪恶终究要受到惩罚。但在表达这一主题的深度和广度上又有区别。希腊悲剧在相当程度上体现了早期希腊人的命运观念；《赵氏孤儿》清楚地流露出中国人民传统的善恶报应的观念；《哈姆莱特》浸透了文艺复兴时期的人文主义思想，不仅强调人的尊严和力量，抨击封建统治的罪恶，而且向残暴、黑暗的社会势力宣战，因而在主题的意义上有更复杂、深刻的内涵。

典型人物的比较研究是主题学中极有意义和价值的一个方面。文学中的典型一般有三类。一些远古神话或民间传说中的人物，被后世历代不同民族、不同地域的作家不断采用，因而获得了"原型（architype）"的性质。例如，希腊神话中的海伦、安德洛玛克、伊菲革涅亚、淮德拉、俄狄浦斯；《圣经》中的该隐、亚伯拉罕、大卫；传说中的亚瑟王、熙德等形象都被荷马、希腊三大悲剧家、莎士比亚、拉辛、高乃依、歌德、拜伦等许多作家使用过。还有一类形象与时代关系密切，具有时代意义，因而成为一个时代的典型。例如，莫里哀笔下的伪君子达尔杜弗、恨世者阿尔赛斯特、悭吝人阿巴公；巴尔扎克笔下的守财奴葛朗台、拜金主义的牺牲品高老头；莎士比亚笔下的贪婪的高利贷者夏洛克，阴谋家伊阿戈，破落骑士、好吹牛的懦夫和冒险家福尔斯塔夫；屠格涅夫笔下的事事碰壁的多余人罗亭；冈察洛夫笔下的寄生虫奥勃洛莫夫；高尔斯华绥笔下的只有财产意识的有产者索米斯；福楼拜笔下的受上流社会毒害，终于堕落的爱玛；麦尔维尔笔下的以一种神秘的、病态的疯狂追逐白鲸的亚哈；路易斯笔下的中产阶级市侩庸人巴比特；普鲁斯特笔下的颓废没落、百无聊赖、追求一个两性人的夏尔吕斯男爵；海明威笔下的"迷惘的一代"的代表柏恩斯；易卜生笔下的追求女性解放的娜拉；贝娄笔下的不倦地对世界作形而上哲学思考的赫佐格；鲁迅笔下的"狂人"。最后一类是超越所有的时代，具有普遍的、永久意义的典型形象。例如，哈姆莱特、堂·吉诃德、浮士德、唐璜、阿Q等。

在典型形象的研究方面，美国学者列文的《吉诃德原则》是一篇很值得学习的范文。由于深受骑士小说的毒害，这位满脑子充满了怪念头的疯狂的"骑士"具有鲜明的个性，正如西班牙小说家佩雷斯·加尔多斯所说的那样，他是一个"把理智与荒唐、神秘和信念与武士的骄傲集于一身的混血儿"，① 既是一个怪人，又是一个圣人，在他一系列疯狂的行动中处处流露出善良的愿望，闪烁着同情的火花；在他所做的每一件非理性的事情中又蕴涵着理性的内核。因此，他虽然是一个虚构的人物，却能靠自身的形象生活在一代又一代读者的想象中，并且超越了语言的障碍，在整个世界的

---

① 转引自［美］哈利·列文：《吉诃德原则》，见北京师范大学中文系比较文学研究组选编：《比较文学研究资料》，358 页，北京，北京师范大学出版社，1986。

范围内产生普遍的吸引力和难以估计的影响。倘若我们把《堂·吉诃德》看作西方小说的开端的话，那么此后的小说无不在一定程度上接受过这部小说的影响。这不仅表现在该作品被迅速译成各种不同的文字和出现了菲尔丁的《堂·吉诃德在英国》，以及《法国的堂·吉诃德》、《德国的堂·吉诃德》、《19世纪的堂·吉诃德》、《浪漫的堂·吉诃德》、《超凡脱俗的堂·吉诃德》等无数的仿作上，更重要的是"吉诃德原则"被后世的许多小说家不同程度地借用了。直接受到这部作品影响的作品是很多的。在菲尔丁的《约瑟夫·安德鲁斯及其朋友亚伯拉罕·亚当斯的冒险故事》中，主角安德鲁斯充当了桑丘·潘沙的角色，而亚当斯则充当了堂·吉诃德的角色，他常常心不在焉，却又无比骄傲，在遭受挫折时就读埃斯库罗斯的作品来自慰，作品中遭到讽刺的不是骑士传奇而是理查逊的《帕美拉》；在哥尔德斯密斯的《威克菲尔德的牧师》中，普里木罗斯牧师像菲尔丁的亚当斯牧师一样，具有吉诃德的血统；斯特恩的《商第传》中的托比等人物也是那种心地善良、充满同情心的吉诃德式的怪人。在德国浪漫主义作家的笔下，吉诃德是一种"狂热"的化身。席勒笔下的"强盗"卡尔·莫尔作为社会的叛逆者，歌德笔下的浮士德作为真理的探索者，都有着吉诃德式的疯狂。如果把堂·吉诃德看作是一个"狂热地为实现某些慈善的理想而献身的行动主义者"，那么，托尔斯泰《战争与和平》中的彼埃尔伯爵、屠格涅夫笔下的罗亭就是这样的行动主义者。甚至陀斯妥耶夫斯基在写《白痴》和《卡拉玛卓夫兄弟》时也从塞万提斯这部杰作借取了灵感。

列文在这篇文章中声称，他真正感兴趣的，不仅是这类直接的借鉴和模仿，而且是那种在更大范围内体现出来的吉诃德原则。

狄更斯的《匹克威克外传》无疑表达了塞万提斯式的主题；麦尔维尔在《白鲸》中把骑士的尊严赋予了以亚哈为代表的捕鲸的人；斯丹达尔笔下的于连·索黑尔在顺着社会的阶梯向上爬时，法比里斯，台尔·唐戈一心想成为拿破仑式的英雄时，都不同程度地表现了吉诃德式的抱负；甚至一些作家笔下的女主人公，如理查逊笔下的克拉丽莎、斯达尔夫人笔下的高丽娜、乔治·桑笔下的康素埃洛都有某些吉诃德式的特征。奥斯丁笔下的爱玛和福楼拜笔下的爱玛在想象中对未来生活作自我描绘的时候，在让自己的幻想任意驰骋的时候，都十分明显地表现出堂·吉诃德式的疯狂。

中国学者秦家琪、陆协新的《阿 Q 和堂·吉诃德形象的比较研究》,①对列文提出的具有某种堂·吉诃德式特征的人物名单作了补充。从本质上讲,鲁迅笔下的阿 Q 正是一个东方的,或者说中国的堂·吉诃德。他在许多方面符合吉诃德原则。

阿 Q 像堂·吉诃德一样淳朴、直率、善良,当他按照独特的"精神胜利法"去行动的时候,在受到嘲弄,遇到挫折和失败仍旧以强者的姿态一往无前的时候,他确实在相当程度上带有堂·吉诃德式的疯狂。

然而,堂·吉诃德和阿 Q 毕竟是不能混同的形象,前者的骑士精神和后者的精神胜利法自有不可等同的一面。要说明他们在美学性格上的相似和差异产生的原因,就必须联系作家的各自不同的社会、文化背景以及民族心理特征等方面来考察了。

# 第四节　媒介学

在第一章,我们介绍梵·第根关于比较文学的定义时,曾经提到他关于"媒介"的观点。他认为,在两种民族文学发生相互关系的"经过路线"中,从"放送者"到"接受者",往往是由一个媒介来沟通的。这里的所谓"媒介",是指那些在文学交流过程中,起着传递作用的人和事物,它把一个民族的文学(包括作家、作品、文论、文学思潮乃至文学运动)介绍和传播到另一个民族,使文学的流传和影响得以实现。对于媒介的研究,是影响研究和接受研究中一个十分重要的部分,因而成为比较文学理论中的一个专门的题目。一般把媒介分为个人媒介、团体与环境媒介以及文字材料媒介三大类。

在影响的传递过程中,作为一种能动的媒介,"个人"起着极其重要的作用。这里有三种情形需要分辨:一、媒介者属于接受影响的国家,他们是外国作家、作品的热情介绍者、评论者,是外国文学和思想的积极引进者,例如,鲁迅、胡适、茅盾、郭沫若、冰心、巴金等一大批现代中国作家都是传递外国文学影响的重要媒介。二、媒介者属于输出影响的那些国家,他们定居外国或长期寄居海外,向所在国传播自己的民族文学。例如,犹太作家辛格定居美国后始终用意第绪语写作,在一定程度上向美国人传

---

① 秦家琪、陆协新:《阿 Q 和堂·吉诃德形象的比较研究》,见北京师范大学中文系比较文学研究组选编:《比较文学研究资料》,377~400 页,北京,北京师范大学出版社,1986。

播了犹太文学。再如，刘若愚教授长期在美国执教，他热心地向美国人介绍中国古典文学理论；在加拿大哥伦比亚大学执教的叶嘉莹教授则是中国古典诗词的倡导者。他们都向所在国人民传播了自己的民族文学。三、媒介者既不属于传播影响的国家，也不属于接受影响的国家，而是属于第三国。这些人大都属于熟悉他要传递的两种语言和文化，并且往往有开放的气质和宽广的胸怀。由于媒介者所处的地位和环境不同，所起的媒介作用也不同，这就要求研究者把媒介者个人的因素和不同的环境因素综合起来考察。

在个人媒介中，有的是翻译家，有的是文学家（作家和评论家），此外，也有一些并不是从事文学工作的人，如教徒、传教士、旅游者、流亡者以至商人，他们的活动和著述，也能直接间接地对文学交流起媒介作用。

第二类媒介，由文学团体和社会环境组成。

文学社团和文学沙龙等的媒介作用是不能忽视的。特别是当一个民族需要大量引进和吸收外来影响的时候，这种社团可以起到有组织地、集中地推行某种文学倾向的作用。例如五四运动以后，从 1922 年到 1930 年，中国竟有 154 个文艺社团和刊物，各自推崇某种西方文艺思潮，将"五四"以来西方思潮对中国文学艺术一阵阵地吹拂，有意识、有目的地推向了汹涌澎湃的最高峰。① 如由沈雁冰、郑振铎、周作人、叶圣陶等作家在北京发起建立的，以"研究世界文学、整理中国旧文学、创造新文学"为宗旨的"文学研究会"，在引进和传播外国文学方面，做出了不可磨灭的贡献。

这类能够起媒介作用的文学团体往往是由那些意气相投、兼具数种文化素养的文人结成的。他们在传播外国文学方面有目的、有纲领，甚至有自己的刊物。在西方国家，一些著名人物的沙龙也起着媒介作用。如著名的斯达尔夫人的沙龙，就曾接待过许多不同民族的文人，他们在那里讨论英、法、德等欧洲各民族的文学，使这个沙龙变成了一个真正的交流融会各国文学的集散地。美国著名女作家葛特路德·斯泰因第二次世界大战期间在巴黎的沙龙也是一个类似的例子。美国著名诗人庞德、小说家海明威、舍伍德·安德森、英国小说家福特·麦多克斯·福特、著名现代派小说家乔伊斯、现代派画家毕加索等许多人都曾出入过她的沙龙。对这种社团所起的媒介作用，研究者最好能从宏观的角度加以把握。

随着全球性的文化交流活动的开展，目前已经出现一些国际的文学研

---

① 唐弢：《西方影响与民族风格》，载《文艺研究》，1982(6)。

究协会,它们在更大规模上起到了媒介作用。

在环境媒介中,一些国际性的学术会议,世界性的纪念活动,以及当今世界上经常进行的学术访问活动等,也对文学交流起着积极的作用。另外,某些城市、某些地区、某些交通要道,就是天然的文学交流的有利环境。如日内瓦和苏黎世多年来就是国际文学交流的中心。我国的新疆地处世界三大文化交汇的地方,各种文化曾在这里交光互影,互相影响。举世闻名的"丝绸之路"不仅是中古时代东西方商业和交通的要道,也是东西方文学进行交流的重要渠道。

第三类媒介——文字与材料媒介,是最重要的一种媒介,尤其是译本,可以说是所有媒介中作用最大的一种。因为人们主要是通过翻译来介绍和传播外国文学,也主要是通过译本来接受外国文学的影响。所以对于翻译的研究应该成为媒介学的核心。下面,我们将用较多的篇幅来讨论翻译问题。

近年来,翻译研究的规模不断扩大,已经形成一门专门学问,称之为"译介学"或"翻译研究"(Translatology 或 Translation studies),专门研究翻译问题,概括说来,翻译研究包括以下几方面的内容:翻译史的研究;翻译理论的研究;某些具有重要地位的译家、译品和翻译风格的研究,还有同一作品不同译本的比较研究等。自然,两种语言、两种文学之间的相互关系和影响应贯穿在上述研究的过程中。

翻译史的研究具有重要意义。对翻译作历史的透视可以看出两种(或数种)不同的文学交流和影响的全貌,一方面看到一种(或数种)文学在另一种迥然不同的民族和文化环境中存在和流传的情况;另一方面又看到一种文学在发展过程中如何接受外民族的优秀精神财富,并把它吸收、消化入自己的肌体中的情况。不仅如此,通过翻译史上对外来影响的吸收和排拒的回顾,还可以分析造成这种吸收和排拒的内外原因。

我国早在古代就有了传译之事。所谓翻译,有广义和狭义两种解释,按广义的解释,翻译应包括以今译古和以内译外(或以外译内)两个方面。梁启超曾举出《史记·五帝本纪》中述及尧帝时,司马迁直接从《尚书·尧典》翻译的三条例证,说明他是我国文化史上最早以今译古的文人。由于语言随着时代的变易而发展变化,远古时代的语文在今人看来无异天书,不经翻译就无法读懂,因此,以今译古实在是翻译事业中不可或缺的部分,这种情况中外皆然。英、法、德、意诸西方民族中同样有许多从事古典研究和今译古典作品的学者。就文学来说，英国的《贝奥武甫》，甚至乔叟的《坎特伯雷故事集》、德国的《尼卜龙根之歌》、法国的《罗兰之歌》等中古时代的作品均需要今译，才能被后人接受。说到以内译外，首先要澄清一种误解，即认为只有翻译外国的作品才算以内译外，其实这种看法是不全面的，以内译外无疑应包括翻译少数民族的作品。这里，我们应该坚持跨越民族和语言界限而不是跨越国界的标准，无论以内译外，还是以外译内，或内外互译，都不应把与少数民族的关系排除在外。坚持这一标准，对于中、美等多民族的国家来说格外必要。我国古代汉族与少数民族接触甚多，但这些少数民族一般地处边陲，其文化水平一般在中原文化之下，所以当时的交际均以华夏语言为主，但翻译毕竟是不可缺少的。故《礼记·王制》中说："中国、夷、蛮、戎、狄……五方之民，言语不通，嗜欲不同，达其志，通其欲：东方曰寄、南方曰象，西方曰狄鞮、北方曰译。"寄、象、鞮、译都是当时的译者，虽然他们主要通过口译来沟通彼此，但通过文字留存下来的作品想必不能没有。梁启超曾拈出古人翻译少数民族文学作品两例。一是《说苑·善说》篇所载鄂君译的《越人歌》，一是《后汉书·西南夷传》所载白狼王唐菆等《慕化诗》三章。前者所译，情辞俱美，流逸可诵，梁启超谓"不在风骚下"，值得抄录：

> （越语原文）：滥兮抃草滥予昌枑泽予昌州州鍖焉乎秦胥胥缦予乎昭澶
> 　　　　　　秦踰渗惿随河湖
> （楚语译文）：今夕何夕兮！搴舟中流。
> 　　　　　　今日何日兮！得与王子同舟。
> 　　　　　　蒙羞被好兮！不訾诟耻。
> 　　　　　　心几顽而不绝兮！知得王子。
> 　　　　　　山有木兮木有枝。
> 　　　　　　心说君兮君不知。①

倘若按照狭义的解释，翻译似乎只是以内译外（或以外译内），不包括古文今译。但不论就广义还是狭义而言，我国的译事可以说古已有之，至少有两千年的历史。

---

① 转引自梁启超：《翻译文学与佛典》，见《饮冰室合集·专集》，第 14 册（五十九），上海，中华书局，1936。

在这样漫长的翻译史上，真正把翻译作为一种崇高的事业，当从汉译佛典算起。

公元前 2 年，西汉哀帝刘欣的博士弟子秦景宪从大月氏王的使节伊存口授浮屠经，可以说是汉译佛典之元始，后来逐渐有了笔译，从东汉桓、灵二帝(公元 2 世纪)时代直到隋唐的近千年期间，译经事业达到了鼎盛，据梁启超统计，仅东汉明帝永平十年到唐玄宗开元十八年(即公元 67～730 年)的 600 多年间就译出 968 部、4 507 卷，参加的译者达到了 176 人之多，可见当时译经规模之大。

译经规模之大也表现在译场组织之严密上。印度佛书，原来没有写本，汉译之初，主要靠外国法师口传口授，后来发展为由佛僧口诵之后，先由人笔授为梵文，并加以校订，然后再次按笔录校对的梵文宣译，并由人笔授为汉文。按照这样的过程，每译一部经都要经过两次口授，两次笔录，一两个人显然无力应付这样的工作，于是出现规模宏大、组织严密、分工复杂的译场，包括了译主、笔授、度语、证梵、润文、证义、总勘七个部门和工序的许多专业人员，像唐朝时长安的弘福寺、慈恩寺、玉华宫等都是著名的译场。

译经规模之大，还表现在出现了许多翻译大师这一事实上。最著名的有四人，鸠摩罗什、真谛、玄奘、义净，被称为四大译经家。

译经家不仅译出大量的经卷，还对翻译中的理论问题进行过热烈的讨论。

佛经中包含了许多故事，这些故事文学性很强，以奇瑰丰富的想象和韵散结合的形式给中国文学以巨大的影响。

从近代开始，中国的文学翻译步入了一个新阶段。由于中外交通的开展，翻译事业越来越表现出重要性。从 1862 年京师同文馆成立，到 20 世纪初的 30 余年间，北京、上海、广州、南京、福州等地建立起一批翻译机构，并创办了一些专门的翻译刊物，出现了严复、梁启超、徐寿、林纾等著名翻译家。最初所译多为兵政类、医学类，据统计，仅江南制造总局所译各类科技书籍在开始的 12 年内就有 156 种，413 本。① 后来逐渐增加了文学类。据统计，晚清刊行的小说共有 1 500 种左右，其中译介的外国小说占总数的三分之二。文学翻译除马君武、苏曼殊等的诗歌翻译外，以林译

---

① 见傅兰雅：《江南制造总局翻译西书事略》，转引自罗新璋编：《翻译论集》，224～226 页，北京，商务印书馆，1984。

小说影响最大。

林纾翻译的外国文学作品涉及面广，包括了英、法、美、俄、希腊、挪威、比利时、瑞士、西班牙、日本等国的许多作家，其中著名的有托尔斯泰、小仲马、狄更斯、莎士比亚、司各特、欧文、大仲马、易卜生、塞万提斯、笛福、斯威夫特等人，同时，他译的作品数量也很大。据最新统计，共有 185 种（主要是小说）。① 更重要的是，他的译作产生了不可估量的影响。按照郑振铎的见解，林译加深了中国人对欧美人民及其社会的了解；使中国人明白了西方也有和中国文学同样伟大的文学和作家；开创了翻译世界各国文学的风气，并使中国的小说创作受到感染，开始发生变化。②

"五四"以后，翻译事业出现了空前繁荣的局面，不仅译作的数量大大增加，质量也较前有显著提高。这个时期翻译的作品以俄罗斯文学数量最大，其次是法、德、英诸国的现实主义文学。根据《中国新文学大系史料索引》中《翻译总目》的不完全统计，"五四"以后的 8 年中，印成单行本的 187 部翻译作品中，俄国：65 部，法国：31 部，德国：24 部，英国：21 部……这个统计不包括未编成单行本而散见在杂志上的译品。③ 当时发表译作的刊物主要有：《新青年》、《小说月报》、《文学研究丛书》等。鲁迅、瞿秋白、茅盾、郭沫若、郑振铎、周作人、耿济之等既是译介外国文学的倡导者，也是身体力行的实践者。"五四"时期，文学翻译的第一个特点是把俄罗斯文学放在了第一位。鲁迅、瞿秋白、茅盾、郑振铎等现代文学的大师都格外推重俄国文学。俄国文学之所以对当时身受帝国主义和封建主义双重压迫和剥削的中国人民及其先进的知识分子有特别大的吸引力，就在于它为他们摸索救国真理提供了一个可资借鉴的范本。中国的知识分子不仅从那里面看见了压迫者和被压迫者，而且看到了自己的道路，正因为此，他们才把译介俄罗斯文学当作盗天火给人类的神圣的事业。

在这样一个背景下，屠格涅夫、陀斯妥耶夫斯基、托尔斯泰、契诃夫、果戈理、高尔基等伟大作家的现实主义作品被较多地翻译过来，对中国新文学的成长起了良好的作用。

---

① 马泰来：《林纾翻译作品全目》，载《读书》，1982(10)。

② 郑振铎：《林琴南先生》，《中国文学研究》（下册），1228～1229 页，北京，作家出版社，1957。

③ 见《中国新文学大系史料索引》，转引自罗新璋编：《翻译论集》，479 页，北京，商务印书馆，1984。

当时文学翻译的第二个特点是对于被压迫、被奴役、被损害的民族文学的重视。这一点是容易理解的。当时中国正处在帝国主义列强的侵略和蹂躏下，自然会对处于水深火热中的民族寄予深切的同情。鲁迅、茅盾等人除积极介绍俄罗斯文学外，也十分注重译介被压迫的弱小民族的文学。1921年10月的《小说月报》推出了"被损害民族的文学"专号，登载了波、捷、保、犹太等民族的作品，引起了广泛的注意。

当时文学翻译的第三个特点是注重翻译法、英、德、北欧等国家的现实主义文学，同时也不忽略积极的浪漫主义作品。因此雨果、福楼拜、莫泊桑、都德、左拉、法朗士、易卜生、罗曼·罗兰、巴比塞、歌德、海涅、拜伦、雪莱等人的作品都有所译介。《新青年》曾出过"易卜生专号"（1918年6月），《小说月报》曾推出"法国文学研究"特号（十五卷，1924）和"拜伦号"（十五卷四号，1924），《莽原》也出过"罗曼·罗兰"专号（1926）。

"五四"时期的文学翻译以其规模之大，数量之多，质量之高在我国的翻译史上占有十分辉煌的一页。它配合着新文学的创作，对中国人民反帝反封建的斗争起了很大的鼓舞作用；另一方面，它对中国新文学的形成和发展也起了积极的推动作用。这一点，似乎已成为今天多数学者的共同认识。

新中国成立以后，崭新的社会和生活环境为翻译事业的蓬勃发展创造了优越的条件，翻译事业呈现出一派勃勃生机。据中央人民政府出版总署的不完全统计，仅从1949年10月到1953年底，全国出版的文学翻译书籍（包括青少年儿童文学读物），总数就达2 151种之多，出版物的印数，也从过去的数千册增至数万册，甚至百万册。[①] 由于众所周知的原因，20世纪50年代和60年代译界的繁荣局面为其后十余年的萧索、冷落取代，直到打倒"四人帮"之后，文学翻译事业才得到了复苏。20年来，翻译的规模和成果已远远超过了"文革"以前。无论就数量而言，还是就质量而言，也超过了历史上任何一个时期。新的译作不断涌现，旧的优秀译作也获得了再版的机会。可以说，是中国翻译史上一个空前的鼎盛期。

欧美翻译史上大规模的翻译大约有三次。一为圣经的翻译。从中古时代以后的数百年间，出现过英、德、法等语种的各种圣经译本。后来马丁·路德1534年的德译本，廷德尔1535年的英译本（即钦定本）被公认为权威性的版本。二为文艺复兴时期开始的对古典作品的翻译，以蒲伯译的

---

① 参见茅盾：《为发展文学翻译事业和提高翻译质量而奋斗》，载《译文》，1954 (10)。

荷马史诗、德莱登译的维吉尔全集最著名。三为近四五百年来欧洲各国文学间的互译，此次的规模远较前两次大。国外对翻译史的研究似乎略胜我们一筹，但成果也谈不上如何丰富。法国人贝朗热的《法国翻译史》和德国人弗兰采尔的《18 世纪翻译史》，英国人马锡生的《翻译——伊丽莎白时代的一门艺术》，大概是其中较有代表性的几种。

关于翻译理论，首先碰到的一个问题是如何看待翻译以及翻译的功用问题，其次是关于翻译的理论和方法问题，说得通俗一点，就是翻译是什么，有什么用和如何翻译这样几个问题。

对翻译的看法，历来就有两种分歧的意见。一种是把翻译看作一种微不足道的雕虫小技；另一种是把翻译看作一种艺术。美国印第安纳大学的比较学者弗兰茨在《翻译的艺术》一文中说："多少世纪以来，人们对于翻译文学作品的可能性一直怀着重大的疑问"。① 既然对翻译的可能性都表示怀疑，那么对翻译的轻视就是可想而知的了。钱锺书在《林纾的翻译》一文中曾征引了文学史上的一些轶事来说明翻译遭人贱视的情形。一位贵夫人劝曾译过《荷马史诗》的英国古典主义诗人蒲伯不要去搞翻译，她的理由是像他这样好的作家不该去从事这种低贱的工作；另一位贵夫人给女儿的信中则为英国小说家斯摩莱特把时间浪费在翻译中而深感惋惜。刘禹锡曾有"勿谓翻译徒，不为文雅雄"的句子，这说明在我国文人传统中，一般舆论也是瞧不起翻译的，难怪被人称作与严复"并世"的天才翻译家林纾都看不起自己的译作，"最恼人恭维他的翻译与画"。② 这种鄙薄翻译的倾向自然会引起许多重视翻译的人不满。1929 年，法国小说家兼翻译家拉尔波在一篇文章中大声疾呼，要维护翻译的尊严，要提高翻译的地位。

轻视翻译的观念，在当前已经大大改变。不但如此，现在有许多人都把翻译看成一门艺术。许多文章和论著的题目把翻译和艺术联系起来，就中可略见一斑。例如，俄国著名翻译家茹可夫斯基 1830 年将原题为《文学翻译的原则》一书修改为《翻译的艺术》再版；英国著名翻译理论家萨沃里也写过《翻译的艺术》一书；美国比较学者弗兰茨有《翻译的艺术》一文；德国比较学者梅里安—盖纳斯特有《法国和德国的翻译艺术》一文；英国学者马

---

① ［美］霍斯特·弗兰茨：《翻译的艺术》，见《比较文学的方法与角度》，980 页，南伊利诺伊大学出版社，1971。

② 钱锺书：《林纾的翻译》，见北京师范大学中文系比较文学研究组选编：《比较文学研究资料》，273～275 页，北京，北京师范大学出版社，1986。

锡生也有《翻译——伊丽莎白时代的一门艺术》一书。国内也时见此类题目的论述，如唐人的《翻译是艺术》，邓宗煦的《翻译艺术的蒙太奇》，傅东华的《翻译是艺术》等。事实上，许多文学大师都十分重视文学翻译，甚至自己也是严肃的翻译家，如歌德、鲁迅就都翻译过许多作品。歌德极为赞赏路德翻译的《圣经》德文本。鲁迅则把翻译视为"催进和鼓励创作"的"借镜"。

比较学者之所以强调翻译的重要性，不仅因为翻译是沟通世界不同民族和人民心灵的桥梁，还因为翻译为文学影响的传播提供了媒介。比较学者之所以强调翻译是一门艺术，不仅因为它本身的确是一门艺术，而且还因为只有承认翻译是一种艺术的再创造，研究它作为一种媒介产生的影响才有价值和意义。试想，如果翻译不是一种艺术的再创造，而只是对原作的机械的复制和翻版，那么它作为媒介产生的作用就十分有限了。

在西方，翻译通常被看成一种"创造性的叛逆"。这个说法源自意大利语，因为在意文中，"译者"（traduttore）和"叛逆者"（traditore）的发音相近，因此，"译者"常常被误指为"叛逆者"。这个诙谐的说法恰好指明了翻译的本质。法国比较学者在解释这一点时说，翻译之所以是"叛逆"，因为它使作品进入了设想以外的"参照组织"（语言学上的组织），而它所以是"创造性的"，则因为它使作品产生了与更广泛的读者进行新的文学交流的可能，因而使作品置身于新的现实之中。这也就使作品获得了"第二生命"。我们说，作品从一种语言组织进入另一种语言组织，必然要产生不同于原作的某些因素；而另一方面，原作中的某些因素是无法全部转换到另一种语言中去的，因此在翻译中往往要失去一些因素，从这个意义上说，译作无论如何不可能百分之百地忠于原作，成为它的复制品，因而它是一种"叛逆"。对于这一点，古今中外的许多文人学者作过不同的阐述。钱锺书在解释"译"所以是"讹"（即前文所说的西洋谚语 traduttore traditore）时，指出这是因为有三种距离造成的。一是两种文学之间的距离，二是译者的理解和文风跟原作的内容和形式之间的距离，三是译者的理解和他自己表达能力之间的距离。钱锺书随即生动地描述说："从一种文字出发，积寸累尺地度越那许多距离，安稳到达另一种文字里，这是很艰辛的历程。一路上颠顿风尘，遭遇风险，不免有所遗失或受些损伤。因此，译文总有失真和走样的地方，在意义和口吻上违背或不尽贴合原文。"①所以傅雷说，"即使是最优秀的译

---

① 钱锺书：《林纾的翻译》，见北京师范大学中文系比较文学研究组选编：《比较文学研究资料》，248～249 页，北京，北京师范大学出版社，1986。

文，其韵味较之原文仍不免过或不及"。① 弗洛斯特则干脆说诗是"在翻译中丧失掉的东西"。② 克罗齐的见解最激烈，他认为，凡真正的艺术品都是不可译的。③

但是另一方面，翻译既然进入了一个新的语言组织，就必然会增添新的因素，同时也不可避免地加上了译者的理解、风格等个人色彩，因而在一定意义上具有创造性，所以说，它是一种再创造的艺术。钱锺书在论及林纾以自己的风格增改、点染狄更斯原作时，指出译作中译者个人色彩的难于避免性："一个能写作或自信能写作的人从事文学翻译，难保不像林纾那样的手痒；他根据自己的写作标准，要充当原作者的'诤友'，自以为有点铁成金或以石攻玉的义务和权利，把翻译变成借体寄生的、东鳞西爪的写作。"④

翻译是一种再创造的艺术，这样一个观念指明了译者和原作者、译作和原作之间相互联系又相互区别的关系，译作不可能是原作一成不变的复写，它经过译者的思维及自觉或不自觉的个性化的处理之后，不仅在外形上发生了变化，在内在精神上也会与原作产生某种程度的差异，但是另一方面，译者无论怎样自觉地"再创造"却又不能脱离原作，换言之，他的任何"再创造"都要以原作为标准，如果较大限度地脱离原作去自由创造，那就不是"再创造"，或者说，不是翻译，而是"改编"或者"创作"了。朱光潜先生在谈到菲茨杰拉德英译的《鲁拜集》时说，"据说这诗的译文比原文还好，假如这样，那便不是翻译而是创作"。⑤ 实际上，林译小说中的有些部分也可以作如是观。

正因为翻译是一种再创造的艺术，它所产生的影响才有意义和价值。我们且举一两个例子来说明这一点。莎士比亚剧作最著名的德译本是奥·威·施莱格尔和蒂克的译本。施莱格尔的原则是忠实保存莎剧诗的形式，力图恰如其分地用雅训和俚俗的德语来传达原作中那些诗意和明白晓畅的因素。但他事实上不可能做到完全忠实，他把原文中那些在当时已经废弃

---

① 傅雷：《〈高老头〉重译本序》，见《高老头》，北京，人民文学出版社，1952。

② 转引自钱锺书：《汉译第一首英语诗〈人生颂〉》，见《七缀集》，上海，上海古籍出版社，1985。

③ [意大利]克罗齐：《美学原理》，朱光潜译，64页，北京，作家出版社，1958。

④ 钱锺书：《林纾的翻译》，见北京师范大学中文系比较文学研究组选编：《比较文学研究资料》，257页，北京，北京师范大学出版社，1986。

⑤ 朱光潜：《谈翻译》，见《谈文学》，219页，上海，开明书店，1946。

不用、语义奇诡和模糊的词都译成了浅近的德语，而正是那些字却曾使当时的英国读者一筹莫展，他们往往需要依靠注释才能弄懂原意。一位评家说，译本是那样明晰，有时一出戏竟没有一段需要作出注释。① 因此，德国读者可以比英国人更透彻地理解莎士比亚。正是通过施莱格尔和蒂克的艺术再创造，才使莎士比亚在德国获得了众多的读者和观众，对德国文学产生了重大的影响。这种情况就很值得研究。林纾不通外文，但却与人合作翻译了大量的外国作品。他的译文不仅讹脱错漏所在颇多，而且常常信笔增删，随意改窜。但林译小说对中国新文学的影响之大却是人们公认的。许多著名的中国作家都是最早通过它开始接触并喜欢上外国文学的。钱锺书说过，幼年时代的两箱林译小说是引导他对外国文学产生兴趣的媒介。②

　　翻译的原则和方法是一个复杂的理论问题。无论是国内外，历来都存在着不同观点的争论。歌德在称赞莎士比亚剧作的德译者韦兰德时说，译者要遵循的原则无非是两条，"一是让外国的作家到本国来，这样，国人就会把他当作本国作家；一是让本国读者到外国作家那里去，熟悉他的环境、文风和气质。"③施莱尔马赫则把歌德的意思简明扼要地归结为："译者或让作者原地不动，尽可能把读者引向作者；或让读者原地不动，尽可能把作者引向读者。"④这两种方法显然是理想的方式，因为要让作者绝对原地不动，或让读者绝对原地不动，实际上是不可能的，况且，这样的提法本身也不具体，读者怎样上作者那里去？作者又怎样到读者这儿来？原则上说，大约前者是要翻译在各方面尽量贴合原著，后者则是要翻译做到十足的民族化。

　　18 世纪英国翻译家塔特勒提出的"翻译三原则"是许多人熟知的：第一，译文应该完全复写出原著的思想；第二，译文应该在风格、笔调上和原著一样；第三，译文要像原著一样流畅。塔特勒还提出，这三条原则的

　　① ［英］阿洛伊斯·勒兰德尔：《莎士比亚和德国》，见《英国科学院第三届莎士比亚讲演会论文集》，11 页，伦敦，1913。

　　② 钱锺书：《林纾的翻译》，见北京师范大学中文系比较文学研究组选编：《比较文学研究资料》，251 页，北京，北京师范大学出版社，1986。

　　③ 转引自［英］S. S. 柏拉威尔：《比较文学研究》，75 页，伦敦，达克沃思出版社，1973。

　　④ ［德］施莱尔马赫：《早期浪漫主义关于翻译和借鉴的概念》，188 页，苏黎世，1969。

重要性是按次第排列的，在三者不能兼顾时，首先要保住第一条原则①。这几点略似严复提出的"信、达、雅"三原则。美国现代著名翻译理论家奈达则提出过翻译的四个标准：一是要达意；二是要传神；三是语言要顺畅自然；四是要使读者有类似的反应。当然也有人提出一些较为具体的意见，例如，《浮士德》的英译者乔治·普里斯特就提出过"不改、不删，绝对不加"的信条。这一见解在一定程度上体现了塔特勒第一条原则。总起来看，西方关于翻译理论大致有两种对立的意见。一种意见要求译文做到字面忠实，另一种意见则认为译文只要忠实地传译原作的思想，无须字面忠实；一种意见认为可对原作增删，另一种则禁止对原作增删；一种意见要求译文体现原作的文体风格，另一种意见则认为译文只能体现译者的文体风格；一种意见认为译文要像原作同时代的作品，另一种意见则认为译文只能是像译者同时代的作品；一种意见认为译文读起来应和原文一样，另一种意见则认为译文读起来只能像译文②。

苏联翻译界关于翻译理论同样有类似的争论。一派以语言学家费道罗夫为代表，称作语言学派，一派以安托科尔斯基、阿乌埃佐夫等文艺理论家为代表，称作文艺学派。语言学派认为翻译属于语言范畴，是实践两种语言转换的领域；文艺学派认为，文学翻译是文学创作的形式之一，属于美学范畴，它要再现原作内容与形式统一体中反映的艺术真实。在翻译标准中，语言学派提出"等值翻译"的理论，追求语言上的完全对应；文艺学派则提出要追求艺术上的等值和对应，认为语言的对应应该服从艺术上的对应。在具体翻译时，语言学派要求以句子、段落和连贯的语言为单位；文艺学派则要求把印象、感情、形象等因素放在首要地位。

中国的翻译理论在两千多年的历史发展中确实相当完备，可以说"自成体系"。早在佛典汉译时期，就有支谦、道安的大致相当于直译的意见和鸠摩罗什属于意译的见解。这一点我们在第二章"中国的比较文学"一节中已略有陈述。到了近代，严复明确地标示出"信、达、雅"的三原则，成为后世译家遵奉的纲领。③ 但由于严氏对信达雅三条并未作出明确、具体的解

① ［英］塔特勒：《翻译的原则》，转引自罗新璋编：《翻译论集》，684页，北京，商务印书馆，1984。

② 参见《卡塞尔文学百科全书》中的"翻译"一条；或［英］台奥多尔·萨沃里：《翻译的艺术》，49页，伦敦，1957。

③ 严复：《〈天演论〉译例言》，见罗新璋主编：《翻译论集》，136页，北京，商务印书馆，1984。

释，译家可以从不同角度去理解，因此，也就成了此后近百年来论争不休的渊薮。事实上，"五四"时期，那场围绕"直译"、"意译"、"硬译"、"死译"的争论，看起来针锋相对，互不相让，然究其实，两派却于信达雅三者并未有统一的认识，不过是各是其是，而不各非其非而已，况且，那场争论已在相当程度上超出了学术的范围。其后有关翻译问题的讨论一直未曾停息，论者从不同的角度提出了许多有益的见解。如郭沫若提出，为了实现理想的翻译，译者应该具备四个先决条件：一、译者的语言知识要丰富；二、对于原书要有理解；三、对于作者要有研究；四、对于本国文学要有自由操纵的能力。① 林语堂则提出了与信达雅大体相似的"忠实"、"通顺"、"美"的标准，并对这三者作了进一步的解释，认为忠实并不意味着"字字对译"，而是"须求传神"，同时，"绝对忠实"也是不可能的。② 朱光潜也对"忠实"提出了类似的解释，他说，"对情感、思想、风格、声音节奏等必同时忠实"。③ 傅雷提出的"翻译应当像临画一样，所求的不在形似而在神似"④的观点，把"信达雅"和"忠实、通顺、美"的标准向前推进了一步，而钱锺书提出的"文学翻译的最高标准是'化'"⑤的观点，则把这一理论更引深了一层。罗新璋在论及我国的翻译理论时，不仅指出它"自成体系"，而且指出它包含"各自独立、又是相互联系、渐次发展，构成一个整体"的四个阶段："案本—求信—神似—化境"。⑥ 诚然，这一结论已经较为准确地概括了我国的翻译理论，但我们仍须注意这一简略概括的丰富含义及其内在精神。从本质上看，这四种说法的根本是一个"信"字，即对忠实的追求，它包含着形似和神似二者的统一，而不是二者的对立。要形似不要神似，要神似不要形似都是片面的。其实，许多学者已经明确地指出过这一点。朱光潜说过：信达雅，其实归根到底，信字最不容易办到。原文"达"而"雅"，译文不"达"不"雅"，那还是不"信"；如果原文不"达"不"雅"，译文

① 参见郭沫若：《理想的翻译之我见》，载《创造季刊》，第 2 卷第 1 期，1928。

② 林语堂：《论翻译》，见罗新璋编：《翻译论集》，417～427 页，北京，商务印书馆，1984。

③ 朱光潜：《谈翻译》，见《谈文学》，203 页，上海，开明书店，1946。

④ 傅雷：《〈高老头〉重译本序》，见《高老头》，北京，人民文学出版社，1952。

⑤ 钱锺书：《林纾的翻译》，见北京师范大学中文系比较文学研究组选编：《比较文学研究资料》，248 页，北京，北京师范大学出版社，1986。

⑥ 罗新璋：《我国自成体系的翻译理论》，见罗新璋编：《翻译论集》，19 页，北京，商务印书馆，1984。

"达"而"雅"，过犹不及，那也还是不"信"。① 赵元任说，"还是得拿'信'作为翻译中的基本条件"。② 卞之琳等人说，"艺术性翻译标准，严格讲起来，只有一个广义的'信'字——从内容到形式(广义的形式，包括语言、风格，等等)全面而充分的忠实。这里，'达'既包含在内，'雅'也分不出去，因为形式为内容服务，艺术性不能外加"。③ 这些议论之所以重要，就在于它们指出了翻译标准的本质：即在包含形神在内的各个方面尽可能做到对原作的忠实，同时，又不标榜那种做不到的绝对的忠实。

比较学者对翻译理论和原则的探讨，不仅在这些理论和原则本身，还要研究理论和原则与实践的差距，从而剖析各种译作所产生的"媒"的作用。较为忠实的译作产生怎样的"媒"的作用，不忠实的译作又产生怎样的"媒"的作用，那些具有较大影响的译作究竟在哪些方面符合翻译原则，产生的作用是什么，等等。这类问题无疑是比较学者关心的问题。

译者对原文的歪曲、增删，是一种最有趣的现象。译者无意识地歪曲原作，造成了错讹或"叛逆"，原因可能是多种多样的。拿林译小说来说，就有译者由于没有理解原文造成的误解。如哈葛德《三千年艳尸记》第五章末尾刻画狮子和鳄鱼搏斗一节中的讹误，大大牵动了幼小的钱锺书的好奇心，从他的回忆不难看出，倘译文没有讹误，其吸引力恐怕就不会那么大。④ 也有译者有意歪曲增删造成的讹误，如《滑稽外史》第十七章写时装店女店员领班那格女士由于被顾客轻慢，回到缝纫室，向年轻美丽的加德发泄妒愤时，林纾竟凭空为那格添加了一段哭声中"似带讴歌"的顺口溜，"嗟乎！吾来十五年，楼中咸谓我如名花之鲜妍。嗟夫天！嗟夫天，十五年中未被人轻贱，竟有骚狐奔我前，辱我令我肝肠颤！"钱锺书认为，这节顺口溜添得好，它增加了狄更斯原有的幽默，读来令人捧腹。⑤ 林译作品中这类有意无意的增改、歪曲随处可见。这些错讹中最具特色的成分往往更能引起读者的兴趣。林译小说当时曾风行海内，对中国的文坛和广大读者

① 朱光潜：《谈翻译》，见《谈文学》，上海，开明书店，1946。
② 赵元任：《论翻译中信、达、雅的信的幅度》，见罗新璋编：《翻译论集》，726页，北京，商务印书馆，1984。
③ 卞之琳、叶水夫、袁可嘉、陈燊：《十年来的外国文学翻译和研究工作》，载《文学评论》，1959(5)。
④ 详见钱锺书：《林纾的翻译》，见北京师范大学中文系比较文学研究组选编：《比较文学研究资料》，252～253页，北京，北京师范大学出版社，1986。
⑤ 同上书，259页。

影响至大，直到今天，他的部分译作仍旧有一定的读者，"恰恰是因为这部分的'讹'起了抗腐作用"。①

译者故意歪曲原著有时出于某种政治上或道德上的考虑。例如蟠溪子译的《迦因小传》，译者出于道德上的考虑，故意删去了迦因和亨利两情缱绻，未婚而孕的许多情节，致使原作完全改换了面貌。后来林纾重译此书，补全了蟠译删削的情节，引起了不同的反应。有人以为补得好，有人则认为补得不好，因此对林纾痛加贬斥。寅半生是持后一种意见的代表人物，他说，"吾向读《迦因小传》，而深叹迦因之为人，清洁娟好，不染污浊，甘牺牲生命，以成人之美，实情界中之天仙也；吾今读《迦因小传》，而后知迦因之为人，淫贱卑鄙，不知廉耻，弃人生义务，而自殉所欢，实情界中之蟊贼也；此非吾思想之矛盾也，以所见之译本不同故也。盖自有蟠溪子的译本，而迦因之身份忽登九天；亦自有林畏庐译本，而迦因之身份忽堕九渊。"②寅半生以中国传统的道德观来衡量哈葛德的作品，在他看来，英国作者不仅应该到中国来，而且他笔下人物的思想、情趣、作风、好恶、行为都必须符合中国数千年来的道德规范，否则，就应让蟠溪子辈施以斧凿，肢解割裂。正因为如此，他才对林氏大张挞伐，称其"自诩译本之富，俨然以小说家自命，而所译诸书，半涉于牛鬼蛇神，于社会毫无裨益"。③这也是对原作妄加砍削在读者接受方面造成不同效果的一个显著例证。

这方面的另一个例子是法国诗人戈蒂耶误译德国作家阿尔尼姆造成的特殊效果。戈蒂耶曾发表过译自阿尔尼姆的《享有长子继承权的先生们》的《儿子》。戈蒂耶把原文中的"Ich kann genau unterscheiden was ich mit dem Auge der Wahrheit sehen muss oder was ich mir gestalte"（我能够准确地识别哪些是我必须用眼睛观察的真实，哪些是我自己形成的想法）译成了"Je discerne avec peine ce que je vois avec les yeux de la réalité de ce que voit mon imagination"（我觉得难于区别我用眼睛看到的现实和用想象看到的东西）。这里，阿尔尼姆的本意完全被译反了。然而更糟糕的是，这段错误的翻译恰恰吸引了超现实主义诗人布列东，他引用了这句被完全译反的话，

① 详见钱锺书：《林纾的翻译》，见北京师范大学中文系比较文学研究组选编：《比较文学研究资料》，259页，北京，北京师范大学出版社，1986。

② 寅半生：《读迦因小传两种译本书后》，原载《游戏世界》第三期，转引自郭绍虞等主编：《中国近代文论选》（下册），510页，北京，人民文学出版社，1955。

③ 同上。

把阿尔尼姆推崇为超现实主义的先驱。安娜·巴拉金评论说，倘若布列东查看一下阿尔尼姆的原作，他就一定会放弃这一观点，超现实主义派诗人们也会失去这样一位"元老"。①

即便是较为忠实的译作也会产生某种与原作不尽相同的作用。这种情况往往不是译者的责任，而是产生于两种语言之间固有的差别。英国牛津大学的德国文学和比较文学教授柏拉威尔举出一个很有说服力的例子。美国著名哲学家弗洛姆在《被遗忘的语言》里从卡夫卡《审判》的权威英译本引了这样一句话："Someone must have been telling lies about Joseph K, for without having done anything wrong he was arrested one fine morning."（一定有人在诬陷约瑟夫·K，因为他什么错儿都没犯，却在一个明媚的早晨被逮捕了。）然后从语言的角度分析说，"to be arrested"有两种意思，一是被警方拘捕；一是一个人的成长发展受到阻碍。一个被指控触犯了刑律的人被警察逮捕；一个有机体的正常发展受到阻障，二者都可以用 to be arrested。小说从表面看用的是这个字的第一义，但在象征的意义上，也可以从它的第二义去理解：K 意识到自己被捕了，同时，自己的成长也受到了阻障。柏拉威尔指出，弗洛姆的解释是完全从译成英文的 arrest 出发的，事实上，卡夫卡使用的原字是 verhaftet，这个字在德语中只有 arrest 的第一义，而没有它的第二义。② 像这样在接受方面引出的原文没有的又一层理解和解释则很难归咎于译者，而只能说是两种语言和文化的差距造成的。

王佐良也举过一个类似的例子。英国企鹅书店 1965 年版的 *Poems of the Late Tang*（《晚唐诗》）的译者格雷厄姆曾提到，他用心译过杜甫的《登岳阳楼》一诗，但几经考虑，最后还是决定不拿出来发表，原因是他对自己译文的最后一行不满意。《登岳阳楼》的最后一行是"凭轩涕泗流"，他的译文是："As I lean on the balcony my tears stream down."这里的关键是"涕泗"的翻译。本来，"涕泗"和"tears"是两个对等语，但译者却感到用"tears"未必能完全传达"涕泗"所包含的感情力量。正如王佐良所说，"某些词在一个语言里有强烈的感情力量，而其等同词在另一种语言里却平淡无奇"，上述的两个词正是这样的例子。③

除了把翻译史、理论，译品作为研究的主要对象外，比较学者还要留

---

① ［美］安娜·巴拉金：《超现实主义的文学渊源》，38～39 页，纽约，1947。

② ［英］柏拉威尔：《比较文学研究》，伦敦，达克沃思出版社，1973。

③ 王佐良：《词义·文体·翻译》，载《翻译通报》，1979(1)。

心译者的翻译活动和风格等方面。无论中外，作家对翻译的依赖是众所周知的。翻译不仅为作家的创作提供了学习、借鉴的园地，而且也是许多作家开始创作的先导。鲁迅从 1902 年赴日留学之后，曾译述过《斯巴达之魂》和一些有关科学知识的小说，从 1909 年开始便大量译介北欧和东欧的现实主义作品。茅盾和文学研究会的叶圣陶、郑振铎、许地山、周作人等从开始文学活动起，就致力于外国文学的翻译和介绍。郭沫若和创造社的作家们也都在创作的同时做了许多译介的工作。所以唐弢说："欧洲的进步文学，……可以说哺育了我国新文学的最初一代作家"。① 国外也有许多类似的情形。陀斯妥耶夫斯基是从翻译巴尔扎克的《欧也妮•葛朗台》开始他的文学生涯的。司各特也是从翻译并模仿德国民谣（《莱诺》和《荒野的猎人》）开始文学活动的。布莱希特的早期抒情诗有着近似东方诗歌的情调，到中期却失去了这种情调，然而后来又通过转译著名汉学家卫理（Arthur Waley)译的中国诗找回了失去的东方色彩。纪德曾经说过，任何一位有创造性的作家都不能不仰仗翻译，通过翻译，他可以结识至少一两位与他的才能和气质接近的外国作家。② 纪德的话无疑道出了绝大多数作家的共同感受。

形成了独特风格的译者和译品所产生的影响和效果自然较一般的译者和译品影响深远广泛。如我国朱生豪译的莎士比亚剧作，傅雷译的巴尔扎克小说都各具风采。论者大多公认朱译文笔流畅，辞采华赡，善于传达原作的情趣和气势；傅译则十分传神，译品能洞幽烛微，曲尽其妙。查普曼英译荷马史诗，德莱登英译维吉尔诗篇，施莱格尔与蒂克德译莎剧，都形成了自己的风格，引起了众多的模仿，达到甚至超过了原作的水平，据说，傅译有时就产生"胜于原文的感觉"。③ 歌德称赞《浮士德》的法译者杰拉•德•奈瓦尔的译本"译得成功"，因而使他对自己已经看得不耐烦的原作"显得新鲜隽永"。④ 据说，惠特曼认为 F. 弗赖里格拉特的德译本《草叶集》就有可能超过他的原作。⑤ 这些译作究竟是否真的超过原作姑且不论（倘若译作真的超越了原作，恐怕它也就不是翻译了），而研究这些受到高度赞誉的译品的翻译风格产生了怎样的"媒"的作用，则是媒介研究者特别重视的一

---

① 唐弢：《中国现代文学史》，20 页，北京，人民文学出版社，1979。

② ［法]安德烈•纪德：《杂论》，189 页，巴黎，1931。

③ 罗新璋：《读傅雷译品随感》，载《文艺报》，1979(5)。

④ ［德]爱克曼辑录：《歌德谈话录》，201 页，北京，人民文学出版社，1978。

⑤ 钱锺书：《林纾的翻译》，见北京师范大学中文系比较文学研究组选编：《比较文学研究资料》，272 页，北京，北京师范大学出版社，1986。

个方面。

　　大量存在的转译可以说是叛逆者的叛逆者，或者说是二次创造性的叛逆，它们产生的文学影响和作用同样应该受到比较学者的高度重视，可惜目前对这方面的研究尚属罕见。此外，一些名篇杰作往往有不同的译本，对这些不同的译本加以比较研究也是我们可以有所发现的领域。但这方面的研究也不多见。就我们所知，马修·阿诺德在《论翻译荷马》一文中曾比较了蒲柏、库柏、查普曼、纽曼四位译者的译本，指出他们都没有把握住荷马迅速、平易、简单、庄严的精神。蒲柏太注重技巧，采用了弥尔顿诗歌的形式；库柏行文迟缓，过分注重藻饰；查普曼的思想过分虚幻；纽曼则用字太怪，因此，他们都没有传达出荷马史诗的精神。① 布劳尔比较研究了埃斯库罗斯的《阿伽门农》的七种英译本。他的比较主要是从接受的角度进行的。通过比较研究,他指出从 18 世纪到 19 世纪的两百年间,不同时代的译者都力图把握他所处的那个时代的精神,而读者则期望译作能像他的同时代诗作一样可读可诵,只有满足了不同时代读者的思想、情趣、鉴赏心理的译者才是好的译品,从这个意义来说,读者大众也是译作的"创造者"。②

　　早在 1937 年，茅盾就比较过《简爱》的两个译本。③ 指出伍光建和李霁野的译文一样好，可以说各具特色。伍译于人物心理刻画、景物描写常有大量的删节，致使原著的细腻处委婉处无端丧失，但在情节和对话方面则往往有传神之笔，李译紧扣原文，于字句尽量贴合原意，有时颇能传达原著的情调，但也难免有拘直僵硬之处。伍译适于一般读者，而李译则可备"文艺学徒"研究参考。近年来，比较同一著作不同译本的文章也时见于各种报刊。例如，有人比较了《大卫·科波菲尔》的两种译本(董秋斯译，人民文学出版社版和张谷若译，上海译文出版社版);④ 有人比较了美国当代小说家辛格的《傻瓜吉姆佩尔》的三种译本(刘绍铭译，纵横出版社 1979 年版；万紫译，外国文学出版社 1980 年版和刘兴安、张镜译，外语教学与研究出版社 1981 年版)。⑤ 这类研究无疑是很有意义的。

----

　　①　[英]马修·阿诺德：《评荷马史诗的译本》，见《安(阿)诺德文学评论选集》，殷葆璨译，北京，人民文学出版社，1958。

　　②　[美]布劳尔：《论翻译》，173～195 页，纽约，1966。

　　③　茅盾：《简爱的两个译本》，载《译文》，新 2 卷第 5 期，1937。

　　④　顾正龄：《浅谈〈大卫·科波菲尔〉两种译本》，载《翻译通讯》，1983(8)。

　　⑤　《译文如何重视原著风格——从〈傻瓜吉姆佩尔〉三种译本谈起》，载《翻译通讯》，1983(11)。

# 第五节 形象学

形象学(imagologie)是比较文学学科中的一个门类，它的研究对象是某国某民族文学作品中的异国异族形象。形象学关注作家在他们的作品中，如何理解、描述、阐释作为他者的异国异族，但它并不要求从史实和现实统计资料出发，求证这些形象像还是不像；它拒绝将形象看成是对文本之外的异国异族现实的原样复制，而认为它只是一个幻象，一个虚影。由于不同国家、民族在文化上的巨大差异，作者对他者的曲解、夸饰和想象是必然的。形象学的任务，就是探索异国异族神话的创造过程和规律，分析其社会心理背景以及深层文化意蕴。

形象学脱胎于影响研究。传统的影响研究已经包含了一些形象学的因子，如在证明 B 国文学受 A 国文学影响时，会引述 B 国作家对 A 国文学、文化的看法和议论。但传统的影响研究注重影响和接受的"事实"存在，以考据为中心，目的是挖掘文学继承和创新的资源及其关系。形象学基本摆脱了文化、文学交往中"事实"的羁绊，而"设法深入了解一些伟大民族传说是如何在个体或群体的意识中形成和存在下去的"，从而把"影响"和"接受"引申、落实到文学本文中不同文化面对面的冲突和对话上来。

法国是形象学的诞生地。早在 1896 年，当比较文学还在力争成为独立的学科时，便显示出对文学作品中异国异族形象的兴趣。当时，路易-保尔·贝茨指出，比较文学的任务之一便是"探索民族和民族是怎样互相观察的：赞赏和指责，接受或抵制，模仿和歪曲，理解或不理解，口陈肝胆或虚与委蛇。"[①]本世纪初，巴尔登斯伯格的《法国文学中的英国和英国人》，也曾为形象学研究的具体操作，提供过示范。然而形象学的真正兴盛，却是在本世纪中叶的法国。让-玛丽·卡雷的《法国作家和德国幻象，1800～1940》(1947)一书，以及他对形象学的有力的宣传鼓动，对这一领域的开拓，起了巨大的作用。他把形象学定义为"各民族间的，各种游记、想象间的相互诠释。"[②]1951 年，基亚在其《比较文学》一书中，用"人们所看到的外

---

① 转引自[德]胡戈·狄泽林克：《论比较文学形象学的发展》，载《中国比较文学》，1993(1)。

② [法]卡雷：《〈比较文学〉前言》，转引自孟华：《形象学》，见陈惇等主编：《比较文学》，165 页，北京，高等教育出版社，1997。

国"一章，对法国的形象学研究作了概述。他称影响研究向形象学的靠拢，"是近五十年来法国的一种远景变化"，他欢呼这种变化"使比较文学产生了真正的更新，给它打开了一个新的研究方向"。①

早期美国学派以主张平行研究著称，他们对法国学派看重的影响研究颇有微词，这也连带造成他们不能正视形象学的创新意义。韦勒克在他那篇著名的文章《比较文学的危机》中说："卡雷和基亚最近突然扩大比较文学的范围，以包括对民族幻象、国与国之间互相固有的看法的研究，但这种做法也很难使人信服。"他不无讽刺地反问："这还算是文学学术研究吗？"②他认为形象学与过去的影响研究没有什么实质上的区别。

影响研究在批评声中不断壮大，现在仍是比较文学的基本领域；形象学也未在批评中裹足不前，而是长足发展。它在法国繁荣，20世纪六七十年代后，在其他国家也扎下了根，这其中包括美国。让-马克·莫哈在其《试论文学形象学的研究史及方法论》中，开列了对形象学理论有建树的学者及他们的著述，著名的有：胡戈·狄泽林克的《关于形象和幻象的问题及其在比较文学范畴内的检验》(1966)、《在内在作品与超验作品之外的比较文学形象学》(1982)；D.H.巴柔的《一种比较文学的研究角度：文学形象》(1981)、《文化形象：从比较文学到文化人类学》(1983)；M.S.费歇的《关于比较文学形象学的产生，民族形象-比较文学史的研究对象》(1981)。③ 在形象学实践方面，当代重要的西方学者著述有：菲利普·D·贝德勒的《美国文学和越南经验》，欧文·奥尔德里奇的《龙与鹰——美国启蒙运动中的中国形象》，米拉顿的《19世纪下半叶英国意识中的法国形象》，C·F·霍夫曼的《浪漫主义的非洲人》，史景迁的《文化类同与文化利用》，顾彬的《关于"异"的研究》等。④ 形象学从理论到操作都在走向成熟。

形象学的当代发展能够从各种后现代理论中获益。如后殖民主义理论，

---

① ［法］基亚：《比较文学》，颜保译，106、107页，北京，北京大学出版社，1983。

② ［美］韦勒克：《比较文学的危机》，见北京师范大学中文系比较文学研究组选编：《比较文学研究资料》，53页，北京，北京师范大学出版社，1986。

③ ［法］莫哈：《试论文学形象学的研究史及方法论》，孟华译，载《中国比较文学》，1995(1)。

④ 参见［法］基亚《比较文学》中"人们所看到的外国"的有关论述，及［德］顾彬(Wolfgang Kubin)：《关于"异"的研究》，北京，北京大学出版社，1997；［美］史景迁：《文化类同与文化利用》，北京，北京大学出版社，1997。

它的要点是"从原殖民地文化出发，反思过去帝国主义、殖民主义长期形成的一整套思想体系，解构文化殖民主义和文化霸权主义。它认为帝国主义、殖民主义形成的种种规范、观念已经潜移默化，深深扎根在人们的思想意识中，无形中制约着当今人文科学的各个领域。"①美国巴勒斯坦裔著名学者爱德华·赛义德在其颇有影响的著作《东方主义》中，解剖了西方人眼中作为"他者"的"东方"形象，指出其虚构性和背后隐藏的种族主义和帝国主义意识。另外，后殖民主义理论催生的族群研究，重视主流文化与非主流文化关系、多数民族与少数民族关系在各种文本中的复杂表现，这些和形象学在精神上都是相通的。

形象学同样能从女性主义批评理论中获益。苏珊·巴斯奈特把重视对旅行者描述异族文化的日记、书信、故事的研究看成"比较文学最近一些年最重大的发展"，而且预言它会是比较文学研究"最富成果的领域"。② 支持她的论断的是女性主义批评理论。她在《比较文学》一书中，研究了旅行者描述异族时的性别隐喻和想象，以及这种隐喻想象背后潜藏的种族文化的差异和冲突。例如欧洲文化史上从来就有南方与北方的二元对立，莱茵河与多瑙河的对立。北方是男性化的、阳刚的，南方（如土耳其）是美艳的、肉感的。这种对异文化的成见、误解在一代代欧洲人的记忆中保存着，对人们的思想行为发生着巨大的影响。她的论述对赛义德的理论提出挑战：欧洲从来不是单一文化统一体，也就不是东方主义的必然承载者，至少女性游记作家的著作"完全不能纳入东方主义的框架"。③

值得一提的是，1929 年我国著名作家、学者郑振铎撰写了《西方人所见的东方》一文，批评了西方人对东方形象的歪曲和夸饰，他感慨地说："东方，实在离开他们（西方人——引者注）太远了，东方实在是被他们裹在一层自己制造的浓雾之中了！"④郑振铎或许没有意识到，他成了中国形象学研究的先驱。然而，形象学的自觉，在中国还是近十余年的事。经过一些学者的努力，形象学研究取得了相当可观的成就，展示了美好的发展前

① 刘象愚：《后现代理论与比较文学》，见陈惇等主编：《比较文学》，405 页，北京，高等教育出版社，1997。

② ［英］Susan Bassnett *Comparative Literature*：*A Critical Introduction*，Oxford：Blackwell Publishers，1993，p. 92、p. 94.

③ ［英］Susan Bassnett *Comparative Literature*：*A Critical Introduction*，Oxford：Blackwell Publishers，1993，pp. 104 - 114.

④ 郑振铎：《西方人所见的东方》，载《小说月报》，第 20 卷第 1 期，1929。

景，成为比较文学领域一个重要的生长点。

形象学具有广阔的研究领域。在中外文学中，各国各族之间的相互注视、印象、评价，比比皆是。早在《山海经》中，我国就已有对异国异族的描绘，学者们公认，《海外经》中所述山川风物民族，在中国地域之外。远古人类的神话幻想能力，使他们把异国异族想象为"异形异禀"，于是有了反舌国、三首国，女子国，一目国……凡数十种。封建社会以后，历代王朝强化一点四方的中土观念，使社会群体想象力难以逾越"我为中心，他为蛮夷"的范围。《西游记》是一部神魔小说，叙述唐僧师徒四人离开大唐中土，去西天取经的故事。在作者的构思中，大唐版图内人神鬼三界各司其职，秩序井然；唐王得天之助，尊佛敬神，治理国家。唐僧师徒踏上信仰王国——佛土之前，则一直在混乱、凶险的异域旅行，所历荒疆僻地及乌鸡国、车迟国、西梁女国等，皆妖怪横行，纲纪废弛，后经唐僧弟子奋力斗法，诛杀妖孽，方使天朗气清。在对异族的想象中，汉民族的优越感得到充分展示。明代的《三宝太监西洋记通俗演义》演述明永乐年间太监郑和出使西洋，服外族，三十余国咸入贡中华之事。先后历金莲宝象国、爪哇国、女儿国、撒发国、金眼国、木骨都束国等，所到之处，宣天子诏，建大明国威。遇妖魔兴妖作法，阻碍异族归顺，则以武力慑之。其想象模式，与《西游记》大体相似。《红楼梦》里也旁涉异国。贾府里经常会有一些来自海外的贡品，探春远嫁海外等。在当时中国人的心目中，中土之外皆蛮夷之地，所以，探春远嫁被看成贾府衰落的一个标志，贾府上下如失魂落魄。

到了近代，文学作品中异国异族的形象由神话或怪诞转为亲历和写实，"老大帝国"、"中心"的心态发生了动摇。以《孽海花》为代表的一批近代小说，以及大量的游记、札记，描写异国异族时，对其技术精锐，文明发达表达了由衷的惊讶和震撼。"五四"以后的现代作家，与外国联系更加频繁，作品中异国异族形象大量增加，认识也加深和多元化了。郭沫若、郁达夫、张资平、陶晶孙、老舍、许地山、蒋光慈、无名氏等作家的作品中，或表现浪漫的异国情调，或眼见异国先进而生发愤之心，或从异国寻求真理。当然，异国异族也充任"地点"和"背景"。

在西方文学中，形象学更有大显身手的余地。由于西方各国之间交往异常频繁，战争、冲突、和解不断，在地区事务中发挥的作用不断变化，几个世纪以来，他们不断相互发现、认识、阐释，这方面的材料如汗牛充栋。法国人眼中的英国人，英国人眼中的俄国人，俄国人眼中的德国人，西班牙人与意大利人的相互对视等。形象学在早期研究中，学者们主要关注的就是这类问题。基亚在《比较文学》最后一章"人们所看到的外国"里，所列举的实例首先从法国视野出发，研究"在法国作家眼里的大不列颠"、"我们的德国"，随后才扩展到俄国、意大利、瑞士等国，并没有超出欧洲的范围。

随着形象学研究的发展，西方学者逐渐注意到欧洲以外的国家和民族形象。弗朗西斯·约斯特在《比较文学导论》中，把欧洲文学中出现的欧洲核心国家民族以外的异国异族形象称为"异国情调"，他认为："在西方，异国情调似乎是文学史上的一个常数"，一个"文学趋势"。他在解释"异国情调"在欧洲文学中何以发达时说："在文学上，异国情调产生于特定的历史事件，这些历史事件是试图实现某种理想而发生的。例如宗教理想促成了伊斯兰军队的对外扩张，十字军的征战和传教士的活动；而一种建立在经济和政治基础上的文化理想，推动了西欧国家采取殖民和帝国主义政策。这种频繁的宗教、军事、商业和外交活动的结果，就是使得各个文明体发生冲突并相互混合，而这种现象必然在民族文学和国际文学中反映出来。"①如果我们再深究的话，欧洲航海民族自古对探索、冒险、发现的嗜好，可能是他们酷爱"异国情调"的更深刻的心理基础，这是因，而前者是果。

约斯特虽然没有涉及欧洲核心国家民族之间的相互看法，但他对"异国情调"根源及表现的解释，他的研究方法，对形象学的一般研究有重要的参考价值。

的确，在欧洲文学两千多年的历史中，对表现异国异族形象一直有着浓厚的兴趣。荷马史诗《奥德赛》可以说开了欧洲文学描写异域风物的先河，奥德修斯在漂泊十年，历尽各种艰险和磨难才回到家乡，所见所闻离奇怪异。在以后的漫长岁月里，欧洲文学掀起一轮又一轮表现异国异族的热潮。例如伏尔泰的《老实人》中，写老实人在南美洲大陆旅行时，无意中闯入了一个与世隔绝的所在——黄金国。黄金国中不仅景色新奇，而且遍地黄金宝石。这里没有政府机关，没有监狱，没有教堂，没有牧师，人民虔诚自律，热爱科学，视金钱如粪土。伏尔泰把一个启蒙主义者理想的乌托邦描绘给读者，让人们看到了法国现实和启蒙理想之间的尖锐对立。夏多勃里昂的《阿达拉》展示了北美洲印第安人富于传奇色彩的生活，他们神秘、蛮

---

① ［瑞士］弗朗西斯·约斯特：《比较文学导论》，139、163、138页，长沙，湖南文艺出版社，1988。

野、通巫术、敬畏神灵；描绘了生养印第安人的母亲河密西西比河流域大自然的雄浑、浩瀚、广袤；尤其是印第安酋长沙克达斯和印第安人与白人所生的女子阿达拉之间浪漫凄婉的爱情故事，更是倾倒了无数法国读者。拜伦笔下的"东方"，吉卜林笔下的印度，以及众多作家用众多作品描绘出来的土耳其人、迦太基人、摩尔人、吉卜赛人、阿拉伯人等，都给读者新鲜奇异的印象。

作家们热衷于表现异国异族，并不单纯为了志异猎奇，常常有深刻的思想动机和文化背景。如果说儒勒·凡尔纳笔下的环球历险，吉卜林笔下的印度，赖德·哈格德笔下的非洲，集中体现了资本主义海外扩张过程中西欧民族的文化优越感，那么，劳伦斯、毛姆这样一些作家对异国异族的描绘，则反映了他们对欧洲文明的幻灭。在劳伦斯眼中，伦敦是"一座死亡的城市"，欧洲文明走到了尽头。他的《艾伦的杖杆》、《圣·莫尔》、《羽蛇》、《骑马离去的女人》等作品，把他的乌托邦移向美洲。劳伦斯希望他的主人公摆脱日益腐败的欧洲文明，在美洲更接近自然和原始状态的生活中得到再生。毛姆一生曾广泛游历，足迹遍及印度、缅甸、马来、中国以及南太平洋不少英、法属岛屿，还有南北美洲。他的许多短篇小说，以及《月亮和六便士》、《刀锋》等长篇小说，表现主人公与西方世界决裂，而把少受物质文明沾染的半原始的、自然状态的民族生活当成未来的理想范型。尤其是《刀锋》，记述一个年轻人对人生意义的漫长探索。拉里来自美国，"二战"中的经历使他受到极大震撼，战后他一直深感不安，觉得有必要探索宇宙的奥秘以及本人在宇宙中的位置，以便使今后的生活有充实的意义。他的探索分四个阶段，以地域的转换加以区分。他先来到巴黎，继而是波恩、西班牙，但这些欧洲城市和国家的文化都使他感到幻灭，最后他在印度的宗教中找到了真正的信仰。在他精神顿悟的时刻，他看到了香格里拉一般的山中仙境，精神得到了升华。

我们甚至可以设想，乌托邦小说，流浪汉小说，探险小说，科幻小说，游记等文学品种在欧洲的发达，是否和对表现异国异族的兴趣大有关系？或者进一步推测，它们可能是在表现"异国情调"的推动下发展起来的。这无疑是个有趣的研究课题。

西方作家笔下的中国形象，也是不胜枚举。《马可·波罗游记》或许是欧洲最早详细描述中国的作品，它记录了大汗攻城略地的武功，也记载了各地的风俗、生产、技术和市井生活。作为西方人，马可·波罗对基督教在中国的传播格外留心。马洛的《帖木尔》、冯塔纳的《艾菲·布里斯特》、卡夫卡的《万里长城》、布莱希特的《四川好人》、卡内蒂的《迷惘》、卡尔·迈的《孔丘·诺言》、博尔赫斯的《小径分岔的花园》等，都描绘了中国形象。西方作家一般都景仰中国历史上的名人英雄、古代智慧，也渲染其异国情调。但由于少数人的民族偏见和殖民主义思想作祟，对现实场景中的中国人，较少正面描写，甚至不惜竭尽诬蔑之能事。20 世纪初叶美国有关中国的通俗小说，只要讲到华人修筑铁路，开场必是"一个支那人坐在铁路旁，一个白人走过来把他的辫子剪掉……"。若写到中国女人，必是裹小脚，既可怜又可憎；中国男人则是唐山来的，迷信拜神，在沟渠边赌扑克牌……。① 在中国近代史上有许多西方传教士充当了帝国主义军事、文化侵略的急先锋，他们一手炮制出来的中国形象，在西方产生了恶劣的影响，并在某种程度上影响了近现代中国知识分子的思维结构。如亚瑟·斯密斯的《中国人气质》，托马斯·麦多士的《中国人及其叛乱》等，书中归纳出几十种中国人劣根性，认为中国不能从内部得到改良，而必须接受基督教文明洗礼才能改善。②

我们知道，形象是文学艺术反映社会生活的特殊形式，是作家根据社会生活的各种现象集中、概括、创造出来的具有强烈感情色彩和审美意义的具体可感的人生图画。而形象学顾名思义是研究形象的学问，那么，形象学意义上的形象，和一般文艺理论所言的形象，有什么相同点和区别呢？

形象学面对的形象首先是异国异族形象，其覆盖范围自然要比文艺理论所讨论的形象小得多；再就是创造者自我民族的形象，它隐藏在异国异族形象背后，但对异国异族形象的塑造起决定作用；一般文艺理论把形象看成是作家个人艺术独创性的结晶，它的研究重点也在这里，而形象学研究中，作家充其量只被看成媒介，研究的重点是形象背后的文化差异和冲突。

作为"他者"的异国异族形象，在文本中是以多种形式存在的，虽然它们被统称为形象。它可以是具体的人物、风物、景物描述，也可以是观念和言辞，总而言之，它是存在于作品中的相关的主观情感、思想、意识和客观物象的总和。只把形象学的对象局限在人物形象上，显然是不够的。

---

① 黄文湘：《赛珍珠的文学世界》，载《湖南师范大学学报》，1995(2)。

② 刘禾：《一个现代性神话的由来——国民性话语质疑》，见陈平原、陈国球主编：《文学史》，第一辑，北京，北京大学出版社，1993。

法国比较学者在形象学研究中十分关注"套话"。套话是法语 stéréotype 的汉译，在形象学中，指"一个民族在长时间内反复使用、用来描写异国或异国人的约定俗成的词组"。它是他者形象在文本中的最小单位，如欧洲人常用"鹰勾鼻"指犹太人，中国人用"老毛子"指俄国人，用"大鼻子"、"洋鬼子"指西方人。从明代到抗日战争时期，中国人分别用"倭寇"、"东洋人"、"小日本"、"日本鬼子"等套话来描绘日本人。套话对异族异国进行描述时，省略了推理的全过程，是在民族心理定势推动下一种不由分说的表述，标志着对"他者"的凝固看法。

正如我们前面已经指出的，这些他者形象，虽经作家之手创造，但它绝不是一种单纯的个人行为，也就是说，作家对异国异族的理解不是直接的，而是通过作家本人所属社会和群体的想象描绘出来的。文学作品中的异国异族形象是整个社会想象力参与创造的结晶，作家在其中只充当了一个媒介。法国学者把这种在"他者"形象创造中起支配作用的，来自其所属社会的影响源称为"社会整体想象物"。古代和现代，东方和西方，不同的作家笔下的"他者"形象，都受制于各自的"社会整体想象物"。研究吉卜林笔下的印度，康拉德笔下的刚果，罗伯·格里耶和加缪笔下的非洲等，都不能忽略当时殖民主义侵略、发现新大陆、探险这样的文化语境。中国古代作家对异域的想象，也与中华帝国的"世界中心"观念息息相关。

社会整体想象物并不是统一的，按法国学者的理解，它有认同作用和颠覆作用这两种力，存在于意识形态和乌托邦之间。我们说某一作家笔下的异国异族形象是意识形态化的，意思是指作家在依据本国占统治地位的文化范型表现异国，对异国文明持贬斥否定态度。当作家依据具有离心力的话语表现异国，向意识形态所竭力支持的本国社会秩序质疑并将其颠覆时，这样的异国形象叫乌托邦。我们前面提到的实例中，夏多勃里昂、吉卜林的异域形象是意识形态化的，他们赤裸裸地颂扬了宗主国的文明优势。伏尔泰的《老实人》、劳伦斯、康拉德、毛姆等人的一些表现异域的作品，提供的是乌托邦的图景，他们批判了本国文明的腐朽和堕落，把理想寄托在异域文明上。

他者形象与自我形象的关系一直受到形象学研究者的关注，这是因为作家在对异国异族形象的塑造中，必然导致对自我民族的观照和透视，正如胡戈·狄泽林克所说:"每一种他者形象的形成同时伴随着自我形象的形成。"①他者形象生成时,一定会伴生出一个自我形象,二者是孪生关系,相辅相成,相得益彰。他者形象犹如一面镜子,照见了别人,也照见了自己。这道理其实很简单,事物总是在比较对照中才能暴露出本质。毛姆在他的海外小说中,把这个浅显的道理说了出来,他在表现他者形象的同时,也冷静而严厉地观察了散居世界各地的英国人士和团体。这些大英帝国全盛时期的臣民,远离本土,远离英国社会的道德禁忌,他们各种隐藏的私欲和邪念也表现得更加放纵、露骨。他的短篇小说《雨》通过一个狂热的基督教传教士与一个妓女在异域发生的纠葛,揭露了他肮脏的灵魂。这个教士为使一个妓女"改邪归正",对她进行了残忍"洗脑",折磨得妓女几乎精神崩溃,而教士却振振有词地说是为了她的灵魂得救,一副正人君子模样。正当妓女立誓要痛改前非之际,教士自己却成了情欲的牺牲品。再如康拉德的《奥尔迈耶的愚蠢》,小说以印度尼西亚丛林为背景,表现了白人殖民者的贪婪和傲慢,以及对土著居民感情和生活上的无知和轻率态度。中篇小说《黑暗的心脏》中,描绘了一幅外国殖民者掠夺奴役之下非洲丛林阴森恐怖的景象:村庄凋敝,饿殍遍地,白人殖民者是"充满强烈欲望、暴力及贪婪的魔鬼",掠夺成性,杀人如麻。故事的叙述人马罗发现,欧洲人的心是黑暗的渊薮。

这两个作家笔下自我民族的形象较为直观。更常见、但较隐蔽的自我形象来自小说的隐含叙述人,由他的语气、角度、态度、评价等主观因素聚合而成的本民族意识。例如美国小说家赛珍珠的创作。她的《大地》三部曲,《东风,西风》、《母亲》、《闺阁》等作品,一扫西方作家描写中国现实生活时惯用的贬损态度,塑造了崭新的中国形象,被公认为是"对中国农民生活史诗般的描述,这描述是真切而取材丰富的"。②《大地》中王龙的妻子阿兰是一位典型的中国女性,她忠于传统赋予女性的一切责任和压力:操持家务,生儿育女,照料老人,辅助丈夫,兢兢业业,最后精力慢慢耗尽而死。赛珍珠带着满腔的同情和爱心写了这一切。她还对西方的殖民侵略深恶痛绝,在《大地》中,她借王勉之口,谴责在中国的外国人说:"他们用他们的宗教掠夺我们的灵魂和意志,用他们的贸易掠夺我们的货物和金

---

① [德]狄泽林克:《论比较文学形象学的发展》,载《中国比较文学》,1993(1)。
② 诺贝尔文学奖(1938年)"获奖评语",见刘龙主编:《赛珍珠研究》,53页,昆明,云南人民出版社,1992。

钱。"但无论如何，赛珍珠是美国作家，她在为美国读者写作。因此，尽管她改写了西方人眼中的中国形象，尽管她声称叙述中国人"跟我叙述自己的亲人一样"，① 但中国形象始终是作为他者来处理的，她的本民族意识在小说的艺术构成中，起着决定性作用。三部曲，尤其是第一部，小说情节的推动，基本上是一连串仪式和礼数的展开，作者不厌其烦地介绍（潜在的读者是西方人）主人公如何平生第一次洗澡，如何娶亲，怎样喝茶，多子多福的意识，染红鸡蛋，买地的冲动等。人物的每一个行动，叙述人都把它处理成亘古如斯的习惯和风俗，并格外指点出来。设若中国作家面对中国读者，这一切可以全免。三部曲表现的是与大地和解的主题，作者显然欣赏宗法制度下中国农民日出而作、日落而息的生活方式，反对中国社会发展和进步，所以在第二部中，把向现代转型时期的中国描述成军阀割据，战乱不已，看不到新生的革命力量。这与中国五四新文学反封建、反传统的主旋律是相悖的，迎合的是其本民族近代以来，在海外扩张中形成的对落后民族的浪漫幻想。

20 世纪以来，世界范围的移民潮大规模频繁涌动，作家的族属和国籍已很难单一划定，往往你中有我，我中有你，由此给创作带来的影响也越来越复杂。特别是第三世界的作家进入西方文化圈后进行创作，或多民族国家内部的少数民族在多数民族的文化语境中所进行的创作。这两种情况，给形象学提出了新的课题。前者如美国的侨民作家，海外华人作家等，他们的作品中，自我形象和他者形象之间面对面的对话和冲突，叙述人在对母体文化和客体文化进行选择时，表现出来的左右摇摆和深刻矛盾，这些都有重要的研究价值。

如前所述，他者形象是作家在社会整体想象物支配下创造出来的幻象。在此这个问题有进一步论述的必要。基亚在《比较文学》一书中说："如果每一个人，甚至每一个群体或国家都用简单化的形象来想象别的民族，把这个民族有时是主要的特征看成为偶然的特点，那就另当别论了。在这种情况下，德国就不复存在了，只有卡什莱的德国、哲学家们的德国和法国人的德国了。这个群体越大，想给这个群体确定形象的人就越要冒抽象化的风险，事实上，这个形象将会越显得是漫画式的、图解式的和使人惊奇

---

① 诺贝尔文学奖（1938 年）"授奖词"，见刘龙主编：《赛珍珠研究》，54 页，昆明，云南人民出版社，1992。

的。"①基亚认识到异国异族形象的虚构性，但把它看成是偶然的现象，殊不知它是普遍的、必然的。保罗·瓦雷里就曾这样解释"东方"："为了要使'东方'这个名词在头脑中产生充分作用，首先必需不曾到过它所指的那个朦胧的地区。"②本杰明·迪斯雷利说："东方是一种经历。"③他们都直率地说出了所谓"东方"的秘密。法国学者乔治·居斯多夫在评论孟德斯鸠《波斯人信札》时说："欧洲的学者们自开始世界探险以来，就发明了东方学和人种志，作为适于了解劣等并通常不发达的兄弟的认识方式。稍加思考便会知道，不存在什么东方，东方不存在于任何地方，其根本理由就是在于东方人从来都是某个人的东方人。"④他认为经由社会整体想象物参与创造出来的"东方"，完全是靠不住的。

"东方主义"这个术语，经过赛义德的使用，已经享有了很高的知名度。赛义德认为，东方主义在欧洲有着悠久的传统，在欧洲人几个世纪的海外扩张和殖民侵略中，它发展成一个庞大的知识体系，决定了欧洲人对非基督教文化体系民族的基本认识。东方主义者描述的东方的虚构性，最清楚不过地反映了异国异族形象的普遍特性。但尽管如此，异国异族形象对于本民族来说，它又永远是可信的，切题的，合乎逻辑的。作家们赋予他者形象以意识形态或乌托邦色彩，总是有意无意在维护、扩张或颠覆自我文化。因此，他者形象一经产生，就会反作用于自己，对自我民族意识发生巨大影响。西方学者已经注意到这个问题，狄泽林克呼吁"急需对形象以及形象结构的能量和威力进行更为广泛深入的研究，探索各种形象所带来的那种特定的，难以驾驭、似乎无法控制的影响和作用"。⑤

或许是欧洲人对法西斯德国在"种族优越"的幻象引导下发动两次世界大战的惨痛历史记忆犹新，狄泽林克特别强调异族想象在国家关系、地缘政治中所起的负面作用，他说："这种由形象而产生的后果今天还到处见到，而且往往是特别有害的。"⑥苏珊·巴斯奈特在《比较文学》一书中，同

① ［法］基亚：《比较文学》，颜保译，106 页，北京，北京大学出版社，1983。

② 转引自［瑞士］约斯特：《比较文学导论》，162 页，长沙，湖南文艺出版社，1988。

③ ［美］Edward Said, *Orientalism*, New York：Vntage Book, 1979，插页。

④ ［法］乔治·居斯多夫：《〈波斯人信札〉序言》，见孟德斯鸠：《波斯人信札》，梁守锵、孙鹏译，14 页，桂林，漓江出版社，1995。

⑤ ［德］狄泽林克：《论比较文学形象学的发展》，载《中国比较文学》，1993(1)。

⑥ 同上。

样深刻地论证了异族想象如何在国家政治生活中发挥作用，例如纳粹德国时期的游记作者关于冰岛的描述，强调那里的洪荒、孤傲、克制、自律、庄严、成熟、强大，以及尚武的传统，在严峻气候条件下生存的人类勇敢的美德。这种体认与德国人对自己种族优越性的神化联系在一起，他们把这冰天雪地的北方虚构成德国的过去，德国文化的摇篮和精神的家园，雅利安民族的理想范本，以及纯洁性的象征。①

异族的想象在人类精神生活中发生的极大影响力，其实际情形可能更加复杂，很难用"有害"或"有益"来概括。我们前面提到近代西方传教士关于中国形象的描述，它是在殖民侵略的社会整体想象物支配下炮制出来的意识形态幻象。但在近现代中国，它却得到了从梁启超、孙中山、陈独秀到鲁迅几代知识分子和爱国志士的积极回应，从而掀起一场国民性问题的大讨论。在中国国民性的界定上，无论是梁启超的"十种德性"、"十大元气"②或鲁迅笔下麻木愚昧的阿Q，都受到西方传教士对中国人描述的影响。③ 这种格局，在亚非各国现代化进程中普遍存在。

另一个例子，是美利坚民族形成和美国建国过程中，来自英国的清教徒对美洲大陆的想象和预见所唤起的激情和巨大推动力。美洲这块古老的土地世世代代居住着印第安人，所谓"美洲的发现"主要是欧洲人世俗性质的冒险活动的结果，是资本主义势力向海外扩张的结果；欧洲人在那里通过土地掠夺、奴隶制和种族灭绝等野蛮手段进行控制。但清教徒们在各种各样的宗教小册子、布道文、清教哀诉故事中，却把这一切合法化、神圣化。他们发明了一整套宗教语汇，把美洲看成是上帝赐予的土地，是"伊甸园"，是"新迦南"，是新天新地；把横渡大西洋的航行视为《圣经》中的大迁徙和类似古代以色列人出埃及的行动；把早期以囚犯、冒险家、受宗教迫害者为主的移民，描绘成上帝的选民；视领袖人物为摩西、亚伯拉罕、约书亚等《圣经》中的先知和圣徒；把对印第安土著的掠夺美化为"上帝的战争"。这些语言的隐喻赋予清教徒崇高的使命感，并最终积淀为美国精神的一部分。《哥伦比亚美国文学史》就认为，"从大觉醒到美国革命，从向西扩

---

① ［英］Susan Bassnett：*Comparative Literature：A Critical Introduction*，Oxford：Blackwell Publishers，1993，p.104.

② 见梁启超：《十种德性相反相成论》，《国民十大元气论》，收入《饮冰室合集·文集》和《饮冰室合集·专集》（上海中华书局1936年版）。

③ 参见刘禾：《一个现代性神话的由来——国民性话语质疑》，陈平原、陈国球主编：《文学史》（第一辑），北京，北京大学出版社，1993。

展到南北战争，从世界末日善恶大决战到冷战和今日的星球大战，在贯穿美国文化的每一个主要事件中，都可以看到上述精神遗产的痕迹。"①

受福科的影响，赛义德把东方主义看成一种话语方式，指出欧洲在生产东方主义知识的过程中，强化了自己的文化优势地位。但同时，东方作为欧洲的近邻，最大、最富饶、最古老的殖民地，最广泛、最频繁出现的关于他者的想象，也帮助欧洲（或者说西方）确立了其物质文明和文化意象、观念的基本成分。东方是欧洲文化的竞争者，语言和文明的重要源泉。②这些例子证明，形象的威力绝不可低估。

## 第六节　比较诗学

比较诗学是比较文学的一个比较年轻的研究领域。

在古代西方，广义的诗泛指文学；所谓"诗学"，并不单指关于诗的理论，而是指一般的文学理论。这一名称起源于古代希腊。当时流传下来的最早的、也是最有权威性的文艺理论著作是亚里士多德的《诗学》（*Poetics*），此后，西方古典文艺理论著作习惯采用这类名称，如古罗马最重要的文艺理论著作叫《诗艺》（*Ars Poetica*，贺拉斯著），17 世纪法国古典主义理论的经典是《诗的艺术》（*L'art Poetique*，布瓦洛著）。这些都不是单纯的诗歌理论著作，而是一般文学理论著作。于是，"诗学"也就成了文学理论的"雅号"。至于"比较诗学"（Comparative poetics）则是近 20 年来比较文学发展过程中新提出的名称，专指不同民族不同文化体系的文学理论的比较研究。

不同体系的文学理论之间的比较研究早已存在。从中国来讲，王国维、蔡元培、鲁迅、宗白华、朱光潜等都曾对中外文学理论进行过比较研究。但是那时的研究是分散的、零碎的、缺乏系统的。随着比较文学的发展和深入，人们感到，当必须对民族文学之间的异同现象作出进一步分析，并追求其形成根源的时候，就会超出作家作品本身的范围，而从社会历史、文化背景、民族审美意识特征等方面去寻找原因。研究者如果从本民族的审美意识、审美习惯出发去理解和评价另一个文化体系和文化背景下产生的作品，往往会得出不恰当的结论。特别是当欧洲中心论被打破，东西方

---

① ［美］埃默里·埃利奥特：《哥伦比亚美国文学史》，朱通伯等译，27～35 页，成都，四川辞书出版社，1994。

② ［美］Edward Said, *Orientalism*, New York：Vintage Book, 1979.

文学的比较研究，也就是不同文化体系、文化背景的文学比较受到重视的时候，这种情形更加突出。人们不再满足于原有的研究水平，而作更深层的追求，即从文学的比较研究进入到文学理论的比较研究。

同时，随着比较文学领域的拓展，原先的实证主义框框的被打破，审美评价和综合研究进入比较文学的领域，就必然要把文学理论的比较研究引入比较文学的领域。比较文学既然以打破民族文学的界限、探讨文学的共同规律为己任，那么就不能忽视文学理论的比较研究。因为，只有通过这样的研究，从整体上认识文学、理解文学，才能揭示出真正能够涵括全人类文学发展的具有普遍意义的规律性的东西。

1963年，艾田伯发表他著名的《比较不是理由》时，为比较文学的发展设计了一个远景规划，其中首次提出了"从比较文学到比较诗学"的设想。他明确地指出，比较文学一旦摆脱历史考据的羁绊而成为一种综合性的(历史的和美学的)文学研究时，比较诗学就被提到历史日程上来：

> 历史的探寻和批判的或美学的沉思，这两种方法以为它们自己是势不两立的对头，而事实上，它们必须互相补充；如果能将两者结合起来，比较文学便会不可违拗地被导向比较诗学。①

他认为，对于具体文学进行细致的比较研究而归纳出"一个由诸不变因素构成的系统"，这样的系统与那些从形而上的原理中演绎出来的理论不同，是"真正具有实用价值的美学"，它可以告诉人们，真正的艺术"必须具备的特性"，从而具有指导意义："这种系统如果是用极为严格的标准制定出来的，它可能会有助于使当代文学从那种错乱、混杂、丑态中摆脱出来。"②比较文学也不再是被动地研究历史陈迹，而能对当代文学的发展作出自己的贡献。

美籍华裔学者、美国斯坦福大学教授刘若愚在比较诗学的倡导和东西方诗学比较的实际研究上作了许多工作。在他之前，台湾淡江大学《淡江评

---

① ［法］艾田伯：《比较不是理由》，见干永昌、廖鸿钧、倪蕊琴编选：《比较文学研究译文集》，116页，上海，上海译文出版社，1985。艾田伯所说的 poetique Comparée，即英语的 Comparative poetics，见［美］刘若愚：《中国的文学理论》第一章注⑥的解释，中译本207页，成都，四川人民出版社，1987。

② 同上。

论》杂志就提倡东西方文论的比较研究，并提出了"共同诗学"的名称。这一名称并不科学，因为东方或西方文学理论内部就有不少分歧，东方与西方的文学理论之间更有许多差异，要想建立"共同"的诗学，几乎是不可能的。刘若愚认为，建立统一的美学难以做到，而对东西方文学理论进行平行比较是完全可行的。尽管这里会有许多困难，但经过这样的努力便可以为东西方文学批评观的融合作出准备。他建议不用"共同诗学"的名称而采用艾田伯的"比较诗学"的提法。1973 年，他完成了《中国的文学理论》一书，把自己的理想付诸实践，取得了很好的成果。在此书的结论中，他强调了比较诗学的必要性："考虑到不同文化和不同时代之间在信仰、自尊、偏见和思想方法方面的差异，我们必须力求跨越历史、跨越文化，去探求超越历史和文化差异的文学特征和性质、批评的观念和标准，否则，我们便不应当从整体上去谈文学（'literature'），而只能谈孤立分散的种种文学（'literatures'），不应当从总体去谈'批评'（'criticism'），而只能谈孤立分散的种种'批评'（'criticisms'）。"①在这本书的"导论"中，他对于比较诗学的目的和价值，作了更为透辟的说明：

> 我相信，对历史上互不相关的批评传统作比较研究，例如对中国的批评传统和西方的批评传统作比较研究，在理论的层次上比在实际的层次上会有更丰硕的成果，因为特殊作家和作品的批评，对于不能直接阅读原文的读者是没有多大意义的。而且某一具有自身传统的文学的批评标准，也不能应用于其他文学；反之，对于属于不同文化传统的作家和批评家的文学思想的比较，则或许能揭示出某些批评观念是具有世界性的，某些观念限于某些文化传统，某些观念只属于特定的文化传统。反过来这又可以帮助我们发现（因为批评观念通常是建立在实际的文学作品基础上的）哪些特征是所有文学所共有的，哪些特征限于用某些语言写成、或产生在某些文化传统上的文学，哪些特征是某种特定的文学所独具的。因此，对于文学理论的比较研究，可以更好地理解所有的文学。②

对于西方学者，刘若愚希望他们注意中国的文学理论，"不再仅仅以西

---

① ［美］刘若愚：《中国的文学理论》，206 页，成都，四川人民出版社，1987。
② 同上书，3～4 页。

方的文学经验为基础去建构一般文学理论"。① 而中西比较诗学研究的目的是"对一个最后可能的普遍的世界性的文学理论的形成有所贡献"。②

刘若愚关于"比较诗学"的提法，得到广泛的赞同。许多美籍华裔学者与台湾学者自六七十年代以来，在这一方面作出了积极的努力，取得了初步成果，已发表的著作如古添洪的《记号诗学》、王建元的《雄浑观念：东西美学立场的比较》、郑树森的《文学理论和和比较文学》等。美国加州大学圣地亚哥分校教授、比较文学系主任叶维廉更把自己在这方面的研究成果结集出版，旗帜鲜明地取名《比较诗学》。目前，"比较诗学"的名称已经取得了普遍的承认和运用。大陆学者也一再提倡文学理论的比较研究。钱锺书认为"比较诗学是一个重要而且大有可为的研究领域"。③

叶维廉《比较诗学》中的《东西比较文学模子的应用》一文，对于开展比较诗学研究提出了一些重要意见。在文章中，叶维廉吸收语言学家沃夫关于"文化模子"的理论，提出不同文化系统决定着不同的"美感运思及结构行为"，形成不同的所谓文学"模子"的理论，根据这一理论，他认为，在进行不同文化背景的文学的比较研究时，不应该用一方既定的文学"模子"去硬套到另一方之上，为了寻求共同的文学规律，必须采取两个模子同时进行的方法：

> 要寻求"共相"，我们必须放弃死守一个"模子"的固执。我们必须要从两个"模子"同时进行，而且必须寻根探固，必须从其本身的立场去看，然后再加以比较加以对比，始可得到两者的面貌。④

叶维廉根据这种模子说，在他的一系列文章中反复地论证了这样两个观点：第一，在中西比较文学的研究中，要寻求共同的文学规律、共同的美学据点，不能停留在一般的表层的类比，必须深入到"每一个批评导向里的理论，找出它们各个在东方西方两个文化美学传统里生成演化的'同'与'异'，在它们互照互对互比互识的过程中，找出一些发自共同美学据点的

① ［美］刘若愚：《中国的文学理论》，5 页，成都，四川人民出版社，1987。
② 同上书，3 页。
③ 张隆溪：《钱锺书谈比较文学和"文学比较"》，见北京师范大学中文系比较文学研究组选编：《比较文学研究资料》，92 页，北京，北京师范大学出版社，1986。
④ 叶维廉：《〈比较文学丛书〉总序》，15 页，台北，东大图书公司，1983。

问题，然后才用其相同或近似的表现程序来印证跨文化美学汇通的可能"，① 并在比较的基础上，重新架构批评理论的基础。这就是比较文学必须导向比较诗学的道理。第二，"文化的交流正是要开拓更大的视野，互相调整、互相包容，文化交流不是以一个既定的形态去征服另一个文化的形态，而是在互相尊重的态度下，对双方本身的形态作寻根的了解"。② 这就是中西比较诗学的基本态度：比较是为了探求不同文化体系文学"汇通"的据点，而不是用一种理论去强求另一种理论。所以在中西文论比较中，不能以某一方的理论为基础，用自己的"模子"去推测或理解对方的观点，应该两个"模子"并进。基本的途径是"互照互省"，通过比较既找出共同的规律，又辨认出各自的特点。这样的比较研究，不是比高低，而是比特点；不是为证明某方比另一方高明，用这一方来否定另一方，而是为进一步的综合打基础，为互相之间的学习与借鉴，寻找客观的根据。

由此可见，比较诗学研究与一般文艺理论研究不同，它要求研究者有更加广阔的视野，有国际的角度，有比较的自觉意识，关键的一点是他们要超脱本民族文化体系的"模子"，站在更高的层次上来探求人类文学的"共同规律"。这是很不容易做到的，但是，又必须做到。不然用一个固定"模子"去看待另一个民族和另一个文化体系的文学理论，用一种理论"模子"去要求另一种理论，或者把一种理论往另一种理论上套，都不可能发现人家的特点，也找不到具有普遍意义的规律，因而也谈不到什么比较研究。

开展比较诗学研究对我们来讲，最重要的是中西诗学比较。这里首先碰到的一个困难就是中国文论与西方文论各自都有一套理论体系，连术语都互不相关。西方文艺理论自从亚里士多德以来一脉相承，而且具有分析性、逻辑性等特点。它讲究完整的体系。术语运用也有一定规范。中国文艺理论则不然。中国的批评家多半是实践家和鉴赏家，他们在文学批评的实践中，创造了一系列独具特色的术语概念，如"神韵"、"性灵"、"境界"、"风骨"、"气"等，这些术语与概念适合中国文学的特点，讲出了许多深刻的道理，但是缺乏系统的理论阐述，而且具有直观性、多义性的特点。同一术语可以表达不同的概念，不同的术语实际上又可能表示同一概念。以曹丕《典论·论文》为例，在论述文学的本质时，他说：

---

① 叶维廉：《〈比较文学丛书〉总序》，16 页，台北，东大图书公司，1983。

② 叶维廉：《东西比较文学中模子的应用》，见《比较诗学》，19 页，台北，东大图书公司，1983。

> 文以气为主，气之清浊有体，不可力强而致。譬诸音乐，曲度虽均，节奏相检，至于引气不齐，巧拙有素，虽在父兄，不能以移子弟。

这里的"气"，讲的是基于个人气质的个人天赋或才能。但是，在同一篇文章中，曹丕讲到徐幹"时有齐气"，在另一封信中，他讲到刘桢有"逸气"。这两个"气字"显然不是指作家的才华，而是指作家的风格，然而两处用法又有不同，表示两种不同的内容，前者指地方风格，后者指个人的精神风貌①。

东西方文论之间这种理论体系和术语概念上的差别以及中国文论的复杂情况，使有的学者曾对东西方文论比较研究的可能性发生怀疑。韦斯坦因说："我不否认有些研究是可以的，例如艾金伯勒（即艾田伯）提倡的音韵、偶像、肖像插图、文体学等方面的比较研究，但却对把文学现象的平行研究扩大到两个不同的文明之间仍然迟疑不决。因为在我看来，只有在一个单一的文明范围内，才能在思想、感情、想象力中发现有意识或无意识地维系传统的共同因素。……这样，像里尔克和马卡多或者里尔克和斯蒂文斯之间的比较研究从比较文学的角度才较易辩护，而企图在西方和中东或远东的诗歌之间发现相似的模式则较难言之成理。"②这种担心已经被许多比较学者的成就所否定，韦斯坦因本人也改变了自己的看法。事实告诉我们，中国的文学理论和西方的文学理论都是人类社会意识活动的结果，它们有许多相同的地方，中国人和西方人有共同的审美爱好，有共同的艺术实践，也必然会产生相同或相近的美学思想和美学原则。因此东西方的文学理论之间存在着共同的规律。这种共同的规律，只有通过比较才能认识。当然，二者之间也存在着很大的差异，这种差异，也只有通过比较来加以考察和区别，从而更清楚地认识各自的特殊规律。这就是比较诗学存在的基础和价值。

怎样进行中西诗学比较研究？钱锺书说："如何把中国传统文论中的术

---

① 见［美］刘若愚在《中国的文学理论》中对这一问题的解释，中译本，19～20页，成都，四川人民出版社，1987。

② ［美］韦斯坦因：《比较文学和文学理论》，5～6页，沈阳，辽宁人民出版社，1987。

语和西方的术语加以比较和互相阐发，是比较诗学的重要任务之一。"①他指出了当前东西方比较诗学面临的一项最重要的工作。当然术语的比较研究与范畴的比较研究是不能分开的。一般的做法是先找出对应的范畴和术语，比较它们含义上的异同之外，总结这些对应范畴的联系与区别，然后把这种比较所得上升为理论，得到一种综合性的意见，从中引申出具有普遍意义的结论，并用现代科学的语言来加以阐述。

钱锺书个人的研究为我们作出了示范。他在《谈艺录》与《旧文四篇》中已有比较诗学的许多精辟见解，《管锥编》更是有意识地成功地运用了比较研究的方法，澄清了或者阐发了许多古典文论中的重要范畴。如卷3第128则注释陆机《文赋》，引用了理查兹、朗吉弩斯、席勒、韩波的观点，中外文论相互印证，使双方的含义相得益彰。又如《管锥编》卷4第189则，详细地考察了"神韵说"。钱锺书指出：中国古典文论中的神韵说源自谢赫，从"气韵"到"神韵"，从论画到论诗，在文艺创作上也形成了一种风格。"神韵"的真正含义是讲究含蓄不露，留有余地，无论写景写情，都要避免"工细"、"详尽"，应该使观者从所写景物冥观出未写之景物，从所道之情事默识出未道之情事，这样，才能含蕴深远，耐人玩味。钱锺书在文章中列举了谢赫以来，画论、诗论中有关的论述，同时比较了古印度主韵诗派的意见，古代西方学者狄米特里乌斯的说法，以及狄德罗、儒贝尔、利奥巴迪的说法，引证了叔本华的意见："作文妙处在说而不说，正合古希腊诗人所谓'半多于全'之理。切忌说尽，法国诗人所谓'详尽乃使人厌倦之秘诀'"等，说明这是一种中外文论的普遍意见。然后，他总结这种艺术手法说："曰'气'曰'神'，所以示别于形体、曰'韵'，所以示别于声响。'神'寓体中，非同形体之显实，'韵'袅声外，非同声响之亮彻；然而神必托体方见，韵必随声得聆，非一亦非异，不即而不离。"②但是钱锺书并不认为这种手法是十全十美的，他援引了中国古代的一则寓言和一则文论说明了另外一个道理："《百喻经》第一则云：'有愚人至于他家，主人与食，嫌淡无味，主人为益盐。既得盐美，便自念，言：'所以美者，缘有盐故；少有尚尔，况复多也！'便空食盐（参观《吕氏春秋·用民》以'盐之于味'，喻'无有而不足专恃'）；贺贻孙《诗筏》：'写生家每从闲冷处传神，所谓颊上加三毛也，

① 张隆溪：《钱锺书谈比较文学与"文学比较"》，见北京师范大学中文系比较文学研究组选编：《比较文学研究资料》，92页，北京，北京师范大学出版社，1986。

② 钱锺书：《管锥编》，第四册，1365页，北京，商务印书馆，1979。

然须从面目颧颊上先着精彩，然后三毛可加。近见诗家正意寥寥，专事闲话，譬如人无面目颜颊，但具三毛，不知果为何物！'南宋画、神韵派诗末流之弊，皆'但具三毛'、'便空食盐'音软。"①这样，钱锺书不仅以其渊博的学识，论述了神韵说的源流和基本内涵，而且评价了它的得失，发扬了中国文论固有的辩证观点，更全面地阐述了艺术创作的这一普遍规律。

王元化的《〈文心雕龙〉创作论》也有许多比较诗学的成果，其中《刘勰的譬喻说与歌德的意蕴说》可以说是一篇成功之作。文章把刘勰与歌德对艺术形象的理解进行比较，一方面指出刘勰的"拟容取心"说与歌德的意蕴说有某种类似之处，即把艺术分为内外两个方面，内在意蕴显现于外在形状，外在形状指引到内在意蕴。另一方面又指出他们二人对于一般与个别的关系的理解是不同的。文章并不停留在表层的对比上，而是联系他们的思想体系进行深入的剖析，指出刘勰由于受到他的客观唯心主义思想体系的制约而导致这样一种偏向："作家不是通过现实的个别事物去表现从它们自身揭示出来的一般意义，而是依据先入为主的成见用现实的个别事物去附会儒家的一般义理，把现实事物当作美刺箴诲的譬喻。因而，这里所反映出来的个别与一般的关系，也就变成了一种譬喻的关系了。"②歌德的意蕴说没有这种主观色彩，他反对那种从主观出发的譬喻文学，但是他又走到了另一个片面，要求作家在创作时"只表达个别而毫不想到或者提到一般"，从而否定了文学创作过程中一般对个别的作用。王元化在文章的后半部分，运用马列主义的认识论原理对文艺创作过程进行分析，深刻地阐明了其中个别与一般的辩证关系。这篇文章论题不大，篇幅不大，却给我们以方法论的示范。

刘若愚的《中国的文学理论》是中西诗学比较的一部力作。它对中西文论的术语范畴进行了广泛的比较研究，但是，他并不着眼于个别的术语范畴，而是企图整理出中国文论的体系，把个别术语、范畴放在两个不同的体系中来进行比较研究，阐明其意义，辨析其异同。为了对中国文论进行分类整理，他借用美国学者阿勃拉姆斯在《镜与灯：浪漫派理论和批评的传统》(1953)中指出的著名的艺术四要素的理论，并加以适当的调整，提出了一个新的图表：

---

① 钱锺书：《管锥编》，第四册，1365 页，北京，商务印书馆，1979。

② 王元化：《刘勰的譬喻说与歌德的意蕴说》，见北京师范大学中文系比较文学研究组选编：《比较文学研究资料》，465 页，北京，北京师范大学出版社，1986。

$$\text{宇宙}$$

读者 ⟷ 作家

作品

这四要素之间的相互关系构成了整个艺术过程的四个阶段：①宇宙影响感发作家，作家对之作出反应；②由于这种反应，作家创作出作品；③作品与读者见面，对读者发生影响；④读者因阅读作品的经验而调整其对宇宙的反应。整个艺术过程形成了一个完整的圆圈。同时，这个过程也以逆方向在进行。根据这一图表，刘若愚对中国文论的批评见解，提出一系列问题，根据这些见解对他所提出的问题的回答，以它们在整个艺术过程中的位置，来阐明这一概念术语的内在含义。刘若愚认为，这张图表和有关问题，可以"通过把我们引导到得以寻求更为精确意义的意义总领域，从而帮助我们澄清术语的含混模糊，并揭示出其底层概念"。① 在这一基础上，可以与相应的西方文论作比较研究。在刘若愚的这些研究中，不管其结论和解释是否完善，他的那种使中国古典文论科学化的尝试总是有益的，单就方法论而言，也可以给我们很多启示。

除了对范畴术语进行比较研究之外，对中西文论的总体特色的比较研究，也是学者们很感兴趣的一个课题。这里需要说明一点，比较诗学的这方面研究往往和比较美学结合在一起。比较诗学与比较美学是两个不同的研究领域，但是，它们有互相交叉的部分，正如文学理论和美学是既互相区别、又互相联系的两门学科一样。实际上，国内比较美学的讨论主要涉及的还是艺术哲学范围内的问题，所以它与比较诗学较为接近。目前，关于中西美学思想总体特色比较研究的讨论，集中在两个问题上，一是关于中西文论的审美特点的区别，二是中西文论表现形态的不同。

争论之中，不少人认为中国的文艺理论的总特点是"表现"，而西方的艺术和文论的总特点是"再现"，把这一点看作中西审美特点的主要区别之一。② 周来祥在比较东西方古典美学理论时说："从体系上看，西方偏重于

---

① ［美］刘若愚：《中国的文学理论》，20～21页，成都，四川人民出版社，1987。

② 张月超《中西文论方面几个问题的初步比较研究》一文中说，这是中西文艺理论的分界线，见朱维之、方平等：《比较文学论文集》，13页，天津，南开大学出版社，1984；曹顺庆在《"物感说"与"摹仿说"》中说：这是"中西文学艺术的根本区别与特征之一"，载《文艺研究》，1984(4)。

再现，东方则偏重于表现"，具体表现在四个方面，第一，东方和西方都以古典的和谐的美作为美的理想，但西方偏重于形式的和谐，东方则偏重于伦理内容的和谐。第二，"东方和西方都强调再现与表现的结合，但西方更偏重再现、摹仿、写实；东方则更侧重表现、抒情、言志。"在西方，亚里士多德以摹仿为基础建立起《诗学》的体系，他的理论在欧洲称雄了几千年。在中国，"诗言志"是一个最古老的观点，是我国古典美学体系的基础。中唐以前在总的表现原则下，更强调写实，晚唐以后，写意越来越成为主导的倾向，从形似中求神似转化为神似中见形似，甚至从传神演化为写心。第三，东方和西方虽然都强调描写具有普遍性、必然性的事情，强调类型性的典型化原则，但由于西方再现艺术（戏剧、小说）特别发达，相应地发展了艺术典型的理论，我国由于表现艺术的繁荣，相应地创造了艺术意境的理论。情与理的结合成为中国古典美学的一个优良传统；艺术意境的理论是中国古典美学对世界美学思想的一个可贵的贡献。第四，东方和西方虽然都强调真、善、美的统一，但西方侧重真与美的结合，中国更侧重美与善的结合，强调文艺的教化作用。晚唐以来，随着写意倾向的发展，日益把诗画作为抒情表意、陶心养性，提高人们道德情操的精神境界的手段。总之，西方偏重于再现、摹仿的哲学认识论的美学，东方偏重于表现、抒情的伦理学和心理学相结合的美学。① 蒋孔阳则从社会历史背景、思想渊源、文艺实践和语言文字结构等四个方面来比较中西美学思想的差异，他也认为：西方的美学思想偏重于"摹仿说"，中国古代的美学思想偏重于"表现说"。②

　　有些论者不同意这种观点，他们强调问题的复杂性，认为每个时代的审美原则都是多样化的，而非一元化的，如中国先秦的《诗经》和《楚辞》，近代西方纷繁众多的文艺流派，都很难纳入再现与表现的公式之中。有的论者指出现代以来，中国与西方的审美与艺术方面都发生了奇异的相互逆转的现象。中国的艺术审美背离了古典的表现的审美原则，而趋向于西方古代的再现的原则；西方的艺术审美抛弃了传统的再现的审美原则，而倾向于中国古代表现的审美原则。

　　关于中西美学的表现形态的比较研究中，有一种意见认为：西方美学

---

① 周来祥：《东方与西方古典美学理论的比较》，载《江汉论坛》，1981(2)。

② 蒋孔阳：《中国古代美学思想与西方美学思想的一些比较》，载《学术月刊》，1982(3)。

是思辨理性形态的，而中国古典美学是经验的；西方的美学是哲学化的，有严密的逻辑体系，中国的美学是经验的，伦理化的，大都散见于一般哲学论著以及诗论、诗话、文论、画论、乐论之中，很难有一个整体的结构和组织。甚至有人认为：中国古代只有"潜美学"而没有美学；中国的美学概念还没有真正提升到范畴的高度，它是直观的、经验的、模糊的、歧义的。另一种意见不赞成上述观点的绝对化倾向，认为中国传统美学虽然直观表述很多，但它既不是单纯经验性的也不是单纯思辨性的，而是处于二者之间，感性的直观和理性的思辨、微观的审察和宏观的把握相互交融，因此它看起来是感性的直观的，缺乏系统的分析论证，同时却又包含着不比西方美学逊色的深广的哲理，而且有其内在的理论结构。全部问题在于我们要善于从中把那些和感性的直观直接结合在一起的深刻的理论分析出来，给以现代科学语言的阐述。

比较诗学的领域是极其广阔的，随着学科的深入发展，在范畴比较与总体特色比较这一细一巨的两极研究之间，还将衍生出更多的课题。

为了更好地进行比较诗学研究工作，季羡林曾经提醒我们注意学习的重要。他认为：从全世界文学艺术的历史来看，文艺理论真能持之有故，言之成理，确有创见而又能自成体系的，只有三个地方：一个是中国，一个是印度，一个是从古希腊、古罗马一直到今天欧洲国家所在的广大地区。这是我们要分析研究的主要对象。这些理论有同有异。我们应该"简练揣摩，逐渐摸索出一些线索，逐渐找到一些规律，逐渐能使用明确的、科学的语言把这些线索和规律表达出来"，为了做好这种研究工作就要学习：这里包括四个方面的学习：第一是学习马克思主义文艺理论，第二是学习中国古代文论，第三是学习欧洲文艺理论，第四是所要研究的那个国家的文艺理论。除此以外，还要学一点心理学，特别是文艺心理学，学一点艺术史，学一点有关的自然科学，知识面越广越好。[①] 当然，学一点哲学也是不应该忘记的。

# 第七节　文学思潮和文学运动的比较研究

文学思潮和运动是近现代欧洲文学史上一个显著而独特的现象。从某

---

① 季羡林：《比较文学随谈》，载《文汇报》，1982-07-27。

种意义上说，这一时期欧洲文学史是由一连串的思潮和运动构成的。一种文学思潮一旦产生，就会迅速形成流派，然后以它的发源地为中心，向四面八方辐射、传播，造成一个颇具规模的文学运动，它往往覆盖了欧洲的大部分国家，并笼罩一个时期甚至一个或几个世纪。例如，文艺复兴作为第一个全欧性的文艺运动从 14 世纪到 17 世纪初持续了大约三四个世纪；17 世纪是巴罗克的时代；17 世纪后期和 18 世纪是古典主义的时代；19 世纪上半叶浪漫主义思潮占主导地位；随即被后来的现实主义（自然主义）和象征主义运动取代；到本世纪，浪漫主义、现实主义占主流地位的时代已经过去，甚至象征主义的运动也已成为过去，在这个多元化的时代，形形色色的现代主义潮流和运动占有突出的地位。

一种文学思潮是怎样产生的？它如何形成核心和流派？如何跨越民族和语言的疆界，传入别的国家和地区？它在新的参照系统中发生了怎样的变化？不同民族和地区的同一思潮和运动有什么不同？这些无疑都是比较学者感兴趣的问题。他既可以对一种思潮和运动的发生、发展、流变作历史的探讨，也可以对不同民族的同一思潮和运动作平行研究。

文艺复兴时期提出了把西方文化分作三个大的阶段的观点：古代、中世纪、现代。从宏观的角度看，这种划分自有其合理性。但从文学艺术发展的历史看，如果在今天仍把从文艺复兴以来的八百年笼统称作"现代"，无疑过于粗略。事实上，在这一所谓"现代"的八百年中，西方文艺经历了复杂、多样的变化，这一点不仅为文学史家所重视，也为比较学者所关注，尽管他们着眼的角度可能有所不同。

文艺复兴之前西方文化史上经历了古希腊、罗马文化高度发展，在科学、哲学、宗教、文学、艺术等各方面都结出了丰硕果实的黄金时代，随后的中世纪，欧洲各国先后进入了封建社会，在意识形态领域，基督教文化统治了全欧，它反对古代文化重视人自身的创造和价值、重视现世幸福的思想，以封建意识、禁欲主义和来世思想束缚人们的头脑。近一千年的漫长的宗教统治，使古代文化被长期埋没。这一时期的文学主要是以《圣经》为主的基督教文学，流传在民间的英雄史诗、骑士文学和市民文学。

文艺复兴，顾名思义是对灿烂辉煌的古希腊、古罗马文明的复兴，同时，又是对中世纪基督教文化的反拨，因此，它在本质上是一场伟大的思想解放运动，也是一场声势浩大的文化运动。它倡导人文主义思想，反对教会的统治，反对禁欲主义和来世思想，要求尊重人的价值，解放个性，肯定现世生活，肯定人有追求爱情、幸福和财富的权利。那些站在文艺复兴运动前列的先锋战士，正如恩格斯所说的，都是"在思维能力、热情和性格方面，在多才多艺的学识渊博方面的巨人"，他们搜集古代的手抄本，研究古代语言、哲学和文学，为复兴古代文化，创造并繁荣新的文化作出了贡献。

文艺复兴发源于13世纪的意大利，产生了但丁、彼特拉克和薄伽丘等为这一运动奠基的伟大作家。但丁的《神曲》虽然尚未完全脱却中古基督教文化的束缚，但却在总体上表现出明显的与教会禁欲主义相背的、注重现世的倾向。彼特拉克的诗作表现了人文主义者以个人幸福为中心的爱情观念；而薄伽丘的《十日谈》则充满了人文主义者关心个人命运和幸福，挣脱封建教会的精神枷锁，追求现世享乐的思想观念，它还特别大胆地描写了两性关系，沉重地打击了禁欲主义。

在随后的两三个世纪中，文艺复兴的思潮逐渐向北和西传播，在法国产生了重要的人文主义作家拉伯雷和他的杰作《巨人传》、蒙田和他的《随笔集》以及"七星诗社"的诗人们；在英国产生了伊丽莎白时代的文学繁荣和伟大的戏剧家莎士比亚；而在西班牙则产生了文学的"黄金时代"以及塞万提斯和他的《堂·吉诃德》。文艺复兴不仅以一场巨大的运动席卷了欧洲文坛，而且在欧洲文学史上造就了一批文学巨匠，留下了一批煌煌巨著，成为后世文学的楷模和渊源。

巴罗克能否作为一个文艺运动，似乎仍有不同的看法，我们也很难坚持说它一定有一个发源地，并向不同国家传播，但我们至少可以说，它是差不多同时发生在欧洲一些主要国家的一种新的文艺潮流，用它来标志欧洲17世纪前半期的文学艺术无疑是恰当的。

巴罗克(baroque)这个术语来自葡萄牙语的 barroco。原是珠宝商用以指那些奇形怪状的珍珠的一个词，随后演变出一些新的含义。作为形容词的 barogue 具有"古怪的"、"奢华的"等意，作为名词的 baroque 则指建筑艺术中那种追求装饰性和表面形式奇特的风格。雅可布·伯克哈特在艺术史中用它指称文艺复兴极盛之后，建筑艺术向浮华、绮靡、颓废发展的一个阶段。起初，巴罗克式的建筑，和哥特式及罗可可式建筑是混同的。瑞士艺术史家沃尔弗林以赞赏的口吻分析了罗马建筑的发展史及其风格，并讨论了用这一风格研究文学和音乐的可能性。继沃尔弗林之后，德、意、英、法、西等国的艺术史家纷纷著书立说，从不同的角度论述欧洲艺术中的巴罗克风格和形式。今天巴罗克在欧洲艺术史中作为一个时期的概念已经确定无疑，在建筑、绘画、雕塑中指那些古怪的、夸饰风格的形式，包括了丁托列托、埃尔·格列科、鲁本斯和伦勃朗等 17 世纪的伟大艺术家，在音乐中指那些令人感到迷惘的不谐和的音型和形式，包括了拉摩、巴赫、亨德尔等 17 世纪的著名音乐家。甚至有人把这一术语用于哲学、心理学、数学和物理学的领域中，一些人称斯宾诺莎、莱布尼茨和伯克莱是巴罗克哲学家。

在这样一个背景下，巴罗克也被转用到文学中。沃尔弗林在《文艺复兴与巴罗克》(1888)一书中，曾把阿里奥斯托的《疯狂的奥兰多》和塔索的《解放了的耶路撒冷》加以对比，认为前者属于文艺复兴，而后者属于巴罗克，因为塔索的作品中有阿里奥斯托作品中缺乏的那种对伟大观念的向往、强调和追求。在贝尔尼对博雅尔多的《热恋中的奥兰多》的改编中也存在着同样的对比，改编本中的形象更见统一、崇高，视觉形象减少了，而情绪描写增多了。这些特征在沃尔弗林看来正是文艺复兴所缺少的巴罗克风格。

然而，沃尔弗林的观点在一段时间内并未获得热烈的响应。1915 年，沃尔弗林出版了一本新著，题目是《艺术史的基本概念》，把文艺复兴和巴罗克看作两种主要的文艺风格。随后的十余年间，围绕在沃尔弗林周围的一大批用德语写作的学者，对把艺术中的巴罗克风格运用于文学研究极感兴趣，他们作了大量的研究，写出了许多著作，不仅用巴罗克来分析 17 世纪的德国文学，而且用它来分析同时期意、英、法、西等欧洲各国的文学，形成了一股强大的思潮。

但在当时的意大利，许多学者正在讨论的是一种称为"马里诺诗派"的文学风格，在西班牙，学者讨论的是所谓的"贡果拉主义"和概念主义。由于这些主义所指称的那种矫饰、夸张、靡丽的风格与德国学者所说的巴罗克风格很近似，因此，他们较易接受这个概念。17 世纪的英国学者们注视的是弥尔顿和以邓恩为首的玄学派诗歌。况且，1642 年以前的英国戏剧被轻易地归入了伊丽莎白时代，而 1660 年以后的文学又被并入了 18 世纪，因此显得缺乏统一性，所以巴罗克这一术语的渗入相当缓慢，他们真正接受这一术语是晚近的事。法国的情况与此类似。17 世纪古典主义已经开始在法国形成，法国人头脑中的 baroque 依然只是"古怪"的同义语，因此，他们在很长的时间内拒绝接受这一概念，直到 1945 年之后才对这一术语展开了热烈的讨论。同时，这一概念在北欧和东欧的一些国家也引起了反响。目前看来，用这一术语指称 17 世纪的欧洲文学的观点已经为较多的学者所接受。

巴罗克风格在文学中的具体体现一般地说是追求一种结构的奇崛、非对称和无规则，在文体和修辞上喜用对偶、接续词省略、交错配列、矛盾修辞法、相谬比喻、夸张词格和神秘的隐喻等手法。当然，仅仅从风格上来界定巴罗克是不够的，因为上述风格很难说是巴罗克独有的，类似的风格在文艺复兴甚至中古文学以及古典主义之后的文学中都可以找到，只有把巴罗克与特定的历史时期和社会思潮相联系，它才能作为一个有意义的关于时期和运动的概念。

17世纪欧洲资本主义的发展是极度不平衡的，除了英、法两国发展较为迅速外，意、德、西诸国的发展很缓慢。即使在资产阶级获得了一定力量的英法两国，封建势力仍然比较强大。由马丁·路德领导的宗教改革运动虽然在欧洲产生了很大的影响，但很快就遇到罗马天主教势力的强大抵抗。反宗教改革的运动猖獗一时。在思想文化领域里，一方面是文艺复兴的人文主义理想继续传播；另一方面是罗马天主教禁欲主义、神秘主义的黑暗统治。这两种力量的反复较量，以及反改革的反动保守势力对人文主义者和宗教改革者的残酷迫害，给人们思想上、心理上带来了混乱，使一部分人对人文主义的理想丧失了信念，对自然和人自身产生了种种疑问，陷入了悲观主义和神秘主义。一方面，人文主义的精神要求解放思想，对宇宙、世界和人作出本原性的解释；另一方面，和人文主义思想一起，以一种复杂的方式并存于头脑中的旧的宗教观念，必然引出悲观、神秘的思潮。这种矛盾、痛苦的思想表现在艺术家的作品中便是各种奇特的、不规则的、不对称的形式，装饰性的、华丽的、堆砌的、浮夸的、古怪的外表，神秘的、隐喻的、悲观的、颓废的表达方式。从一定意义上说，巴罗克文艺是17世纪欧洲资产阶级和封建势力、新旧思想矛盾冲突的产物。

比较学者对巴罗克的研究不仅有历史的源流探索，还有不同民族或国家的平行比较。例如，科恩的《巴罗克抒情诗》(1963)对克拉肖夫、邓恩、马维尔、贡果拉、格利菲乌斯、马里诺等主要的巴罗克诗人作了主题性的研究，指出他们都表达了人生的短暂、死亡的恐惧、神圣的和世俗的爱情、神秘的幻象等母题；哈罗尔德·塞格尔的《巴罗克诗歌的比较评述》(1974)比较了欧洲大陆的、英国的、斯拉夫民族的、美国的和墨西哥的巴罗克诗歌，把巴罗克诗歌分作了三个大类：宗教的（神秘的和非神秘的）、沉思的（自然与人生的变化、短暂、时间、死亡）、爱情的。宗教的非神秘性巴罗克诗歌或表现个人的信仰，或为教会服务，或表达《圣经》的主题；沉思的巴罗克诗歌则是从哲学而不是神学的意义上对人在上帝的世界中的思考和感情的抒发，它表达对人生无常、时光短促、灵与肉对立的苦痛，死亡带给人的恐怖和解脱的矛盾心理等。诗人们在表达这些思想时采用了许多隐喻和象征。①

古典主义（Classicism）作为一种文学思潮于 17 世纪在法国形成，到该世纪中期达到高潮。"古典的"（classical）从语源上说来自拉丁文的 classieus，原意是"最高级的"、"上等的"、"极好的"等。文艺复兴时期的拉丁语和各民族语言的作品中，用它来表示"标准的"、"杰出的"等意，后来逐渐含有了"权威的"、"典范的"、"圆满的"意思，并和"古代的"联系了起来，指古希腊、罗马那些权威的、经典的作家。从这一术语演变发展的轨迹可以看出，它是由一个评价的术语转变为代表一种风格倾向的术语，再转变为代表一种典型的术语，最终转变为代表一个时期和运动的术语。在最后的这一变化过程中，施莱格尔兄弟引出的关于浪漫主义和古典主义的争论具有决定性意义。

席勒的《论素朴的诗与感伤的诗》本来是讨论诗歌风格和类型的，但弗利德里希·施莱格尔却把"素朴的"改写为"古典的"，把"感伤的"改写为"浪漫的"，当然，他的概念和席勒的概念完全不同，席勒称莎士比亚是"素朴的"，而他却称莎士比亚是"浪漫的"。歌德则说"古典的是健康的，浪漫的是病态的"。奥·威·施莱格尔于 1801 到 1804 年在柏林所作的演讲中，提出古典主义代表古代的诗歌，浪漫主义代表现代的诗歌的论点。施莱格尔兄弟等人还认为古典主义是保守的、机械的、平面的，而浪漫主义是进步的、有机的、可塑的。

使古典主义确立为一个时期和运动的概念的另一个重大事件是法国的 17 世纪被提到"古典主义时代"的高度。圣伯夫在《谁是古典主义者》的著名文章中，一方面强调希腊——拉丁传统；另一方面又要求把古典主义的概念扩大到法国的 17 世纪。费德南·布吕纳季耶等文学史家和批评家都把对古代文学的尊崇与 17 世纪联系了起来。

17 世纪法国古典主义思潮以古希腊、罗马文学为典范，自觉学习古代经典作家的创作方法，从古典文学中发现题材和主题；它崇尚理性，把理性作为创作与批评的最高原则；它还追求艺术形式的完美，结构的谨严和语言的明晰、准确；古典主义戏剧要求遵守三一律。高乃依、拉辛、莫里哀、拉·封丹和布瓦洛都是典型的古典主义作家。法国古典主义思潮在随

---

① 参见黄德伟：《英语中的巴罗克研究：1963～1974》，63～64 页，里士满，新学术出版社，1978。

后的近两百年间传遍了欧洲诸国，形成了一个全欧性的文学运动。

韦勒克曾简要地对法、德、英三种主要的古典主义文学作过比较，他说，"法国古典主义和德国古典主义具有权威性，而英国古典主义却没有，尽管英国人力图恢复这种权威性。……我还可以暗示另外一种区别，那就是，法国古典主义和英国古典主义更接近'拉丁'精神，而德国古典主义却富有更强烈、更自觉的'希腊'意识。……法国17世纪的古典主义显然是巴罗克式的，……英国古典主义似乎是最有启蒙精神的、符合常情的，甚至是现实主义的，虽然有时和人们所说的罗可可风格相近。……德国古典主义即使在其自觉意识最强烈的新古典主义阶段，在我们看来似乎也是浪漫主义的，或者可能是怀旧的、乌托邦式的。"①韦勒克的比较指出了这三种主要的古典主义之间鲜为人知的差别，但他并不否认，他们同属于一个时期，并具有一个文学运动的特征。

浪漫主义（Romanticism）一词从语义上看，来源于中世纪各国那些用由拉丁文演变的罗曼方言（roman）所写的浪漫故事和传奇（romance），即中古英雄史诗、骑士传奇和抒情诗。最早的"浪漫的"（romantic）或"浪漫的诗"（romantic poetry）主要指中世纪传奇、阿里奥斯托和塔索的诗歌。在这个意义上，法国人1669年第一次使用它，英国人1673年第一次使用它，德国人1698年第一次使用它。从"浪漫的"和"古典的"相对的意义上使用这一术语，德国人在1801年，法国人在1810年，而英国人在1811年，意大利人在1816年。把"浪漫主义"作为与"古典主义"相对的一个特殊术语来使用，德国人在1802年，法国人在1816年，意大利人在1818年，英国在1823年。作为一个思潮和运动，浪漫主义从法国大革命开始到19世纪三四十年代，统治欧洲约半个世纪之久。它以德国浪漫主义为开端，随即传入了英、意、法三国，然后再传入俄国、波兰、匈牙利等斯拉夫语民族及其他欧洲国家。

德、英、法三种主要的浪漫主义都有前后期之分。德国前期浪漫主义以施莱格尔兄弟、蒂克和诺瓦利斯为代表，他们以耶拿为中心，出版杂志，宣传浪漫主义的文学主张，被人们称作"耶拿派"；后期浪漫主义以阿尔尼姆和布伦坦诺为代表，他们聚集在海德堡，在那里出版杂志，搜集民歌，被人们称作"海德堡派"。英国浪漫主义的第一代以华兹华斯、柯尔里奇、

---

① 参见［美］韦勒克：《文学史上的古典主义概念》（《辨异》），86～87页，耶鲁大学出版社，1971。

骚塞为代表，常被人称作"湖畔派"；第二代以拜伦、雪莱、济慈和司各特为代表。法国浪漫主义前期的主要代表是夏多勃里昂、斯达尔夫人、拉马丁、维尼、贡斯当等，后期的主要代表是雨果。

施莱格尔兄弟首先区分了浪漫主义和古典主义文学，指出前者是进步的、有机的、可塑的，而后者是保守的、机械的、平面的，认为从中世纪到文艺复兴时期的意大利文学都是浪漫主义的。斯达尔夫人通过和奥·威·施莱格尔的交往，吸取施莱格尔兄弟的观点，在《论文学》、《论德国》等著作中阐述了浪漫主义的观点，指出应该从作品产生的社会历史环境去解释作品，而不是像古典主义者那样以一个固定不变的标准，即古典作家和作品去衡量不同时代的文学。她同样把中世纪和文艺复兴的大部分文学归入浪漫主义范畴，而把古希腊、古罗马文学和17世纪法国戏剧看作古典主义文学。雨果不仅是法国后期浪漫主义的代表，而且也是整个法国浪漫主义运动的领袖。他不仅写出了大量浪漫主义的作品，而且也为法国浪漫主义运动提出了理论纲领。在1827年写的《〈克伦威尔〉序》中，他提出艺术创作要冲破各种理论、诗学的体系，不承认任何规则；他猛烈抨击古典主义的各种清规戒律，特别是三一律；他还响亮地提出艺术自由的口号，要求艺术反映真实，描绘人生，并提出美丑对照的美学原则，主张崇高优美与滑稽丑怪的自然结合与对比。在1830年的《〈欧那尼〉序》中，雨果提出"浪漫主义归根结蒂是文学中的自由主义"的著名论点。英国浪漫主义的主要理论家柯尔里奇和华兹华斯曾赴德游学，接受了施莱格尔兄弟的影响，在他们合写的《抒情歌谣集》序和柯尔里奇的《文学生涯》(或译《文学传记》)中提出了浪漫主义的诗歌的理论。他们主张诗歌不仅要写伟大的历史事件，也要写下层人民的日常生活和内心世界；强调想象力的重要，认为想象具有加重、联合、唤起、合并、创造各种意象的能力；他们还特别注意民间诗歌的传统，提倡以日常生活的语言代替"诗的辞藻"；他们流连自然风光，喜欢写田园生活的题材，认为诗歌是人的强烈感情的自然流露。

欧洲浪漫主义文学产生在法国大革命之后。资产阶级上升时期对个性解放、个人主义的强调，革命后令人极度失望的资产阶级专政，导致启蒙主义理想在人们心目中的破灭，为浪漫主义思潮的产生创造了政治思想上的条件。德国古典哲学本身是哲学中的浪漫主义运动，它强调天才、灵感与主观能动性，夸大个人、主观的作用，认为人是自在的，自如的，绝对自由的。这些观点与近代资本主义自由竞争中提出的个性解放、个人自由的要求是完全一致的。另外它还提出对美、悲剧、崇高、创作自由和天才等美学范畴的重视和研究，此外，它所宣扬的神秘主义和对自我的过分标榜，都从不同的角度为浪漫主义思潮奠定了理论基础。资产阶级革命后造成的社会动荡，人们普遍追求发财、享乐的社会心理以及个人主义的感情膨胀，为浪漫主义思潮提供了心理基础。文学上的"狂飙突进"运动和感伤主义的潮流都为浪漫主义文学的诞生准备了条件。

浪漫主义文学是对古典主义文学的反拨。它的基本特征是强调表现人的主观世界，抒发强烈的个人情感；在题材和主题上着力歌颂大自然，诅咒都市文明，并注重向民间文学学习，从民间文学中吸取素材和养分；在表现手法和艺术形式上，浪漫主义作家强调想象力、追求强烈的美丑对照和神秘的意蕴，多用夸张、比喻、象征的修辞手段和华丽的辞藻，提倡诗的格律要舒展自由、富于音乐性。

比较学者不仅通过比较抽象出浪漫主义产生的一般背景及其基本特征，而且要分辨不同国家浪漫主义运动的差异，探索浪漫主义的影响。例如，研究者指出英、德、法主要的浪漫主义诗人把"想象、象征、神话和有机自然界"这四方面蕴涵的意义作为"克服主体与客体、自我与世界、意识与无意识之间的分裂"①的中心信条之后，从不同的角度比较了英德两国浪漫主义的根本差别。② 亨利·雷马克在《西欧浪漫主义》一文中对浪漫主义作了较为全面的探讨。文末的两张附表很有意思，看起来虽然有些简单化，但又确实不乏概括力。第一份表从浪漫主义本身作为一个思潮、运动的有机性、对历史的态度、一般特征和作品形式、艺术手法等四个方面，对德、法、英、意、西等国作了平行比较；第二份表则从各国间的相互联系和影响，对这一运动作了历史的研究。③

现实主义（Realism）原是一个哲学术语，它表明某种理念是真实的，不只是一个抽象的名称。最早把这一哲学用语转入文学中的人是席勒和弗利德里希·施莱格尔。席勒称法国人是现实主义者；弗·施莱格尔则提出所谓"诗歌中的现实主义"的观点，德国浪漫主义者常常提到"现实主义"，但却未把它看作一个时期和运动的概念。法国人于1826年把这一术语用入文学，一位作家认为，师法造化，而不师法古人是现实主义的基本特征之一，

---

① ［美］韦勒克：《浪漫主义重审》，220页，耶鲁大学出版社，1963。

② ［美］韦勒克：《德国和英国浪漫主义的对比》，见北京师范大学中文系比较文学研究组选编：《比较文学研究资料》，433～451页，北京，北京师范大学出版社，1986。

③ ［美］雷马克：《西欧浪漫主义》，载《中国比较文学》，1985(1)。

它将成为 19 世纪的文学，成为表现真实的文学。后来在巴尔扎克等人的小说中转变为对当代风俗的细致描写。19 世纪 50 年代围绕库尔贝的画展进行了一场关于"现实主义"的争论。1857 年，一个不知名的小说家尚夫勒里出版了一本题为《现实主义》的论文集，他的朋友杜朗蒂还出版过一本同名的杂志(时间很短即停刊)。在这些讨论中，这一术语逐渐取得了明确的含义：艺术应该忠实地、客观地、不带个人感情地表现这个真实的世界，应该通过精微的观察和仔细的辨析来表现当代的生活和习俗。同时，梅里美、斯丹达尔、巴尔扎克、贝尔纳、福楼拜、龚古尔兄弟、小仲马等人都被看成现实主义作家。法国的现实主义思潮很快在其余国家引起反响。在英国，萨克雷被称为现实主义小说家；维多利亚时代的不少批评家都采用了现实主义的批评标准。在美国，亨利·詹姆斯介绍并评论了法国的现实主义。豪威尔斯认为詹姆斯是美国现实主义的领袖，并从 1886 年起，把现实主义作为一个运动来宣传，标榜詹姆斯和他自己是这一运动的主要代表。德国没有自觉的现实主义运动，虽然不时有人采用这一术语。在马克思主义文评中，这一术语使用得也很晚，1888 年，恩格斯在致哈克奈斯的一封信里，提出了著名的论点：现实主义除了细节的真实外，还要真实地再现典型环境中的典型人物。在意大利，桑克蒂斯曾赞扬现实主义是治疗那种喜欢堆砌辞藻、卖弄文采、想入非非的解毒剂。许多评论家喜欢用"真实主义"的标签，但在本质上与"现实主义"是一致的。在俄国，真正把这一术语作为口号来宣传的是第米特里·皮萨烈夫；陀斯妥耶夫斯基称自己的现实主义是一种纯粹的、深层的现实主义，"比一般的现实主义更真实"。托尔斯泰虽然从未使用过这个术语，但却认为现实和感情的真实是创作中必不可少的因素。

在法国，现实主义作为一个时期的概念的确立，与"自然主义"是分不开的，但二者又有区别。自然主义是比法国现实主义时期稍后的一个阶段，以左拉的实验小说为代表，其理论包含着一种科学的方法，与哲学中的决定论紧密相关，而较早的现实主义在哲学的隶属上却并不十分清楚。在英国，把现实主义作为一个时期术语的用法一直不甚明确，20 世纪早期出版的权威的《剑桥英国文学史》只是在个别场合提到这一术语。但在美国，情况就完全不同，诺曼·福斯特称，应该以现实主义时期取代"维多利亚时代"；自从《美国思想主流》第三卷采用《批判现实主义的开端》做标题以来，"现实主义"已经基本上确立，后来许多人都采取了这一说法。在德国，作家和理论家对现实主义似乎各有独自的见解。在苏联和东欧，现实主义却具有统一的标准。卢卡契对马克思主义的现实主义理论的创立做出了重大贡献，他以马克思主义的基本理论为出发点，提出文学是社会生活的表现，它有如一面镜子，忠实地反映现实；现实主义作家与自然主义作家截然不同，他摈弃对日常生活表象的琐屑记录，而力图深刻地、准确地把握历史、分析社会结构，预示社会发展，以既有代表性又有预见性的典型形象来揭示时代和社会的本质。卢卡契精通马克思主义，又有古典文学和美学的深厚基础，他对现实主义美学原则的精彩论述无疑对我们理解现实主义有重要参考价值。

比较研究欧洲各国现实主义的理论和创作实践，人们不难看出，忠实地、客观地反映社会现实，创造典型人物和典型环境，具有强烈的历史意识，是现实主义的中心内容，这就是我们常说的所谓"客观性"、"典型性"、"历史性"的三条标准。但是，对于这三条标准，各国的现实主义者又有着不尽相同的理解。

什么是"客观性"？怎样才算忠实地反映现实？什么是"现实"？俄国主要的现实主义理论家别林斯基、车尔尼雪夫斯基、杜勃罗留波夫等认为，现实即是社会的本质，是推动社会前进、预示社会的发展和未来的力量。而在许多西方的批评家看来，现实具体地指16世纪后出现的那个科学的、有序的、因果关系分明的世界。马克思主义的现实主义理论要求通过典型人物及其环境来反映现实，而自然主义的理论却要求对日常生活不分巨细做纯客观的如实描摹。马克思主义的现实主义理论强调文学的功能和社会意义，指出文学在陶冶人的性灵、净化人的情操方面具有的教化作用；而一些西方理论家认为，要真正忠实地反映现实，作家必须彻底退出作品，不仅不能直接出面说教、评论，而且应避免任何隐含的说教意图。例如，奥尔巴赫就把他认为有说教内容的笛福、理查逊、菲尔丁和整个英国的家庭悲剧排除在现实主义之外；福楼拜宣称自己的作品完全没有说教；亨利·詹姆斯也明确反对作品中的说教倾向。按照这一标准，乔治·艾略特、特洛罗普、托尔斯泰这样的作家也被排除在现实主义之外了。

对于"典型"和"典型性"也有不同的理解。谢林和雨果等人用它来指那些具有神话色彩和普遍意义的伟大形象。巴尔扎克、乔治·桑、泰纳等人则从社会意义的角度来使用这一术语。他们把伟大人物看作一种社会典型，因为这些人物的英雄行为对社会产生极大的影响，是人们学习、仿效的典型。俄国的理论家们也是从典型所具有的普遍社会意义来阐释文学形象的典型性的。杜勃罗留勃夫还指出了社会典型完全可能独立于甚至相对于创造者意图的观点。意大利批评家桑克蒂斯不赞成典型的理论，他强调人物形象的具体性和个别性，反对对人物作抽象的概括。意大利另一位现实主义理论的主要发言人路易吉·卡普阿那也赞同这种观点。他说，"典型是抽象的东西；它是一个高利贷者，但却不是夏洛克；它是一个多疑的男子，但却不是奥塞罗；它是一个犹豫的、追逐幻象的人，但却不是哈姆莱特"。其实，上述两种看似对立的观点并没有根本的矛盾，一个典型既是一类形象的代表，同时又是他自身。换言之，典型既包含了一般性，也包含了特殊性。

一般来说，"历史性"是公认的现实主义的一个标准。但有的理论家强调作品和社会的联系，这样，巴尔扎克、斯丹达尔、福楼拜等人的创作就与法国革命前后的现实紧密联系在一起，而奥斯丁的作品却表现了较少的历史感。有的理论家强调创作和时代的关系，这样，连托尔斯泰也被说成是"非历史主义的"，因为在这位作家的笔下，人物往往脱离开自己的时代，缩减成一些基本的成分。

象征主义（Symbolism）也是一个全欧性的文艺运动，它的发源地在法国。作为一个历史性的概念，它大体上有三个层次的含义。首先它代表一个流派。1886 年 9 月 18 日，属于希腊血统的法国诗人让·莫里亚斯在《费加罗报》上发表"象征主义"宣言，说象征主义是一种新的艺术，它"旨在给理论一种可感觉的形式"，并宣称，波德莱尔、马拉美、魏尔伦是象征主义的领袖。一批年轻的诗人聚集在莫里亚斯的周围。但是到 1891 年 9 月 14日，莫里亚斯又宣布"象征主义"已经死亡。作为一个流派，象征主义虽然引起了人们极大的关注，但它存在的时间却很短。

在第二个层次上，象征主义代表一场法国的文学运动。这场运动以诗人波德莱尔的创作和理论为开端，以魏尔伦和马拉美的创作为活跃期，以莫里亚斯标举"象征主义"为确立期，以瓦雷里的"新象征主义"（或称"后期象征主义"）为结束，并从诗歌的领域扩展到戏剧和小说中。

在最后一个层次上，象征主义指欧洲文学史上的一个时期和运动。它上承现实主义时期和运动，下启以未来主义、立体主义、超现实主义、表现主义等为开端的现代主义运动。在时间上，从 19 世纪 80 年代中期到第一次世界大战前夕，大约 30 年。在空间上以法国为中心，向欧美各国传播，造就了叶芝、艾略特、乔伊斯、斯蒂文斯、福克纳、奥尼尔、里尔克、霍夫曼斯塔尔、斯特林堡、布洛克、伊凡诺夫、别雷和纪廉等一大批象征主义倾向分明的作家，具有一种国际广度。

　　比较学者感兴趣的无疑是第三个层次的意义。他们不仅研究象征主义运动发展演变的历史过程，而且比较法、英、德、俄、西等国象征主义文学的异同。这样的研究，对人们理解这一运动无疑可以提供客观的、科学的材料和观点。例如，在比较基础上归纳出的象征主义创作方法显然具有普遍性：一、强调作品的暗示性，反对采用直接的描述，要求诗人把隐喻和象征不仅作为诗的装饰，而且要作为诗的组织原则，用不加解释的象征和隐喻表达自己的思想感情；二、强调诗是一种气氛，一种情绪，它表达一种"灵魂状态"，一种隐秘的观点，因此，作品中的意象往往是脱离时空和具体环境、丧失逻辑联系、互不相关的"事物"，这样的作品必然显得晦涩、朦胧；三、重视通感的作用；四、重视作品的音乐性。

　　以"先锋派运动"为发端的形形色色的现代主义是一场更大规模的、更复杂的国际运动，它笼罩了 20 世纪的上半叶。要对这一运动作出严肃的、客观的，而不是草率的，更不是随意的概括，尚须比较学者作出更多的努力。

# 第五章　跨学科的
# 文学研究

比较文学中的跨学科研究是近二三十年以来兴起的一种学问，有的学者称它为"科际整合"（Interdisciplinary），专指对于文学与其他学科之间相互关系的研究。

世界上的万事万物，本是相互联系的一个整体。人们为了更好地认识客观世界和改造客观世界，对它们进行分门别类的划分和研究，这是完全必要的。但是，事物本身的联系性和整体性，并不因为人们的这种分类研究而消失。随着科学的发展和人类认识能力、认识水平的进步，人们发现，这种分隔的个体的研究方法有许多局限。各类事物虽有其区别于其他事物的特性，但这些特性往往只有在它与其他事物的联系中才能显现。因此，在分门别类的研究之外，人们还需要有综合性的整体性的研究。文学研究也是如此。作为人类的意识形态之一的文学，并不是孤立地存在的，作家的创作活动，文学的发展历程，文学研究的进行，都与人类知识活动的其他领域有着不可分割的联系。为了更好地把握文学，不应该忽视这种联系。比较文学在这方面可以发挥它的特殊功能，正如雷马克所说，比较文学是"把人类创造活动本质上有关而表面分开的各个领域联结起来的桥梁"，①为了更好、更全面地把文学作为一个整体来理解，最好的办法"就是不仅把几种文学互相联系起来，而且把文学与人类知识与活动的其他领域联系起来，特别是艺术和思想领域，也就是说，不仅从地理的方面，而且从不同领域的方面扩大文学研究的范围"。②

跨学科研究包括文学与其他艺术门类之间的关系的研究、文学与宗教、文学与社会科学、人文科学之间的关系的研究以及文学与自然科学之间的关系的研究。

文学与绘画、雕塑、音乐等艺术门类之间存在着天然的姻缘联系，人们往往把它们称为姊妹艺术。尽管它们各有其特殊的表现形式和独特的艺术规律，但它们之间存在着互相孕育、互相阐发、互相影响、互相借鉴等

---

① ［美］雷马克：《比较文学的定义和功用》，见北京师范大学中文系比较文学研究组选编：《比较文学研究资料》，7页，北京，北京师范大学出版社，1986。

② 同上。

密切的联系。比较它们的异同，研究它们相互之间的密切联系，早已成为学者们感兴趣的课题。文学与社会科学、人文科学的各个学科，诸如哲学、心理学、社会学、文化人类学、语言学等等，各有自己的研究对象，但是，"人文科学的各个对象彼此系连，交互渗透，不但跨越国界，衔接时代，而且贯串着不同的学科"。① 因此，研究文学与这些学科之间的关系，也是了解文学作品与文学规律所不可缺少的工作。文学与自然科学似乎是两个相距甚远的领域，但事实证明，自然科学的成就已经多次影响到文学的创作与研究；自然科学的思维方法和研究方法，虽然与文学的方法不同，却能对人们的文学观念、文学的创作方法和研究方法产生直接间接的影响。特别是在当前科技革命浪潮猛烈冲击整个社会的发展和人们的思想方法的时代，这种影响比以前更加明显，更加剧烈。所以，人们已经开始重视文学与自然科学之间的关系，并对它进行研究。总之，跨学科研究是一个极其广阔的领域。我们在这本教材中，不可能全面涉及文学与其他各个学科的关系，只讨论其中几个大家比较感兴趣的题目。

# 第一节　文学和艺术

从发生学的角度看，文学和音乐、舞蹈、绘画、雕塑等不同的艺术门类之间从原始时代起就确实存在着紧密的亲缘关系，这已经为研究"艺术起源"的大量成果所证实。尽管在研究艺术起源的途径、理论、方法以及原始艺术类型形成的先后顺序诸方面，有着各种不同的看法，但这些原始艺术类型之间存在密不可分的关系这一点，却是大家共认的。例如，今天澳洲的一些原始部族在跳一种称之为"科罗波利"的舞蹈时，一般是由男子跳舞，由妇女组成乐队高声歌唱来伴舞；非洲一种称为"布须曼"的原始部族也同样是踏着旁观者的节拍，和着旁观者的歌声起舞。各个时代、各个地域的原始舞大都与此相类，无论是舞者，还是伴舞的歌队，无论是男女老少都赤裸着身体，身上有各种图形的文身和装饰，脸上和肢体上涂着白和黑之类的原色，当跳到高潮时，他们往往在热烈疯狂的律动中做出各种快速的动作。可见原始的舞蹈，不仅是诗、乐、舞三者的综合，还包含了绘画、雕刻等造型艺术的因素，因为那疾速跳动着的舞者正是一尊尊活动着的雕

① 钱锺书：《诗可以怨》，见北京师范大学中文系比较文学研究组选编：《比较文学研究资料》，462 页，北京，北京师范大学出版社，1986。

塑和绘画。《吕氏春秋·仲夏纪·古乐篇》中有一段文字生动地记录了我国上古时代初民歌舞的情形："昔葛天氏之乐，三人操牛尾，投足以歌八阕：一曰《载民》，二曰《玄鸟》，三曰《遂草木》，四曰《奋五谷》，五曰《敬天常》，六曰《达帝功》，七曰《依地德》，八曰《总禽兽之极》。"这里的描述和上述澳洲、非洲土著的原始歌舞不是十分近似吗？舞者操着牛尾，唱着 8 首歌，和着歌唱"投足"起舞，那 8 首标题的歌曲显然包含着诗和舞的因素。可见，"葛天氏之乐"正是初民艺术中诗、乐、舞三者紧密结合的一个典型例证。当然，对于这几种艺术究竟孰先孰后之类的问题有着不尽相同的观点。例如，亚当·斯密认为，在今天的任何一个原始部族里，舞蹈总是与音乐和诗歌联系在一起，没有音乐和诗歌的舞蹈是难以想象的，因此，在原始社会漫长的历史过程中，首先出现的艺术类型是"舞蹈"，它作为一种"母体艺术"，产生了音乐和诗歌，而对舞蹈的模仿又可以过渡到绘画与雕塑。德国的心理学家冯特也支持这一观点，认为音乐和诗歌是舞蹈的后代。另一些人，如社会进化论的倡导者赫伯特·斯宾塞则认为，诗歌、音乐、舞蹈属于一个家族，而书法、绘画、雕刻则属于另一个家族，这两个家族之间通过在许多原始部族中存在的一种简单滑稽戏的形式（一种类似"哑剧"的形式）联系在一起。由于对史前漫长的原始社会文化形态发展演变的研究受到材料和证据不足的局限，各种观点的争论恐怕不是短时间能够解决的，但不论各种艺术类型发生、发展的实际情况究竟如何，诗歌、音乐、舞蹈三者紧密结合、互相依存的论点却是大多数研究者能够接受的。正如德国著名人类学家、艺术史家格罗塞所说：原始民族"从来没有舞而不歌的"时候，而原始的"歌"就是音乐和诗的结合，"每一个原始的抒情诗人，同时也是一个曲调的作者，每一首原始的诗，不仅是诗的作品，也是音乐的作品"。[①]我国《礼记·乐记》说："诗言其志也，歌咏其声也，舞动其容也，三者本于心，然后乐器从之"，以"本于心"说明了诗乐舞三者同源的道理。而《诗大序》中则对三者在表达心声时层层递进、逐级补充的关系作了极为生动的描述："诗者，志之所之也，在心为志，发言为诗。情动于中而形于言，言之不足，故嗟叹之，嗟叹之不足，故咏歌之，咏歌之不足，不知手之舞之，足之蹈之也。"[②]

---

① ［德］格罗塞：《艺术的起源》，214、188 页，北京，商务印书馆，1984。

② 郭绍虞主编：《中国历代文论选》，第 1 册，63 页，上海，上海古籍出版社，1985。

人类进入文明社会之后，中外文学艺术史上有大量的材料能够说明文学与其他各种艺术之间存在的亲缘关系。

早在公元前 500 年左右，古希腊抒情诗人西摩尼得斯就说过："画为不语诗，诗是能言画"。据说托名于古罗马著名演说家、修辞学家西塞罗所著的《修辞学》中也有"诗是说话的画，画是静默的诗"的例句。古罗马诗人贺拉斯在他的《诗艺》中提出了"诗歌就像图画"的著名论点。文艺复兴时期的艺术大师达·芬奇则说，画是"哑的诗"，诗是"瞎的画"。我国宋代的一些文人也有类似的提法，例如孔武仲在《东坡居士画怪石赋》中说"文者无形之画，画者有形之文，二者异迹而同趣"；冯应榴《苏文忠公诗合注》卷5《韩幹马》说："少陵翰墨无形画，韩幹丹青不语诗"；张舜民在《画墁集》中也说："诗是无形画，画是有形诗"。① 上面所举的例子说明中外文人都看到了诗与画之间的特殊关系。"不语诗"、"静默的诗"、"哑的诗"和"有声画"、"说话的画"、"能言画"是从听觉的角度来说的；而"诗歌就像图画"、"瞎的画"、"无形画"和"有形之文"、"有形诗"则是从视觉的角度说的，但不论是从听觉出发，还是从视觉出发，他们都强调了诗画一致的观点。

在实际创作中，也有大量的事例可以说明文学与他种艺术交相辉映、相互的阐发的情形。一个极有趣的例子是许多文人兼善多种艺术，在创作中以一门艺术为主旁及他种艺术，或同时进行数种艺术创作，这样，他们就在自己的创作中把不同艺术的创作规律相互补充，相互生发，相互结合在一起。我们这里举两个典型的例子。德国著名的音乐家理查·瓦格纳就不仅是音乐家，而且也是文学家，是诗人。他的继父是一个演员，同时又是一个剧作家，还擅长人物肖像画，具有多方面的艺术素养。由于他的熏陶和感染，瓦格纳从小就培养了对戏剧、音乐诸方面的兴趣，8 岁时就能在钢琴上弹奏韦伯歌剧《自由射手》中的"伴娘合唱曲"。在学校中，他常常写诗，获得了声誉。他特别喜爱莎士比亚的剧作和贝多芬的交响乐。14 岁时写成了一部大悲剧，他自称这部悲剧是集《哈姆莱特》与《李尔王》之大成的作品。后来入莱比锡圣多马斯学校，学和声与对位。从 20 岁起写成管弦乐数首，并开始歌剧创作。从最早的旧式神话歌剧《女仙》开始，到历史大歌剧《黎恩济》，再到浪漫主义歌剧《汤豪瑟》和《罗恩格林》以及《尼卜龙根的指环》等 14 部歌剧创作中，他始终是自撰脚本，自写歌词和音乐。由于他

---

① 转引自钱锺书：《中国诗与中国画》，见北京师范大学中文系比较文学研究组选编：《比较文学研究资料》，500～501 页，北京，北京师范大学出版社，1986。

在文学和音乐两方面均有极深的功底，因此能把这两种艺术完美地结合在一起，并对旧歌剧的革新做出了重大贡献。他认为歌剧舞台上所演的不应该只是根据一个故事情节唱出的一段一段的歌曲，而应该是一部戏剧艺术的严肃作品，音乐（包括声乐和器乐）应该与戏剧艺术的整体紧密地结合起来，应该始终与戏剧的发展相一致。他创造了一种具有旋律意味的宣叙调，并提出了"主导动机"应与戏剧主题紧密结合的观点，因此，他的歌剧音乐中各种主导动机就能够准确、生动地传达戏剧主题要表现的复杂的思想。在他的笔下，音乐与戏剧就变成了浑然一体的艺术品。瓦格纳在其理论著作《歌剧与戏剧》中强调歌剧中的三种要素即音乐、戏剧与舞台场景必须密切配合，不可偏废，这就不仅提出了音乐与文学的结合，还提出了二者与造型艺术结合的必要。瓦格纳在歌剧艺术上的天才创新，为西洋新歌剧奠定了牢固的基础，对他以后的西方歌剧产生了不可估量的巨大影响。

　　我国宋朝著名的词人苏轼，不仅工诗词，而且擅长绘画和书法，精通音律，可以说是一位多才多艺的作家。他的词雄浑豪放，开一派风气；他的画笔减意深，多象外神韵；他的书法如行云流水，为宋代四大书法家之冠。黄庭坚在为他的画《枯木》所作的题诗中说："折冲儒墨阵堂堂，书入颜杨鸿雁行。胸中元自有丘壑，故作老木蟠风霜。"这首诗不仅说明了"书画同源"的道理，而且还说明苏轼之所以能"书入颜杨"，画出气概非凡的画图，根源就在于他有"折冲儒墨"的学问功底，因此才能藏丘壑于胸臆，泻灵气于笔端。他自己在《书鄢陵王主簿所画折枝二首》中说："论画以形似，见与儿童邻。赋诗必此诗，定非知诗人。诗画本一律，天工与清新……"这里他明确地提出了"诗画一律"的理论，并且进一步说明了自己的艺术见解，在他看来，无论诗词书画都要追求神似，而不仅是形似，仅有形似而无神韵的作品便不是好的作品。他在自己的各种艺术实践中都贯彻了这一主张。同时，他还提出诗画的创作原则是"天工与清新"，这就是说，好的诗画作品必须有较高的艺术造诣，有清新的艺术意境和格调。正是因为他不懈地追求一种清新的艺术意境和格调，才能在词的创作中一变旧习，尽洗绮罗香泽之态，开创一代豪放飘逸的词风。文学史上许多论者都以苏词不协音律为病，但事实上苏轼并不是不懂音律，他也写过大量婉转清丽、可歌可唱的小词，而且还是一位能歌的居士，《老学庵笔记》曾记他与友人别于汴上，乘着酒兴"自歌""古阳关"的情形。所以苏轼并非不通音韵，而是很懂音乐，他之所以写出许多"不能唱"的词，正是要破除以曲害意的弊病，变革"倚声填词"中乐曲对文词的束缚，以黄钟大吕式的音响改造箫管袅袅式的浅唱，从这一层意义上看，苏轼对词与音乐的关系作出了较大幅度的调整和革新。这种革新正是他实践自己"天工与清新"的艺术原则的结果。

像瓦格纳和苏轼这样身兼数艺之长的人物在中外文学艺术史上还有很多。这里我们不妨再举一些例子。意大利文艺复兴时期的艺术大师米开朗琪罗就不仅是一位伟大的画家、雕刻家、建筑家，还是一位诗人，写过不少很有水平的十四行诗。法国的罗曼·罗兰不仅是伟大的小说家，写出了像《约翰·克利斯朵夫》这样的鸿篇巨制，而且是一位精通音乐和绘画的艺术批评家，写出了像《贝多芬传》、《米开朗琪罗传》这样脍炙人口的传记。英国浪漫主义诗人布莱克不仅是一个颇具影响的诗人，而且是一位优秀的画家，他不仅为自己的诗作插图，还为许多文学作品作插图，他的绘画和他的诗作一样具有浓厚的象征和神秘色彩，在西方绘画史上具有不可磨灭的地位。英国诗人罗塞蒂同时也是一位画家，他早期以画名世，但他在诗歌创作方面也有很高的天赋，他的诗画创作明显地贯穿着前拉斐尔派的艺术主张。他的妻子也是一位能诗善画的才媛，夫妇在一起赋诗作画，十分相得。德国作家恩·特·阿·霍夫曼不仅创作小说，还作曲、绘画。他充当过乐队指挥，写过评论贝多芬、莫扎特、巴赫等音乐大师的文章，他的小说中明显地流露出音乐所产生的影响。

在我国的文学艺术史上多才多艺的文人也不胜枚举，特别是自宋代文人画兴起以来，许多诗人都兼有绘画和书法的才能。例如黄庭坚既是诗人，又是书法家，在这两种艺术的创作中都有独到之处。北宋的米芾、元代的赵孟頫也是书画家。明代的唐寅、徐渭就既是著名的书画家，也是文学家。清代的郑燮也是书画家兼文学家。近代的苏曼殊不仅是诗人，还是画家。当然，在诗与画两种领域里都能达到相当高度的恐怕还要首推王维。

此外，能够说明文学与其他艺术之间关系的还有各种综合的艺术形式。像电影，西方的歌剧、寓言诗配画，中国的词曲、题画诗、连环画、京剧等。这里我们且以电影和题画诗为例略作说明。

电影是一种综合的艺术。这是人所共知的。它既不是叙事性的小说，也不是戏剧；既不是绘画，也不是音乐。它是上述各种艺术的综合。首先，电影和文学有着十分紧密的关系。电影是以戏剧为出发点，但由于它使用主观描写、回忆镜头、内心独白等独特的表现手段，使它逐渐脱开了戏剧的结构，接近了叙事文学（例如，小说、叙事诗等）的结构，当然，如果从一切剧情要通过剧中人物的行动来表达这点来看，电影不可能不是一种戏剧艺术，不可能和戏剧完全无关，但因为戏剧结构受到时间和空间的物理限制，因此和电影表现出较大的差异。叙事性的文学则不然，它可以不受物理上时间和空间的限制，而只受思维规律的制约。因此，它可以在时间和空间中自由驰骋，随心所欲地表现过去、现在、未来以及任何地点和空间。在这一点上，电影的构成、进行形式和理论，与叙事文学十分相近。它也可以极度自由地表现不同的时间，在刹那间跨越（向前或向后）数千年，可以在同时表现若干个空间。电影可以把一部叙事结构的文学作品最忠实地表现出来，例如，英国著名电影演员、制片人劳伦斯·奥立佛拍的《哈姆莱特》（中译名《王子复仇记》），就完全是按照这部古典作品的结构和台词拍摄的。

电影的特点是以活动的图像为表现手段，通过外在形象作用于人的感官，然后形成观念，因此它是一种直观的、外在性的艺术，而文学作品的特点却是通过形象描写作用于人的心灵，因此，它是一种思考的、内在的艺术。正因为如此，以形象为媒介的电影在表现人物复杂的内心活动，表现深刻的思想的时候就不如以语言为媒介的文学作品来得自如灵便，然而，从艺术的角度看，电影并不是不能成为表现内在情绪和深层思维的内在艺术。早期的电影之所以显得肤浅、外露，缺乏深度，只是因为那时的电影艺术家对这一综合艺术的潜在力认识不充分。随着电影技术的日益先进，综合能力的加强，以及理论上的进步，电影在表现人物内在世界的能力方面表现出惊人的进步，与文学在这方面的差距正在日益缩小。试看近年来国内外的优秀影片，无不在这方面表现出不同的特色和独到之处。

电影的综合能力是以造型艺术为基础的，它综合戏剧、叙事性文学、音乐等的能力是有限的，换言之，在电影中这些艺术的表现手段与造型艺术的表现手段相较，仅处于从属的地位，因为它们在电影中的表现能力无论如何不能像在它们自己的艺术中发挥得那样充分，它们无论如何也达不到造型手段在电影中所起的作用。它们的各种表现手法只不过被借来丰富和加强造型的表现力而已，而在这一过程中它们还须根据银幕上造型的需要作适度的调整和变化，但是，电影毕竟可以调动各种艺术的表现手段来为自己服务，因而，从理论上讲，它可能在反映生活的广度和深度方面超越别的艺术。

题画诗是我国一种传统的综合艺术。自唐代以来，尤其是宋代文人画勃兴以来，在画上题诗就成为艺苑中的一枝奇葩，获得了充足的雨露和阳光，开出了艳丽的花朵。这一独特的艺术品把画的造型形象与诗的观念形象放在同一个平面上，加强了视觉感染力，往往能起到相互补充、相互生发的艺术效果。题画诗有的是诗人通过文学的描写对画面的形象作细致的描绘，因而使画面形象更臻完美，获得诗与画相互生辉的效果。例如苏轼题《惠崇〈春江晚景〉二首》之一的："竹外桃花三两枝，春江水暖鸭先知。蒌蒿满地芦芽短，正是河豚欲上时。"据说惠崇和尚"工画鹅、鸭、鹭鸶"，这幅画显然是一幅"鸭戏图"。题画诗以生动的笔墨点出了江南三月，绿竹丛丛，桃花吐艳，芦笋生芽，蒌蒿遍地，群鸭嬉戏的动人景象，同时补充了画面上未必有的"河豚欲上"的形象。也有的题画诗是诗人见景生情，浮想成章的。这就能引发观者（读者）的思路，加深对画面形象的理解。例如，范成大题《李次山自画二图之一》："船头月午坐忘归，不管风襄露满衣。横玉三声湖起浪，前山应有鹊惊飞。"李次山此画，画一人月夜泛舟湖山之下，一个小女奴坐在船头吹笛的情景，最后一句完全是诗人联想之笔。皓月当空，孤舟独泛，女奴吹笛是画面上的写实，而笛声骤起，划破了午夜的岑寂，美妙的旋律与桨声交织，惊起前山安睡的鹊群，却是诗人想象中的虚景，然而正是由于这一联想妙笔，使一幅静的画面在观者（读者）的眼前转变成了一幅动人的画面，增添了无限情趣。也有的画面形象触发了诗人的某种感受，于是借题发挥，来表达一种思想。例如唐寅题自画的《秋风纨扇图》："秋风纨扇合收藏，何事佳人重感伤？请把世情详细看，大都谁不逐炎凉？"诗人从画面上拿着纨扇在夏去秋来之际仍不肯收藏的仕女形象出发来阐发一种画外之趣，通过小小纨扇与炎凉的关系，以两个有力的反诘，表达了对炎凉世态的针砭，给人以沉着痛快之感。还有的诗透过画面形象，因景抒情，有所寄托，或直写自己胸臆。例如，王冕题自画的《墨梅图》："吾家洗砚池头树，个个花开淡墨痕。不要人夸好颜色，只留清气满乾坤。"画面上仅有一些在疏枝上淡淡开着的梅花，诗人以"只流清气"，不尚色泽的句子表达了自己追求"神似"的艺术抱负和追求高风亮节的胸怀，因而疏枝淡蕊却给人以结实、丰满的美的享受。

我们还可以通过文学与其他艺术在题材上意境上的互相借鉴来理解它们之间的相互关系。例如，歌剧和电影中有许多作品是从文学作品改编的，也就是说，它们的题材的渊源是文学。我们先来看几位重要的歌剧作家的作品。格鲁克几部著名的歌剧的主要情节均取自文学：《奥菲欧与欧律狄刻》剧情取自希腊神话；《阿尔米德》来自塔索的《被解放的耶路撒冷》；《伊菲姬尼在奥利德》和《伊菲姬尼在陶里德》取自欧里庇得斯的同名戏剧。莫扎特的《费加罗的婚姻》根据博马舍的同名剧作改编。瓦格纳的《漂泊的荷兰人》剧情取自海涅《施纳贝勒沃普斯基先生的回忆录》第7章，《恋禁》取自莎士比亚的《一报还一报》,《尼卜龙根的指环》四部曲取自北欧史诗"埃达"和德国史诗《尼卜龙根之歌》,《特里斯坦与伊瑟》取自凯尔特民族的古代传说。罗西尼的《塞维勒的理发师》取自博马舍的同名喜剧,《塞米拉米斯》剧情来自伏尔泰的同名悲剧,《威廉·退尔》则取自席勒的同名剧作。威尔第的《欧那尼》取自雨果的同名剧作,《弄臣》取自雨果的《国王取乐》,《堂卡洛斯》取自席勒的同名剧作,《路易丝·米勒》取自席勒的《阴谋与爱情》,《奥塞罗》、《麦克白》和《福尔斯塔夫》取自莎剧,《茶花女》取自小仲马的同名小说,比才的《卡门》取自梅里美的同名小说,普契尼的四部最重要的歌剧:《曼侬》取自法国普雷沃的同名小说,《蝴蝶夫人》取自美国作家朗格的同名小说,而《绣花女》(或译《艺术家的生涯》)则取自法国作家米尔热的小说《艺术家的生涯》。上面谈到的仅是一些最著名的西洋歌剧作品,还有许多歌剧作品都是从文学作品借用了题材,这里不可能一一提及。至于自文学作品改编的中外电影更是举不胜举。纯音乐作品也有一些是从文学作品获得灵感和主题的。例如贝多芬的《D小调第16钢琴奏鸣曲》显然受莎剧《暴风雨》的启示,《哀格蒙特序曲》是为歌德的同名悲剧而写的。门德尔松的《仲夏夜之梦》序曲是从同名莎剧获取的灵感。这部序曲同上述的《哀格蒙特序曲》一样,并不是戏剧情节的描述,而是从剧中获得某一主题思想及富于幻想的情趣和意境,用音乐的语言通过奏鸣曲式的结构来加以表述的。此外,值得提出的还有法国音乐家柏辽兹,是他首先创立标题交响乐的新型音乐形式,这就使大型音乐作品与文学更紧密地结合起来,他广泛地运用了莎士比亚(戏剧交响乐《罗密欧与朱丽叶》、交响序曲《李尔王》)、拜伦(交响曲《哈罗尔德在意大利》)和歌德(戏剧康塔塔《浮士德的沉沦》)的题材。匈牙利音乐家李斯特不仅写作了不少标题交响乐,如《但丁交响曲》(据《神曲》而作)、《浮士德交响曲》等,而且还首创了交响诗这一新的体裁,这种新的体裁一般为一种单乐章的标题管弦乐曲,内容常取材于文学作品,富有诗意。他写的十二首交响诗把雨果、拉马丁、席勒、歌德、拜伦等人的作品音乐化,使用有鲜明性格的音乐主题来表现文学作品中的主人公和事件,并随着情节的发展将音乐主题加以变化,是近代标题音乐中的杰作。例如:他的交响诗《山中所闻》(第一首)就取意于雨果的诗集《八月的树叶》中的一首诗,描述主人公因对政治动乱感到厌倦,孑然一身,遁入深山,面对着山光水色的天籁而沉思的情景,极富诗意;交响诗《塔索的哀诉和胜利》(第二首)是为歌德的《塔索》写的序曲,但却更多地受了拜伦的诗篇《塔索的哀诉》的启示,全曲以意大利文艺复兴时期伟大诗人塔索悲惨的一生作为主题,加以变奏发展，歌颂了他所创建的不朽功勋以及他为自由进行的不懈斗争，在一定程度上包容并超越了歌德和拜伦的诗意。

文学与其他艺术之间的相互关系还表现在这些不同的艺术类型在结构、技巧上的互相借鉴，最明显的例子是艾略特的《四个四重奏》。这首诗是完全按四重奏的结构构思的。音乐上的四重奏一般是四件乐器各按自己的声部演奏一首乐曲，在结构上多用奏鸣曲式，四个乐章。《四个四重奏》由四首诗组成，分别题为"本特·诺顿"、"东科尔克"、"萨尔瓦季干地"和"小吉丁"。每首诗包括具有内在结构的五个部分，相当于五个乐章，每一乐章引入了关于时间的主题，即对时间和永恒的思考，对流光的追索。过去、现在、未来的时间运动是第一主题，在时间运动中的静止与永恒是第二主题；时光的易逝是第一主题，对逝去时光的追寻是第二主题。以第一主题和第二主题的对比来发展，相当于奏鸣曲式中的呈示部，从第二到第四乐章则从不同的角度来进一步深化这两个主题，仿佛奏鸣曲式中以变奏、转调、不同的乐器重复同一旋律、插段与主旋律交替等不同方法处理主题的展开部。第五乐章以变化的形式重新回到第一乐章提出的两个主题上，大致相当于奏鸣曲式的再现部。

上面我们通过许多例子，从不同的角度说明，文学与其他艺术之间存在不可否认的紧密关系，正因为如此，许多论者都毫不犹豫地把它们比作"姊妹艺术"，那么比较文学家应该怎样来研究它们之间的这种关系呢？在回答这个问题之前，我们有必要回顾一下历史，考察一下现状。

从历史上看，诗书画同源，诗画一律，诗乐舞同源的观点是尽人皆知的，但它们究竟是怎样的"一律"，怎样的"同源"，却并未引起学者们的充分重视，这种情况中外皆然。在近二三十年来比较学者提出这一问题之前，文学与艺术之间的关系往往只是少数艺术史家、美学家们研究的课题，而文学史家和文学批评家大都不愿涉足这一领域。拿法国来说，直到20世纪60年代后期才把这类研究包括在比较文学的范围之内。虽然早在1810年索伯里就出版了《绘画和比较文学教程》一书，但他把美术与文学关系的研究只算作美学的范畴。20世纪初期，安德烈·葛洛写了《音乐与文学》，保尔·莫里写了《艺术与文学的比较研究现状》，但有趣的是他们都是比较文学的"局外人"，而比较文学的主将们对于本该属于自己领域的题目却并未产生任何兴趣。巴尔登斯伯格在其《比较文学杂志》创刊号中对这一题目只字未提。不论是贝茨编的，还是巴尔登斯伯格编的《比较文学书目》都不包含这方面的研究，只是在弗利德里希修订巴尔登斯伯格的《书目》时，才增加了文学与其他艺术关系的部分。① 梵·第根在他那本《比较文学论》中虽然只在一个小节里简略地提到了音乐和造型艺术，但他十分小心谨慎，似乎要避免给人造成它们与文学之间有明确联系的印象。而基亚显得更为保守，在他那本《比较文学》的第 7 章中只提到了潮流、学说和思想，而丝毫未涉及这一问题。甚至以反叛传统闻名的比较学者艾田伯也未能看到进行这种研究的必要性。只有毕修瓦和罗梭才开始转变了立场，在他们合著的《比较文学》一书中，明确地把"文学与别的艺术之间关系"的研究包括在比较文学的领域中。美国的情形与法国差不多，在雷马克为比较文学所下的定义包括文学与其他艺术关系的研究之前，有关文学与其他艺术的研究是零散的，不成系统的。1961 年雷马克的著名定义发表之后，也只有少数学者对文学与艺术这种跨学科研究表示赞同。也许最坚定不移地支持这种观点的是卡尔文·布朗，他不仅认为文学与其他艺术之间的相互关系是比较学者不应放弃的一个重要题目，而且指出，这种研究即便在同一民族的范围内也是比较文学，这就为比较文学研究这一跨学科领域划定了明确的界限。就在雷马克的定义出现前不久，美国现代语言学会中有一批学者开始致力于这方面的研究，并把这类研究定为第 9 专题，还在其后的十余年中，编出了很有价值的《书目》。1966 年秋在威斯康星举行的比较文学系主任（或学科主任）联席会议上，召开了文学与其他艺术关系的专题讨论会。1967 年 12 月，现代语言学会的年会上也召开了类似的座谈会，讨论电影、艺术史、文学史之间的关系。与此同时，《比较文学研究》和《比较文学》两份杂志为这一论题辟了专号。1968 年 4 月，在布鲁明顿举行的美国比较文学会议上，很多与会者讨论了"文学中的印象主义"这一专题。1967 年，詹姆斯·索普选编了一本《文学研究的各种关系》的论文集，其中包括了"文学与音乐"关系的一篇文章，索普在绪言中十分审慎地避免使用"比较文学"。这一术语，充分表明编者对这一问题的归属怀有疑虑，但索普毕竟承认文学是一种艺术，"至少和音乐、绘画、雕塑属于一个门类"。进入 70 年代之后，这种疑虑正在消失，越来越多的比较学者对这一领域产生了兴趣。这种变化可以从《比较文学与总体文学年鉴》上发表有关论文的情形看出。如1970 年《年鉴》第 19 期上登载了卡尔文·布朗《20 年来音乐与文学关系研究综述》的长文。布朗指出：五六十年代讨论文学与音乐关系的论文大约有

---

① 参见[法]巴尔登斯伯格、[美]弗利德里希编的《比较文学书目》第一卷第三部分有关章节，北卡罗莱纳大学出版社，1950。

1 600篇之多，他评述了一些有代表性的著作，并对这一时期研究中所取得的成就和某些不足作了公正的评估。1974年的《年鉴》上发表了题为《文学中的风格主义》的专文，对研讨"风格主义"这一艺术风格在文学中的表现的文章或成果作了述评；1978年3月底在印第安纳大学布鲁明顿校园召开了讨论文学与其他艺术关系的学术会议，当年的《年鉴》上发表了4篇论文和一篇讨论纪要，其中有韦斯坦因的《语言画、赋格诗》，卡尔文·布朗的《主题和变奏：文学形式》，约瑟夫·克尔曼的《歌剧、小说、戏剧：〈茶花女〉》。目前有迹象表明，这一题目的研究仍将取得进一步发展。德国的情况与法、美两国有一定区别，文学史与艺术史相互紧密关联的概念在那里有着较久的传统，温克尔曼和莱辛是这一研究领域颇负盛名的学者。前者的《古代艺术史》和《论古代雕刻绘画对希腊作品的模仿》以及后者的《拉奥孔》，都是文学艺术史上的经典之作。这种传统一直为赫尔德、歌德、奥·威·施莱格尔等人所继承，特别是施莱格尔，他强调的重点与莱辛恰恰相反，不是各门艺术的区别，而是各门艺术之间的互相影响和互相转化（《论绘画》）。1887年，比较文学的先驱者之一马克斯·科赫在出版《比较文学史》杂志时说，"探讨文学与造型艺术、哲学等门类之间的相互关系是比较文学史义不容辞的职责。"科赫的这一号召立即引起了艺术史家亨利希·沃尔弗林及其学生们的重视。1915年，沃尔弗林写了《艺术史的基本概念》一书，说明了文艺复兴艺术与巴罗克艺术两种风格的基本特征，接着，奥斯卡·瓦尔泽尔使用沃尔弗林的模式说明了莎剧中的巴罗克风格。1917年，他终于提出"各种艺术间的相互阐发"这一极为确切的概念。二三十年代，弗里茨·施特利希、卡尔·沃斯勒和库尔特·韦斯等学者追随瓦尔泽尔，在这一领域的研究中作出了一定的贡献。但此后的德国学者却放弃了他们的前人曾经十分成功地研究过的这片领域。接替他们的似乎主要是美国学者。这里特别值得提到的是威利·赛弗，他写的《文艺复兴风格的四个阶段》在编排上接近沃尔弗林，此外，他的《文学艺术中的罗可可到立体主义》和马里奥·普拉茨的《记忆女神：文学和艺术的平行比较》虽然有一些牵强附会的缺憾，但在研究这一问题的专述中仍不失为有一定见解的力作。除他们之外，卡尔文·布朗、约瑟夫·克尔曼、乌尔利希·韦斯坦因等一批比较学者在这一方面的努力已经引起学术界的重视。

我国的情形与法、美两国大同小异。正如前文所举的许多例子所说明的那样，我国历史上曾有许多文人学者认识到文学与其他艺术之间的特殊关系，但对它们的这种特殊关系却缺乏深入的研究。这样讲，并不意味着我们在这一研究领域中是一片空白，事实上有少数学者所作的努力特别值得称道，例如，钱锺书在 40 年代后期写的《中国诗与中国画》与 60 年代写的《读拉奥孔》是两篇颇有影响的文章。前文以大量的引证和比较，说明中国诗与中国画在传统上尽管有相通之处，但却有完全不同的评价标准。正如莱辛的《拉奥孔》一样，钱锺书也把强调的重点放在了两种艺术的差异上。他从中国诗画的比较研究中给莱辛"以声援"，文章中不仅有中国诗画的比较研究，而且有与西方不同艺术的相互比较、相互参证和阐发。在文学与音乐的关系方面，中国学者主要留意的是"词"这一特殊的文类。但大都零碎、繁杂、不成系统。其中值得提到的是刘尧民的《词与音乐》和施议对的《词与音乐关系研究》。前者把词与音乐紧密联系起来，特别提出了"燕乐与词"的关系问题，对研究者颇有启发，但它的不足是只看到了词受制于音乐的方面，消极地考察词对音乐的依赖，未能对词与音乐的关系作全面的、历史的探讨；而后者则在前人成就的基础上，力求对词与音乐的关系作较为全面的、历史的考察，一方面看到词在入乐的过程中受音乐制约的一面，同时又看到词有依据自身的格律与变化对乐曲作出某些调整，积极能动地与之配合的一面。实质上就是既看到它们的共同性，又看到它们各自的特殊性。在这种矛盾对立中来探索二者的关系。显然，它所取得的成就超越了前者，是我国比较文学研究中有关文学与音乐课题方面的一个收获。

从上述对文学与其他艺术关系的研究的历史与现状的考察中，我们可以看出，有关这一题目的研究今后必将获得较快的发展，正如韦斯坦因充满自信地预言的那样，"在各种艺术的相互阐发中研究文学，必将与文学的社会学、正在复兴的发生学和主题学一道，在比较文学史的下一个阶段占有突出的地位。"①

目前，多数比较学者赞同瓦尔泽尔的文学与其他艺术"相互阐发"的论点。所谓相互阐发，即是说既要看到文学与其他艺术相通的特点，又要看到文学与其他艺术各具特性、因而不能调和的特点。假如它们之间没有相通、一致的性质，便无以"互相阐发"；假如它们之间完全一致，没有差异，便无所谓"互相阐发"。这个道理极易理解，但学者往往重视它们之间的同，而忽略它们之间的异，因此，我们要求进行这类研究时既要注意它们之间的同，又要注意它们之间的异，也就是说，要具有辩证的观点。这一点应

① ［美］韦斯坦因：《比较文学与文学理论》，150 页，沈阳，辽宁人民出版社，1987。

该成为"互相阐发"研究的一个基本原则。莱辛的《拉奥孔》正是在这一点上具有特别重要的意义 。莱辛以前的批评家只注意到文学与一般造型艺术的一致，而没有看到二者之间的区别，因此，他要特别强调二者之间的区别，以矫正过去"诗画一致说"的偏颇。他提出诗（代表一般意义上的文学）与画（代表一般意义上的造型艺术）在许多方面有不同：第一，绘画描摹在空间中的物体，而诗则描写在时间上先后承续的动作，画的题材局限于"可以眼见的事物"，而诗的题材却没有这种局限；画宜描绘"美的物体"，而诗既可以写美，也可以写丑，既可以写喜剧，也可以写悲剧，既可以写卑微，也可以写崇高；画只宜写没有个性的一般典型，而诗却可以做到一般与个性的结合。第二，绘画一般采用点、线、画、颜色等"自然符号"为媒介，因而宜描绘空间的景物，而诗采用语言这种"人为符号"，因而宜描写时间上动作的承续。第三，从感官的心理功能来看，画诉诸视觉，可以一览无余，不必过多借助想象，而诗用观念性的语言叙述情节动作，主要诉诸听觉，因此要较多地依赖记忆和想象。第四，就艺术理想而言，画的最高境界是美，而诗的最高境界是突出表情与个性。当然，莱辛的上述论点是否完全正确，还可以讨论，但至少在一些主要的方面，他通过比较，指明了两种艺术的界限（一属空间艺术，一属时间艺术），同时，他也不否认二者有相通的地方，认为二者都是在摹仿自然，在一定的条件下，画可以通过物体去暗示情节动作，而诗也可以通过动作情节来描绘物体。《拉奥孔》是一部未完成的著作，在已完成的第一卷中，他主要谈二者的区别，但从莱辛的笔记遗稿看，许多迹象表明，他打算在续篇中较多地谈二者的联系。但无论如何这部著作确实指明了前人容易忽略的一个方面。

在对文学和其他艺术的同与异都给予相同重视的原则指导下，我们可以从不同的角度来研究文学与其他艺术的相互关系。首先，我们可以采用影响研究的方法，进行来源、影响、灵感诸方面的研究。在题材方面，文学可以从绘画、雕塑、音乐借取题材。反过来，绘画、音乐等也可以从文学作品借取题材。文学和绘画、音乐相互汲取灵感的情形在中外文艺史上并不罕见，在前文中我们已经举了一些例子，这里，我们想要强调的是这类研究应该把重点放在"相互"阐发、相互辉映上，那种仅从一个方面来探讨，力图说明一种艺术来源于另一种艺术的做法，就很可能抹杀不同艺术的个性，同时，我们的出发点和重点都应该放在文学上。例如，美国当代自白派女诗人安妮·赛克斯顿曾经从近代荷兰画家梵·高的一幅题为《星夜》的画中获得灵感，写了一首小诗。这首诗的题目也叫《星夜》，诗前引了梵·高给他弟弟提奥一封信中的几句话：

> "那不能阻止我产生对——如果要说
> 的话——宗教的狂热需求，于是我在
> 夜晚走出去，画天上的星。"
> ——梵·高致他的弟弟

　　这城市不存在
　　除了一棵黑发的树像一个
　　淹死的女人滑向炎热的天空。
　　城市是静默的。夜和十一颗星
　　一起沸腾了。
　　哦，星夜，星的夜！就是这样
　　我想死。

　　它在动。它们全都是活的。
　　就连月亮也在它橘黄色的镣铐中膨胀
　　推孩子们，从它的眼睛看，像一个神。
　　那隐藏着的老蛇吞没了星星。
　　哦，星夜，星的夜！就是这样
　　我想死。

　　投入夜——那冲来的野兽，
　　让那绿色的龙吞没，和
　　我那没有旗，
　　没有肚子，
　　没有呼喊的生命分离。

　　从梵·高的画上，我们可以一眼看出诗中所描写的某些景象：城市、一棵树、天空、夜、十一颗星和月亮。但画面上景物星、月、树等都完全是以表现主义的手法，用浓重的笔触、色彩和扭曲、变形的线条涂出来的，这幅夜景的暗示，能够激起一种莫名的恐怖。梵·高正是以这些变形的形象表达他自己的灵魂状态，象征他对神的敬畏。当然，由于这幅画高度的象征性，每个人都可能提出自己对它的不同理解，但我们可以说，任何人站在它的面前都恐怕不能没有灵魂悚惧的感觉。安妮·塞克斯顿从她诗人特有的敏感和想象力，用文学语言的力量补充了画面上的不足，有助于我们进一步理解这幅画的深刻意蕴。这里最主要的一点是诗人指明了这幅画渴求死亡的动机。除了在第一、二节的末尾以类似叠句的形式明确地发出"我想死"的呼喊之外，还以"淹死的女人"、"吞没星星的老蛇"、"投入那冲来的野兽（即绿龙、老蛇）"、"和生命分离"等隐喻强化了这一动机。画面上在前方那棵用浓重的墨绿色画出像火焰般的树，被看成是一具溺死的女尸、滑向炎热的天空。那在十一颗星球之间怪诞得类似彗星的线条被看成一条张牙舞爪的毒龙（蛇），吞没了其余的星球，正在向我们冲来，在这沸腾的暗夜里，星球只剩下暗淡的光，连那被暗黄色的晕环包围着的月亮也被说成是"在橘黄色的镣铐中膨胀"，"推孩子们"。这一切意象，以及"渴求死亡"的动机无疑和诗人主观的想象紧紧纠缠在一起，也正是画家画面上没有的"象外之旨"。画面所暗示的那种神秘的力量被诗歌用各种补充的意象轻轻点破，即一切都笼罩在一种神谕下，那就是"死亡"。经过这样的比较，我们可以看出这两种艺术是怎样的互相补充、互相生发的。梵·高以他那强烈的不和谐的色彩和变形的形象创造的一派神秘的意境，引起了诗人深沉的共鸣，刺激了她的想象，她又反转来以语言的意象弥补了画面的形象。没有画面上的形象，诗人的想象不能得以飞升；没有诗人的意象，画家的意图不能得以彰显。两者相互生发的情形在这个例子中是极为清楚的。

我们的研究不应就此停止，还应该深入探讨诗人和画家的创作思想和生活，从中发现更深刻的底蕴。

梵·高是一个热爱生活、具有很高的道德感和宗教观念的人，但他一生穷困潦倒，十分失意。现实生活和美好的人生理想形成了不可调和的矛盾，使他极度苦闷，以致精神分裂，最终自杀。这幅画就作于他自杀的前一年。赛克斯顿出生在一个天主教气氛很浓的家庭里，虽然她很早就放弃了宗教信仰，但对生活却不能不有宗教式的热情与憧憬，然而现实生活却与理想相去甚远，精神上的苦闷使她像梵·高一样几次进入精神病院，最后也终于步她的好友女诗人赛尔维娅·普拉斯的后尘，像梵·高一样走上了自杀的道路。正是这种类似的思想矛盾以及对人生类似的看法，使诗人对画家产生了心灵上的契合，使属于不同艺术种类的两个作品能够互相补充、互相阐发，产生出更圆满的艺术境界。这个例子说明，文学和其他艺术之间相互关系的研究应该也可能引入一个更深的层次。

在这一领域的研究中，应该特别重视那些包含有文学和其他艺术因素的复合（或者说中间）类型。例如，西方的歌剧，中国的戏曲、词、曲以及中外创作歌曲等类型，都包含了文学与音乐两种因素；西方的寓言画、诗配画，中国的题画诗以及中西都有的加插图的文学作品等，显然包含了文学与绘画的因素；至于舞台剧、电影等则是包含了文学和音乐、绘画、雕塑等多种艺术因素的综合类型，在研究这些类型时应该注意文学与其他艺术是如何相互为用，密切合作的，是如何相互补充，相映生辉的，这中间可能有因二者的一致而相辅相成的情况，也可能有因二者的不同而相反相成的情况。同时，还应该研究这些类型的历史，研究这些类型中两种（或数种）艺术合作的规律及其美学基础。我们不妨以中国的"词"为例来略作说明。宋王灼在《碧鸡漫志》卷一中说："古人初不定声律，因所感发为歌，而声律从之，唐、虞禅代以来是也，余波至西汉未始绝。西汉时，今之所谓古乐府者渐兴，晋魏为盛，隋氏取汉以来乐器、歌章、古调并入清乐，余波至李唐始绝。唐中叶虽有古乐府，而播在声律则甚少矣；士大夫作者，不过以诗一体自名耳。盖隋以来，今之所谓曲子者渐兴，至唐稍盛，今则繁声淫奏，殆不可数。古歌变为古乐府，古乐府变为今曲子，其本一也；后世风俗益不及古，故相悬耳。而世之士大夫，亦多不知歌词之变。"[①]这段话多为词学者所引用，它清晰地描绘了我国诗歌与音乐之间相互关系发展的三个阶段：从上古至汉，以乐从诗，与之对应的文类是古歌诗；自汉至六朝，采诗入乐，与之对应的文类是"古乐府"；隋唐以来，倚声填词，与之对应的文类是"今曲子"，即词曲。这段话还告诉我们，词的产生与发展变化始终是在诗与音乐紧密相关的传统中进行的，而且它是这种关系高度发展和复杂化的产物。事实上词与音乐的关系与前两个阶段相比表现出更为复杂和紧密的面貌。首先，由于当时的音乐（燕乐）有众多的、变化的曲调，因此，要求词在外在与内在的形式上作出相应的变化，以适应不同曲调各自的音乐结构与运动形式。音乐的核心是节奏，由于曲调繁多，就必然产生各种不同的节奏类型，因此就要求歌词"长短其句以就曲拍"，这样，就打破了律绝的齐言形式；此外，由于音乐很可能由数个乐段组成，

---

① 中国戏曲研究院编：《中国古典戏曲论著集成》（一），106页，北京，中国戏剧出版社，1959。

词还可能由一段发展为数段，形成若干片。为了与乐曲的节奏和旋律相应和，词的句式除五、七言外（这体现了词与传统诗体的联系），还有许多变化的形式（这体现了它与传统诗体的区别）。特别是在起句、结句和换头等处更表现出无穷的变化。从内在形式上看，为了适应乐曲律吕五音的声调（宫、商、角、徵、羽），词还须在韵律即内在的音乐性方面表现出一系列的变化，即要求每个字的声音与曲调的疾徐高下相配合，因此，词中的四声、平仄乃至字音之开齐撮合均表现出较律绝等体更为精细的变化，词中的叶韵也须和音乐的"律"、"调"相一致，因此，也较律绝等体复杂。其次，由于歌词入乐，对于乐曲的创新与发展也起到了促进的作用。这表现在两个方面：第一，合乐歌词的发展使从域外传入的胡乐与中国本土的传统民族音乐互相融合，逐渐发展成新型的民族音乐；第二，歌词合乐，激发了乐曲创作的发展与竞争，北宋时期，教坊所作乐曲数以千计，民间所作乐曲更是不可胜数，许多文人才士还自制新腔，这无疑是对当时传统音乐的极大丰富。由此可见，词与乐是一种相互依存、相互生发的关系。

从艺术规律及美学原理看，诗与乐在使用媒介、摹写对象、反映现实等方面各有特点。诗用语言符号作媒介，具有一定的内涵，长于表达概念、思想，而音乐用声音作媒介，长于表达情感。当然，诗也可以描写主观情绪，特别是抒情诗，更是以抒写情感为主旨，但在表达瞬间复杂、细腻的感情时就往往难以言传，须借助于音乐来补充。陆游《鹧鸪天》（"南浦舟中两玉人"）有句云："情知言语难传恨，不似琵琶道得真"，确实十分准确地说明音乐对文学的弥补作用；而音乐在表达主题思想和观念方面则缺乏文学语言所具有的明晰性，因此，歌词入乐又可弥补音乐在达意方面的不足，二者紧密配合显然可以造成更加完美的艺术形象，具有更大的艺术感染力。从接受美学的角度看，这种新型的艺术形式出现之后，发生了极大影响，文人才士，多以填词，乐工歌伎，竞相传唱，成为一时的风气。北宋时，不仅"凡有井水饮处，即能歌柳词"，而且，人们对于不同的艺术风格和流派都能做到悉心体会，表现了不寻常的艺术鉴赏力和审美判断力。如俞文豹《吹剑续录》曾有如下记载：东坡在玉堂，有幕士善讴，因问："我词比柳词何如？"对曰："柳郎中词，只好十七八女孩儿，执红牙板，唱'杨柳岸晓风残月'。学士词，须关西大汉，执铁板，唱'大江东去'。"公为之绝倒。苏柳两家之词代表了所谓"豪放"与"婉约"两种不同的艺术风格，而一般歌者竟能有如此深切、细微的体会，这种高度的审美判断力也从接受的角度证明了当时歌咏之盛，证明了这一新型的艺术形式产生的作用。

研究文学与其他艺术的相互关系，还有一个重要的方面，那就是把它们放在共同的社会和文化背景上加以比较，从而探讨有可能形成文学与其他艺术紧密结合的共同的社会、文化基础，例如，词何以在隋唐以来逐渐产生，而至宋发展为"一代之文学"，这就需要讨论唐及两宋的社会、历史状况以及燕乐的形成等文化方面的背景；再如，研究巴罗克艺术风格对建筑、雕刻、绘画、文学、音乐诸种艺术的影响，显然不能不讨论 17 世纪意、德诸国的社会历史状况以及文化背景，否则便无以说明各种艺术在这一风格的影响下互相渗透的情况。

# 第二节　文学和宗教

文学和宗教是人类社会中存在的两种不同的意识形态，但是在人类文化发展过程中，二者具有密切的联系。

文学和宗教都产生于上古时代，二者虽然没有直接的亲缘关系，文学产生于宗教的说法也并不科学，但是，我们不能否认，在文学的产生和发展的过程中，宗教曾经起过重要的作用。某些文学体裁的形成，与宗教更有着直接的联系。古代东方的诗歌，古希腊的戏剧，其最初根源都与宗教仪式有关。神话和宗教在意识上有某些共同性，而且在一定的条件下，二者可以互相转化。中国古代"变文"的产生，其宗教根源就不能否认。

宗教还是文学交流的先导和相当活跃的媒介，譬如，谈到古代中国与印度之间的文化交流，就离不开佛教，谈到西欧中古时期各国的文化关系，就离不开基督教。

宗教对于文学的利用，宗教对于文学作品思想内容的影响，以及文学运动中反宗教的倾向，文学作品中的反宗教主题，又是文学与宗教关系的一个重要方面。宗教要利用文学来扩大它的影响，西方文学史上有过专门为宗教宣传服务的教会文学。而文艺复兴之后，资产阶级作家的反教会的作品层出不穷。在西方文学史上，文学与宗教之间这种互相影响、互相斗争的事实，构成了其中颇具特色的一个侧面。

另外，有些重要的宗教经典，本身就取自文学作品，《圣经·旧约》和《古兰经》的相当一部分就是如此。随着宗教的传播，它们成为最畅销的作品，它们对于人们（包括作家）思想影响之深之广是无法估量的。其中一些人物和故事，还成为许多作家进行创作的题材来源，这些作品不是宗教文学，而是文学史上具有重要意义的典范，如但丁的《神曲》、弥尔顿的《失乐园》等。研究宗教经典、宗教题材与文学的关系，也可以列为文学与宗教关系研究的题目之一。

考察《圣经》对西方文学的影响与佛教对中国古典文学的影响，已经成为比较学者关注的课题。下面，我们介绍一些这方面的研究成果，将有助于我们理解文学与宗教之间的密切关系。

《圣经》对西方文学的影响之大是难以估量的。千百年来，它不仅为后来一代又一代的作家与诗人提供了大量的人物原型和素材，也为他们提供了丰富的思想。

《圣经》本身就不仅是一部宗教法典，还是一部价值很高的文学作品，《旧约》中包括了古代希伯来人的神话传说、英雄故事、历史散文等各种体裁的作品，从不同的侧面反映了古代希伯来人的生活斗争和社会面貌。《创世记》和各种《先知书》无疑是上好的叙事文学，而《诗篇》、《耶利米哀歌》则不啻是优美的抒情篇章。后来编定的《新约》记录了耶稣及其门徒的言行。《四福音书》、《启示录》等也都是很有文学性的作品。

《圣经》传入欧洲后被译成了各种语言，在人民群众中广泛流传，这不仅造成了宗教思想的传播，而且对发展各民族文化，丰富各民族语言也起了积极作用。

《圣经》对西方文学的巨大影响，首先可以从它为后世文学提供大量的题材和思想上看出。中世纪文学除民间流传的英雄史诗、骑士文学和市民文学外，还有相当一部分是宗教文学，奇迹剧、神秘剧、道德剧，则几乎全是以《圣经》内容为题材的。即便是民间创作的诗歌、小说、戏剧，也在不同程度上受到宗教的熏染，很难说没有一点宗教气息。

在中世纪及其之后，大作家采用《圣经》故事为素材进行创作的情况极为普遍。但丁的《神曲》不论有怎样的现实意义，它的结构的宗教色彩却一望而知，十分明显。作者游历地狱、炼狱、天堂的历程无疑象征了人生的历程，作品中关于地狱、炼狱、天堂、惩罚、赎罪、来世等的观念，无不来自《圣经》的影响，即便是关于地狱、炼狱和天堂的具体描写，固然主要是来自作者的想象，但没有《圣经》和神学的启示也是不可能存在的。弥尔顿的《失乐园》、《复乐园》和《力士参孙》都取材于《圣经》故事。约翰·班扬的《天路历程》讲述名为"基督徒"的主人公抛别妻子家园，立志寻找天国，历尽千难万险，终于如愿以偿，基督徒的妻子随后也来到天国。故事充满浓厚的宗教色彩和劝世的寓意。它的题材虽然不是来自《圣经》，但它的思想却是《圣经》的翻版。拜伦的诗剧《该隐》虽然立意在指摘和嘲笑上帝，但其素材是取自《圣经》中该隐杀弟的故事。托马斯·曼后期写的四部曲《约瑟和他的兄弟们》采用的是《旧约》中关于约瑟的故事。克洛代尔的大部分诗歌和剧作借鉴《圣经》的材料和思想，充满炽热的宗教热情和玄想。

倘若检索西方文学作品采用《圣经》中的典故，借用《圣经》中的词句，或者在人物、结构中暗含着《圣经》中的某一情节、某种观点、某种气氛，我们则可以说，绝大部分西方作家都受过这部经典的影响，甚至可以说，几乎没有人不受其影响。

以英国文学为例，斯宾塞的《仙后》是英国诗史上的重要作品，其第4卷所写的特里阿蒙和坎贝尔的故事，就明显地借鉴了《旧约·列王记》（下）中以利亚和以利撒的故事。锡德尼翻译了《圣经》中的《诗篇》，研究者认为他的译文既忠实于原著，又有浓郁的诗意。托马斯·沃特森（1557？～1592）用拉丁文写的《押沙龙》一剧取材于《圣经》，但却被赋予新的道德意味。乔治·皮尔（1558？～1597?）的剧作《大卫和拔示巴》同样取材于《旧约》。莎士比亚也采用《圣经》的思想和寓意。有的学者认为，《麦克白》第一幕第四场正是从《旧约》中的"耶利米书"第二章脱化出来的。班柯正如耶利米一样，受到爱戴，但却没有获得应得的嘉奖，最终遭到厄运。邓肯对麦克白的"栽培"，正好使"恶人的道路亨通"，使奸邪诡诈的行为获得成功。邓肯不辨忠奸，必将自食其果，而麦克白野心勃勃，终将遭到报应。① 还有的学者认为《麦克白》渗透着《列王记》的精神，邓肯对待善恶忠奸的态度决定了他的王国的兴盛和衰落。这正如列王的兴衰由他们对虚构的先知和真实的上帝的态度来决定一样。《哈姆莱特》第四幕第五场奥菲利娅对国王说："主啊！我们都知道我们现在是什么，可是谁也不知道自己将来会变成什么。"这句话隐含着《新约·约翰一书》中约翰对该隐杀弟的谴责。约翰告诫人们说："爱弟兄的就住在光明中，……唯独恨弟兄的却在黑暗里行，也不知道往哪里去，因为黑暗叫他眼睛瞎了"。② 英国学者 H. 麦修斯在《莎剧中的角色和象征》一书中，研究了莎剧结构和意象中的基督教成分，他认为，《哈姆莱特》、《麦克白》、《李尔王》和另外几部历史剧中都隐含着基督教"罪恶、审判、赎罪"这样一个三层的模式。因为在文艺复兴时代，这样一种宗教模式已无法公开以宗教剧的形式在英国的舞台上演出，莎士比亚

---

① 参见《莎士比亚全集》，八，318～320 页，北京，人民文学出版社，1978；《新旧约全书》，846 页，中国基督教协会印。

② 参见《莎士比亚全集》，九，104 页；《新旧约全书》，321～322 页。

不得不赋予宗教原型某种社会、政治和道德的外衣。这样，撒旦对天帝的反叛及其堕落，原罪，耶稣被出卖、死亡和复活等原型就变成了莎剧中邪恶的谋杀、叛逆，善良的遭难，正义对邪恶的审判乃至最终胜利等政治、社会和道德冲突。有的学者还指出了《威尼斯商人》中的基督教意味，夏洛克和安东尼奥的冲突体现出基督教的友爱、奉献、宽恕和异教的残忍、索取、狠毒的对立，更进一步，这种冲突隐含着犹大对基督背叛的寓意。①

玄学派诗人邓恩的诗作中常用一些独特的比喻，例如用鸟兽虫鱼、蔬菜、孩子的成长来比喻人的心态，而这些比喻往往借用了《圣经》中的善恶观念，或者被置于"创世"的背景中。按照中世纪神学的观念，《列王记》中的大卫是一个具有三重身份的形象：理想的君王、既谦卑又崇高的道德类型、颂诗诗人兼音乐家。另一位玄学派诗人马维尔在《大卫王式的克伦威尔》中，即以这一《圣经》人物为原型塑造了克伦威尔的形象。

对弥尔顿的大量研究早已从题材的角度转入对作品本文的仔细探索。伊甸园中的蛇引诱夏娃和亚当偷吃了生命树上的禁果，遭到上帝的诅咒，上帝诅咒他要永远爬行，永远吃土，永远与女人为敌。《失乐园》中关于这一情节的描述即以《创世记》中的这一细节为本，结合了历代解经者关于创世的解释。学者们对弥尔顿究竟是不是一个寓言作家展开过讨论。那种认为弥尔顿采用宗教题材，实质上是从改革者、革命者的立场出发，力图挽救世道人心的观点无疑比较客观。有的学者从不同角度探讨了诗人所以要采用宗教题材的理由：在基督教统治欧洲千余年之后，《圣经》已经成为家喻户晓的一部宗教经典，人们普遍熟悉《圣经》故事，因此，采用《圣经》题材，无疑可以吸引更广泛的读者，可以增加作品的戏剧性，获得一种崇高的风格。有的学者探讨了弥尔顿怎样根据当时解经者对参孙的推重，并从自己的情感和道德立场出发，把参孙抬高成基督式的形象。还有的学者比较了弥尔顿笔下的两位女性主人公夏娃和大利拉的形象，讨论了她们在毁灭丈夫过程中复杂的心理动机及其宗教含义。

德莱顿的《押沙龙和亚希多弗》与《圣经》的关系是十分明显的。押沙龙的形象含有基督的意味，暗指蒙默斯公爵，而亚希多弗含有撒旦的意味，

---

① 参见[俄]B.列瓦尔斯基：《威尼斯商人中的基督教寓意》，载《莎士比亚季刊》，13。

暗指辉格党人的领袖夏夫兹伯里。诗人赋予宗教题材以强烈的政治意义，目的是攻击辉格党人。但也有学者认为，这首诗不仅是一首政治诗，诗人通过宗教形象表达的善恶是非观念具有普遍的意义。

不少研究者指出了斯威夫特借鉴《圣经》的情形。《大桶的故事》具有强烈的讽刺意味。作者指责当时的各种教派（罗马天主教、路德的新教和卡尔文教）违背了真正的基督教精神。有人指出，《格列佛游记》中第三部分"慧骃"国中关于具有智慧和语言的马的描写不仅是一则动物寓言，而且具有宗教意义。这一描述的根本目的是告诫人们要坚定对上帝的信仰，要信任上帝而不是信任一种动物，因为《圣经·诗篇》中也有用马告诫人们万勿动摇自己信念的情形。《一个温和的建议》以最辛辣的嘲讽指出了当时爱尔兰人的贫困。这篇杂论无疑受了《圣经》的启发。《耶利米书》第19章和《申命记》第28章都谈到希伯来人如果违背了耶和华的教诲，必将是食自己亲生子女的肉的结局。

威廉·布莱克和宗教的紧密联系大约没有人会否认。一般研究者都指出诗人广泛采用《圣经》中的形象来表达自己对生命、自然和现实生活的观点。他的诗浸透着一种神秘的、宗教的感召力。他的《先知书》和《特里之书》均有《约伯记》的结构，类似《约伯记》和《传道书》中的人物形象，以及《圣经》语言的节律和意象。有人研究了济慈的诗歌和书信，发现有92处与《圣经》相关联的地方。不过，济慈主要是把《圣经》看作一部文学作品，而不是宗教经典，因此，说《圣经》是"诗人天才的基石"就不免是过甚之辞。① 勃朗宁《书信集》的编辑者曾详细地指出勃朗宁对《圣经》的依赖，但另一位学者又增添了他忽略的5处，进一步说明诗人对《圣经》熟悉的程度。② 有人还注意到马修·阿诺德创作中的希伯来和希腊影响的矛盾。前者重实践，重行动，而后者重沉思，重玄想。

康拉德的《阴影线》和《水仙号上的黑家伙》均采用了《旧约》中约拿的故事，只不过改造了结尾，他笔下的水手不愿为了平息满含敌意的超自然力，而是团结一致与之奋斗，不似《旧约·约拿书》中所述，水手们为平息耶和华的愤怒把约拿抛入了海中，但故事的整体框架却未改变。哈代的《卡斯特桥市长》借用了《旧约·撒母耳记》（上）里扫罗和大卫的故事。哈代作品中的亨查德以扫罗为原型，而他的对手法佛拉则以大卫为原型。亨查德和法佛

---

① 参见［美］L.杰弗雷：《济慈和〈圣经〉》，载《济慈—雪莱研究学刊》，10。

② ［美］J.威洛比：《勃朗宁对〈圣经〉的了解》，见《注释和质疑》，7。

拉的竞争即以扫罗和大卫的明争暗斗为蓝本，当然作者赋予了它较为复杂的新意。乔伊斯的剧作《流亡》和劳伦斯的剧作《大卫》都采用了《圣经》中的故事和形象。迪兰·托玛斯的诗作中有三分之二直接或间接涉及了《圣经》中的题材，诗中的意象、主题，甚至韵律都来自《圣经》。

法国文学中，《圣经》的影响也是极为广泛的。伏尔泰在理论著作中力图把自然科学和对上帝的信仰结合起来，从他的创作和理论看，他对《圣经》是相当熟悉的，他曾反复提到大卫、耶弗他、亚哈拉等《旧约》中的人物。不少学者研究了《查第格》和约伯的对应关系。卢梭在《爱弥儿》中为上帝唱了热情的赞歌。夏多勃里昂作品的宗教色彩很浓。一位研究者在《阿达拉》中找出了不少借鉴《圣经》的例证。维尼和雨果作品中也有许多宗教痕迹。学者还研究了夏多勃里昂、拉马丁、奈瓦尔和福楼拜等作家为了寻求宗教上的启示游历巴勒斯坦的情景，指出这一游历对他们创作的作用。

不少学者研究了当代法国文学中关于犹大的神话，指出许多作家借用了《圣经》中这一叛徒的形象，但却把他作为某种新的精神，如忌妒、天真、误解甚至团结的象征。贝克特的《等待戈多》是一出形而上的荒诞剧，但有的学者认为它是一出悲喜剧，剧中流露的那种对绝望感到的痛苦和对希望的期待来自《新约》中的《罗马市》，呈现了《但以理书》中但以理看见的最后的幻象。而他的《最后的结局》实质上是对《创世记》的反面解释，意在说明创世本身就是荒诞的、无意义的。

德语文学的情形和英、法文学相似，作家受《圣经》的影响很普遍。克洛卜斯托克对死亡的迷恋，使他写成了具有宗教意味的剧本《亚当之死》。他的同代人莱辛的宗教观点很特殊。莱辛把耶稣看作一个非凡的人，他对三位一体的怀疑导致他承认《旧约》的一元论的神学思想。对赫尔德来说，《圣经》首先是应该从人的价值去判断的一部历史文献，而不应是一部盲目崇拜的经典。在《论希伯来诗歌的精神》中，他用摩西诫律的精神表达自己对法律、土地和语言的政治和道德见解。年轻的歌德在希伯来语教师的激励下曾读过 17 世纪以来英国许多解经者的论述，熟悉了《圣经》的多义性。有人认为《浮士德》和《传道书》之间有相似之处，尽管浮士德那种永不停息的探索精神并不存在于《传道书》中。他的《浮士德》采用了基督教的形象，该剧的"天上序幕"从《旧约·约伯记》获得启发，并模仿了宗教神秘剧的形式。有的学者认为，歌德借鉴《圣经》大约经历了三个阶段：起初完全从修辞和装饰的目的出发借用它的词句；随后的借用则具有了宗教教训的意味；最后则是在赫尔德的影响下，从美学的角度把它用作象征，例如，维特的激情和苦难显然是基督式的。席勒的《威廉·退尔》中的宗教因素表现在此剧的主题是圣经式的，即一个质朴、天真的人为独立而进行的斗争，同时，退尔是摩西式的形象，盖斯纳是尼布甲尼撒式的形象。诺瓦利斯的诗作中有《雅歌》的影响；海涅的《施纳贝勒沃普斯基先生的回忆录》显然是对参孙故事的讽喻。有人认为卡夫卡《审判》中的主人公约瑟夫·K与约伯相似，他们始终在寻求一种正义的力量，却总是不成功。布莱希特从"陌生化"的理论出发来采用《圣经》中的材料。《伽利略传》中借用《箴言》，《高加索灰栏记》中征用了所罗门故事中的内容。迪伦马特的《天使来到巴比伦》和《物理学家》有明显的《圣经》意味。作品的深层是天才的、无助的个人在一个混乱的世界上与万能的上帝对立的结构。

有人研究了《堂·吉诃德》的宗教意味，指出虽然堂·吉诃德的理想与《圣经》的理想不尽相同，但这位"骑士"经历的艰辛和苦难却纯然是《圣经》式的。从普希金的书信和注释中我们得知，这位伟大的俄国诗人在他的创作最兴旺的时期学习过希伯来文，目的是要翻译《约伯记》。托尔斯泰的创作与《圣经》的关系已是众所周知。

《圣经》和西方文学的关系是说不尽的，因此，有人说；一部《圣经》就是理解西方文学乃至西方文化的"巨大的密码"。

佛教和中国古代文学之间相互依存、相互生发是中国文学史上一个任何人都不能忽视的特点。佛教自东汉传入中国之后，不仅给中国古代文学输入了新内容，也给它带来了新形式。另一方面，佛教思想也借着中国古代文学的形式得以传播发扬。可以说，没有佛教，便没有中国古代文学后来的形式与风貌，反过来，没有中国古代文学，佛教也不会像后来那样深入人心。

佛教对中国古代文学的巨大影响是多方面的。在佛教传入中国之前，中国古代的诗文主要受儒道两家的影响，自魏晋之际，儒学衰微，玄风日盛，士大夫阶层崇尚清议，以庄老之学相矜夸，以谈玄说理为能事。这种风气自然不能不影响文学。因此，东晋时期便出现了以孙绰、许询、王羲之等为代表的玄言诗派。佛教传入之后，迅速与玄学合流，形成释道混杂的局面，并在文学的各个方面表现了出来。

魏晋之世，佛教影响文学的一个显著方面是一些著名僧人所起的巨大作用。支道林、释道安、慧远等不仅是精通佛理的高僧，而且是精通中国哲学的名士，因此深为时人敬重。鸠摩罗什、真谛、竺法护等人虽出自异域，但也都是佛国名僧，不仅谙熟佛典，而且通晓汉语，因此在被礼请来华之后，极受国人尊崇。他们的功绩至少有以下三项：第一，对佛经的翻译作出了不可磨灭的贡献。这项工作自汉魏开创，至盛唐而臻极致，据《大周刊定众经目录》统计，共译大小乘经论和传记 3 616 部，8 641 卷。① 鸠摩罗什、真谛、玄奘、义净被后世并称为四大译经家。他们组织了大规模的、分工复杂的译场，以极其严谨的态度从事翻译，译出了许多部质量较高的作品。毫无疑问，佛典的大量迻译是佛教对中国文学产生影响的前提。第二，以佛理阐发中国的哲学思想，特别是道家思想。例如，支道林就为《庄子·逍遥游》作了一篇洋洋数千言的著名注释，用佛家学说来阐释庄子，不仅使王羲之"留连不能已"，而且使"群儒旧学莫不叹服"。道安的高足弟子慧远在讲经时，为便于听众理解，往往"引《庄子》义为连类"，这种"不废俗书"的讲经法赢得了广大的听众，也得到了道安的认可。由于以中国哲学典籍为"连类"，就不仅充实了佛理，也阐发了外典，起到了相互参证的作用。第三，不少人从事文学创作，用中国古典文学的形式来表达佛理。鸠摩罗什写过《十喻诗》、《赠沙门法和》等篇什，慧远有《庐山东林杂诗》、《报罗什偈》等作，都是说佛理的。至于支道林留存于《全晋诗》中的 18 首诗，其中17 首是通篇说佛理的，他们的这类纯佛理诗开创了后世诗人以佛理入诗的先声。

另外一个值得注意的特点是一些文学家身兼二事，不仅从事文学创作，而且对佛学有精湛的研究，写出了不少具有文学性的佛学文章或具有佛理的诗篇。在这方面有代表性的文人是谢灵运和王维。谢灵运曾将《大般涅槃经》改译为南本，写过《与诸道人辩宗论》、《维摩诘经中十贤赞》、《和从弟惠连无量寿颂》、《庐山慧远法师诔》等宣扬佛理的文章，以及《石壁招提精舍》、《过瞿溪山僧》等谈禅的诗作。王维一生好佛，晚年尤虔诚。《旧唐书》本传说他"弟兄俱奉佛，居常蔬食，不茹荤血，晚年长斋，不衣文彩，在京师日饭十数名僧，以谈玄为乐。斋中无所有，唯茶铛药臼经案绳床而已。退朝之后，焚香独坐，以禅诵为事。"此外崇仰佛学的著名文人还有柳宗元、白居易等人，他们研讨佛学，与名僧交游，写出的诗文中有不少参以佛理，如王维的《胡居士卧病遗米因赠》、《与胡居士皆病寄此诗兼示学人二首》、《饭覆釜山僧》、《登辨觉寺》、《谒璿上人》、《夏日过青龙寺谒操禅师》等，柳宗元的《法华寺石门精舍三十韵》、《赠江华长老》、《巽公院五韵》、《晨诣

---

① 转引自钱仲联：《佛教与中国古代文学的关系》，载《江苏师范学院学报》，1980
(1)。

超师院读禅经》等，白居易的《观幻》、《斋戒》、《长斋月满寄思黯》、《晏坐闲吟》、《读禅经》、《答客说》等篇。据梅文鼎《释文纪》和一些名家专集所收，东晋南北朝期间，含有佛理的各类文章有 300 多篇，自唐末以来许多著名文人的诗文集中都可以找到这类谈禅、谈佛的作品。

从思想内容方面看，佛学的一些基本观点都在不同程度上进入了中国古典文学中。

佛教对世人影响最大的是它的四大皆空、人生无常的观点。中国传统的儒教是讲"常"的，所谓"天不变，道亦不变"；《周易》说，"天行健，君子自强不息"。道家虽然不像儒家那么积极，但也没有说客观的东西是靠不住的。佛教传入后带来的第一个新观点，就是"无常"，这种看法很快被人所接受。诗人们接受这种人生虚幻、诸法皆空的思想，于是产生隐逸出世的想法。在他们仕途失意、寄情山水的诗作中，往往或明或暗地包含着这类虚幻的意思。例如：白居易的《观幻》说："有起皆因灭，无瞬不暂同，从欢终作戚，转苦又成空！次第花生眼，须臾烛过风，更无寻觅处，鸟迹印空中。"孟浩然的《陪姚使君题惠上人房》说："会理知无我，观空厌有形。"王维的《与胡居士皆病寄此诗兼示学人二首》说："色身非彼妄，浮幻即吾真。"王梵志、寒山、拾得、丰干一类以通俗语言解说佛理的诗作中这类例子就更多。梵志的"城外土馒头，馅草在城里，一人吃一个，莫嫌没滋味"；丰干的"本来无一物，亦无尘可拂，若能了达此，不用坐兀兀。"拾得的"三界为转轮，浮生若流水，蠢蠢诸品类，贪生不觉死，汝看朝垂露，能得几时子"，都是典型的例子。此外曹操的"对酒当歌，人生几何，譬如朝露，去日苦多"（《短歌行》），曹植的"天地终无极，人命若朝霜"（《送应氏》其二），陶渊明的"皎皎云间月，灼灼叶中花，岂无一时好，不久当如何？"（《拟古九首》之七），苏东坡的"人生如梦，一樽还酹江月"（《念奴娇·赤壁怀古》）之类诗句中，无不包含着生命短促、万事空幻的思想。就是小说戏曲中，这样的描写也随处可见，例如，《三国演义》开篇临江仙词就有"滚滚长江东逝水，浪花淘尽英雄。是非成败转头空；青山依旧在，几度夕阳红"的句子。《红楼梦》写尽人间诸相，以梦始，以梦终，一首《好了歌》概括了人世的无常。《桃花扇》结尾的"俺曾见金陵玉殿莺啼晓，秦淮水榭花开早，谁知道容易冰消。眼看他起朱楼，眼看他宴宾客，眼看他楼塌了……"不是也包含着同样深沉的感慨吗？可见，空幻、无常的思想是如何深刻地影响着中国的文学了。

因果轮回的观念是佛教的一个核心思想。在佛法传入中国之前，国人也有报应的观念，但这种报应的观念与佛家的报应说是有区别的。在中国古代的观念中，善恶之报究竟是怎样产生的并不清楚，人们往往认为，执掌报应的是上天，因此，这种报应一般比较朦胧，很难兑现，至少，在人们的想象中很难感知这种报应，《诗经》中"上帝板板，下民率瘅"（《大雅·板》），"昊天疾威，弗虑弗图，舍彼有罪，既伏其辜，若此无罪，沦胥以铺"（《小雅·雨无生》）的句子，就明确地提出了天道无亲，惩恶赏善的思想，但人们毕竟对这种抽象的报应能否实现深怀疑虑，因此，"楚辞"中有《天问》的章句，窦娥有"天也，你错勘贤愚枉作天"的责问。而与此不同的是，佛教把报应观具体化了。按照佛家的观点，报应自有因果，三世轮回，一切均来自宿业。不仅善有善报，而且为善为恶的程度不同，报应的程度也不同。这种因果业报的思想对中国文化影响甚大，在文学中的反映也是十分明显的。例如，《初刻拍案惊奇》卷30《王大使威行部下，李参军冤报生前》的入话中就讲了两个冤业相报的故事。其中之一是卢氏采桑女讲述她的三世：再世前曾贩羊从夏州来长安，投宿王家，父子三人均遭害；她冤气不散，再世投生王家为子，王翁夫妇钟爱异常，但此子15岁得病，20岁丧生，卧病5年，耗去王家医药费已远远超过王家早年窃去的财资；今生为采桑女，撞见王家翁姥，说破业债，王翁姥二人受此惊吓，不日而死。这就是她一生被害，二生索债，三生证明讨命的三世。像这种冤冤相报，谈因说果的故事在一些戏曲和话本、拟话本小说中所在多有。作者的意图无非是借佛家思想来警世。就连长篇小说中也可以轻易找出类似的例子。《红楼梦》戚本第60回写尤二姐自杀前，曾梦见已死的尤三姐手捧鸳鸯剑来安慰她并说明了因果："……此亦理数应然，你我生前淫奔不才，使人家丧伦败行，故有此报。"《金瓶梅》结尾"普净师荐拔群冤"中点明了种业留遗的佛家观念，原来西门庆遗腹子孝哥儿即西门庆再世，因其业债沉重，被普净点化遁入了空门。传为《金瓶梅》续作的《玉娇梨》虽久已佚失，但据袁宏道所说，"与前书各设报应因果，武大后世转化为淫夫，上蒸下报，潘金莲亦作河间妇，终以极刑；西门庆则一駃憨男子，坐视妻妾外遇，以见轮回不爽"（沈德符：《万历野获》，25）。由于后人所见者均非原本，该书实际，已难判断，然而山东诸城人丁耀亢所作的《续金瓶梅》以及仅改易此书人名回目而成的《隔帘花影》则实践了袁宏道的议论，完全以因果报应贯穿全书。此外，谈因说果的成分在魏晋以后的作品中呈逐渐增加的趋势，我们只要看鲁迅所辑的《古小说钩沉》就可以明白。此书搜得古逸小说36种，时代越靠后，果报的思想越浓厚，这种情形，显然与佛教流传愈来愈普遍不无关系。

佛教传入后，它关于地狱的观念也渐渐被人接受，同时，也给中国古典文学和艺术提供了题材。地狱是一个超现实的存在，它的结构究竟是怎样的，随着佛典中诸地狱经的译出，人们逐渐有了了解。佛家关于地狱的结构大致可分为 18 层地狱说和 30 层地狱说。18 层地狱说出自"问地狱经"。按照这种说法，地狱中最高统治者是阎罗王，阎王之下又有 18 个小王，颇似一个封建王国，每一小王国各掌一种酷刑，计有泥犁、刀山、沸沙、沸屎、黑身、火车、镬汤、铁床、嶳山、寒冰、剥皮、畜生、刀兵、铁磨、冰狱、铁笧、蛆虫、烊铜。30 层地狱说出自《净度三昧经》，这种地狱是 30 个地狱的集合，每一地狱有一王主持，执行一种酷刑，无非是上述 18 种名目的扩大。在佛教传入前，中国人就有关于"幽都"的构想。楚辞《招魂》篇说："魂兮归来，君无下此幽都些。土伯九约，其角疑角些；敦脄血拇，逐人驱驱些。参目虎首，其身若牛些。此皆甘人，归来归来！恐自遗灾些。"根据学者的解释，幽都即地下的王国，治理此国的土伯都是非人族类，而以人肉为食。但却没有对人类善恶的估量。这是它与佛家地狱的根本不同。另外，中国民俗中也有人死后魂魄归于泰山，其统治者为泰山神的说法，但这种老百姓心目中的地狱，同样没有善恶的观念。佛教传入之后，逐渐把民间关于"泰山治鬼"的传说纳入它的地狱说中，形成了中外合璧的地狱观念，阎罗王下为泰山府君，再其下则有五造神、诸主簿、录事、判官等属吏，俨然是一个体系复杂的政体，人死之后则进入这样一个地狱，根据生前罪恶的大小，接受相应的酷刑的惩罚。唐时的张孝师、吴道子等著名画家都以地狱群相为题材作过画，而文学以地狱说为题材的也大有人在。最早的大约是六朝时王琰的《冥祥记》。其中有十四五条记地狱事，如有一条记晋时一个名叫赵泰的人游历地狱之事。赵死十日后复苏，说曾梦有几人将他导入一青黑色、崔巍高峻的城中，问他生前作何恶业，他答未作任何恶事，于是就派他作水官监作吏，后转水官都督，了解各地狱中的情形：

> ……（泰）所至诸狱，楚毒各殊；或针贯其舌，流血竟体；或被头露发，裸形徒跣，相牵而行，有持大杖，从后催促，铁床铜柱，烧之洞然，驱迫此人，抱卧其上，赴即焦烂，寻复还生，……或剑树高广，不知限量，根茎枝叶，皆剑为之，人众相瞢，自登自攀，若有欣竞，而身首割截，尺寸离断。泰见祖父母及二弟在此狱中，相见涕泣。泰出狱门，见有二人，赍文书来，来语狱吏，言有三人，其家为其于塔

寺中悬幡烧香，救解其罪，可出福舍。俄见三人，自狱而出，已有自然衣服，完整在身，南诣一门，云名开光大舍。……泰案行毕，还水官处。……主者曰，"卿无罪过，故相使为水官都督，不尔，与地狱中人无以异也。"泰问主者曰，"人有何行，死得乐报？"主者唯言"奉法弟子，精进持戒，得乐报，无有谪罚也。"泰复问"人未事法时，所行罪过，事法之后，得以除否？"答曰，"皆除也。"语毕，主者开藤箧，检泰年纪，尚有余算三十年在，乃遣泰还。……时晋太始五年，七月十三日也。(《太平广记》第三百七十七卷①)

此后唐人传奇，宋人说话，元明通俗小说中也偶有以地狱为题材的篇什，但都未臻上乘，到《聊斋》，以地狱为题材的文学作品才大放异彩。蒲松龄似已不满足仅借佛家观念来劝善伐恶，而是以委婉曲笔讽谏时事，指谪人间不平。例如，《三生》记名士兴于唐闱场被黜落后，愤懑而死，至阴司纠集同病相怜者千万人讼于阎君，阎君发签将主考官令尹某及主司拘至，责其不识才俊之罪，被施笞刑，兴与众鬼不服，大吵大闹，要求挖掉他们的眼睛，挖出他们的心，以为不识文字之报，阎王无奈，只好照办；两人受掘睛剖心之痛，流血嘶鸣，兴与众鬼始释然罢讼。故事写阎王屈从于众鬼的压力，似不合情理，但作者影射当时科场黑暗，为天下落魄文人申辩的意图却显而易见。再如《席方平》把一个在佛家看来善恶分明的地狱写成下至隶役，上至阎王皆贪赃枉法，是非不辨，暗昧甚于阳世的所在，其目的无非在攻击现实社会中官场的腐败。

佛教传入之后，唯有虔心向佛、持斋诵经才能使芸芸众生超脱苦海的思想，也在文学中逐渐反映出来。文人在自己的创作中时而流露出对禅宗的向往和对佛门的留恋。如杜甫有"漠漠世界黑，驱车争夺繁，惟有摩尼珠，可照浊水源"(《赠蜀僧闾丘师兄》)的喟叹和"愿闻第一义，回向心地初"(《谒文公上房》)的追求；白居易有"吾学空门非学仙，恐君此说是虚传。海山不是我归处，归即应归兜率天"(《答客说》)的剖白；柳宗元有"闲持贝叶书，步出东斋读"(《晨诣超师院读禅经》)的物外之趣；王维有"誓以断臂血，不复婴世网"(《谒璿上人》)的决绝之情；孟浩然有"结交皆松柏，问法寻兰若"(《云门寺西六七里闻符公兰若最幽与薛八同往》)，"朝来问疑义，夕话

---

① (宋)李昉等编：《太平广记》，第 8 册，2996～2998 页，北京，中华书局，1981。

得清真"(《还山诣湛法师》)的参禅野趣。

佛教对中国古代文学形式的影响也很大。首先，随着佛教一起传入的印度古时的声明论，导致了中国古代音韵学的巨大变革。佛教传入之前的中国古代诗歌经由了诗乐合一和徒歌而不合乐的阶段。诗乐合一(不论是以乐从诗，还是采诗入乐)都按着音乐上的宫、商、角、徵、羽五声而歌，而诗本身只有自然音节，但无声韵规律可以遵循。由于梵文中有声之高下的三种区别，佛教徒转读佛经时，必将这三声的分别传入，这就启示了中国音韵学中四声的发明与诗歌"八病"的制定。南齐永明年间，周颙、沈约等把汉字声音的高低分别定为平上去入四声。陈寅恪指出："当日佛教徒转读其经典所分别之三声，是否即与中国之平上去三声切合，今日固难详知，然二者俱依声之高下分为三阶则相同无疑也。中国语之入声皆附有 k、p、t 等辅音之缀尾，可视为一特殊种类，而最易与其他之声分别。平上去则其声响高低相互距离之间虽有分别，但应分别之为若干数之声，殊不易定。故中国文士依据及模拟当时转读佛经之声，分别定为平上去之三声，合入声共计之，适成四声。于是创为四声之说，并撰作声谱，借转读佛经之声调，应用于中国之美化文。"[1]沈约在《宋书·谢灵运传论》中说："夫五色相宜，八音协畅，由乎玄黄律吕，各适物宜。欲使宫羽相变，低昂互节，若前有浮声，则后须切响，一篇之内，声韵尽殊；两句之中，轻重悉异。妙达此旨，始可言文。"[2]由于声律论的发明，不仅在古体诗中运用了平仄相协的理论，还产生了骈文、律诗等新体裁，诗人们在创作中竞相追求音韵之美，严格遵循韵律，达到十分高的境界，这种传统一直延续到后来的词、曲之中。

"变文"是佛教传入后给中国文学带来的一种新的文学形式。佛经本来是一种韵散结合的体裁，在散文记叙之前往往缀以短篇韵文，以概括随后的叙述，在散文记叙之后也往往缀以韵文的偈颂，重复叙述的内容，以加深人们的记忆。佛经译过来之后，这种新的形式也输入了。为了向民间传播佛教，佛教徒采用一种讲唱的形式(唐时称为"俗讲"，担任俗讲的和尚称作"俗讲僧")，以吟唱配合叙述，吟唱多依据梵呗(即以印度的声律制成的曲调)，叙述则以生动的口语为主，有时还以与叙述内容有关的图画(即所

---

① 陈寅恪：《金明馆丛稿初编·四声三问》，328～329 页，北京，中华书局，1980。

② (梁)沈约：《宋书》，第 6 册，1779 页，北京，中华书局，1974。

谓变相图)相配合。这种"俗讲"所依据的文本即是变文。从史料中可以看出，起初"俗讲"的内容只限于佛教故事，后来历史故事、民间传说也逐渐加进去了，于是变文成了一种民间讲唱的文学形式。郑振铎指出，后来民间文学中的宝卷、弹词、鼓词之类讲唱形式均源自变文："从唐以后，中国的新兴的许多文体，便永远烙印上了这种韵文散文合组的格局。讲唱'变文'的僧侣们，在传播这种新的文体结构上，是最有功绩的。'变文'的韵式，至今还为宝卷、弹词、鼓词所保存。真可谓为源远而流长了！"①事实上，变文不仅是诸民间文学体裁的渊源，而且对古代戏曲、小说也不无影响。话本、拟话本以及长篇小说每回开始叙事前往往要缀以诗词等韵文，不能说不是变文留下的痕迹。

佛教的传入还对中国古代文学理论产生了重大影响。综观自《文心雕龙》以来的中国文论，一些对后世诗文创作颇具影响的观点，如妙悟说、神韵说、性灵说等均与佛家的某些理论紧密相关。佛家主张不立文字，以心传心，言语道断，顿悟成佛。僧肇、竺道生等人都是这一理论的倡导者。僧皎然在其所撰《诗式》中首先把这种理论运用到文学批评中。他说："两重意已上，皆文外之旨。若遇高手，如康乐公，览而察之，但见情性，不睹文字，盖诗道之极也。"②刘勰在《文心雕龙》中论及"隐秀"时说："隐也者，文外之重旨者也。……义生文外，秘响旁通，伏采潜发。"③所以内涵深厚的作品富有不显露的文采，包含着婉转曲折的无穷余味（"深文隐蔚，余味曲包"）。司空图则进一步在《二十四诗品》中提出"超以象外，得其环中"（雄浑），"不著一字，尽得风流"（含蓄），"脱有形似，握手已违"（冲淡）等批评标准。④宋诗人梅尧臣对欧阳修说，达到极致的诗作必然是"含不尽之意，见于言外"（《六一诗话》十二)的。⑤而严羽则在前人的基础上把禅道和诗道相互印证，提出了妙悟说。他说："论诗如论禅，……大抵禅道惟在妙悟，诗道亦在妙悟。"所谓"妙悟"，一般有几层意思，对学诗者而言，就是要通过师法古人逐渐"自然悟入，……从顶颌上做来，谓之向上一路，谓之直截根源，谓之顿门，谓之单刀直入也"，也就是"从最上乘，具正法眼，悟第

---

① 郑振铎：《中国俗文学史》，191 页，北京，作家出版社，1954。

② （清）何文焕辑：《历代诗话》（上），31 页，北京，中华书局，1981。

③ 陆侃如、牟世金译注：《文心雕龙译注》（下），256 页，济南，齐鲁书社，1982。

④ （清）何文焕辑：《历代诗话》（上），38、40 页，北京，中华书局，1981。

⑤ 同上书，267 页。

一义"，而在另一个意义上，"妙悟"就是要达到"透彻之悟"而非"一知半解之悟"，对读者而言，这样的诗作，就能"不涉理路，不落言筌"，如"羚羊挂角，无迹可求，故其妙处，透彻玲珑，不可凑泊。如空中之音，相中之色，水中之月，镜中之象，言有尽而意无穷。"① 具有这种"妙悟"的诗作近乎苏轼"无厌空且静，静故了群动，空故纳万境"（《送参寥师》）的意境。清王士祯的所谓"神韵说"，与严羽所谓"透彻之悟"相契合，他说"王、裴辋川绝句，字字入禅，……妙谛微言，与世尊拈花，迦叶微笑，等无差别。通其解者，可语上乘"。② 这里他所拈出的王维、裴迪诗中的神韵，正是严羽所谓的"羚羊挂角，无迹可求"的境界。然而他的"神韵说"却毕竟走入了虚空一路。严羽以禅喻诗，其妙悟说的实质是讲"意在言外"，是要"参活句"，按照他的理解，诗与禅在"妙悟"上是相似的，但了悟之后，却有不同，禅可以不著言说，无名无相，而诗必托诸文字，不能空无依傍，而王士祯却"将意在言外，认为言中不必有意；将弦外余者，认为弦上无音；将有话不说，认作无话可说"。③ 这样，他的"神韵说"就不是以禅喻诗，而是以禅等诗，用他自己的话说，即为"诗禅一致，等无差别"。④ 所以"神韵说"在运用佛理入文评方面"并未悟入"。此后袁枚标举所谓"性灵说"，认为诗当从真性情中流出，得性灵之真，方为好诗，这与禅宗所谓妙道当从自性悟出，若亦步亦趋，学人模样，便不为佳的说法，似亦同趣。

另外，借佛教术语以论诗论文，自唐宋以来，也蔚成风气。如"境"或"境界"即佛家语。《大毗婆沙论》说："境，通色、非色，有见、无见，有对、无对，有为、无为，相应、不相应，有所依、无所依，有所缘、无所缘，有行相、无行相。"唐宋以来学者论诗文化用这一术语的所在多有。皎然《诗式》首先标出"取境"一节，谓"取境之时，须至难、至险，始见奇句"，又在《辨体有一十九字》中说"夫诗人之思，初发取境偏高，则一首举体便高；取境偏逸，则一首举体须逸"。托名王昌龄写的《诗格》则拈出诗的三境，即物境、情境、意境。司空图《诗品》标出"实境"一品，评王驾五言诗谓其"长与思与境偕，乃诗家之所尚者"（《与王驾评诗书》）。王世贞《艺苑卮言》论诗谓"大抵诗以专识为境"，论西京建安诸家谓"神与境会"。陆时雍

①　（清）何文焕辑：《历代诗话》（下），687～688 页，北京，中华书局，1984。

②　（清）王士祯：《带经堂诗话》，83 页，北京，人民文学出版社，1963。

③　钱锺书：《谈艺录》，97 页，北京，中华书局，1984。

④　（清）王士祯：《带经堂诗话》，83 页，北京，人民文学出版社，1963。

《诗镜总论》论及张正见"天路横秋水，星桥转夜流"句时说"唐人无此境界"。况周颐《蕙风词话》论"词境以深静为主"。王国维《人间词话》论"词以境界为最上，有境界则自成高格，自有名句"，又说"词有造境，有写境，此理想与写实二派之所由分"，还说"有有我之境，有无我之境。……有我之境，以我观物，故物皆著我之色彩。无我之境，以物观物，故不知何者为我，何者为物。"梁启超《饮冰室诗话》论黄遵宪之诗谓"公度之诗，独辟境界"。①上述所引各家使用"境"和"境界"，虽然含义不尽相同，但其来源显然是佛家。

唐宋以来，诗人以参禅比喻学诗几乎成了口头禅。韩驹《赠赵伯鱼》诗说："学诗当如初学禅，未悟且遍参诸方。一朝悟罢正法眼，信手拈出皆文章"（《陵阳先生诗》卷二）。吴可《学诗》也说："学诗浑似学参禅，竹榻蒲团不计年，直待自家都了得，等闲拈出便自然"（《诗人玉屑》卷一）。陆游《赠王伯长主簿》说："学诗大略似参禅，且下工夫二十年"。葛天民《寄杨诚斋》诗说："参禅学诗无两法，死蛇解弄活泼泼。"同时，以理趣入诗，也形成时尚。如王维的"行到水穷处，坐看云起时"（《终南别业》），韦应物的"经声在深竹，高斋独掩扉"（《神静师院》），杜甫的"水流心不竞，云在意俱迟"（《江亭》），李白的"花将色不染，水与心俱闲"（《同族侄评事黯游昌禅师山池》之二），白居易的"言下忘言一时了，梦中说梦两重虚"（《读禅经》），均为具有禅理禅趣的诗句。

不仅有大量的禅宗语言进入了文学创作和批评（如"正法眼"、"第一义"、"第二义"、"直截根源"、"向上路"、"香象渡河"之类），而且有大量的佛家用语进入了中国的语言，例如：涅槃、四大皆空、三昧、手眼通天、五体投地、三生、大慈大悲、解脱、彼岸、生老病死、六根清净、放下屠刀立地成佛、不二法门、天女散花、井中捞月、盲人扪象、泥牛入海、意马心猿、不即不离、不生不灭、刹那、功德、正果、因缘、神通、方便、顶礼、顿悟等词已经逐渐成为活在人民口头上的语言，大大丰富了我国语言的宝库。

佛教传入以后，大量的佛经故事为中国古代小说提供了题材的来源。鲁迅曾明确地指出："晋、宋、齐、梁四朝，佛教大行，当时所译的佛经很多，而同时鬼神奇异之谈也杂出，所以当时合中、印两国的鬼怪到小说里，

---

① 梁启超：《饮冰室诗话》，24页，北京，人民出版社，1982。

使它更加发达起来。"①例如，学者经过研究认为晋人荀氏《灵鬼志》中记道人入笼中的故事与吴均的《续齐谐记》中记阳羡鹅笼书生故事均出自《旧杂譬喻经》；李复言《玄怪续录》所载杜子春故事袭用印度故事；《封神演义》中哪吒太子的故事也来自佛书。有的学者认为孙悟空形象也是来自印度史诗《罗摩衍那》中的哈奴曼。此外人们认为段成式的《酉阳杂俎》、裴铏的《传奇》等书中的韦行规、昆仑奴、聂隐娘、红线等剑侠故事也与密宗经典的传入有一定关系。佛经故事中大量的奇幻的描写，对中国古代小说的艺术构思也不无启发。《西游记》中的八十一难，孙悟空大闹天宫，哪吒的腾挪变化，《封神演义》中的三十六路伐西岐，大约都受了佛经故事中上天入地离奇想象的感发。这些痕迹都是显而易见的。

# 第三节　文学和语言学

　　文学是语言艺术，文学作品以语言为媒介记载着人类审美活动的成果，而且，文学的审美特性，文学形式的种种因素及其演化，都深深地植根于人类语言特性之中。因此，人类的文学活动，从它的创造到发展，都与语言紧密相连。离开了语言，文学将无以产生，无以存在，无以发展。从这个意义上讲，从广义上讲，文学也是一种语言现象，文学作品应该成为语言学的研究对象。事实上，许多作家和关心文学的学者都十分重视对文学语言的研究。语言学的一些研究成果也成为文学的生产与发展的推动力。

　　传统音韵研究推动诗歌创作和诗歌发展的事实就是这方面十分明显的也是很有说服力的例子。诗歌讲究音乐美，当然离不开音韵和节奏。中国诗歌讲押韵、讲平仄，外国诗歌讲音节、音步，也讲押韵（头韵、尾韵等）。这些都是由字词之间的语音关系而形成的种种效果。它们构成诗歌作品审美效果的一个极其重要的组成部分。所以古往今来，凡有成就的诗人，都是精于此道的行家里手。还有不少专门研究音韵的学者和专著，引导着有志者去掌握有关的知识，以便他们步入诗歌殿堂的大门。由此可以看出，音韵学对于诗歌具有多么重要的意义。

　　不仅如此，语言研究的成果还可以导致文学的巨变。我们仍然以诗歌为例。在中国诗歌史上，诗歌形式有从古体诗到近体诗的演变过程，在这

---

　　①　鲁迅：《中国小说的历史的变迁》，见《鲁迅全集》，第9卷，北京，人民文学出版社，1981。

一转变中，贯穿着声律研究的影响。魏晋以前，我国诗歌虽然讲究音韵，但处于自然的状态。到了齐梁时代，周颙等人发现汉语有平上去入四声，写出声律理论专著《四声切韵》、《四声谱》等。这是汉语音韵学的重大突破。后来，沈约等人把它运用到文学创作上，造成了诗歌的所谓"永明体"。四声是我国语言独有的特征。它是平仄的基础，分清了四声才能分清平仄，运用平仄的相间和相对的关系，便可以组成一定的节奏，形成长短、快慢、高低、刚柔、抑扬等种种声调的变化，给人带来听觉与品味上的美感。"永明体"的出现，说明诗人对于音韵之美的追求进入自觉的状态。沈约之后，刘勰等人继续重视和鼓吹声律之重要，终于使声律美成为我国诗歌中的重要的审美范畴，而且对我国诗歌形式的演变产生了难以估量的影响。从"永明体"开始，出现了讲究声律的近体诗，并在这基础上形成唐代的律诗；由唐五代的小词演变出宋代的慢词，继而变为元明的曲；其他的文体，诸如律赋、骈文、联语等，也无不因声律研究的影响而产生。凡此种种，形成了我国文学的一个鲜明的特点。总之，从声律研究对我国文学影响之大，可以看出语言研究对文学是多么重要，它对文学的发展会起到多大的作用。至于我国古代的声律研究的起源何在，历来说法不一。陈寅恪说："借转读佛经之声调，应用于中国之美化文。此四声之说所由成立……之故也。……永明七年二月二十日，竟陵王子良大集善声沙门于京邸，造经呗新声，实为当时考文审音一大事……此四声说之成立适值南齐永明之世，而周颙、沈约之徒又适为此新学说之代表人之故也。"[1]这就是说，四声之说与佛经的传入有关。于是，从外来文化的输入到语言研究的新发现，再到诗歌写作的创造、诗歌形式的演变，在这一条文化艺术之链上不难发现多方面的比较文学研究的课题。

文学史上经常发生革新与传统裂变的现象，而一场大的文学革新运动兴起的时候，又常常伴随着一次语言文字的革新。因为新的文学不仅需要新的观念新的内容，而且需要新的形式新的语言。有时，语文改革可以成为新文学运动的突破口，新文学的生长点。我国的五四新文学运动就是以提倡白话文作先导的。白话文运动和我国现代文学的关系，是说明上述观点的一个有力的例证。西方文学史上，也不乏这类例证。19世纪末期以来，西方各国的文坛上出现文学流派不断更替的局面，许多作家都在进行

---

① 陈寅恪：《四声三问》，见《金明馆丛稿初编》，329页，上海，上海古籍出版社，1980。

新的文学探索，现代主义文学开始孕育。这些探索往往离不开语言创新的实验。作为20世纪西方现代主义文学滥觞之一的法国象征主义文学，追求一种超凡脱俗的美，即马拉美所说的"纯粹的本质"，"在所有的花束中找不到的花"。为此，他们开始探索新的诗歌语言。他们认为，语言在诗歌中居于最重要的地位，只有特殊的不同于日常语言的诗歌语言，才能使创作达到上面所说的那种出神入化的境界。马拉美说，人们不是用思想写诗，而是用词句写诗；作家所做的无非是研究语言。他的学生瓦雷里也说，"文学是语言的某些特质的扩展和运用，除此以外，别无它物。"①马拉美希望诗的语言是一种"揭示客观物体纯粹本质的魔法"，是"一种咒语"。兰波则相信有"语言炼金术"。他们都在诗歌语言的研究上倾注了毕生的精力。他们对于诗歌语言的象征性、朦胧美、音乐美的追求，以及他们对于诗歌语言独特性的研究，在诗歌史上都具有开创性。不仅是诗歌，小说方面也是如此。现代主义小说的奠基者普鲁斯特、乔伊斯、伍尔芙等都懂得，小说的技巧归根到底离不开语言的技巧；小说的结构，乃至小说传达的全部信息，都是靠小说家熟练地驾驭和操纵语言来实现的，靠读者根据语言线索去发现和释放语言技巧的再创造来完成的。所以，他们都致力于语言的探索，而且各自找到适合自己的新的叙事角度和叙事结构，从而突破了传统，开创了新路。由此可见，文学的创新，往往伴随着语言创新的研究和探索，而语言探索的成功又成为文学创新得以实现的必要条件。

文学的进步需要语言学，同样，语言学的进步也需要文学。文学语言是经过作家，也就是语言艺术家提炼、加工的语言，与普通的日常的语言相比，它是一种规范化、艺术化的语言，是一种鲜明、生动、优美、富有表现力和感染力的语言，所以文学作品是语言运用的典范，可以为语言学研究提供极好的素材和丰富的原料。瑞士文学理论家沃尔夫冈·凯塞尔说得对："语言学家也只有在语言生活得最强烈的地方，也就是在文学作品中进行观察，才能够有所收获。"②对于文学作品的研究应该成为语言科学的组成部分。再说，文学总是不断在为丰富和发展人类语言做出贡献，文学界不时发生的语言革新运动也一次次地对语言研究发出挑战，提出新课题，这就迫使语言学作出回答，推进了语言学的发展。试想，如果没有五四前

---

①　转引自朱狄：《当代西方艺术哲学》，145页，北京，人民出版社，1994。

②　[瑞士]沃尔夫冈·凯塞尔：《语言的艺术作品》，陈铨译，11页，上海，上海译文出版社，1984。

后的新文学运动和现代文学的长足发展，哪会有现代汉语语言学呢？

以上，我们讨论了文学创作、文学运动与语言研究之间的关系。文学创作是一种艺术创造活动，语言学是一种科学研究，二者活动于不同的领域，似乎相去甚远。但是，由于文学和语言的密切联系，使得这两种精神活动有了天然的联系。它们之间互相影响，甚至互为因果的关系，处于一种双向的运动之中。它们的关系是一种辩证的互动的关系。下面，我们再来探讨文学研究和语言学的关系。

文学研究和语言学都是科学研究，它们各有自己的研究对象和研究目的，是两门不同的学科。它们之间的关系，是学科之间的关系，不同于文学创作与语言研究之间的关系。如果说我们要对艺术创造（文学）和科学研究（语言学）这两个思维方式极不相同的精神领域进行比较研究，存在着相当的难度，那么，对于这皆属科学研究的两个不同学科进行比较研究，是否就那么容易呢？不是。因为，一个研究艺术创造，一个研究思维与交际工具，对象不同，研究的思路、研究的方法等自然有很大区别，许多问题难以相提并论。不过，我们不要忘记，文学是语言的艺术，语言学要研究一切语言现象，在这个共同点（语言艺术、文学语言）上，这两门不同的学科产生了交叉关系。比如，文艺学要总结文学家在语言运用上积累的丰富的经验，语言学家也经常以文学作品的语言为典范来进行语言规律的探讨。二者不无相关之处。

人类的语言本是一种极其广泛的社会现象，是人类思维的工具和最重要的交际工具，同时也是一种文化的载体。它具有多种功能，存在于人类的一切思维活动和社会活动之中。文学是一种艺术活动，它以语言为工具来进行艺术创造，由于它的思维方式和表达方式的特殊性，文学语言不同于科技语言，也不同于日常语言。为了追求某种特殊的艺术效果，文学语言可以打破、超越一般的语言规则。所以，文学语言的研究和一般语言学研究并不是一回事。普通语言学研究人类语言的共同规律，民族语言学研究民族语言的规律，而文学语言的研究着重在研究一种特殊语言的特殊规律，更多的是研究它的丰富多彩的表现功能怎样才能得以释放。但是，文学语言的特殊性并非与语言的一般规律无关，因为它必须以日常语言为基础，再说，文学语言的特殊性恰恰丰富了语言学的研究对象，因而具有重要研究价值，所以，有见识的语言学家绝不会放弃文学这一块语言活动极其积极的领地。现在有一种"言语的语言学"，更多注意研究语言的运用问题，它当然把文学作品的语言运用，当作重要的研究对象。

　　文学研究和语言研究互相交叉的情况也是十分普遍的。20 世纪以来兴起的"文体学"（又译风格学），就是一门用语言知识来研究文体和文体风格的学问。广义的文体学研究一切文体，既包括文学作品，也包括非文学作品。当这种研究的对象仅仅是文学作品的语言的审美效果时，那就是文学文体学。如韦勒克所说："文体学的纯文学和审美的效用把它限制在一件或一组文学作品之中，对这些文学作品将从其审美的功能与意义方面加以描述。只有当这些审美兴趣成为中心议题时，文体学才能成为文学研究的一部分；而且它将成为文学研究的一个主要部分。因为只有文体学的方法才能界定一件文学作品的特质。"这就是说，语言学和文学研究的交叉结合，产生了一门新的学科——文学文体学。文体学研究可以帮助我们了解一篇作品、一个作家的文体风格，了解一组作品一个文学类别的文体风格，甚至是一个时代一个文学运动的风格（如哥特式小说、伊丽莎白时代戏剧、巴罗克风格等）。韦勒克指出，文体分析自然会导向作品内容的研究，也可以从中"建立整个文学作品中普遍存在的统一原则和某种一般的审美目的"，所以它是文学研究的一个很有意义的组成部分。优秀的作家、优秀的作品，都有独特的创作个性，这里既有内在动因，又有适当的表现形式，二者有机结合，呈现出一种独特的风貌。在风格外在表现形式的多种因素中，语言是第一要素。这当然不仅是字词句、篇章结构的问题，还包括与一般语言的比较，与其他作家作品的比较，历史的比较等等，涉及语言学的许多方面。可见，在文体学研究中，语言学是不可缺少的基础。"如果没有一般语言学的全面的基础训练，文体学的探讨就不可能取得成功"。①

　　反过来说，文学研究对于语言研究也不是毫无意义的。我们在语言学史的某些时期可以发现，语言学的发展离不开文学研究，语言学的某些成果是在文学研究的过程中才取得的，某些概念、方法、观点、模式等是在文学研究中形成和提出的。在这样的情况下，我们甚至很难分清，这到底是语言研究，还是文学研究。比如，20 世纪初期俄国语法学家曾经选择诗学作为他们语言研究新开拓的切入口，而且与未来主义文学运动结合在一起。为什么会发生这样的情况呢？亲自参加了这些活动的著名语言学家罗曼·雅柯布逊很好地回答了这个问题："在当时，人们正在语言研究方面着手开辟新的途径，而诗歌语言最适合这种情况，因为这个领域一向为传统

---

　　① 以上所引见［美］韦勒克等：《文学理论》，186～199 页，刘象愚等译，北京，三联书店，1984。

的语言学所忽视，容易摆脱新语法学家的常规；另外，因为在诗歌话语里，语言的目的与方式的关系以及整体与部分的关系，总而言之，就是语言结构的规律和语言的创造性，比在日常语言里更容易引起人们的注意。另一方面，纯文学的共同点，诗歌的功能在纯文学言语结构中的烙印，为整个文学价值提供了明显的特点，因为文学史具有一条主线，能够把所有研究普遍性规律的科学汇合起来。"①

再进一步，如果我们不是一般地谈论语言学和文艺学的相互联系，而是着眼于当代的学术状况，那么，我们应该特别强调的，是现代语言学对文学研究的巨大影响。人们常说，20世纪是理论的世纪。的确，在20世纪，文学理论的发展突飞猛进，而且流派纷呈，盛况空前。出现这一情况的原因是很多的，其中相当重要的一点，是其他学科的繁荣对于现代文学理论与文学批评的建立和发展产生了积极的影响。而在这些影响之中，语言学的作用无疑是最重要的。

在20世纪初，语言学发生了"哥白尼式"的革命。现代语言学的成果不仅使语言学本身发生了方向性的变更，而且渗透、染指其他学科（哲学、史学、心理学等），促使学者们从基本观念和方法论上颠覆传统，开创了一系列新的学说。现代语言学的模式、方法，甚至是概念和术语，也经常被其他学科借用。一时间，语言学称霸于整个学术界。文学研究也不例外。从俄国形式主义、布拉格学派到结构主义等，都在现代语言学的影响下兴起，一度占据了西方文学批评的主导地位。语言学与文学研究的结合，孕育出与传统的文学研究截然不同的新观念新方法新学派，使文学研究的天地大为改观。这不能不说是20世纪文学研究的一大奇观。于是，语言学与文艺学的关系，也成为现代文学理论探讨中最引人注目的问题之一。

这一情况的发生并不偶然，而是有着深刻的历史原因的。19世纪末期，随着西方各国陆续从自由资本主义进入垄断阶段，文艺复兴以来的人文主义理性主义传统趋于瓦解，文学观念和文学创作也开始发生根本的变化，作家的注意中心转向人的内心世界，文学研究的注意力也从文学的外部转向文学的内部。就在此时，西方的语言学发生了方向性的变更，这一演变大大增强了语言学解释文学的潜力，说得更明确一点，是语言学从历史研究向内在结构、内在功能研究的转化，正适合了西方文学和文学理论

---

① ［法］茨维坦·托罗多夫编选：《俄苏形式主义文论选》，1页，北京，中国社会科学出版社，1989。

"向内转"的需要，于是语言学与文学研究的结合成为历史的趋势，以致出现了所谓"语言学转向"的状况。

19世纪的西方语言学关注的中心，是语言怎样随时代的变更而变更。现代语言学则更多探讨为达到交际的目的，语言是怎样起作用的。瑞士语言学家索绪尔(1857～1913)的语言理论是这种变化的标志，他也因此而被称为"现代语言学之父"。1906～1911年，他曾三度在日内瓦大学讲授语言学。他去世后，他的两个学生根据课堂笔记和他的一些手稿整理成《普通语言学教程》一书，于1916年出版。这部书阐明了他的基本观点，产生了广泛的影响。索绪尔认为，语言是由一个个语言符号构成的体系，每一个语言符号都由两个因素，即语音形象因素(或文字书写形式)和概念内涵因素组成。前者名曰"能指"，后者名曰"所指"。能指与所指之间并没有必然的联系，它们之间的关系是任意的，约定俗成的。这种观点是建立在现实世界与语言世界基本分离这样一个观念的基础之上的，可以说是他思想中最根本的也是最有启发性的观点。符号与现实的关系既然是任意的而不是必然的，那么，怎样来理解符号的标志功能和语言产生意义的能力呢？那就是符号之间的关系以及符号之间的区别。索绪尔认为，语言不是个别事实的集聚，而是一个相对封闭的体系，其中每一个成分的功能完全取决于它在整体中的位置。这种关系可以分为纵横两个向度，即横向组合关系和纵向聚合关系。语言的符号意义正是在一个纵横交错的关系网中被语言的结构所规定。索绪尔语言学中另一个重要理论是，把人类的语言活动分为语言和言语这样两个层次，并指出，语言是指语言体系(人们用以进行交际的词汇体系和语法系统)，言语只是由这一体系所产生和决定的个别交际行为。人们的言语千变万化，最终都离不开语言规则。语言学研究不应该满足于对个别的、孤立的符号的研究，而应该着重研究它们相互之间的关系以及控制这种关系的内在的秩序和规律。由此他还提出语言学的历时研究(只对语言现象作部分研究)和共时研究(考察作为体系的语言和语言的各个部分)的不同，以及把共时研究当作重点的理论。索绪尔语言学提出的一系列新概念，如符号、结构、系统，所指和能指，语言和言语，组合和聚合，历时和共时等等，一再被其他现代学科所借用。对于20世纪西方文学理论产生重大影响的语言理论还有乔姆斯基的转换生成语法。乔姆斯基研究人类怎样用有限的成分和规则生成无限的句子，希望找到一套具有这样作用的词汇规则和语法系统。后来，他又提出表层结构和深层结构转换生成的理论。索绪尔和乔姆斯基的这些理论不仅使语言研究真正成为一种科学，一门独立的学科，而且为其他学科提供了一系列可资借鉴的具有现代科学意义的观念和方法。

差不多与索绪尔提出他的语言理论的同时，俄国形式主义也提出了文学批评方面的新观念新理论。二者互相呼应，颇多类似之处。俄国形式主义者把文学看成一个独立的自足系统，排斥盛行于 19 世纪后半期的实证主义文学批评。他们认为，文学研究的对象仅仅是文学本身；文学研究不应该局限在一个个具体的文学作品，而应该去研究那个使文学之所以成为文学的一般通则，即所谓"文学性"。他们不像浪漫主义者那样把文学看成作家主观精神的表现，也不同意现实主义者把文学作品看成现实生活的客观反映，而把文学作品看成一种语言性的结构，把文学创作看成一种技巧性的活动。文学性来自语言及其构造原则之中；诗人如同能工巧匠，他们对语言进行巧妙的匠心独运的安排便产生了诗歌作品。所以，形式主义者的研究工作集中在语言，用语言学的方法来寻找"文学性"之所在。对此，其代表人物什克洛夫斯基（1893～1984）提出"陌生化"原则。他认为，艺术之所以成为艺术，来自于它能更新我们对生活和经历的感受。艺术把那些人们习以为常的事物陌生化，使之产生新鲜感。文学的全部奥秘就在文学语言之中；文学语言是文学家通过各种方式对日常语言进行阻挠、歪曲、变形，也就是将日常语言陌生化，它就成了文学性的源泉。一旦陌生化的东西变得普遍化而转为正常的东西的时候，就需要有新的陌生化，如此推陈出新，生生不息。

如果说俄国形式主义和索绪尔语言学的联系还不十分直接的话，那么，捷克的布拉格学派，特别是其中的主要代表罗曼·雅柯布逊（1896～1982），可以说是把语言学和文学研究直接联系起来的桥梁。他用语言学的模式来进行文学研究，希望文学研究像语言学一样，成为一门科学。雅柯布逊原本是俄国形式主义的成员，1920 年迁居捷克，1926 年与美学家穆卡洛夫斯基等人组织布拉格语言学学会，后来又到了美国。作为一个语言学家，他一直试图运用语言学的模式来探讨"文学性"问题。他在这方面的建树十分突出，以至有人认为他几乎创立了一门新学科——语言学诗学。雅柯布逊在他的著名的论文《语言学和诗学》、《语法的诗和诗的语法》、《隐喻和换喻的两极》等论著中，批评了把语言学和诗学隔离开来的错误观点，长篇大论地论证诗学与语言学的联系。他认为，语言艺术以自身为目的，只为表现自身的价值和意义。"诗的活动领域是语言。诗的本质就必得通过语言的本质去了解。"因此，诗学问题的实质是语言问题，或者说是以语言形式出现的问题；诗学研究，无论从哪一个问题（材料、程序、结构、功能、艺术性等）进行研究，都与语言学有关。于是，诗学研究也就必须建立在语言学模式的基础上。同样，语言学研究也不能脱离诗学，因为诗学使语言的本质得以显露，使我们全面、透彻地把握语言的本质。在他看来，二者结合才能互相促进，不能把二者结合起来的学者将被时代淘汰：

> 如果诗人说"诗歌就是独特的语言"是对的（他说得确实对），那么，一个对一切语言都感兴趣的语言学家就可以而且应该把诗歌纳入他的研究范围。……语言学家不注意诗学问题的时代已经一去不复返。……语言学家忽视语言的诗歌功能以及文学研究家对文学问题漠不关心和不了解语言学方法，都是极其不合时宜的。①

作为一个语言学家，他着重研究了语言功能问题，并且从这个角度来解释文学性。他说，任何一个言语交际行为都由六个因素组成：发话人、受话人、语境、语码、交往、信息，由此产生语言的六种功能：表情功能、认知功能、参照功能、元语言功能、交际功能和诗性功能。每一次言语活动中，有一种功能起决定性作用。如果语言交流纯粹以信息本身为目的，把注意力集中于信息之上，那就是语言的诗性功能或曰审美功能起着决定作用。这种功能并非诗歌所独有，不过，在语言艺术中，它占有支配的地位。雅柯布逊还发展了索绪尔关于语言结构有纵横两个向度的说法。在纵向聚合关系中，库存着大量具有类似性的、可以互换的对应词。在日常语言中，人们总是按照对应的原则从这一库藏中提取词语，然后在横向组合的向度上，把它们前后衔接，组成句段。雅柯布逊借用修辞学的名称，把前者称为隐喻，后者称为换喻。隐喻和换喻是一个两极结构，它们的相互作用在语言艺术中表现得极其鲜明。它们也可以是文学风格文学流派的大致标志。比如，隐喻手法在浪漫主义、象征主义流派中占绝对优势，换喻手法决定着现实主义流派。不仅如此，这种二元模式存在于任何符号系统之中。谈到诗歌时，他指出，纵向选择与横向组合只是语言的基本运作方式。在诗歌中，二者的作用与日常语言不同，纵向选择的对应原则却成了横向顺序关系的原则，诗人把日常语言中只在纵向的联想、选择关系中展

---

① ［俄］波利亚科夫编：《结构—符号学文艺学》，佟景韩译，206～207 页，北京，文化艺术出版社，1994。

开的词，放到句段中同时加以表现，用雅柯布逊自己的话来说，是"把对应原则从选择轴心反射到组合轴心"。① 这样，二者的相互作用产生了奇妙的效果，影响到诗歌的语音构成和语义，使诗歌变得意趣盎然。因此，雅柯布逊非常重视对应原则，对它作了详细的研究，在诗学分析上作出了新的开拓。雅柯布逊就这样通过语言学的途径来寻找诗歌的魅力所在，尽管其中存在着尚待深化、尚可商榷的看法，然而其开创性的价值是谁也不能否定的。

布拉格学派不仅架起了语言学和文艺学的桥梁，而且把俄国形式主义和现代语言学中关于结构和符号的探讨，推向更自觉的阶段，从而为 20 世纪 50 年代到 70 年代初在西方各国文学界和思想界占据统治地位的结构主义思潮开辟了道路。值得我们注意的是它的那种钟情语言学的本性也遗传给了结构主义，使结构主义与语言学结下了不解之缘。结构主义对语言学的重视，几乎到了崇拜的程度。语言学成了它的一切研究的基础。可以说，它的整个思想都植根于语言学之中。正如 J. M. 布洛克曼所说：

> 整个来说，结构主义是以这样的观点为基础的：这些语言学概念，以及与其相关的那些概念，不但可以用于阐明语言学的问题，而且还可以用于阐明哲学、文学和社会科学的问题，以及与科学理论有关的问题。并且也只有遵循这种思想方式，才可以使这些问题得到适当的解决。②

结构主义文学批评的中心在法国，其代表人物有列维-斯特劳斯、罗兰·巴尔特、A. J. 格雷马斯、茨维坦·托多洛夫等。按照他们的看法，语言不仅是文学的媒介，而且是文学的生命，作家的写作相当于进行语言研究。不仅如此，他们还把文学看成一个类似语言的有着自身结构的封闭的符号系统。按照这种观点，自然就切断了文学与现实、文学与作家、文学与时代等的联系，根本改变了传统的文学观。他们的研究是纯形式的，不管作品的真实性，也不管作家的创作意图。他们也像语言学不重视个别言语行

---

① ［俄］波利亚科夫编：《结构—符号学文艺学》，182 页，北京，文化艺术出版社，1994。

② ［比利时］J. M. 布洛克曼：《结构主义》，13 页，北京，商务印书馆，1980。

为而去研究语言一般规律那样，不以对个别作品作出解释为目的而追求理论上的超越，把研究的目标从个别文本转向文学作品的构成因素、符号象征意义等，以期寻找一种或几种能够概括一切文学想象的模式。由此，结构主义文艺学与符号学挂了钩。

克劳德·列维-斯特劳斯(1908～　　　　)本是人类学家。他认为，人类的语言是构成人类文化现象的原型，整个文化形态就像是一种巨型的语言，而且具有和语言相同的内在本质；人类的全部社会生活形态都借助语言而得以确立和巩固。他更认为，语言学已经发展成"唯一真正可称为科学的学科"，"它不但已把经验方法公式化，而且能透彻理解它所分析的信息的本质"，所以语言分析为文化分析提供了一种有效的方式。于是，他努力把语言学模式引入人类学研究，提出所谓"结构人类学"。从文学研究来讲，他的贡献主要在神话学。他认为，神话看起来凌乱而没有逻辑，各民族的神话又似乎是任意创造的，其实不然，如同言语和语言的关系一样，一个个具体的神话都来自神话的基本结构系统，并从属于这个系统。可以把神话分割成一束束"神话素"，它们相互关联，形成一个完整而且自足的结构系统。在神话叙述中，它们像语言活动那样，在横向组合与纵向聚合这两条轴上同时活动，形成千姿百态的故事。所以，只有了解了这个系统，才能真正懂得神话的意义。列维-斯特劳斯神话模式研究的意义并不局限于神话范围，更重要的是它为结构主义文学批评提供了一个范例，说明对于文学整体系统及作品结构的分析不仅是可能的，而且是十分必要的，不然，无法了解作品的真正意义。他的研究也为结构主义文学批评提供了观察、分析文学及文学作品结构的基本方法，如"二项对立"的方法后来发展成结构主义理论的最基本的观念。

罗兰·巴尔特(1915～1980)的研究领域涉及较广，是一位结构主义文化批评家。在文学批评方面，他也成绩斐然，影响很大，可以说是当代西方最负盛名的文学理论家之一和结构主义文学批评最重要的代表。巴尔特的文学思想属于结构主义文学符号学。他认为，"无论从哪方面看，文化都是一种语言"，其结构和组织形式同语言是一样的，因此，分析一切文化现象的基本方法应该是起源于现代语言学的各种方法，符号学的原理当然适用。文学是语言艺术，它与语言的关系更加密切。文学代表着语言的主权："语言是文学的生命，是文学生存的世界，文学的全部内容都包括在书写活动之中，再也不是在什么'思考'、'描写'、'叙述'、'感觉'之类的活动之中了。"巴尔特如此强调文学与语言的关系，当然更强调在文学研究中，语言学模式和由语言学演变而来的符号学，应该成为研究的基础。巴尔特在他的《写作的零度》、《符号学原理》、《神话集》、《论拉辛》、《S/Z》等论著中阐明了他的文学观。在巴尔特看来，"写作根本不是一种交流的工具"，而是"一种依赖自身而生存的硬语言"。文学也不是一种单纯的、不受限制的对于"客观"的反映，而是我们用来加工世界、创造世界的"信码"，是一种符号，一种具有"自我包含"性质的符号。由于信码的相互作用和它自身的编码功能，文学显示出它的二重性，一是能指功能，可以提供某种意义，二是把自己变为所指，也就是说，它并不指向身外而指向自身，甚至也不取决于作家。这是文学符号和一般语言符号的不同之处。比如在一般语言中，"玫瑰"指向大自然中生长着的一种花朵，但是，在诗歌中，当它作为爱情的表征之时，便不同于原有的指称功能，它并不指向花朵而指向符号自身。巴尔特注意到了文学在语言符号运用过程中，如何由表层的语言符号系统转换生成一个深层符号系统，从而建构起一个意义世界。这里，我们可以发现乔姆斯基转换生成理论的影响。巴尔特由此而提出他的一个重要看法：文学符号系统包含两个相关的层次。第一个层次是表层的语言系统，也称外延系统，通常是由与所指有关的能指符号组成。它只说明语言本身的意义。第二个层次是深层符号系统，也称内涵系统。它在表层系统的能指与所指的关系中生成，形成新的能指，指向语言以外的某种东西。它是文本意义的生产者。这两个层次的相互联系，相互转化，使文本结构具备一种"构成性"，由此而创造出一个艺术世界。巴尔特关于文学符号结构层次的观点是结构主义文学批评的一个基本观点，尤其对结构主义叙事学，具有理论奠基的意义。1966 年，巴尔特发表《叙述作品结构分析导论》，便明确地提出了一套结构主义叙事学理论，意图建立起提供能够描述所有的叙事作品的某种具有普遍意义的，用他自己的话说，是"存在于一切语言的最具体、最历史的叙述形式里"的共同模式。于是，语言学当然应该是分析这种叙事作品结构模式的基础。在这部著作中，巴尔特借用语言学概念，把叙事作品划分为三个层次——"功能"层、"行动"层、"叙述"层来加以描述。在进一步论述这三个层次的时候，巴尔特仍然运用语言学，从语法范畴来进行分析。如在分析功能层时，用横向组合和纵向聚合的方法来分析功能单位的相互关系，在分析行动层时，用"我"、"你"、"他"三种人称形式来进行人物分析。

叙事学可以说是结构主义文艺学把自己的理论运用得最有成效的一个领域。除巴尔特之外，格雷马斯、托多洛夫等，都取得了令人瞩目的成果，而他们的研究又都遵循着语言学模式。格雷马斯从语义学入手进行叙事学研究，直接引入索绪尔语言学理论，着力寻找故事叙述的"词法"和"句法"因素，总结叙事结构的共同性，或说"共同语法"。托多洛夫（1939～ ）的研究实绩也集中在所谓"叙事语法"的探讨上。他相信世界上存在着一种"普遍语法"，它不仅决定一切语言，而且决定一切符号指示系统。文学自然不能例外。它的深层必然存在一种普遍的"叙事语法"，它决定着所有的叙事作品，人们可以借助语言学的"语法"模式来分析这类作品的结构模式。他的一部著名作品《〈十日谈〉的语法》（1969）就是一部结构主义叙事学的名著。他把叙事分为语义、句法、词义三个层次。在具体分析时，采用语言分析的方法，把具体故事简化为句法结构，然后通过句法分析发现故事的叙事结构有两个基本单位——陈述和序列，类似语法中的词类和句段。每个故事的叙述好比是一个放大了的句子，通过句子分析可以找到其中陈述和序列的组合规则。托多洛夫就这样来寻找文学结构和语言结构的相似性。除了格雷马斯、托多洛夫这样的著名学者之外，还有一些学者从事这类研究，取得了很有价值的成果，如英国学者罗杰·福勒的《语言学与小说》就是一部结构主义叙事学的力作。

结构主义文艺学可以说是语言学和文艺学结合得最密切的产物。其实，许多当代的文学理论和文学批评，如拉康的精神分析理论，巴赫金的"复调小说"理论，都因吸收现代语言学的成果而有利于它们克服自己的一些弊病。

从以上事实，我们可以知道，语言学和文艺学的结合，已经成为推进当代文学研究向前发展的强大动力。这是因为二者的结合，抓住了文学是语言艺术这一个最基本的，然而却是过去文学研究未能重视的要点。文学理论史上占主导地位的再现说和表现说，直到19世纪末期还占统治地位的实证主义，都未能给予语言以应有的重视，以至不可能全面地认识文学。俄国形式主义以来的一系列新理论，力图改变这种缺陷，作出了很有价值的探索，它们功不可没。与此同时，我们也看到，它们在探索的过程中，过分地看重了语言因素，机械地搬用语言学模式，这种做法，也带来了许多弊病。在这方面，结构主义者的得失很值得重视。由于它几乎在文学和语言之间划了等号，在研究中，又直接套用语言学模式来分析文学现象，置文学的审美特性于不顾，把文学批评、文学理论当作类似语言学的科学研究，结果把生动的文学作品及其创作过程化成了干巴巴的规则。他们以探求"文学性"为出发点，却走进了自设的陷阱，失去了文学研究的文学性。

他们把文学封闭成孤立的自足的现象，就语言本身来寻找其发生发展的动力，这等于切断了文学的源泉和文学的生产线，同样使他们无法克服自己的片面性。于是，如何全面地、正确地、科学地认识文学，依然是摆在我们面前的一个正待解决的问题。

## 第四节　文学和心理学

　　文学与心理学的关系的论述可以追溯到柏拉图和亚里士多德。柏拉图在《理想国》第 10 卷中攻击诗人"逢迎人性中低劣的部分"，毫无节制地满足人的快感，使人的理性受到损坏，从而丧失对情感的控制；① 他还认为，诗人凭灵感创作，所谓灵感，是不朽的灵魂前生带来的回忆，附着在诗人身上，使诗人处于一种迷狂的状态。② 这里，柏拉图不仅涉及了作品对读者的心理作用，也论及了作者本人的心理状态。亚里士多德在《诗学》中提出了"卡塔西斯"的观念。"卡塔西斯"（Katharsis）究竟应该怎么解，学者们看法不一。有人认为它是一个宗教术语，含有"净化"的意思；有人认为它是一个医学术语，原本是"宣泄"的意思；《诗学》的中译者罗念生认为，"卡塔西斯"既不是净化，也不是宣泄，而是陶冶。③ 不论哪一种解释，都是讲通过悲剧产生的作用，使观众的心理受到净化，或宣泄，或陶冶，获得某种平衡，达到健康的状态。这在实质上处理的是文学作品与观众或读者的心理之间的关系。

　　到 18、19 世纪，浪漫主义的作家们进一步认识到自身无意识中的创造能力，开始探索创作与心理之间的关系，加强了对人的内在世界的观照和审视，卢梭在《忏悔录》中力图重建、检视自己早年的心态；歌德认为虚构的作品必须描述人的内在思想，他相信自己的本性中没有"精灵"，但却又受"精灵"的控制，这种所谓的精灵是人的知解力和理智无法解释的，它显然是一种神秘的心智状态；④ 布莱克在他的诗作中力图探索人的神秘的灵

---

　　① ［古希腊］柏拉图：《柏拉图文艺对话集》，朱光潜译，79～81 页，北京，人民文学出版社，1959。

　　② 同上书，18～21 页。

　　③ ［古希腊］亚里士多德：《诗学》，116～121 页，北京，人民文学出版社，1982。

　　④ ［德］爱克曼辑录：《歌德谈话录》，235～237 页，北京，人民文学出版社，1978。

魂；柯尔里奇则要求任意驰骋作家的想象力，表现最深层的心理世界；霍桑表示相信现代心理学能够科学地、系统地解释梦境，而不是简单地将其斥之为荒诞；甚至巴尔扎克也在《人间喜剧》1842年版前言中说"大脑和神经的种种现象证明存在着一个新的精神世界。"①

弗洛伊德关于无意识、泛性欲的心理分析学说和对梦的解析的问世，以及荣格关于种族记忆、集体无意识和原型理论的建立，把文学和心理学的关系变得格外密切了。正如美国学者里恩·艾德尔所说："本世纪以来，文学和心理学已经认识到它们站在共同的基础上，二者都致力于探索人的动机和行为，探索他创造神话和象征的能力，探索他的主观世界。"②随着弗洛伊德和荣格理论渗透进文化的各个领域，学术界对文学与心理学关系的研究也形成了热潮。

弗洛伊德认为艺术是艺术家寻求满足自身某种意愿的努力，而读者（或观众、听众）可以从艺术家的创造中获得同样的满足。艺术正如梦一样，揭示了无意识中隐藏着的本能欲望，这种欲望中最根本的即性欲（所谓力必多，Libido）。艺术家通过自己的艺术创造使这些被压抑的欲望得以宣泄，从而获得某种心理的平衡和一定的快感。他还认为，心理分析虽然不能对人的内心隐秘作出科学的解释，但却能够较好地分析、显示这些隐秘。1934年收编的《文学和艺术品的精神分析》一书包括了分析达·芬奇和陀斯妥耶夫斯基的论文。在论达·芬奇的文章中，弗洛伊德把艺术家的创造力和其幼年时留在无意识中的恋母情结联系在一起；在《陀斯妥耶夫斯基和弑父罪》中，把《卡拉玛佐夫兄弟》和《俄狄浦斯王》、《哈姆莱特》并称为文学史上三部表现恋母杀父情结最典型、最伟大的作品。1958年，他的另一些论文学、艺术、宗教、恋爱的文章收编为《论创造力和无意识》一书出版，进一步阐述了艺术创作同白日做梦的紧密联系（《诗人同白日梦》）；用精神分析的方法说明米开朗琪罗塑造摩西形象时的自我反省，使这一形象超越了传统的摩西，显示了圣洁的含义（《米开朗琪罗的摩西》）；以父女乱伦的厄勒克特拉情结和白日梦的理论来解释易卜生《罗斯莫庄》中的女主人公吕贝克为了满足个人私欲，实现和罗斯莫结合的愿望，诱使罗斯莫的妻子爱碧特自杀，但在已经成功之后却无力实现自己愿望的心理动机（《心理分析遇

① ［法］巴尔扎克：《〈人间喜剧〉前言》，见《巴尔扎克全集》，第1卷，16页，北京，人民文学出版社，1984。
② 《心理学和文学》，《二十世纪世界文学百科辞典》，第3卷，123页。

到的性格类型》);用俄狄浦斯情结分析了歌德的童年回忆(《歌德在〈诗与真〉里对童年的回忆》)。弗氏的这些论述对 20 世纪的文学理论和批评产生了极大的影响,导致了心理分析学派的产生。

荣格不赞成他的老师弗洛伊德的泛性欲观,认为将一切文学和艺术最终归结为实现被压抑的性本能的观点是狭隘的。他提出的"原型"理论对文学理论家和批评家有更大的吸引力。这种理论认为,人类早期神话中的那些远古意象通过种族的记忆,一代又一代地积淀在"集体无意识"中,从而变成文学艺术家作品常常出现的"原型"。荣格的理论为文学批评中的"神话原型"学派奠定了基础。

除弗洛伊德和荣格外,本世纪还出现了许多潜心研讨文学和心理学关系的学者。1910 年,威廉·施特克尔写出了《诗与精神病》,把弗洛伊德的理论运用到艺术创造的研究中。1912 年,奥托·兰克写出《文学作品和民间传说中的乱伦动机》。1917 年,路易·卡扎米安写出了《文学心理学研究》。1933 年,马里奥·普拉兹写出《浪漫主义的痛苦》。1934 年,莫德·鲍德金写出了《诗歌中的原型》。1948 年,罗伊·巴斯勒写出《性、象征主义和心理学》。1949 年,约瑟夫·坎贝尔写出《千面英雄》。1949 年,厄内斯特·琼斯写出《哈姆莱特和俄狄浦斯》。1955 年,里恩·艾德尔写出《心理小说》,同年,莱昂纳尔·特里林写出了《弗洛伊德与我们文化的危机》。1957 年,诺思罗普·弗莱写出《批评的剖析》。1959 年,埃里希·诺曼写出《艺术和创作无意识》。这里仅举出一些有代表性的论著,其余类似的著述还很多,不过,几乎所有的研究都未能脱出弗洛伊德和荣格的理论模式。

20 世纪西方文学发生了一场重大的变革,传统的以表现客观外在世界为主的文学的统治地位大有被表现主观的内在世界的文学取代之势。许多作家不再致力于描写社会历史的重大事件或者现实的日常生活,而是寻求各种传达人的精神世界中那些隐秘的感受、情绪、经验的方法,力图把握自我的本质,构筑一个庞大复杂、变幻不定的心理结构。这就导致了"意识流"和"内心独白"等手法的诞生。社会的动荡不安和资本主义的危机与异化日趋严重,使人们产生了重新解释和认识自我这样一种普遍的社会心理,弗洛伊德和荣格的新的心理学理论为这场巨大的"向内转"的文学运动提供了方法上的依据。

这种"从内部"来讲故事的方法严格地说是从法国小说家埃杜阿·杜亚丹开始的。1888 年,他创作了一部实验性的小说,题为《月桂树被砍倒了》,采用了"内心独白"的技巧,作者声称,他借鉴了瓦格纳音乐中"主导动机"的手法，反复表达一定的思想和主题，以便接近人物无意识的最核心处。英国女小说家多萝西·理查逊创作的十二卷《人生历程》(1915～1938)也是一部典型的意识流小说，作者要展现的只是女主人公对自己的经历、日常生活，乃至失恋等的体验和反应，作品中描述不多的外部世界完全变成了人物主观意识流动不已的陪衬和背景。理查逊这部作品和法国普鲁斯特的七大卷《追忆逝水年华》(1913～1927)在各方面均可比拟。

意识流小说到爱尔兰的乔伊斯达到了高峰，和他一起对这类小说做出重大贡献的还有英国的沃吉尼亚·伍尔芙。他们通过自己的理论和实践推动了现代心理小说的发展，使内心独白、自由联想，打破正常时序，采用象征、暗示的意识流手法成为 20 世纪西方文学创作的主要方法。

文学和心理学的紧密联系的另一个表征是心理分析或心理学概念直接进入作品中。意大利小说家伊达罗·斯维沃的《芝诺忏悔录》(1923)及其未完成的这部小说的续篇(1969)的中心内容，就是主人公芝诺在精神分析医生的"治疗"下所作的忏悔，读者看到的完全是一个精神病人颠三倒四的、循环重复的意识流。福克纳的《八月之光》(1932)中则引进了心理学上所谓"顺应性"的概念和做法。主人公乔·克里斯莫斯因不愿学《教义问答》而被鞭打，以便使他增强对残忍而不是仁慈的"顺应性"。美国著名剧作家奥尼尔在《悲悼》三部曲中则直接采用了俄狄浦斯和厄勒克特拉的主题以及弗洛伊德的理论。

现代心理学中的精神分析运动对西方现代文学的影响之大是无法估量的。不少著名作家如罗曼·罗兰、茨威格、托马斯·曼、里尔克等和弗洛伊德有过亲切交往；一些作家亲身经历过心理分析；许多作家阅读过弗洛伊德、荣格等人的理论著作和评论，正如艾德尔所说，"名作家中极少人能真正避开精神分析观念直接或间接的影响"。[1]

比较学者对文学与心理学关系的研究主要从以下四个方面入手：对作家的个性和心理的研究；对创作过程的研究；对文学作品中表现的心理学类型和法则的研究；对读者心理的研究。

对作家心理的研究中一个最古老的课题是文学"天才"究竟有着怎样的心理结构。中外文学艺术史上像曹植、王勃、莫扎特等许许多多幼年即能出口成章、应手赋曲的天才，常常被人们称作"神童"。"神"者，超凡之谓

---

[1]　[美]里恩·艾德尔：《文学和心理学》，见北京师范大学中文系比较文学研究组选编：《比较文学研究资料》，586 页，北京，北京师范大学出版社，1986。

也，所以古希腊人把"天才"看作与众不同的"狂"人。在他们的心目中，诗人都是一些"心神飞荡"的人。他们在无意识中讲出的话常常被认为是非凡的，因为这些话看来似乎缺乏理性，但实质上却充满理性，甚至超越了一般的理性。

另外一种观点认为，天才是对某种缺陷的补偿。换言之，只有身体上有某种残缺的人，才能具有某种超过常人的禀赋，才能激发出一般人无法想象的潜能，在某一领域迅速获得成功。然而，这种观点很难成立，因为它十分易于被附会，同时缺乏普遍性。

弗洛伊德认为艺术家是一种耽于幻想、与现实格格不入的人，这些人总是感到自己的本能欲望受到压抑，不能获得满足，于是通过做白日梦的方式放纵自己的意志，宣泄自己的欲望，因此，艺术家看起来都是某种形式的"精神病患者"。弗洛伊德的看法虽然具有很大的影响，但它却很难说是对艺术家心理的科学解释。莱昂纳尔·特里林在《艺术和神经病》一文的结尾这样说："不论艺术家和别的人一样有什么神经病症，但从任何可以想见的有关健康的定义来说，只要他具有构思、计划、工作，并把自己的工作圆满完成的能力，他的神经就是健康的。"[①]

然而，我们究竟应该如何理解诗人是"疯狂的"、"迷乱的"这一古老的观念呢，事实上，诗人既不"疯狂"，也不是"神经病患者"，只不过他的思维方式比较特殊，不同于哲学家和科学家罢了。总起来看，诗人首先具有丰富的想象力，在这一点上，他们和充满离奇古怪念头的孩子很相似，他们能把自己的经验和别人的经验奇妙地混合在一起，能把现实世界和幻想世界奇妙地混合在一起，还能把知觉和概念奇妙地混合在一起，所以诗人不仅能感觉到自己的思想，他还能"看到"自己的思想。

除此之外，艺术家还有另外一种特有的能力，那就是通感（或者说联觉）的本领。诗人能"看见"声音，"听见"颜色，"摸着"气味，"闻见"感觉。钱锺书曾在《通感》一文中用大量的例子说明中外诗人具有的这种能力。这固然是一种创作技巧，但我们也可以说它是一种心理功能，诗人的这一功能则格外强。

艾略特认为，诗人不仅具有较强的视觉和听觉想象力，而且在精神上同自己的童年和民族的童年保持着联系，他能够帮助人们达到存在于文明

---

① ［美］莱昂纳尔·特里林：《艺术和神经病》，见《自柏拉图以来的批评理论》，967 页，HBJ 出版社，1971。

人之中的前逻辑心态。艾略特显然受了荣格关于"种族记忆"和"集体潜意识"的影响，他把诗人看作了种族记忆的代表。

　　法国心理学家李博把艺术家分作两类：一类是"造型的"艺术家，他们具有敏锐的观察力，对外部世界的感官印象和知觉激发他们的创造力，另一类是"融合的"（兼具听觉和象征的）艺术家，他们以自己的情绪和感觉为出发点，通过情绪的逼力，使意象和节奏完全统合，向外辐射其感情。李博受尼采的影响，他所说的前一种类型大致相当于古典理论中那些受过基本训练、有熟练技巧的工艺型的作家，即所谓"制造者"；而后一类则相当于那些竭力以各种渠道表达主观情绪，外化感情的"心神迷乱"的诗人。但是这两种类型实际上并不矛盾。大艺术家应该既是"心神迷乱"的人，又是"制造者"，他们能把心神迷乱时获得的对生活的幻觉与有意识的精心的构思结合起来，以表现这种幻觉。正因为此，我们可以说，天才的艺术家既是"心神迷乱"者，又是"心神专一"者，既是"疯狂的"又是"理智的"。

　　一个多世纪以来，对作家和艺术家的心理和个性所作的研究表现在一些著名的传记作品中，例如，贝蒂·密勒写的《勃朗宁传》(1952)，里恩·艾德尔写的《亨利·詹姆斯传》（四卷本，1953～1969），斯蒂芬·茨威格写的四卷本名人传记《世界创造大师》(1935)。这些传记与传统传记的一个根本不同点是运用了精神分析的概念和方法。传统的传记作者为了说明所记人物在思想、人格、精神诸方面的健全和统一，总是不可避免地忽视细枝末节及人物言行和思想中的矛盾和暧昧之处，而新的传记作者不仅不舍弃这些微细和矛盾之处，反而把它们看作对人物进行精神分析，从而指出其独特的心理和个性的必要材料。至于那些由职业心理分析家所写的传记（如玛丽·波纳巴特写的《爱伦·坡传》和菲力斯·格林纳卡写的《斯威夫特和卡洛尔传》)则由于在心理分析的道路上走得太远，使文学传记失去了文学性。

　　创作过程无疑应包括一部作品在作家的无意识中孕育、构思，以致最后修改、定稿的全部历程，对于某个作家来说，早期的孕育、构思最富创造性，但对另一些作家来说，倒是最后的修改更富创造性。

　　"灵感"无疑是创作过程中最关键的问题。究竟什么是"灵感"？如果我们把创作过程大致分作无意识的孕育和有意识的构思两个阶段的话，一般来说，灵感主要发生在无意识的孕育阶段。灵感或者是如电光、火花般的突然闪现，或者是如大浪来潮时的突涌状态。在前一种情况下，诗人(艺术家)仿佛感受到来自上天的启示，形成了一种透彻、明晰的思想。在后一种情况下，诗人(艺术家)进入了一种恍惚迷离的精神状态，仿佛不由自主地感受着、体验着某种新奇的东西。不论哪种情况，"灵感"显然具有"突然性"和"非我性"。诗人（艺术家）仿佛是在一种突然的外力作用下进入创作状态的。

据说柯尔里奇在梦中来到了忽必烈汗的宫殿，东方异国情调刺激了他的创作欲，他欣然赋诗，醒来后立即把梦中的句子记下来，但不幸的是，这一本书的写作过程被一位不速之客突然打断，因而今天留下来的只是《忽必烈汗》的片断。意大利作曲家塔蒂尼的小提琴奏鸣曲《魔鬼的颤音》也是得之于梦境的。塔蒂尼梦见自己把灵魂卖给魔鬼，于是立即抓起一把小提琴，演奏出一首相当难的乐曲，作曲家梦醒后马上记下了记得起来的部分，就成了那首名曲。两位艺术家梦中的创作过程是否类似灵感来潮时的状态呢？当然，这是两个典型而又极端的例子。事实上绝大多数创作过程在获得灵感之后尚须要经过一个理性的加工过程。因此，任何对创作过程的研究都必然要考虑无意识与意识活动的相对作用。

但是，就目前的情况来说，人们对创作过程的研究还很不够，还很难具有理论上的概括性。学者所研究的往往是个别的例子，所依据的多半是传记或作家本人所提供的材料。然而，那些喜欢谈论自己创作的艺术家往往总是谈论自己创作过程中那些有意识的、自觉应用技巧的部分，而忽视那些外界各种因素给予的、非自觉的部分，但正是这些他们不愿谈论或不自觉的部分反映或折射出他们创作的本质。由此可知，对创作过程的深入研究和理论概括是不容易的，这也是为什么研究者总是千方百计要了解艺术创造中的无意识过程的原因。

另外一个问题就是艺术家个人的生活经历和他创造的人物有没有关联？这一问题的答案无疑是肯定的。但二者究竟是怎样的关系呢？有一种观点认为，人物创造是把传统的类型（或原型）、观察到的人物和作家的自我这三个方面，不同程度地糅合起来的。现实主义作家重视客观的观察和"移情"；浪漫主义作家重视主观的"投射"，不过，强调任何一方面都是不全面的。人物创造中恐怕既有"观察"、"移情"，也有"投射"，这样，我们就可以说，一个作家笔下的人物既有他自己，又不是他自己。卡拉马佐夫四兄弟的形象中既有陀斯妥耶夫斯基，又不是陀斯妥耶夫斯基。浮士德、靡菲斯特费勒斯、维特和威廉·迈斯特中都有歌德的形象，但他们谁都不等于歌德。

对文学作品的心理学的研究包括两方面的内容。第一是探索作品本身的心理学因素，而不考虑它们和作品产生的历史和背景的关系；第二是研究作品中的典型和原型。

一些学者按照心理学上的类型来解释作品中的人物。例如，有人在分析哈姆莱特的性格和心理后，指出他属于心理学中"忧伤沉郁的多血质型"。有人则按照心理学家洛克的理论，称斯泰恩笔下的商第患有"语音联想症"。有人还尝试以临床心理学的方法来分析《罪与罚》中的主人公拉斯柯尔尼可夫的犯罪行为。也有人用弗洛伊德的俄狄浦斯情结来分析哈姆莱特，说他之所以迟迟下不了复仇的决心，是因为他叔父即是他幻想中的自己，杀死他就等于杀死自己。

用原型理论来解释文学作品，一直是批评家们乐于采用的方法。莫德·鲍德金以荣格的原型理论和弗雷泽的《金枝》为依据，研究了诗歌中的天堂、地狱、再生、魔鬼、英雄、神、民间传说和文学作品中的妇女等各种原型，从而澄清了神话与诗的关系。诺思罗普·弗莱在《批评的剖析》中对文学中的象征作了原型的分类，他认为，通过对原型的研究，文学批评可以获得科学性。法国的物理学家兼哲学家加斯东·巴歇拉受荣格理论的启发，对一种普遍的象征比对原型更感兴趣，提出了所谓水、火、土等普遍性的象征，这种象征显然已经具有了主题学的意义。

对读者心理的研究，实质上是一种审美心理的研究。这个问题包含着两个方面。一方面是作者如何迎合读者的心理，以便紧紧吸引住读者的注意力；另一方面是读者产生怎样的反应，这种反应对于作家的创作有怎样的反作用等等。例如，在荷马史诗中，诗人就通过各种手段(情节的紧张和戏剧性、气氛的渲染，大量采用日常生活中的比喻，采用富有色彩和装饰性的语言等)来调动读者的积极性。中国的讲唱文学、章回小说经常在情节最紧张、最有戏剧性的地方突然收住，以造成悬念来吸引读者或听众。亨利·詹姆斯曾解释说，他在短篇故事《拧螺丝》(或译《碧庐冤孽》)中故意留下许多空白，以便读者用自己的想象来填补，这样做就迫使读者通过积极的思考参与到作品中，从而增加了心理上的快感。20世纪60年代后期产生的接受美学和后来的读者反应批评从接受的角度来研究作品，既包含了读者心理的研究，也包含文学和社会、民族心理、民族性格诸方面的关系，还涉及了读者参与对作家创作的反作用。由于这一问题在第三章已经有所阐述，这里就不赘述了。

文学与心理学的关系正在形成一门名为"文艺心理学"的新学科，吸引着众多的学者对这一领域进行更为深入的研究。

## 第五节　文学和哲学

　　文学与哲学是两种不同的社会意识形态。哲学是我们对于整个自然界、人类社会和人类思维的根本观点，是一种用抽象概念来表现的系统化、理论化的世界观。文学则是人们对于社会生活和自己审美体验的形象化的表现，它不以抽象化、理论化为特点，而以形象化、感性化为特点。但是，作为社会意识形态，两者又不可避免地具有共同性。它们的基础和来源都是社会物质生活，从事这些活动的都是现实社会的人。当它们从不同侧面、以不同方式反映社会生活和表现作者自身的主观世界的时候，又必然相互补充，相互影响，相互渗透，共同处于一个总的社会意识形态体系之中。

　　一般而论，哲学属于人们对客观世界认识的更高层次，一者因为它是人们对世界的各种认识抽象概括的结果，再者，它从最一般的原则的高度指导人们的社会实践，支配人们的思想。但是，就这两个方面来讲，它都与文学发生联系。从前一方面来讲，文学家的实践以及他们的创作，可以为哲学的发展提供条件，诗人影响哲学家的事实，所在多有。英国哲学家撒缪尔·亚历山大受益于华兹华斯和梅瑞狄斯就是一个有趣的例子，黑格尔对古希腊悲剧家的洞察力的深深仰慕，也表明古典文学对 19 世纪哲学产生的深刻影响。[①] 从另一方面讲，哲学总是作为一种世界观和方法论的理论体系对文学产生影响。如果从作家的创作活动来看，这种关系更为明显，因为作家总是在一定世界观指导下进行创作，因而就不可避免地受到一定哲学思想的影响。他们的作品中也处处可以看到哲学思想的表现。正如韦勒克所说："文学可以看作思想史和哲学史的一种记录，因为文学史与人类的理智史是平行的，并反映了理智史。不论是清晰的陈述，还是间接的暗喻，都往往表明一个诗人忠于某种哲学，或者表明他对某种著名的哲学有直接的知识，至少说明他了解该哲学的一般观点"。[②] 他在论述文学与思想的关系时，举出从文艺复兴时期到维多利亚时期的英国文学以及德国文学、俄国文学的实例，来说明文学如何反映哲学史的道理。当然，他不赞成过高估计文学表现哲学思想的意义，也不赞成把是否表现哲学思想作为评判

---

　　① ［美］牛顿·P·斯托尔克奈特：《文学与思想史》，见北京师范大学中文系比较文学研究组选编：《比较文学研究资料》，523 页，北京，北京师范大学出版社，1986。

　　② ［美］韦勒克等：《文学理论》，114 页，北京，生活·读书·新知三联书店，1983。

文学作品的价值的标准，因为"诗不是哲学的替代品；它有它自己的评判标准与宗旨"。①

中国古典美学中，有"艺""道"统一的传统观点，其核心也就是文艺与哲学统一的思想。尽管儒道两家的哲学思想和美学思想有较大差异，但在这一问题上，他们的主张却是如此一致。孔子说："志于道，据于德，依于仁，游于艺。"(《论语·述而》)这里的"艺"是广义的艺，包括文艺。在孔子看来，"志于道"是根本，而"艺"与"道"必须统一。庄子说："通于天地者德也，行于万源者道也，上治人事者事也，能有所艺者技也。技兼于事，事兼于义，义兼于德，德兼于道，道兼于天。"(《庄子·天地》)可见，他也主张"艺"要通向"道"，即艺道统一论。儒家对这一问题的论述更多，宋代的理学家更明确提出了"文以载道"的思想。朱熹说："道者，文之根本，文者，道之枝叶。惟其根本乎道，所以发之于文者道也。"(《朱子语类》卷一三九)他所说的文道统一，当然也包含艺道统一的观点在内。

这种看法构成了中国古典美学的一个基本观点，也道出了中国古典文学的一大特色。中国古典艺术的高度的表现性、抽象性和写意性，来源于它同哲学的自觉联系。一首小诗，一幅几笔勾成的水墨写意画，都蕴涵着某种宇宙人生的哲理。正如宗白华所说："'道'具象于生活、礼乐制度。'道'尤表象于'艺'。灿烂的'艺'赋予'道'以形象和生命，'道'给予'艺'以深度和灵魂。"②中国哲学所讲的道，包括天道、地道、人道。它与西方哲学的"纯粹理性"不同，它偏重于道德的追求，它的最高境界是个人与社会、人与自然的完全的和谐统一。这种境界既是道德的，又是审美的。在古典艺术家看来，最高的艺术通向这最高的道，也就是对于宇宙、人生的最高哲理的追求。

在西方美学中，人们对于艺道关系(文学与哲学的关系)的看法分歧较大。但是从创作实践来看，二者是互相联系的。特别在现代艺术中，文学向哲学接近的趋势越来越明显。文学家把创作看作自己对宇宙和人生进行哲学探索的一个途径，在写作中追求哲理性，在表现手法上也引起相应的变化，如较多地运用寓意、象征、变形等适于写哲理的艺术手段。应该说，这是现代文学艺术发展的趋势之一。随着科学文化的发达和人们对世界认识的深化，艺术创作已不满足于对感性现象的一般描绘和再现，而向宇宙、

---

① [美]韦勒克等：《文学理论》，130 页，北京，生活·读书·新知三联书店，1983。

② 宗白华：《美学散步》，68 页，上海，上海人民出版社，1981。

人生更深层的本质突进。

黑格尔在谈到艺术与哲学的关系时认为，艺术和哲学一样，是认识和表达最高真理的方式，它们都是解决主观与客观、精神与自然的矛盾的不同手段。哲学为我们提供对于这种对立的实质的思想上的看法，艺术揭示感性形式中的真理，描绘上述这些被调和的对立。它们按不同的方式来完成共同的认识任务，二者之间不存在依属关系。当然，它们并不是互不关联的。哲学为艺术意识、艺术方法提供方法论的客观的基础。但是，黑格尔的整个思想体系又决定他提出这样的看法：艺术、宗教和哲学是绝对精神的三种不同的表现形式和它发展的三个不同阶段；艺术是人类精神发展初级阶段的产物，随着绝对精神的发展，艺术将让位于更高级的精神活动，最后被哲学所替代。这种看法是没有道理的。艺术与哲学，作为两种不同的社会意识形态在人类社会发展的过程中各司其职，各尽其能，适应人们的不同需要，因而都有自己存在的价值。它们之间相互影响，相互联系，从来没有也不可能相互代替。只要人类存在，艺术与哲学都将存在而不会消失。艺术的发展是没有止境的。文学可以向哲学接近，文学创作可以追求哲理性，但是真正的文学创作，绝不会变成哲学理论的图解。文学创作对于哲理性的追求，为的是它自身向更高的层次演变，而不是走向灭亡。

文学与哲学相互联系的最直接的最显而易见的方式是哲学内容与文学形式的结合。哲学家利用文学形式来表达他的哲学理论；文学家在自己的创作中表现了某种哲学思想。这种现象自古就有。在古代的中国，有过文史哲不分家的阶段。在这一时期，许多哲学家的著作具有文学性。他们的作品，既是哲学著作，也可以说是文学作品。因此，古代典籍只能以体例为分类标准，而无法以学术对象为准。在哲学与文学分野明显的时候，哲学家利用文学形式撰写哲学著作的情况仍是常见的。因为文学具有形象化的优点，有些哲学家乐意使用这种形式，以便使自己的著作更具有文采，易于为群众接受。孔子说："言之无文，行而不远。"①中国的哲人历来注意在自己的著作中运用文学手法。外国哲学家较多注意思辨和理论的系统性，但也有以文学形式写哲学著作的情形，如古罗马的哲学家卢克莱修写有长达六千行的《物性赋》，用诗歌的形式，生动的比喻，阐述自己的唯物主义

---

① 《左传·襄公二十五年》，见《春秋左传注》，第三册，1106 页，北京，中华书局，1981。

哲学观点。马克思称他是"朝气蓬勃，叱咤世界的大胆诗人"。①

文学家在自己的作品中，表达某种哲学思想，也是一种普遍的现象。古希腊悲剧家欧里庇得斯与当时的进步哲学派别——智者学派有着密切的联系，他的作品中不时流露出这一学派的哲学思想，因而有"舞台上的哲学家"之称。伏尔泰与18世纪的启蒙学者，利用文学讨论哲学问题，创造了一种新的文学形式——哲理小说。巴尔扎克在他的《人间喜剧》中，分出一类作品称之为"哲学研究"。存在主义文学与存在主义哲学的关系更是明显，它可以说是哲理思考的产物。作家写哲理诗、哲理剧的实例，更是不胜枚举。

诗与哲学成功的结合，可以提高作品的价值；哲理性往往是作品的思想深度的一种表现。历史上也确曾有过哲学与诗之间真正合作的情形，但这种合作往往在既是诗人又是思想家的人那里才可以找到，像古希腊苏格拉底之前的恩培多克勒，文艺复兴时期的费希诺与布鲁诺，就是这样的例子。费希诺与布鲁诺既写诗歌，又写哲学论著，也就是哲理诗与诗的哲学。后世的歌德也是如此，他既是诗人，又是有真知灼见的哲学家。② 歌德的《浮士德》可以说是这方面的一部经典著作。诗中的主人公是一个象征性的形象，他的复杂的人生探索体现了深刻的哲理，肯定了实践的意义和人生道路的辩证法，从而显示了作家的思想深度与作品内涵的深刻性。但是，文学与哲学的这种结合，有时会顾此失彼而产生不好的效果，即使像《浮士德》这样的作品也难免败笔。克罗齐就提出《浮士德》第二部毫无疑问受了过分理智化的牵累，使它常常处在成为寓言的边缘。他说："当诗歌在这种意义上显得卓越时，也就是说比诗本身更卓越时，它就失掉了成为诗的资格，反倒应该把它看成低劣的东西，也就是缺少诗的东西。"③

作为比较文学研究对象的，主要是文学作品中所表现的哲学思想以及这种思想与哲学史上（包括同时代的）某种哲学思想、哲学流派之间的联系，即哲学是怎样进入文学的。众所周知，文学作品不应是哲学思想的形象化的图解，文学作品中的哲学思想不可能是原来的样子，而是这种思想的"一

---

① 马克思：《伊壁鸠鲁派哲学，斯多噶派哲学和怀疑派哲学的历史笔记》，见《马克思恩格斯论艺术》(2)，57页，北京，人民文学出版社，1963。

② [美]韦勒克等：《文学理论》，119页，北京，三联书店，1983。

③ [意大利]克罗齐：《歌德》，转引自[美]韦勒克等：《文学理论》，130页，北京，三联书店，1983。

种特殊的甚至是带有个人特色的表达或论述"。① "只要这些思想还仅仅是一些原始的素材和资料，就算不上文学作品中的思想问题，只有当这些思想与文学作品的肌理真正交织在一起，成为其组织的'基本要素'，换言之，只有当这些思想不再是通常意义的概念上的思想而成为象征甚至神话时，才会出现文学作品中的思想问题。"②

文学与哲学的相互联系，更重要的是表现在文学家与哲学家之间在根本的立场与世界观上的相互影响。从文学方面来讲，是表现在哲学思想对文学家的影响上。这种影响并不局限在一部作品，而是渗入作家的世界观与创作方法，因而也必然对他整个创作的思想倾向、艺术风格发生影响。不同的作家有不同的情况，然而一般来讲，思想严肃的作家总是面向现实，对社会生活进行认真思考，作出判断，并在作品中表现这种思考的结果。有趣的是，同一时代的作家由于接受不同的哲学思想的影响，他们的创作便呈现出不同的面貌。以我国唐代的三个大诗人为例，杜甫的思想源于儒家，"致君尧舜上，再使风俗淳"，是他的最高理想。他的忧国忧民的精神，说明他发扬了儒家入世思想的积极一面。这种精神使他始终不渝地关心国家的安危和人民的命运，被人们称为"诗圣"。李白虽然也受到儒家思想的影响，但是他更多地接受了道家哲学，特别是庄子的遗世独立思想，追求绝对自由，蔑视封建传统。他的诗作也具有更多的叛逆精神和飘逸风格，被人们称为"诗仙"。王维与李、杜不同，后期接受佛家思想的影响，变成一个"以禅颂为事"的佛教徒，写了不少表现隐居生活的闲情与孤寂的诗歌。这样的作品与李、杜之作大异其趣，"读之身世两忘，万念皆寂"③，因而人们把王维称为"诗佛"。

哲学对作家的影响有时是通过美学中介来实现的。作家的创作活动往往受一定时代或一定流派的美学观的支配，而这种美学观的形成，则与一定的哲学思想有着联系。因此，即使作家没有直接与某种哲学发生关系，我们也能在他的创作中发现哲学的影响。

哲学对于文学的影响不仅表现在个别作家身上，而且可以在更大的范围内，譬如对于一个民族文学的总体特征和一个时期的文学风尚，对于文

---

① ［美］牛顿·P·斯托尔克奈特：《文学与思想史》，见北京师范大学中文系比较文学研究组选编：《比较文学研究资料》，520页，北京，北京师范大学出版社，1986。

② ［美］韦勒克：《文学理论》，138页，北京，三联书店，1983。

③ （明）胡应麟：《诗薮》，119页，上海，上海古籍出版社，1979。

学思潮、文学运动的产生和发展，发生巨大的作用。在中国文学史上，儒道两家的思想影响最大。在这两种思想影响下，中国文学擅长写自然，写伦理道德，而不像西方文学那样善于写人生，写社会。文学史上各个时期文学风尚的不同，也与这两家的影响有关。例如，魏晋时期，老庄思想对文学界的影响较大。魏正始时，玄学兴起，当时的文学也离开了"建安风骨"的传统。阮籍、嵇康的作品中，已有浓厚的老庄思想。到西晋晚期，玄学进一步发展，就有玄学诗兴起。《诗品》评论这种情况时说："永嘉时，贵黄老，稍尚虚谈，于时篇什，理过其辞，淡乎寡味。"到了东晋，玄言文学甚至占了文学的统治地位。盛唐是中国古代史上一个思想比较开放的时期，儒、道、佛诸家的思想都有一定的地位，作家可以接受各种思想的影响而形成不同风格和不同流派，因此文坛丰富多彩，文学的成就比较突出。在宋朝，统治者为了巩固已趋颓势的封建统治，利用儒家学说，提倡道德观念和理学思想，强调"尊天理，窒人欲"，鄙视文学创作，甚至视文艺家为俳优，同时又片面强调文艺创作为宣传封建教条服务，这时，大批"头巾气"、"学究气"的庸人之作充斥文坛。

在西方文学史上，文学思潮的更替演变可以说是它的一大特点，而这种演变的根源，除了经济、政治等社会历史原因之外，究其思想根源，无不与同时代的哲学思想有关。17世纪古典主义的兴起，与笛卡儿的理性主义哲学有关；19世纪初期浪漫主义的兴起，与康德等人的德国唯心主义哲学有关；19世纪现实主义的盛行，是在近代唯物主义哲学思想的影响下产生的；19世纪下半期出现的自然主义，是在孔德实证主义思想影响下形成的。到了20世纪，现代主义思潮层出不穷，它们又与形形色色的反理性主义的现代哲学，有着密切的联系。

了解了文学与哲学的这些密切关系，我们就懂得，对它们进行比较研究的重要意义：这是我们深刻理解文学现象的一个不可缺少的途径；不管是认识文学现象（作品、作家、文学运动等）的产生根源，还是分析文学作品的思想构成，或是探索作家的思想渊源与个人独创，都离不开这方面的研究工作。

文学与哲学的关系，曾经引起许多学者的兴趣。韦勒克在《文学理论》一书中，曾经介绍西方学者研究这一问题的方法与他们的成果。

阿·奥·洛夫乔伊等创立了一种"思想史"的研究方法。他们把这一研究方法与哲学史的方法区别开来，让哲学史去研究大的思想体系，"思想史"只研究"单元思想"，即把哲学家的体系分解成小的单元，研究其个别的题目；他又把哲学史的研究对象仅仅限定为大思想家，而把"思想史"的研究范围扩大到小思想家和诗人，因为他认为诗人是从思想家衍生出来的。这种方法曾受到研究者的欢迎，这不仅是因为深入理解哲学史可以帮助他们更好地从间接的方面理解文学，还因为洛夫乔伊的方法对于大多数的思想史家的过分的理智主义是一个反拨。另外，还由于这种方法打破了文学与历史研究中民族与语言的界限，因而引人注目。不过它往往从哲学的标准来评判文学作品，混淆了哲学与艺术的功能，误解了思想进入文学的真正方式。

有的学者不赞成这种方法，提出新的意见。德国学者温格尔说："文学不是把哲学知识转换一下形式塞进意象和诗行中，而是要表达一种对生活的一般态度。诗人通过非系统地回答的问题也是哲学的问题，但诗的回答方式随时代与环境的不同而不同。"他把这些问题进行分类：命运问题，宗教问题，自然问题，人的问题以及社会、家庭、国家的问题。研究者根据作家与这些问题的关系来研究他们的态度，并探索这些问题的历史。如雷姆写有专著，研究德国诗歌中的死亡，克拉克霍恩写有专著论 18 世纪浪漫主义时代的爱的观念，意大利学者普拉兹写有《浪漫主义文学中的肉欲、死亡和魔鬼》，英国学者台奥多尔·斯宾塞写有《死亡与伊丽莎白时代的悲剧》等。

另外，有些德国学者试图按世界观分类的办法来研究作家与哲学的关系。著名哲学家狄尔泰认为，思想史上的人物存在三种类型：第一是实证主义，其根源是德谟克利特、卢克莱修，属于这类的人物如霍布士、法国百科全书派以及现代唯物主义者及实证主义者；第二类是客观唯心主义，包括赫拉克利特、斯宾诺莎、莱布尼茨、谢林、黑格尔；第三类是二元唯心主义或称自由唯心主义，如柏拉图、基督教神学家、康德、费希特。第一类哲学家以物质解释精神，第二类哲学家把现实看作是一种永恒的真实的表现，第三类哲学家认为精神与自然是相对独立的。狄尔泰在对哲学家进行这样的分类之后，就把不同的作家分别归入这些类别之中，如巴尔扎克和斯丹达尔属于第一类，歌德属第二类，席勒属第三类。狄尔泰的这种方法在许多研究者中产生影响。如瓦尔泽尔运用它研究文学史，认为欧洲文学中有一个进化过程，这个过程是从第二种类型（歌德和浪漫主义的客观唯心主义）开始，通过第一类型（现实主义），逐渐演变为印象主义，最后到第三类型，即表现主义的主观、二元的唯心主义。这种以固定的类型来划分复杂的文学现象的做法并不恰当。诗人的个性被忽略，他们必须对号入座，去充当某种类型的图解者。

西方学者中还有一种"精神史"的研究方法。他们认为人类的文化和其他活动都是非常紧密地联系在一起的，而且认定：在一个时代和一个民族中，都有一种时代精神在起作用。他们的研究就是"从客观事物的后面寻找整体性的东西。用这种时代精神去解释所有的事实"。他们也用这种方法来处理文学材料，研究文学史，如考夫、塞萨尔兹、多依奇拜因等。迈斯纳的《英国巴罗克文学中的精神学基础》说，巴罗克时代的精神是对立倾向的冲突，于是他把当时各种文学现象都以类比的办法进行整理，例如扩展与集中、宏观与微观、罪恶与拯救、信仰与理性、法制与民主、"反构造"与"构造学"等。总的结论是：这个时代在各方面都表现了冲突、矛盾和紧张的状态。"精神史"学者们过分夸大了哲学与文学的紧密关系与统一性，把"时代精神"变成一种神话式的整体，一种绝对的东西，而且把各个时代的特征想象得经纬分明，忽略了其间的复杂性和继承关系，以至使西方文明失去了它的连续性。

我们不能否认这些研究者的成就，但是，以上这些方法都是过多地从哲学的角度来研究文学与哲学之间的关系，从哲学性来要求文学作品，仿佛只有当文学作品具有哲学意义的时候才产生价值，忽略了哲学与文学各自的特性以及它们之间的辩证关系。这样的不正确的研究方法在我国学术界也曾有过。如把哲学史上唯物主义与唯心主义斗争的结论硬搬到中国文学史的研究中，认为中国文学发展的历史就是现实主义与反现实主义斗争的历史，这就混淆了哲学与文学的界限，导致简单化的结果。

美国学者牛顿·P·斯托尔克奈特在他的论文《文学与思想史》中，对文学与哲学的比较研究提出了一些重要意见。他充分肯定研究哲学思想与文学作品的联系对于理解文学作品的重要性，他说："对一件艺术品的理解必定包括对它所反映或体现的思想的认识"，"熟悉一件艺术品所蕴涵的或明显地与之相关的思想是进行鉴赏的一个重要的辅助手段。"他还介绍了研究的方法：研究者应"把一首诗或一篇文章进行分类，看其是否从思想上或虚构的内容上或主题上代表了产生它的那个时代。另外，他会发现蕴涵在它的结构里已在别处、别的时代用不同的方法表达了的主题或思想。要理解作品，我们很可能要了解对上述两个方面的解释和说明。同时，我们也很可能要认识到，我们正在阅读的作品反映了或者属于被称之为某种'流派'或'主义'的思想方式，亦即同时出现而又有足够的共同特征可被辨认出来的思想的'综合体'"。① 与此同时，他向比较学者提出了相当重要的意见。他认为，思想的影响不可能像硬币或柜台那样原封不动地从一部分人手中转到另一部分人手中，或从一个人手中转到另一个人手中，"对思想影响的描述总是一个微妙、复杂的问题，因此绝不能过分简单化"。②

他认为当思想从一个头脑转向另一个头脑时，它在结构、方向和接受方式上一定会有变化，并且经常是激烈的变化，何况诗人和哲学家的思维方式也不相同。"诗人和哲学家可以说都抱有'同样的'观念。然而，我们应该牢记，诗歌里或文学里的思想的发展经常是想象的、象征的或比喻的。这和那种因强调定义和精确而带有书卷气的智力的或科学的论述具有明显的不同。思想家关心的是含义，希求的是多少保持严格的一致性。而有想象力的作家则通常更急于表明某种思想如何影响了生活，它又怎样烘托了拥有这种思想的人的情感。他不必再费心思去使他的读者相信，只有他的观点才是真实的或唯一的"。③ "文学家更为关心的是引起我们对思想的注意，而不是他自己对思想进行论证或分析。而在哲学上，对思想的反映则表现为知识、见解或信仰，也就是说，通常都包含某种确定的主张"。④

另外，他以浪漫主义作家与柏拉图主义的关系，以及古代、中世纪的人与现代人对上帝、人类、自然的观念的不同为例，说明思想是演变发展的，文学作品中表现的继承前人的哲学思想必然带有"它们过去全然没有的那种时代特色"，因此，"一个人要想成为真正的思想史学家，他就必须学会'认真对待时间'，必须认识到时间不仅在事物上而且也在思想上留下了印记。思想只有通过变化和重新整理才能以文化的形式流传下来"。⑤

## 第六节　文学和科学

人文科学、社会科学和自然科学一起有机地构成了人类文明，形成了它活泼的生命。作为一个有机整体，人类文明是不可分割的，它的各部分

---

① ［美］牛顿·P·斯托尔克奈特：《文学与思想史》，见北京师范大学中文系比较文学研究组选编：《比较文学研究资料》，520 页，北京，北京师范大学出版社，1986。

② 同上书，523～524 页。

③ 同上书，525～526 页。

④ 同上书，526 页。

⑤ 同上书，530 页。

之间的联系是不容切断的。文学与自然科学的关系看起来似乎很遥远，但二者却有本质上的联系，应该说它们是既有区别又有联系的两个领域。文学与科学的契合可以从二者的相互生发、相互包容来分析，而二者的差异则可以从观念、形式和方法论等不同的角度来探讨。在观念上，二者经历了一个由混生到分离的历史发展。在形式上，科学是一种实验科学，更注重成果，而文学却是一种审美意识形态，更注重过程。在方法论上，科学主要采用实证主义的方法，而文学则主要诉诸想象和虚构。

　　从古代到中世纪，自然科学知识和其他学科的知识是共生在一起的，这种情况中外皆然。在西方文明史中，自然科学的体系是在文艺复兴之后逐渐建立起来的，此前，它像人文科学和社会科学的其他领域一样，混生在庞杂的知识园地上，尚未形成自己的种类特征，没有获得独立的学科地位。英语和法语中"科学"写作 science，就其词源来看，它来自拉丁语的scientia，其动词 scire 意即"知道"，相当于英语的 to know，所以，science就有"知识"的意思，相当于古代希腊人所谓的 Episteme（认识）。德语中的"科学"Wissenschaft 来自动词 wissen，同样意为"知道"，因此，其词源义同样与"知识"相关。具体说来，英语的 science 含义比较狭窄，专指关于自然的知识，而法语的 science 和德语的 Wissenschaft 含义则较为宽泛，不仅指关于自然的知识，还指关于社会的各门知识以及哲学。因此，在科学正式成为一个独立、健全的知识体系和学科之前，它一直被称为"自然哲学"（Natural Philosophy）。按照古典主义和人文主义的传统，自然哲学一直被划定在人文（特别是文学）的范畴内，文艺复兴之后，自然哲学逐渐向近代科学体系发展，开始逐渐从人文学科中分离，这种分离直到 19 世纪才得以完成。

　　古人关于自然科学的知识一方面受当时生产技术水平低下的限制，还处在极其朦胧、原始的状态，另一方面也未能从对其他学科的总体论述中剥离出来，而与哲学、文学、宗教等学科混杂在一起，这种情况无论中外都是一样的。例如，古代希腊人关于宇宙、天文、数学的知识包含在他们对哲学、自然的论述中，与形而上的本体论、认识论纠缠在一起。米利都学派的阿那克西曼德提出的世界万物产生于一种"无定形"的物质的理论就是由他的一部已散失的哲学著作《论自然》来阐释的；赫拉克利特提出世界的本原是火，与泰利士所谓世界的本原是水、阿那克西美尼所谓世界的本原是气的观点相抗衡，他的这一观点就包含在他的《论自然》中；恩佩多克勒的"四根说"，即宇宙本原由水火土气四种元素组成的观念出现在他的诗体哲学著作《论自然》中；德谟克利特关于天文的思想和"原子论"发表在他的《小宇宙秩序》和《论自然》中；伊壁鸠鲁进一步发展了德谟克利特的"原子论"，在其《论自然》中讨论了原子在体积和形状之外还有重量的特征，并说明了原子的三种运动；柏拉图的《第迈欧篇》结合毕达哥拉学派的数论，讨论了世界的起源和宇宙的结构；亚里士多德提出的"四因说"，即自然万物有四个起因（本原）：质料、形式、动力和目的，以及关于空间、时间、有限、无限等观念的讨论都包含在他的《物理学》中。古代罗马人的自然观和科学观同样保存在他们的哲学和历史著作中，卢克莱修的《物性论》继承了德谟克利特和伊壁鸠鲁的思想，进一步讨论了宇宙的组成和原子的理论；老普林尼记录天文、地理、物理、生物、医学等各门科学的总汇保存在他那部 37 卷本的《自然史》中；《荷马史诗》中说到了水利灌溉的问题；另一位古希腊诗人赫西俄德则在他的诗歌中谈到了农作与节令的关系。

古代中国像古代埃及和希腊一样，没有"科学"这一概念，"科学"一语是 19 世纪后半期从日本引进的。当时，日本人在翻译西方的 science 这一概念的时候，除采用片假名音译之外，便是借助日文中的汉字创造出的"科学"一词。值得注意的是，日本人最初用"科学"一词指"百科之学"、"分科之学"，并非西方意义上的科学，后来用其作为 science 的译名时，语义便发生了变化。而中国人是把已经发生了意义转变的日文译名直接搬到了汉语中。1897 年左右，康有为编写《日本书目志》，在其"理学门"中收入了日本学者本村骏吉著的《科学之原理》，和另一本由普及舍译的《科学入门》。这是"科学"这个词汇首次出现在中文文献中。此后，康梁等变法人士和知识界逐渐接受了这一术语。康有为的《戊戌奏稿》中就提出了有关"科学"的三条奏议：一是"假以从事科学，讲求政艺"；二是"外求各国科学，以研工艺、物理、政教、法律，则为通方之学"；三是"宏开校舍，教以科学，俟学校尽开，徐废科举"。显然，这里所说的科学，基本上是 science 的现代意义了。

然而，应该注意的是，在引进"科学"这一现代概念之前，中国早已存在关于自然科学的各种知识。中国古代自然科学的知识特别丰富，并且和西方一样，也是同哲学、宗教、文学等其他学科混生在一起的。例如，《尸子》中提出了宇宙的概念："上下四方曰宇，往古来今曰宙"这一提法不仅指出了宇宙的空间性，而且说明了它的时间性；《易经》中蕴涵了诸如天文、物理、数学、生物等丰富的自然科学知识，其"阴阳五行"学说涉及了宇宙构成和万物本原的问题；老庄著述中关于"道"的概念也涉及了世界起源及宇宙形成等问题；《管子》中明确地提出了水是万物本原的思想；① 惠施学说散见于庄、荀、韩非诸子及其他历史、哲学著作中，他关于"大一"和"小一"的说法论及了宇宙万物中大小两个极端的构成；②《墨子》也包含了许多自然科学的观念，其中"可无也，有之而不可去，说在尝然"和"可无也，已然则尝然，不可无也"实质上已是一种素朴的物质不灭学说；《吕氏春秋》中的《上农》、《任地》、《辩土》、《审时》等篇讨论了农业生产的重要性和生产应因时、因地制宜的问题；《尔雅》中提出了一千多种动植物的名称，并对动物作了初步的分类。唐人段成式的《酉阳杂俎》和后来被鲁迅标为"小说渊薮"的《太平广记》则在娓娓的叙事中包含了许多动植物，乃至矿物的知识。晋人葛洪的《抱朴子》中关于炼丹术的记述与后世化学不无联系；北魏郦道元的《水经注》则既是散文作品又是地理学著作。

在中外文化史上，兼具两种或数种艺术才能（如文学、音乐、绘画等）或人文学识（文学、历史、哲学等）的人很多，但既是文学家，又是科学家的人却似乎不多，不过，应该指出，文人而兼有科学家头脑或科学家兼有文人气质的学者却不在少数。以《诗学》为西方文学理论立极的古希腊哲学家亚里士多德在研究形而上学、逻辑、伦理、政治等领域的同时也从哲学的角度写出过讨论物理（《物理学》、《论生灭》）、天文（《论天》、《气象学》）、生物（《动物志》、《动物的构成》）等领域的专著。他一方面讨论文学艺术模仿的对象、媒介和方式等文艺本体论的问题，分析悲剧、史诗等早期文学类型的各种成分及其创作规律；另一方面又研究物质和形式、运动、时间和空间等物理和天文中的基本问题，还讨论动物的器官及其机能，以及关于生殖学、胚胎学的学问，甚至涉及了心理学的领域。名垂世界文学史册的德国大作家歌德对植物学、昆虫学、解剖学、化学、地质学等学科都有浓厚的兴趣，写出过论植物形态的著作（《植物的蜕变》、《形态学》），提出各种植物都是由"原型"演变蜕化而出的理论，还写出了论颜色的著作（《颜色学》）。郭沫若对这位既在文学领域又在科学领域作出巨大贡献，"一身而两兼之"的世界伟人表示了极大的敬仰与羡慕。③ 作为启蒙思想家和文学家的卢梭青年时代对自然科学的各个领域有广泛的兴趣，1750 年以《论科学

---

① 《管子·水地》："水者，何也？万物之本原也，诸生之宗室也。"

② 《庄子·天下》：惠施："至大无外，谓之大一；至小无内，谓之小一。"

③ 参见郭沫若：《歌德对于自然科学之贡献》，载《时事新报·学灯》，1923-03-23。

和艺术》的论文参加第戎学院举办的有奖征文竞赛，获头等奖，一举成名。英国著名哲学家、散文家培根大力倡导对自然科学的研究，曾写过《自然史和实验史概论》，同时在其《新工具论》中提出了以自然史和物理学为基础的知识结构观，① 他从哲学上加以阐释的实验方法为近代科学奠定了方法论的基础。以《亚当·比德》、《织工马南》和《米德尔马奇》等作品确立自己在世界文学史上地位的英国著名女小说家乔治·艾略特除钟情哲学外，还广泛涉猎天文、地质、数学、昆虫等自然学科。中国古代伟大诗人屈原想必具有丰富的天文、地理知识，因此才能在其《天问》中以一个哲人的睿智对宇宙和自然发出那样绚烂恣肆的诘问。他提出的"九天之际，安放安属？隅限多有，谁知其数？""东西南北，其修孰多？南北顺椭，其衍几何？"表明他早在公元前 5 世纪就想象出了地球的圆形和椭圆形性质，简直是"几何、分析、对称性的绝妙运用。"② 以《二京赋》和《四愁诗》名满天下的东汉文人张衡对天文、历算有精深的研究，他不仅写出过《灵宪》、《算罔论》等数学著作，求得了小数点之后三位的圆周率，③ 还制作了举世闻名的浑天仪和地动仪。宋代文人沈括对天文、地理、方志、律历、医药、考古均有广博知识，其所著《梦溪笔谈》一书涉及了人文社会科学和自然科学的广阔领域，具有很高的科学价值。明代文学家徐霞客所著《徐霞客游记》是一部优美的游记文学作品，其文笔清新，写景状物无不毕肖，常能寓情于景，情景交融，具有极高的审美价值，但它又对山川形胜、岩石地貌、水文气象、生物矿产有翔实准确的记述，对地下水压力原理、熔岩的成因和特征有准确的论述，对地形、气温和风速等因素对植物生态的影响还有精当的阐释，因而又具有重大的科学价值，正是在这个意义上，徐霞客不仅是文学家，又理所当然地被后人目为地理学家。鲁迅由学医转而从文，在医学和生物学方面都有很深的造诣，他写的《人之历史》和《科学史教篇》对进化论和西方近代科学史作了十分精辟的诠释。《人之历史》历述德国生物学家海克尔

---

① 培根认为，知识的结构犹如一个金字塔，自然史是它的底，物理学是它的中段，形而上学是它的顶部。

② 李政道：《艺术和科学》，载《科学》，1997(1)。

③ 张衡求出的圆周率是 3.142，在他那个时代，这是非常先进的。

关于"种族发生学"和"个体发生学"的理论及其所作的"生物进化系图"、①
瑞典博物学家林奈关于动植物分类的双名法、② 法国动物学家居维叶关于
比较解剖学和古生物学的理论、③ 法国生物学家拉马克关于动物进化的主
张、④ 达尔文在《物种起源》中关于"物竞天择，适者生存"的进化论观点。
《科学史教篇》涉及了更多的科学家，谈到了毕达哥拉斯、亚里士多德、德
谟克利特、阿基米德等古希腊哲人、科学家，还有培根、哥白尼、开普勒、
伽利略、笛卡儿、帕斯卡尔、波义耳、牛顿、瓦特等近代哲人和科学家，
无异于一部概略的西方科学史。

　　科学家钟情文学艺术的例子也所在多有，例如，达尔文就十分喜爱文
学艺术，他毕生致力于自然科学研究，但却常常抽出时间阅读文艺作品，
往往一连几小时沉浸在莎士比亚的历史剧中，还喜读拜伦的诗和司各特的
作品，对绘画和音乐也有浓厚的兴趣。著名生物学家托马斯·亨利·赫胥
黎精研生物、人种等学科，但对文学、历史、语言、社会学诸科均有极深
的造诣，他编撰百科全书，倡导教育，认定人既有追求科学方法的潜能，
也有向往人文精神的潜在气质。他的成就不仅对后世科学界有巨大影响，
对后来的人文学者也有重大启示。发明避雷针的美国科学家富兰克林既是
政治家，也是作家，他写的小品以及《自传》和《格言历书》具有很高的文学

---

① 海克尔(Ernst Haeckel, 1834～1918)，德国生物学家，进化论者，达尔文的热
烈支持者。著有《生物体普通形态学》(1866)、《生源体的波形世代》(1976)等，提出最低
级的生物为无核的原生质，由碳、氧、氮、氢等结合而成，以及动物的个体发生迅速而
不完全地重演其系统发生的所谓"重演律"。此外，还绘制过许多系统树和人的种系发生
图。他的理论对鲁迅的进化观有较大的影响(可参阅鲁迅：《坟》，5～6 页、12～15 页，
人民文学出版社，1973)。

② 林奈(Linnaeus, 1707～1778)，瑞典博物学家。著有《植物系统》(1735)、《植
物属志》(1737)、《植物种志》(1753)，首创动、植物分类命名的"双名法"，即生物均有
"属名"与"种名"，在生物界曾产生过较大影响。

③ 居维叶(Georges Baron Cuvier, 1769～1832)，法国动物学家。曾将古代动物化
石遗骸与现有动物进行构造上的系统比较，创建了比较解剖学和古生物学。尽管他相信
物种是不变的，但他的研究却为进化论的建立奠定了基础。著有《动物界》、《比较解剖
学讲义》、《四足动物骨骼化石研究》等。他提出动物分脊椎动物、软体动物、关节动物、
辐射动物四大类的观点较林奈的分类法进了一步。

④ 拉马克(Jean Baptiste Lamarck, 1744～1829)，法国生物学家。首先使用"生物
学"一词，并提出生物由低级向高级，由简单向复杂演化，动物的器官用进废退，环境
影响造成的获得性可以遗传等主张，其说对达尔文的进化论有一定影响。

价值。著名天文学家、数学家、哈雷彗星的发现者埃德蒙·哈雷对诗歌也有一定兴趣，他曾资助牛顿出版其《自然哲学的数学原理》，并在书首附了一首诗《牛顿颂》，集中赞扬牛顿在力学和数学领域取得的独特成就。这首诗虽然未必有多大的审美价值，但却为后来的诗人们称颂科学家和科学开创了一种模式。

　　文学家对科学发明表现出浓厚的兴趣，在自己的作品中给予热烈的颂扬，并把科学的意象和诗的意象结合起来，这种情形在 18 世纪的西欧文学界相当典型。17 世纪后半期出现了伟大的科学家牛顿，牛顿是经典力学的集大成者，他把从伽利略、胡克、哈雷等人在天文、物理两个领域的研究发展到了一个登峰造极的程度，他提出的运动三定律和万有引力定律使经典力学形成了一个完整的理论体系，代表了当时科学界的最高成就，他对力学和光学的贡献使他成为科学史上最负盛名的科学家之一。他的成就震动了社会各界，也引起了文人的高度重视，对文学创作产生了很大的影响。苏格兰诗人詹姆斯·汤姆逊 1725 年从爱丁堡到伦敦，翌年发表长诗《冬》，在诗坛崭露头角，1727 年牛顿逝世，他不失时机地写出了颂扬的诗篇《怀念艾萨克·牛顿爵士》，产生了巨大的社会影响。他赞颂牛顿是"伟大的灵魂"、能"看穿一切的圣哲"，"自然彻底臣服在他的脚下，向他展示她潜藏的每一种艳丽"。据说牛顿终生未婚，诗人这里用拟人的手法暗示他和自然的结合，把科学完全人文化了。诗人还以奇特的想象描述了牛顿在发现万有引力等自然规律时的心理过程，说科学家的想象穿梭在天地之间，飞升在广袤无垠的蓝色空间，正如一位论者所说，诗人"把科学家的想象诗化了"，① 而反过来，诗人也通过科学家的想象将诗歌的想象推到了一个新的高度。汤姆逊还把"光"的意象引入了诗歌，他在赞颂牛顿发现光的"折射规律"时，用隐喻描写牛顿的心灵"曲折地拆开了白昼闪光的长袍"，用三棱镜分解了光中的每一种颜色，这光在"永远闪耀、永远变化出新的色彩"，成了"美的无穷的源泉"。显而易见，科学发现在这里被审美化了。

　　1720 年，英国诗人约翰·休斯在他的诗作《狂喜》中把牛顿的灵魂比作在天空探险的哥伦布，为人类寻求知识。他恳求科学家成为他的精神向导，

① ［美］Michael G. Ketcham：*Scientific and Poetic Imagination in James Thomson's Poem Sacred to the Memory of Sir Isaac Newton*（Philological Quarterly 61，1982），p. 33.

带他"从一个轨道飞向另一个轨道"。科学家把诗人从时空和引力的束缚中解放了出来，让他看到了彗星和太阳生出的瑰丽色彩，最终成了天上的一员，融入了灿烂的光辉中。休斯透过诗的想象称颂了科学家在光学中的发现，同时也使自己的诗升华到了前所未有的境界。后来，年仅16岁的理查·格罗弗尔写了一首大约830行的长诗《论牛顿》，这首诗大部分是对古典诗人的模仿，充满了从古典诗作和圣经中引用的文字，只在开头和结尾提到了牛顿，诗人称颂牛顿发现了自然的所有规律，但又说是造物主教会了牛顿去发现这些规律。他还说，"牛顿需要诗人"，这无异是说，科学需要文学，而文学也需要科学，诗人明确地说，正是借着科学的力量，他（诗人自己）将作为另一个圣哲问世。既是诗人又是医生的马克曾写过一首《科学颂》，用较为抒情的笔调、拟人的手法、种种比喻和想象赞颂科学的成就和力量，在一定程度上预示了浪漫主义诗歌的到来。

文学和科学相互借取对方的观念是二者关系的一个方面。一般来说，文学从科学中借取的观念很多，"进化论"对中国现代文学的巨大影响是一个典型的例子。

1897年严复翻译出版了赫胥黎全面阐述达尔文学说的《天演论》，把"物竞天择，适者生存"的进化论观念引入中国思想界，这在当时积弱不振，正彷徨无路的中国知识分子心中，无疑是一服清醒剂、一枚重磅炮弹，具有醍醐灌顶，振聋发聩的作用。进化论的引入像"野火一样，燃烧着许多少年的心和血"，唤醒了国人救亡图存的民族意识，也给中国带来了全新的文学观，推动了五四的文学革命。当时最有影响和代表性的三种刊物《新青年》、《新潮》和《少年中国》都不遗余力地鼓吹"文学进化"的观点，陈独秀宣传欧西文学从理想主义到写实主义再到自然主义的进化；胡适倡导白话文学，称"文学随时代而变迁"，白话取代文言像生物进化一样是历史的必然；康白情认为，新诗必须是"以当代人用当代语，以自然的音节废沿袭的格律，以质朴的文词写人性而不为一地的故实所拘"，才是诗歌进化的底蕴；[①] 这种文学进化的观念在周作人关于"人的文学"的论述中获得了充分的体现，那就是文学的进化表现在从灵肉二重到灵肉合一的人性进化之

---

① 康白情：《新诗底我见》，载《少年中国》，第1卷第9期。

中。① 这些论述为五四新文学奠定了人道主义的科学根基，成为一代文人学者进行文学创作和研究的主导观念，也成为中国现代文学中新的小说、诗歌、戏剧类型得以产生的一个理论前提。如果没有进化论的影响，中国现代文学也许就会是另一种局面。

相对而言，科学从文学中借取观念的例子似乎要少一些。但是也有很多，例如，有论者指出，著名苏格兰物理学家麦克斯韦之所以能提出电场的理论和关于气体分子运动的理论未必没有受但丁的影响，在但丁奇特的想象中，看不见的大气里充满了精灵，麦克斯韦很可能借取了这个思想，才提出气体中充满粒子的设想。李政道博士熟悉中国古代文学，极为推崇屈原的"天问"，称其为"运用了精确推理的最早的宇宙学论文之一"，② 他发现宇宙不守恒定律，很有可能从这篇大气磅礴的诗歌中获得过灵感。当代最新出现的一个科学概念"塞伯空间"（cyberspace）是一个更有趣的例子，这个术语中的"塞伯"（cyber）原本是"控制论"（cybernetics）中的一部分，后来科幻小说家威廉·吉布森在他的科幻小说中把那个具有人工智能的机器人叫做"塞伯格"（Cyborg），而把塞伯格出没的空间叫做"塞伯空间"（或译网络空间），于是，这个术语又被科学家们借回来用作信息和计算机科学中的一个新概念，指"电子信息、声像等存在并从一台电脑传到另一台电脑的空间"，③ 今天，人们一般在网上交流、相遇的空间也就是塞伯空间的一种。

从本质上看，无论文学还是科学，都是一种创造性活动，都需要发挥想象力和创新精神。文学作为一种审美活动，主要诉诸想象力，已是一种为学界广泛接受的公设，毋庸细论。康德在《判断力批判》中明确指出，审美活动是一种无功利计较的活动，诉诸人的心灵和官感，引发快感与不快感，同时审美活动必须以想象为根基，创造一种超越自然（现实）的第二自然。这些观点已成为后世文学艺术活动的理论核心。当然，文学艺术还像科学一样具有认知与社会功能，除娱乐作用之外，还有获得知识和教化的作用，故贺拉斯提出的"寓教于乐"也为广大文学艺术家所认同。从另一个角度说，许多文学艺术家在创造过程中，特别是创造的前期，都像科学家一样注意对生活的准确观察与体验，注意对材料与事实的搜集与积累，力

---

① 参见周作人：《人的文学》，载《新青年》，第 5 卷第 6 号，1918。

② 李政道：《艺术和科学》，载《科学》，1997(1)。

③ 参见 Longman Dictionary of Contemporary English 的 cyberspace 词条。

求"真实地"再现生活，最典型的例子是"自然主义"和接近新闻、报道的"记实文学"，这类创作要求"精确"、"细致"地再现现实生活中的人事，"像摄像机般"记录生活。乔伊斯的《尤利西斯》以自然主义的方法描摹人的内心世界，作品中的所有人事绝大多数是以都柏林的真实人事为依据的。英国作家克里斯托弗·伊舍伍德试图在其《告别柏林》中忠实地再现 30 年代的柏林生活，他曾明确宣称："我是一台摄影机。"但在文学艺术家笔下，生活真实必将转化为艺术真实，绝没有人会认为以现实主义和自然主义原则创作的巴尔扎克和左拉只是在记录事实。同样，也绝没有人把伊舍伍德看成一个摄影师。反过来，科学虽然以实验、实证和功利为生命，但同样需要想象，从某种意义上说，科学的创造同样寓于想象之中。科学要掌握自然，必须先理解自然。力量来自理解，来自知识。有人以为，科学家处理的主要是事实，因此他对自然的观察就不需要想象力和创造力，这种看法是不正确的。科学革命开始于 400 年前，1543 年，哥白尼日心说的理论（《天体运行论》）问世。谁能说这样的理论仅仅是事实的记录呢？哥白尼之后不到 100 年，大约 1609～1619 年之间，开普勒发表了行星运动的三个定律。当开普勒说，如果将一个行星公转周期平方，所得的数值和太阳的平均数值的立方成正比时，谁能说这一定律仅仅是靠阅读和计算就能获得的呢？事实上无论是哥白尼，还是开普勒，他们首先要运用想象力。哥白尼发现，倘若在太阳上看行星的轨道，那要容易得多，他不是首先靠计算得出这一结论的，而是发挥想象力，从地球跳到太阳上来观察行星。也许他熟悉文艺复兴时期达·芬奇那些神奇的画像，从中获得了灵感。1800 年威廉·布莱克画的《欢乐的日子》也许正是从哥白尼的日心说得到了启发。画中一个睿智的老人正在太阳上，伸出手臂俯视星空。开普勒的头脑中充满类似的幻想：他曾想把行星的速度和音乐的音程联系起来，试图在音乐的声音中听出行星运动的速度；还试图把五个规则的固体纳入行星的轨道。当然这些想象现在看来是不现实的，然而，它们的确在开普勒的头脑中存在过，在某种意义上是他后来发现行星运动定律的先导。

　　所有的科学发现都是发现隐藏的类似。科学发现常常用文学故事的形式表达出来。1665 年，牛顿 22 岁，当时英国南部流行瘟疫，牛顿就读的剑桥大学被迫关闭 18 个月，他只好回到家乡，一天在树下，看到苹果坠落，发现了引力。但这只是故事的一部分，据说，当时牛顿不仅想到苹果的下落，而且想到挂在天上的月亮，推想出必然是地球的引力，使月球保持在自己的轨道上。牛顿是在比较了苹果的下落和月亮的高挂这两个表面上不相似但却有某种内在相似的过程，从而揭示了地球引力的法则的。许多科学发明都是把看来没有联系而实则有某种本质联系的事物联系在一起才得出的。法拉第联系了电和磁；麦克斯韦把电与磁又和光联系了起来；而爱因斯坦则把时间和空间、质量和能量、经过太阳的光的轨道和子弹的轨道等联系了起来，晚年还将麦克斯韦方程式和他自己的引力几何学加以对比，试图发现新的想象的系列。

文学与科学的另一个共同点是，二者都把"思想实验"看作自己共同的、内在的、精神的根源。一般说来，文学是虚构的产物，是空中楼阁的设计和建造，使用想象和幻想的材料，而科学是实验的产物，是自然规律的探寻和发现，使用事实和数据作为材料，但它们采用的方法都是思想的实验。奥地利科学家恩斯特·马赫在其《知识与谬误》中说，除了物理实验外，在更高的理智层面上还有思想的实验（Gedankenexperiment）。谟猷策划之人、空中楼阁的建造者、小说家、社会和技术乌托邦的作者都在用思想做实验；顽固的商人、严肃的发明家、探险家也复如此。他们全都假想某种条件，把他们的期待和这些条件联系起来，然后再推测可能产生的结果，这样他们就获得了一种思想的经验。从根本上说，一切知识，包括科学知识和人文知识都来自感觉和观察，因此，思想实验是科学实验和文学虚构的本原。二者的不同仅仅在于从这个本原生出之后产生的差异。要想从思想实验变成科学实验，必须尊重事实世界的既定结构，并自觉与其保持一致，而从思想实验到文学虚构，则可以自由地结合现实世界各个层面的所有因素，从中抽取的结论也无须与其既定结构保持一致。文学和科学从思想实验的根源诞生之后的发展过程是一个不同的具体化的过程，换言之，在内在的思想层面产生的"假设"将通过不同的途径具体化为外在的物质现实。对科学实验来说，这个外在的物质现实就是物质世界本身，科学实验在一个确定的、可控制的条件下具体化并不意味着它对自然客体和自然过程采取消极的、被动的态度，而是相反，要采取一种积极探索自然客体和过程的新特征的态度。如果说，科学实验是在自然界的既定结构中实现其物质性的话，那么，文学虚构就是在语言符号世界的自由结构中实现其物质性。科学家必须按照自然世界的本来面目描述那个既定的结构，即使那个结构是人无法直接感知的，他也必须通过相应的精确符码来描述、解释、再现那个既定的真实客体，或者对事实做出处理；而艺术家，或者说虚构作品的作者，则可以创造任何可能的现实，至少可以随心所欲地将既定现实中的所有因素结合起来，通过语言体系创造种种模式，把既定的物质真实和社会真实转化为一系列开放的结构。

文学不仅可以像科学那样在本原上来自"思想实验"，而且可以在创作观念或过程中采用实验的方法，或者直接借用，或者加以发展。五四新文学中的一大批作家深受弗洛伊德主义的影响，写白日梦、变态性心理，表现了鲜明的实验色彩。鲁迅说他创作《不周山》的意图是"取了弗罗特说，来解释创造——人和文学的——缘起"[1]，本意是要"描写性的发动和创造，以至衰亡的"[2]。郭沫若在谈到他的《残春》时明确表示，他是在运用弗洛伊德关于梦的理论来写"潜在意识的一种流动"。[3] 此外，郁达夫的《茫茫夜》、张资平的《飞絮》写同性恋；叶灵凤的《浴》写自性恋；郁达夫的《过去》、田汉的《湖边的春梦》写受虐癖。从某种意义上说，他们都是在文学作品中做弗洛伊德式的心理分析实验。19世纪后半期西方出现了以科学实验方法探索人的行为和心理的思潮，左拉开风气之先，把他的小说叫作"实验小说"（Le roman experimental），宣称要把法国生理学家克劳德·贝尔纳的生理医学实验方法引入小说创作中，主张把小说变成获取心理学和社会学知识的实验工具，进而促进社会机体的健康，提高人类的道德素养和社会地位。他的作品中充满了这样的话语："我们必得修正自然，但又不能脱离自然"、"……采用实验，分析事实，并完全控制事实！""我们必须保证，人能够按照社会环境行动，按照人能够绝对控制的现象行动"。《黛莱丝·拉甘》成了对生理学病况的一种有趣的研究，《玛德莱纳·菲拉》则成了探讨遗传对人产生影响的一个特例。左拉的实验小说试图用文学话语分析复杂的社会现象和进程，观察社会机制，从而控制社会（包括消灭罪恶，净化社会等）或者导致社会变革。进入20世纪后，又出现了布莱希特的"实验戏剧"（Uber experimentelles Theater）。布莱希特在1939年提出了类似左拉的主张，他认为，戏剧必须深入地干预社会发展，必须寻求变化，其目的是掌握自然，干预自然和社会进程，进而改造自然和社会。他的实验不仅表现在戏剧观念上，而且也表现在戏剧形式上。他要求放弃亚里士多德那种诉诸观众的感情，借恐惧与怜悯引起净化，将观众吸引到剧情中去的传统模式，转而采用一种"叙事剧"的新模式，这种模式要求诉诸观众的理性，让观众在戏

① 鲁迅：《故事新编·序》，见《鲁迅全集》，第2卷，353页，北京，人民文学出版社，2005。

② 鲁迅：《我怎样做起小说来》，见《鲁迅全集》，第4卷，527页，北京，人民文学出版社，2005。

③ 郭沫若：《批评与梦》，见《文艺论集》，上海，光华书局，1925。

剧之外的一定距离上，通过对剧情的冷静观察与思考，获得教益。布莱希特称这种新的戏剧模式产生的是一种"陌生化效果"，他的《伽利略传》、《大胆妈妈和她的孩子们》等都是这种典型的叙事剧。布莱希特的实验无疑起到了示范作用，许多作家蜂起仿效，使文学进入了一个解放的阶段，像科学家研究自然中的客体一样，文学家开始把社会作为研究对象，并采用种种实验的方法，观察和解剖社会，从而使文学作品充满了社会学的意味。

实验在一些文学作品中甚至成了叙事结构中的部分。如玛莉·雪莱的《弗兰肯斯坦或称现代普罗米修斯》，就把科学实验本身和具有高度想象的哥特式浪漫故事结合起来，小说的主人公弗兰肯斯坦是一个专攻秘术的瑞士学生，他追随普罗米修斯盗天火给人类的榜样，采用有关电学的实验，试图为人类创造一个特别的形象，结果造出了一个由肢体组成的"怪物"，由于无法实现对这个怪物的承诺，最终被他杀死。歌德的《浮士德》中也有瓦格纳在玻璃瓶中调和数百种元素，通过化学实验造出小人何蒙古鲁士的情节。歌德的另一部长篇小说《亲和力》明确采用化学名词做书名，把化学实验的观念引入小说情节中，一对男女造访一对夫妇，结果，男主人爱上了女客人，而女主人爱上了男客人，由于无法抵抗那种奇特的"亲和力"，这对夫妇在欲望的焦渴中死去。因此，在一定程度上可以说正是这种实验的观念造成了男女主人公的自我毁灭。科学实验在这里被纳入社会和心理层面，启示人们对某些科学活动做认识论上的反思。

实验的方法和观念还可以引入文学形式和语言的层面，20世纪的众多先锋派实验作品都属此类。如，德国诗人弗朗茨·莫恩、赫尔姆特·海森比特尔等人的具体诗，以单词或字母排列组合成各种声音或图像，来表达某种情绪和内涵，德国作家阿尔诺·施密特的小说《卡片的梦》，用1300多页稿纸，每页三栏的形式，三条线索并进，记录24小时内的思想活动，奥地利小说家罗伯特·穆齐尔在其散文和小说(《没有品质的人》)创作中对实验心理学的运用等。

文学和科学的紧密联系还表现在二者杂交产生的一些混合文类上，比较典型的有前科学时代的种种炼金术文本和现代科学诞生之后出现的科幻小说，此外还有科学诗、科学散文等。

炼金术文本是古代和前科学时代一种文学、哲学和自然科学混杂的形式，有论者说它是"一种披着诗的外衣的无意识心理过程"①，它是现代科

---

① 〔美〕Dobbs，B：*The Foundations of Newton's Alchemy*，Cambridge Univ. Pr.，1975，p.3.

学中化学的前身。从炼金术向化学的过渡是一个复杂的过程，但其主线是从一种叙事形式向一种原子性符号体系的转变。

点石成金的过程的描述可以看作炼金术文本的基本叙事形式，但实际情形要复杂得多，解读炼金术的过程恰如阅读一部具有复杂情节和众多章节的长篇小说。炼金的过程有许多阶段和步骤，以基本叙事为主线，交织着各种局部的、短小的叙事形式，例如，小的传奇故事、探险故事、寓言片段、谜语、神话、仙话、逸事、掌故、箴言等等。现代科学中的化学无疑是从古代炼金术中生长发展出来的。牛顿曾研究过大量炼金术文本，经过比较和综合，奠定了后代化学的基础。17 世纪的化学家们一方面试图净化古老的炼金术文本中的那些虚幻的寓言性叙事，另一方面又继承了炼金术文本中那个基本叙事的框架，将古老的故事或寓言的情节凝缩在种种隐喻中。事实上，古老的炼金术是现代化学得以建立的理性基石，可以说，它是在炼金术的废墟上提升和重建的产物。安德森在其《图书馆与实验室之间》中谈到炼金术向现代化学转化时说："对文学特征的热爱让位给了……对科学的热爱……我们力图使自己完全沉浸在这样的精神中。"①

科幻小说作为一个文类正式确立在 19 世纪中后期，以法国小说家儒勒·凡尔纳和英国小说家威尔斯的创作为开端，到 20 世纪 30 年代以后逐渐形成了更大的发展势头。

科幻的因素在科幻小说作为一个文类确立之前早已存在，不过，那时科学的因素还居于次要地位或者只起点缀作用，而且往往和乌托邦因素结合在一起。如托马斯·莫尔的《乌托邦》、康帕内拉的《太阳城》都是这样的作品。此外，科学的因素又主要穿插在某种"旅行"的形式中。例如，斯威夫特的《格利佛游记》写了高度想象世界中奇异的旅行，伏尔泰的《米克罗梅加斯》写了太空旅行等，据不完全统计，18 世纪欧美文学中至少有 215 部作品写了这类神奇的旅行。19 世纪有更多的作品描写了这类想象的旅行，如在地球上人迹罕至的地区发现了早已失传的种族，在地球内部的巨大空穴中发现了神奇的人，在地心的空腔中发现了整个太阳系，在某地发现了伊甸园和乌托邦社会，在什么地方发现了狗头人身的人或史前的怪兽等等。当然也有一些作品有较多的科学因素，例如爱伦·坡在他的作品中就插入了一些关于心理学、医学、航天学之类的情节。

---

① ［美］Anderson, W: *Between the Library and Laboratory*, John Hopkins Univ. Pr. , 1984, p. 123.

儒勒·凡尔纳和威尔斯的创作正式拉开了科幻小说的序幕。从 19 世纪中叶到 20 世纪 30 年代，这两位作家的小说产生了极广泛的影响，很快被译成各种文字在世界流行。同时出现了大量的仿作。这段时间科幻作品的基本题材可归为三类。一类是写神奇的旅行，但科学已经成为其中一个比较重要的因素，不再仅仅是点缀或附庸。凡尔纳的大部分作品均属此类。作家在这些作品中以科学为依据大胆预言未来，如在《神秘岛》中他出色地预言的一些科学发明和创造（潜艇、水下呼吸器、电视、太空旅行之类），就已为后来的科学实践所证明。凡尔纳要表达的是科学技术发展带来社会进步，特别是科技成就造福于人类的事实，因此，他的作品中洋溢着明朗、乐观的精神和理想色彩。另一类是写关于未来的作品，具有某种预言和启示的意义。威尔斯的《时间机器》、《星际战争》、《获得自由的世界》等都是这一类型的代表。威尔斯曾是著名生物学家赫胥黎的学生，对当时科学各个领域，特别是生物、物理等领域，都有相当深刻的认识，他不仅看到了科学对社会进步的巨大推动作用，同时也看到了科学技术可能隐含的问题。《时间机器》描写一个科学家发明了一种时间机器，可以自由地飞往过去和未来的任何一个时刻，于是他乘坐这部机器飞到了距今 80 万年之后的世界，发现那时地球上的人已经分成两类，一类是不劳而获，坐享其成的"艾尔"；另一类是整日劳作来养活"艾尔"的"莫洛克"，作品预示劳动者和剥削者矛盾激化的严重后果，科学依据虽未必充足，但讽喻意义却十分明显。《星际战争》描写火星人入侵地球的恐怖景象。威尔斯试图通过这场星际战争告诉人们，先进的科学技术一旦掌握在毫无人性的人手中，那将是十分危险的。后来的两次世界大战给人类文明带来的那场劫难，在一定程度上证明了威尔斯的预言。《获得自由的世界》写原子武器对人类社会的威胁，也预示了后来世界大战的恐怖。总之，威尔斯的科幻小说，以这种新的文学样式，预言科技发展为人类带来的机遇，同时也对科技发展失控的危险提出警告。他较多地注意到科学进步的负面影响，从这个意义上说，他的科幻小说实质上是一种科学寓言，具有警世的力量。他所开创的形式和采用的题材，如火星人入侵地球等，至今仍是科幻小说家乐于仿效的对象。此外，这类预示未来的题材自然会具有较强的乌托邦色彩，科幻因素和乌托邦因素往往有机地结合在一起，而且涉及的科学领域也比较宽泛。例如英国女作家阿米莉娅·加兰·梅尔斯的《墨西亚，皇家航天飞行员》，就把 2002 年的英国写成了一个近乎完美的乐园，在那里妇女获得了彻底的解放，她们甚至可以成为皇家航天飞行员，社会实现了科学化管理，生育也完全处在科学控制下，人们自由幸福地工作，使用太阳能，在心理科学指导下生活。科学管理，科学控制人口生育等使社会成了一个美好的大同世界。另外一些作品预言科学带给未来社会的灾难，被称作"反面乌托邦"。奥尔德斯·赫胥黎的《勇敢的新世界》和奥威尔的《1984》是这方面影响甚大的典范之作。第三类是直接写科学题材的，包括科学发现、科学家的实验和工作等。威尔斯的《莫洛博士岛》写一生物学家在一个荒岛上对野兽进行器官移植实验，使它们变成了类似人的动物，并强迫它们遵守人类社会习俗，结果遭致失败。《隐身人》写某发明家发现一种能使身体隐没的元素，从而变成了"隐身人"，引起社会的恐惧和骚乱，以致被人们追逐殴打而死。这两部小说的用意是极其明确的，那就是，如果科学技术的发明应用不当，给社会和人类带来的就不是福音，而是灾难性后果。这种写科学发明和实验的题材涉及了各种科学领域，具有一定的预示作用。例如，威廉·利文斯通·奥尔登的《紫色的死》写一个疯狂的科学家为发现一种致命的病毒所做的实验；罗伯特·巴尔的《新炸药》写一位科学家发明了一种威力巨大的新炸药，一个法国部长为了阻止军队获得这种新炸药而暗杀了这个科学家；罗伯特·钱伯斯的《面具》写一种新发现的液体具有使人体石化的作用；爱丽丝·富勒的《造就的妻子》写一个丈夫试图和一个机器人妻子一起生活的故事；乔治·格里菲斯的《进行的传奇》、格兰特·爱伦的《死人说话》和弗兰克·莫尔的《宫廷的秘密》，都写了起死回生的科学实验。以科学家为题材的作品自然可以追溯到玛丽·雪莱的《弗兰肯斯坦》。弗兰肯斯坦在自己的科学实验中孜孜以求，成功地创造了生命和灵魂。他成了斯蒂文逊笔下的化身博士杰基尔医生和威尔斯笔下莫洛博士的原型。

文学和科学作为两种不同的话语，是可以相互转换的，二者的观念和隐喻是相互流动、相互影响的。但是，我们仍然要看到，文学和科学毕竟是两种不同的话语，我们不能指望在文学中找到系统的科学表达，也不能指望在科学中找到系统的文学观念。在相对的意义上，文学和科学毕竟是两种不同的话语体系。

文学话语和科学话语的根本不同是目标和方法的不同。一般认为，科学注重客观性、实验性、事实性，其目标在于发现那些超越时代的、存在于宇宙和自然界的法则，而文学注重主观性、想象性、虚构性，其目标在于发现人性和社会的真实。二者的不同可以简化为以下几点：科学的对象是宇宙和自然，文学的对象是自然、人及其创造物；科学采用决定论、因果论、非历史论的观点和方法，文学采用自由意志和个性化的观点和方法；

科学旨在发现或建立永恒的、普遍的自然法则，文学旨在认识个别的、独特的、与时代和历史相关的人类精神及其创造。

现代许多学者从康德的哲学思考中看到了文学与科学内在的差异。康德在其《自然科学的形而上学基础》中，认为现代科学把"合理合法"作为自身存在的条件，因而具有客观有效性。接受这一点是德国唯心主义哲学的前提，反对或修改这一点则是胡塞尔、海德格尔等现象学思想家的理论起点。事实上，从亚里士多德到哥白尼，从牛顿到爱因斯坦的所有自然科学（包括前科学的自然哲学），从马克思到阿多诺，从德里达到德曼的所有社会科学都把这种"客观有效性"或者说"客观合法性"作为前提，当然这一前提不可避免地是一种悖论，因为这是一种人为的自我论证，然而这种自我论证又是必要的，没有这样一个前提，任何科学理论、体系都无法存在。康德认为，关注自身的客观有效性，即它的发现、创造的合法性，是现代科学的一个本质特征。

现代科学要实现这种"客观有效性"，就必须把实验和事实置于最重要的位置上，采用因果论和决定论的思维方式。康德把现代科学看作一个独特的历史现象，他所谓的"综合的由因推果"（synthetic a priori）、"超验的逻辑"（the transcendental logic）、"确定性判断"（determinant judgment）等正是这种因果论、决定论的具体化。在康德的批判体系中，判断的功能居于核心地位，是其知识和符号体系的基础。但他所说的"判断"，是对人类一切知识及其符号系统的判断，在他的判断中，自然科学、社会科学和人文科学都被置于一个总体的架构中，被限制在一种牛顿式的物理空间中。但科学与文学却分属于完全不同的两种判断，科学的判断，特别是自然科学的判断属于一种"认知判断"，而文学艺术的判断却是一种"审美判断"，认知判断是一种逻辑判断、确定性判断，而审美判断却是一种经验判断、鉴赏判断。认知判断诉诸理性和逻辑，而审美判断诉诸情感和想象，认知判断联系于客观的是非与真假，而审美判断联系于人的快感与不快感。按照克罗奇"知识"可分为"直觉的知识"和"逻辑的知识"两类的原则，审美形态的文学和艺术显然属于前者，而自然科学显然属于后者。文学艺术的创造是一种高度个人的、主观的、通过想象进行的活动，而自然科学的发现则是一种具有普遍性的、客观的、通过理性进行的活动。

科学与文学的差异从某种意义上讲是无法消除的，问题是如何看待这种差异。18、19 世纪之前，人们普遍认为二者是一个统一的文化整体中的部分，注重二者相互依存、相互联系的一面，但从 18、19 世纪之后，科学逐渐脱离自然哲学的形态，从以往与其他知识体系共生的结构中独立出来，变成体系严整的种种专业领域，强调客观性、系统性、进步性和跨文化色彩。而诗人、小说家和其他从事想象性创作的作家则仍是自由职业者，强调艺术的独立性、自主性。在科学与文学分道扬镳的大背景下，人们开始较多地注意二者的区别，而且出现了将二者的区别强调到不适当程度的倾向。新康德主义者李凯尔特在其《文化科学与自然科学》一书中就将自然科学与包括文学艺术在内的文化科学彻底对立起来，在绝对的意义上强调前者的一般性和后者的个别性；① 英国作家 C. P. 斯诺把文学和科学归入两种判然不同的对立文化形态中，把文学的虚构性、想象性和科学的客观性和真实性强调到了极端。还有的人则从与社会和历史的关系方面来强调二者的对立，称科学是纯客观的，与社会历史了无瓜葛，而文学则与社会历史保持了紧密的联系。

20 世纪自然科学、社会科学和人文科学的发展变化对这种将科学与文学的差异绝对化的倾向提出了挑战，人们开始在一个新的高度看待科学与文学的关系。首先，物理学中出现的某种新理论从内部瓦解了科学是一种客观的认知模式的传统观念。例如，海森伯著名的测不准原理认为，我们可以精确测量一个亚原子的位置或运动，但不能同时既测准其位置又测准其动量，用诺贝尔奖获得者、研究非平衡理论的专家普律高津的话来说，就是研究者不得不决定他要测量的究竟是二者中的哪一者，要研究的究竟是系统中的什么问题，换言之，在一个系统中存在着极大的多样性和不确定性。这样，科学符号就无可置疑地汇入了文学语言的层面，所以，普律高津得出结论说，在某个层面上，科学与文学一样可以被看成"虚构"（fiction）或"对现实的观念化"。② 他认为，科学系统的各种观点和语言都是互补的，它们处理的是同一种现实，但不可能将这些不同的观点减缩成一种观点，这种不可减缩性表明，那种认为科学的整个真实可以揭示出来的传统观念是不可能存在的。所以科学像文学一样，探索的正是这种超越任何单一解释、单一语言的现实。此外，量子力学的理论也对科学和文学的对

---

① 参见[德]李凯尔特：《文化科学与自然科学》，14～19 页，北京，商务印书馆，1991。

② 斯诺在其《两种文化》中强调文学是对现实的观念化，是虚构，而科学要表达却是客观的真实。但是海森伯和普律高津等科学家的学说破除了斯诺的二元对立说。（参见[比利时]Ilya Prigogine and Isabelle Stengers: *Order out of Chaos*, New York: Bantam, 1984, pp. 225-226)

立提出了疑问，按照量子力学的观点，现实在所有层面上都暗含着观念化的本质因素，因此即便是科学所研究的现实也同样是一种想象和虚构。

不仅科学的基本观念在本世纪遭到质疑，文学的基本观念同样遭到了质疑。例如，特里·伊格尔顿和一些马克思主义批评家就对传统的文学观提出疑问。在他们看来，文学不过是统治的社会集团为获得和保持自己在社会上的霸权而赋予某类作品以特殊地位的一个代名词而已，文学只是某种意识形态的产物，① 不再是那种个人的、自由的、主观的审美活动。所以，文学和科学一样，都是文化范畴中观念化和表述的形式，都是某种权力的话语，是一种文化中具有共同基础的部分。

许多学者批驳了那种认为科学的认知是一种与社会和历史完全无关的认知、科学观念的形成和演化是独立于社会、历史、文化之外的论点。半个多世纪以来，这种超社会、超历史的科学观受到了许多学者的严厉批评，他们指出，科学话语像文学和哲学话语一样，是社会建构的话语，必然受到社会的制约。鲍里斯·海森分析牛顿定律的社会经济背景，埃德加·奇塞尔探讨科学的社会学根源以及艾弗雷特·门德尔松等论述科学是社会、历史的产物等，都是批驳这种观点的典型例子。②

此外，学者们还从科学与文学在认知方式和表述方式上的趋近来驳斥二者截然对立的观点。当代西方哲学家理查·罗蒂在《哲学与自然之镜》中表示相信，人的心灵具有超越意识形态和社会历史偶发性的能力，能够像玻璃般透明地洞悉自然客体世界，因而传统的认识论必将转向当代的阐释学，这种新的阐释学必将模糊自然科学和人文科学之间的界限。因为新的阐释学不再以本质论为出发点，无法再依赖语言的明晰和命名能力。按照当代西方马克思主义理论家杰姆逊的解释，由于物化的巨大力量消解了自然有机统一体、社会形态、人类关系、文化事件、宗教体系，为了补偿这种物化带来的非人文主义体验，提喻或换喻必将取代隐喻，成为阐释这一文化过程的主要手段，这样，巴赫金所谓的"异语性"（heteroglossia）以及托多洛夫所谓的"异质性"（heterology）必将缩减为一种共同的语言。由于科学

---

① 参见［英］Terry Eagleton：*Literary Theory*，Minneapolis：Univ. of Minneapolis Pr.，1983，p. 16.

② 参见［俄］鲍里斯·海森：《牛顿定律的经济根源》（1931）、［奥地利］埃德加·奇塞尔：《科学的社会学根源》（1942）、［美］艾弗雷特·门德尔松等编的《科学知识的社会生产》（1977）。此外，像［美］罗伯特·默顿的《十七世纪英国的科学、技术和社会》（1938）等作都是从科学是社会、历史建构来立论的。

话语和文学话语都将仰仗提喻或换喻这种不甚明晰的表达方式，因此，二者的差异也将大量消失。

　　当然，上述对科学与文学判然二分的驳论未必绝对正确，无懈可击，但它们都从一种角度消解了科学与文学对立的极端论，重新提出科学与文学相互依存、相互发明、你中有我、我中有你的主张，正是在这一背景下，有论者提出科学与文学并非斯诺所谓的"两种文化"，而是"一种文化"，还有人提出要"超越两种文化"，① 当然，这种"超越"应该是在既看到科学与文学的联系，又看到科学与文学差异前提下的"超越"。

---

　　① ［美］George Levine, ed. *One Culture：Essays in Science and Literature*，Madison：Univ. of Wisconsin Press，1987；［美］Joseph W. Slade and Judith Yaross Lee：*Beyond Two Cultures*（Iowa State University Press，1990）.

# 参 考 书 目

## 一、外文部分

这份书目分为两个部分：比较文学总论和专著与论文，各以作者姓名的西方字母为序。

### 1. 比较文学总论

**奥尔德里奇**(Aldridge，A. O. )[美]

《比较文学：内容和方法》(编)

(*Comparative Literature：Matter and Method*，Urbana，Illinois，1969)

**奥尔巴赫**(Auerbach，Erich)[德]

《模仿》

(*Mimesis*，Bern，1946)

**巴尔登斯伯格**(Baldensperger，Fernand)[法]

《比较文学书目》(与 Friedrich，W. P. 合作)

(*Bibliography of Comparative literature*，Chapel Hill，1950)

《比较文学的名与实》

(*Littérature comparée，le mot et la chose.* Revue de littérature comparée，I，pp. 5~29，1921)

《总体文学和国别文学》

(*Littérature générale et littératures particuliéres*，French Review，1932)

**巴斯奈特**(Bassnett，Susan)[英]

《比较文学导论》

(*Comparative Literature：A Critical Introduction*，Oxford and Cambridge，Blackwell Publishers，1933)

**伯恩海默**(Bernhaimer，Charles)[美]

《多元文化主义时代的比较文学》(编)

(*Comparative Literature in the Age of Multiculturalism*，The Johns

Hopkins University Press，1995)

**布洛克**(Block，Haskall)[美]

《比较文学中的概念：影响》

(*The Concept of Influence in Comparative Literature*. Yearbook of Comparative and General Literature，7，pp. 30～37，1958)

**布吕奈尔和谢弗莱尔**(Brunel，P and Chevrel，I)[法]

《比较文学概要》

(*Precis de littérature comparée*，PUF，1989)

**艾金伯勒**(Etiemble，René)[法]

《比较不是理由：比较文学的危机》

(*Comparaison n'est pas raison：la crise de la littérature comparée*，Paris，1963)

**纪延**(Guillén，Claudio)[美]

《作为体系的文学：文学史的理论》

(*Literature as System：Toward the History of Literary History*，Princeton，1970)

《比较文学中影响研究的美学》

(*The Aesthetics of Influence Studies in Comparative Literature*，Proceedings，Ⅱ，1959)

《比较文学的挑战》

(*The Challenge of Comparative Literature*；Cambridge and London：Harvard University Press，1993)

**基亚**(Guyard，M-F)[法]

《比较文学》

(*La littérature comparée*，Paris，1951)

**冉纳**(Jeune，Simon)[法]

《总体文学与比较文学》

(*Littérature genérale et littérature comparée*，Paris，1968)

**约斯特**(Jost，Francois)[瑞士]

《比较文学引论》

(*Introduction to Comparative Literature*，The Bobbs-Merrill Company，1974)

**列文**(Levin，Harry)[美]

《比较的基础》

(*Grounds for Comparison*，Harvard University Press，1972)

《折射：比较文学论文集》

(*Refractions：Essays in Comparative Literature*，New York，1966)

《批评的来龙去脉》

(*Contexts of Criticism*，Cambridge，Mass，1957)

**巴柔**(Pageaux，Daniel-Henri)[法]

《总体文学与比较文学》

(*La littérature générale et Comparée*，A Colin，1994)

**毕修瓦和罗梭**(Pichois，Claude and Rousseua，A-M)[法]

《比较文学》

(*La littérature comparée*，Paris，1967)

**波斯奈特**(Posnett，H. M.)[英]

《比较文学》

(*Comparative Literature*，1886)

**柏拉威尔**(Prawer，S. S.)[英]

《比较文学研究》

(*Comparative Literature Studies*，London，Duckworth and Co.，1973)

**雷马克**(Remak，Henry H. H.)[美]

《比较文学的定义和功用》

(*Comparative Literature：Its Definition and Function*，Comparative Literature，ed. N. P. Stalknecht and H. Frenz，1971)

**吕迪格**(Rüdiger，Horst)[德]

《民族文学和欧洲文学：比较文学的方法和目的》

(*Nationalliteraturen und Europäische Literatur；Methoden und Ziele der Vergleichenden Literaturwissenschaft*. Schweizer Monatshefte，1962)

《比较文学的理论》(编)

(*Zur Theorie der Vergleichenden Literaturwissenschaft*，Berlin，1971)

**苏源熙**(Saussy，Haun)[美]

《全球化时代的比较文学》

(*Comparative Literature in an Age of Globalization*，Baltimore，The Johns Hopkins University Press，2006)

**斯皮瓦克**(Spivak，Gayatri Chakravorty)［印］

(*Death of a Discipline*，New York，Columbia University Press，2003)

**斯托尔克奈特**(Stalknecht N. P.)［美］

《比较文学：方法和观点》(与 Frenz，H. 合编)

(*Comparative Literature：Method and Perspective*，South Illinois University Press，1971)

**梵·第根**(Tieghem，Paul Van)［法］

《比较文学》

(*La littérature comparée*，Paris，1951)

**图松**(Trousson，Raymond)［比］

《比较文学中的主题研究和方法论》

(*Un probléme de littérature comparée：les étude de thème*，Essai de méthodologie，Paris，1965)

**韦斯坦因**(Weisstein，Ulrich)［美］

《比较文学和文学理论》

(*Comparative Literature and Literary Theory*，Indiana University Press，1973)

**韦勒克和沃伦**(Wellek，René and Warren，Austin)［美］

《文学理论》

(*Theory of Literature*，HBJ Book，1977)

**日尔蒙斯基**（Виктор Максимович Жирмунский)［苏联］

《文学理论问题》

(*Вопросы Теории Литературы*，1928)

## 2. 专著与论文

**勃兰兑斯**(Brandes，Georg)［丹麦］

《19 世纪文学主潮》

(*Main Currents in Nineteenth Century Literature*，1873～1890)

**布吕纳季耶**(Brunetiére，Ferdinand)［法］

《文学史中体裁的进化》

(*L'evolution des genre dans l'histoire de la littérature*，Paris，1890)

**卡扎米昂**(Cazamian，Louis)[法]

　　《文学的心理研究》

　　(*Etudes de psychologie littéraire*，Paris，1913)

**查特曼**(Chatman，Seymour)[美]

　　《故事和表述》

　　(*Story and Discourse*，Cornell University Press，1978)

**卡勒**(Culler，Jonathan)[美]

　　《结构主义诗学》

　　(*Structuralist Poetics*，London，1975)

**库尔提乌斯**(Curtius，Ernst Robert)[德]

　　《欧洲文学和拉丁中世纪》

　　(*Europäische Literatur und Lateinisches Mittelalter*. Bern，1948)

**法利奈里**(Farinelli，Arturo)[意]

　　《拉丁世界的浪漫主义》

　　(*Il romanticismo nel mondo latino*，3 vols，Torino，1927)

**弗里德里希和马隆**(Friederich，Werner and Malone，David)[美]

　　《从但丁到奥尼尔的比较文学大纲》

　　(*Outline of Comparative Literature from Dante to O'Neill*，1954)

**弗莱**(Frye，Northrop)[加拿大]

　　《批评的剖析》

　　(*Anatomy of Criticism*，Princeton，1957)

　　《伟大的法典：圣经和文学》

　　(*The Great Code*：*the Bible and Literature*，London，1982)

**杰拉尔**(Guerard，Albert)[法]

　　《英国诗歌中的浪漫主义理论》

　　(*L'idee romantique de la poêsie en Angleterre*，Paris，1955)

**哈格斯屈姆**(Hagstrum，Jean H)[美]

　　《姊妹艺术》

　　(*The Sister Arts*，The University of Chicago Press，1958)

**哈兹菲尔特**(Hatzfled，Helmut)[德]

　　《艺术中的文学》

　　(*Literature Through Art*，New York，1952)

**阿扎尔**(Hazard，Paul)[法]

《欧洲思想中的危机》

(*La crise de la conscience européenne*，3 vols Paris，1934)

**英格丹**(Ingarden，Roman)［波］

《文学艺术品的认知》

(*The Cognition of the Literary Work of Art*，Northwestern University Press，1973)

《艺术的文学作品》

(*The Literary Work of Art*. ibid.)

**伊塞尔**(Iser，Wolfgang)［德］

《隐含的读者》

(*The Implied Reader*，The John Hopkins University Press，1974)

**尧斯**(Jauss，Hans Robert)［德］

《审美经验和文学阐释学》

(*Aesthetic Experience and Literary Hermeneutics*，University of Minnesota Press，1982)

**缪勒**(Müller，F. M.)［德］

《比较神话学》

(*Comparative Mythology*，London，1856)

**彼得森**(Peterson，Julius)［德］

《诗的科学》

(*Die Wissenschaft von der Dichtung*，Berlin，1939)

**佩尔**(Peyer，Henri)［法］

《古代文学对法国现代文学的影响》

(*L'influence des littérature antiques sur la littérature franc，aise moderne*：Etat des travaux，New Haven，1941)

**普拉兹**(Praz，Mario)［意］

《浪漫主义的痛苦》

(*The Romantic Agony*，London，1933)

**斯考勒斯**(Scholes，Robert)［美］

《文学中的结构主义》

(*Structuralism in Literature*，Yale University Press，1974)

**施特里希**(Strich，Fritz)［德］

《世界文学和比较文学史》

(*Weltliteratur und Vergleichende Literatur Geschichte*，Philosphie der Literaturwissenschaft. Berlin，1930)

《歌德和世界文学》

(*Goethe und die Weltliteratur*，Berne：Francke，1946)

**戴克斯特**(Texte，Joseph)[法]

《卢梭和文学世界主义的起源》

(*J. —J. Rousseau et les origines du cosmopolitisme littéraire*，Paris，1895)

**汤普金斯**(Tompkins，Jane P.)[美]

《读者反应批评》

(*Reader—Response Criticism*，The Johns Hopkins Vniversity Press，1980)

**托多罗夫**(Todorov，Tzvetan)[法]

《当代法国文学理论》

(*French Literary Theory Today*，Cambridge University Press，1982)

**韦勒克**(Wellek，René)[美]

《现代批评史》

(*A History of Modern Criticism*，8 vols. Yale University Press，1955，1965，1986，1991，1992)

《续批评的各种概念》

(*Discriminations：Further Concepts of Criticism*，Yale University Press，1970)

《批评的各种概念》

(*Concepts of Criticism*，Yale University Press，1963)

《19世纪德、英、美文化背景和文化关系研究》

(*Confrontations：Studies in the Intellectual and Literary Relations between Germany，England and the United States during the Nineteenth Century*，Yale University Press，1965)

**维谢洛夫斯基**(Веселовский，Александр Николаевич)[俄]

《情节研究》

(*Поэтика Сюжетов*，1897～1906)

《历史诗学三章》

(*Три Гловы Исторический Поэтики*，1899)

**韦姆萨特**（Wimsatt，W．K．）［美］

《文学批评简史》

(*Literary Criticism：A Short History*，New York，1957)

**日尔蒙斯基**（Жирмунский，Виктор Максимович）［苏联］

《拜伦和普希金》

(*Байран и Пушкин*，1924)

《俄国文学中的歌德》

(*Гете в Русской Литературе*，1937)

# 二、中文部分

这是一个供教学用的书目，主要列出有关比较文学基本原理的参考书，所以，近年来出版的许多专著未能列入。为了使用方便起见，书目采用分类的办法，共分总论、译著、译文集、论文集（包括工具书）、专著五个类别。前四类各以出版时间为序。第五类按内容适当归并，许多前辈学者的论著，按作者归并，不按出版时间排列。

## 1．总　论

卢康华，孙景尧．比较文学导论．哈尔滨：黑龙江人民出版社，1984

深圳大学比较文学研究所编．比较文学讲演录．西安：陕西师范大学出版
　社，1987

乐黛云．比较文学原理．长沙：湖南文艺出版社，1988

乐黛云主编．中西比较文学教程．北京：高等教育出版社，1988

陈惇，刘象愚．比较文学概论．北京：北京师范大学出版社，1988

孙景尧著．简明比较文学．北京：中国青年出版社，1988

朱维之主编．中外比较文学．天津：南开大学出版社，1992

刘介民．比较文学方法论．天津：天津人民出版社，1993

陈惇，孙景尧，谢天振主编．比较文学．北京：高等教育出版社，1998

乐黛云等．比较文学原理新编．北京：北京大学出版社，1998

张铁夫主编．新编比较文学教程．长沙：湖南出版社，1998

## 2．译　著

洛里哀著．比较文学史．傅东华译．上海：商务印书馆，1931

提格亨(梵·第根). 比较文学论. 戴望舒译. 上海：商务印书馆，1937

李达三. 比较文学研究之新方向. 台北：联经事业出版公司，1978

Gifford. 比较文学. 李有成译. 台北：成文出版社，1980

基亚. 比较文学. 颜保译. 北京：北京大学出版社，1983

韦勒克等. 文学理论. 刘象愚等译. 北京：三联书店，1984

大塚辛男. 比较文学原理. 陈秋峰等译. 西安：陕西人民出版社，1985

韦斯坦因. 比较文学与文学理论. 刘象愚译. 沈阳：辽宁人民出版
社，1987

艾田伯. 比较不是理由. 罗芃译. 国外文学，1984(2)

约斯特. 比较文学导论. 廖鸿钧等译. 长沙：湖南文艺出版社，1988

布吕奈尔等. 什么是比较文学. 葛雷等译. 北京：北京大学出版社，1989

迪马. 比较文学引论. 谢天振译. 上海：上海译文出版社，1991

### 3. 译文集

张隆溪选编. 比较文学译文选. 北京：北京大学出版社，1982

刘介民编. 比较文学译文集. 长沙：湖南人民出版社，1984

于永昌，廖鸿钧，倪蕊琴编选. 比较文学研究译文集. 上海：上海译文出
版社，1985

北京师范大学中文系比较文学研究组编选. 比较文学研究资料. 北京：北
京师范大学出版社，1986

孙景尧主编. 新概念、新方法、新探索——当代西方比较文学论文集. 桂
林：漓江出版社，1987

赵毅衡，周发祥编. 比较文学研究类型. 石家庄：花山文艺出版社，1993

### 4. 论文集(包括工具书)

中国社会科学院文学研究所、《文学研究动态》编辑组编选. 比较文学论文
选集. 1982

张隆溪，温儒敏编选. 比较文学论文集. 北京：北京大学出版社，1984

朱维之等编. 比较文学论文集. 天津：南开大学出版社，1984

中国社会科学院文学研究所、《中外文学研究参考》编辑部编. 中西"比较诗
学"论文选. 1985

曹顺庆选编. 中西比较美学文学论文集. 成都：四川文艺出版社，1985

温儒敏编. 中西比较文学论集. 北京：北京大学出版社，1988

乐黛云，王宁编．超学科比较文学研究．北京：中国社会科学出版社，1989

北京大学比较文学研究所编．中国比较文学研究资料：1919～1949．北京：北京大学出版社，1989

刘波主编．中西比较文学教学参考资料．北京：高等教育出版社，1990

李达三，罗纲编．中外比较文学的里程碑．北京：人民文学出版社，1997

黄维梁，曹顺庆编．中国比较文学学科理论的垦拓——台港学者论文选．北京：北京大学出版社，1998

中国比较文学学会等编．面对世界．贵阳：贵州人民出版社，1990

中国比较文学学会编．欲望与幻象——东方与西方．南昌：江西人民出版社，1991

乐黛云等主编．多元文化语境中的文学．长沙：湖南文艺出版社，1994

乐黛云，曹顺庆主编．迈向比较文学新阶段．成都：四川人民出版社，2000

乐黛云等主编．独角兽与龙．北京：北京大学出版社，1995

曹顺庆主编．比较文学新开拓．重庆：重庆大学出版社，1996

杨周翰、乐黛云主编．中国比较文学年鉴（1986）．北京：北京大学出版社，1987

上海外语学院外国语言文学研究所编．中西比较文学手册．成都：四川人民出版社，1987

## 5. 专　　著

钱锺书．管锥编．北京：中华书局，1979～1982

钱锺书．谈艺录．北京：中华书局，1984

钱锺书．七缀集．上海：上海古籍出版社，1985

季羡林．中印文化关系史论丛．北京：人民出版社，1957

季羡林．比较文学与民间文学．北京：北京大学出版社，1991

杨周翰．攻玉集．北京：北京大学出版社，1983

杨周翰．镜子和七巧板．北京：中国社会科学出版社，1990

陈铨．中德文学研究．上海：商务印书馆，1936

金克木．比较文化论集．北京：三联书店，1984

王佐良．中外文学之间．南京：江苏人民出版社，1984

范存忠．中国文化在启蒙时期的英国．上海：上海外语教育出版社，1991

朱光潜．诗论．北京：三联书店，1984

朱光潜．悲剧心理学．北京：人民文学出版社，1984

戈宝权．中外文学因缘．北京：北京出版社，1992

徐志啸．中国比较文学简史．武汉：湖北教育出版社，1996

周发祥，李岫主编．中外文学交流史．长沙：湖南教育出版社，1999

饶芃子主编．中西戏剧比较教程．广州：广东教育出版社，1989

田本相．中国现代比较戏剧史．北京：文化艺术出版社，1993

饶芃子等．中西小说比较．合肥：安徽教育出版社，1994

应锦襄等．世界文学格局中的中国小说．北京：北京大学出版社，1997

米列娜编．从传统到现代：19 至 20 世纪转折时期的中国小说．伍晓明译．

　北京：北京大学出版社，1991

刘守华．比较故事学．上海：上海文艺出版社，1995

黄药眠，童庆炳主编．中西比较诗学体系．北京：人民文学出版社，1991

曹顺庆．中西比较诗学．北京：北京出版社，1988

饶芃子等．中西比较文艺学．北京：中国社会科学出版社，1999

李万钧．中西文学类型比较史．福州：海峡文艺出版社，1995

曹顺庆．中外比较文论史．济南：山东教育出版社，1998

周发祥．西方文论与中国文学．南京：江苏教育出版社，1997

# 索　引

# 初版后记

　　本书为国家教委"七五"高校文科教材规划的一个项目。

　　本书的对象是高等学校文科的学生，目的是向他们全面介绍比较文学这一学科，介绍有关的基本理论、基本知识和研究方法。我们根据学科的内容和自己在教学实践中的体会，把全书分为五章两大部分。第一、二、三章，论述比较文学的一般原理和历史沿革。第四、五两章，论述比较文学的研究内容，介绍已有的研究成果，包括文学范围内的研究和跨学科研究。书后附有参考书目和索引。索引包括重要人名的中外文对照。

　　比较文学自产生以来一直处在发展之中，在许多基本问题上，各家之说纷然杂陈，并没有定型的体系和公认的结论。那么，我们应该怎样来架构自己的体系？怎样来对待各种不同意见？这是我们在编写过程中反复思索的问题。考虑再三，觉得还是应该从实际出发。比较文学既是一门开放性的正在发展着的学科，学术界又有不同的见解，我们就只能采取相应的态度，不回避争论，允许不成熟的理论和方法也在教材中有所反映。

　　我们认为，有关比较文学的理论和方法的种种不同意见中，除一些明显的错误之外，许多意见是合理因素与不合理因素同时并存的，有的意见反映学科发展某一阶段的成果，过后便显出了自己的局限，还有的意见需要时间和实践来作检验。在这样一些不同意见面前，我们的想法是：最好不做仲裁者，而应该采取宽容的态度，也就是说，只要某种意见说得有一定道理，就可以把它纳入比较文学的理论体系之中。譬如阐发研究曾遭到一些学者的非议，而有些学者却在这方面取得了成果，我们觉得只要给予正确的解释，它仍不失为比较文学的一个研究途径，因此，我们把它看作比较文学的基本类型之一而列入教材。对于跨学科研究，我们也作了类似的处理。

　　这样一来，这本书不就成了大杂烩了吗？有的同志也许会这样担心地发问。这样的担心并不是没有道理的，我们也有过类似的疑虑。不过，经过一段工作实践之后，我们认为这样的弊病是可以避免的，关键在于我们对各种意见的判断和选择是否正确以及我们对它的分析是否恰当。也就是说，我们应该做到以下三条：第一，不能把所有的看法都收罗进来，只吸收那些言之成理的意见；第二，不能摆杂货摊，罗列现象，而是把它们纳入一定的体系之中；第三，不能只作客观介绍，要有自己的分析，自己的观点。有了这样三条，也许就可以免除杂凑之弊。当然，这只是我们的想法，不见得都能做到。

当我们采取了这样的态度之后，自己也就不可避免地成了争论的一方而参与到有关的争议之中，全书的写法随之变成一种讨论的方式，有时，我们觉得不好下结论或不便进行概括推理的时候，干脆就不避浅陋，只摆材料而不作结论。这样的写法与一般教材的写法大不相同。书成之后，我们很担心：这样的态度对不对？教材能不能这样写？季羡林先生在看了本书的初稿之后，对于我们的问题作出了肯定的回答，他说："在目前比较文学还没有发展成为有严格范围和固定内容的学科的情况下，这是唯一正确的态度。"（参阅季先生为本书所写的序言）得到前辈学者的首肯，我们的心里才踏实下来。

在编写过程中，我们吸收了国内外许多学者的研究成果，这里一并致谢。中国比较文学学会的季羡林教授、杨周翰教授、乐黛云教授以及中国社会科学院的程麻、周发祥、赵毅衡等同志，都曾给予热情的鼓励和帮助，出版社的樊善国同志也为它付出艰苦的劳动，我们谨向他们表示衷心的感谢！

作　者

# 第 2 版后记

本书初版于 1988 年出版后，受到来自各方面的关爱和鼓励。我们在此特向关心、支持、鼓励我们的领导、前辈和同行们表示衷心的感谢！

本书曾获 1992 年国家教委优秀教材国家级"全国优秀奖"，还在全国首届比较文学图书评奖活动中获教材类二等奖。2000 年的修订本获国家教育部颁发的"全国普通高等学校优秀教材二等奖"。

比较文学是一门开放性的学科，它一直处在变化发展之中。1999 年，在本书列为"面向 21 世纪课程教材"的时候，我们根据学科发展状况和自己的能力所及，对原书进行了修订，主要是增加了五节，即可比性、比较文学的现状和前景、形象学、文学与语言学、文学与科学（自然科学），对书目做了适当的增补，对于原书的内容和文字也有所修改。

如今又过了十年，这十年间，我国比较文学学科有了较大的发展，研究的实绩举世瞩目，对于学科原理也进行了创造性的探索，提出过各种新的意见。不过，这样的讨论还在进行之中。在这样的情况下，我们对本书的初次修订版重新进行了审阅，考虑过有没有必要再次修改的问题。但是，我们觉得它的框架和内容有自己的特点，而且考虑到作为一个历史的产物自有它存在的意义。因此，除了重写了"现状和前景"一节和少许的文字修改之外，全书基本保持原貌。当然，随着学科的发展，在有必要的时候，我们将再考虑修改问题。

刘洪涛教授参加了修订工作，还撰写了"形象学"一节。

作者
2010 年 3 月